일본군사사
日本軍事史

(上)

-戰前篇-

후지와라 아키라(藤原彰) 저

서영식 역

Publishing Company

Copyright© 2006 HZIWARA akira
All rights reserved.
Originally published in Japan in 2006 by SHAKAIHIHYOUSYA Co., LTD.
Korean translation Copyright ⓒ 2012 by J&C Publishing company Korean edition is
Published by arrangement with SHAKAIHIHYOUSYA Co., LTD.

이 책의 한국어판 저작권은
일본 저작권자와의 계약을 통해 제이앤씨출판사에 있습니다.
이 책은 저작권법에 의해 한국 내에서 보호받는 저작물이므로 출판사의 허락 없이
무단전재 및 무단복제를 금합니다.

| 저자 서문 |

　메이지유신 이래 120년의 근대일본 역사는 군사국가를 지향한 전반 80년과 평화국가를 국시로 한 후반 40년으로 구분된다. 전반 80년 동안은 오로지 군국주의 강국으로의 길을 걸었다. 메이지유신 이후 국가건설의 중심 슬로건은 '부국강병'이었으며, 천황에게 충성을 다하는 강력한 군대를 만들기 위해 정치, 경제, 교육, 사상 및 문화까지도 동원되었다. 그 결과 세계적으로도 유례가 없는 군국주의 국가를 만들게 된다.
　군국주의 일본은 끊임없는 전쟁과 대외출병을 반복했다. 1874년의 대만출병, 1875년의 강화도사건, 1882년의 임오군란과 84년의 갑신정변, 1894~95년의 청일전쟁, 1900년의 의화단사건, 1904~05년의 러일전쟁, 1907~10년의 조선병합을 위한 식민지전쟁, 1914~18년의 제1차 세계대전, 1918~25년의 시베리아출병, 1928년과 29년의 산동출병, 그리고 1931년의 만주사변을 시작으로 중일전쟁과 태평양전쟁을 거쳐 1945년 패전에 이르는 15년 전쟁이 그것이다.
　끊임없는 전쟁의 반복으로 영토는 확대되고, 경제도 급속하게 성장하여 근대국가로 발전했다. 하지만 그것은 군사대국으로의 길이었다. 청일전쟁 이후 제2차 세계대전이 끝나는 날까지 임시군사비라는 명목의 군사비가 지출되지 않은 해가 없었다. 군수품에 의존한 경제는 전쟁을 치를 때마다 성장하는 군사경제였다. 모든 국민은 교육에 의해 천황의 충성스런 신민이 될 것을 강요받아, 남자는 병사가 되어 죽을 것을, 여자는 군국의 어머니 또는 아내로서 자식과 남편을 전장에 보낼 것을 요구받아, 그 죽음에 눈물을 보이는 것조차 허용되지 않았다.
　일본국민에게 가혹한 희생을 강요한 군국주의는, 인접 아시아 국가의 국민에게 있어서는 유례없는 해악을 초래하는 것이었다. 한국, 중국, 동남아시아 국가들 모두가 군화에 짓밟혔다. 인명의 희생과 가옥이나 재화의 피해뿐만 아니라, 문화와 언어까지 빼앗아 깊은 민족적 원한을 남긴 것이다.

일본국민에게 있어서 이 군국주의와 전쟁의 역사는 결코 자랑할 것이 못 된다. 그러나 군국주의와 전쟁에 의한 희생과 피해가 컸던 만큼, 그렇기 때문에 그 실태와 원인을 명확히 규명할 필요가 있다. 군사사는 전쟁의 재발을 막기 위해서라도 반드시 규명되어야 한다.

일본역사에 있어서 1945년은 메이지유신 이상의 큰 변환기였다고 할 수 있다. 일본이 전쟁의 처절한 체험을 바탕으로 비로소 군국주의와 결별하고 평화국가로서 살아갈 것을 선언했기 때문이다. 하지만 평화국가를 지향하는 헌법이 있음에도 불구하고 겨우 그 5년 후에 재군비가 시작되어, 이후 35년 동안 군사력 증강은 착실하게 진행되었다. 패전 후 미국의 단독점령 하에 놓여, 강화 후에도 냉전 대립세계의 한 쪽과 군사동맹을 맺음으로써 좋든 싫든 군사화의 길을 걸어오고 있는 것이다.

그러나 어쨌든 전후 40년 동안은 전전에 비해서 상대적으로 군사비의 비중이 작고 전쟁이 없는 시대였다. 그것이 일본경제의 고도성장에 있어서 하나의 큰 원인이었다. 그러나 경제대국에 걸맞는 군비를 가져야 한다는 내외로부터의 압력이 가중되는 한편, 인류의 파멸을 초래할 수 있는 핵전략체제에 깊숙이 편승되어 가고 있는 것도 분명한 사실이다. 전전에 있어서의 군사사의 교훈이 과연 전후의 일본에 살려지고 있는 것일까.

이 책은 본인이 25년 전에 『일본현대사대계』중의 하나로 동양경제신보사에서 간행한 『군사사』를 개정 증보한 것이다. 구서는 절판된 지 오래 되어, 그대로 재간하는 것도 의미가 있을 것이라고도 생각했다. 그러나 내용에 결함이 있기도 하고 자료가 너무 오래된 것도 많아서 필요한 부분을 개정했다. 특히 하권의 전후 부분은 전면적으로 새로 집필했다.

전쟁에 참가한 사람으로서의 반성을 곁들여, 본인이 정치사의 한 측면인 군사사를 연구하기 시작한 지 벌써 40년이 흘렀다. 그러나 군사사 연구를 통해 군국주의를 비판하고 전쟁을 근절시키는 데 기여하겠다는 나의 바람은 애석하게도 아직 전혀 실현되지 않고 있다. 오히려 최근 10년 일본의 상황은 군사대국으로의 경향이 짙어짐에 따라 군사화·우경화가 진행되어 과거의 역사를 고쳐 쓰기에까지 이르고 있다. 교과서 문제에 나타나 있는 것처럼 침략전쟁을 미화한다든가 전쟁과 관련된 꺼림칙한 사실을 은폐한다든가 하는 움직임도 활발하다.

　이러한 상황이 진행되는 것을 보면서 군사사 연구가 결코 무의미한 것은 아니라는 생각이 든다. 나는 최근 수년간 일본군의 남경대학살과 오키나와전투에서의 주민학살 관련 연구회에 관여해 왔다. 내일부터는 싱가포르와 말레이시아의 화교 살해현장 견학을 출발하려고 한다. 이 책이 군국주의 일본의 재현을 방지하고 평화를 추구하는 데 조금이나마 도움이 되었으면 하는 바람이다.

　　　　　1987년 3월 25일

　　　　　　　　　　　　　　　　　　　　후지와라 아키라(藤原彰)

| 역자 서문 |

    우리는 지정학적인 관계로 말미암아 일본을 무조건 가까이 할 수도, 무조건 배척할 수도 없는 상황에 있습니다. 이러한 사정은 일본도 마찬가지일 거로 생각합니다. 하지만 향후 어떠한 형태로든 한일관계는 더욱 긴밀해질 것이며, 또한 상호발전을 위해서는 당연히 그렇게 되어야 할 것입니다. 그러면서도 우리에게는 종군위안부의 문제를 비롯하여 독도영유권, 교과서문제 등 수많은 역사적 현실적 앙금이 남아 있는 것도 사실입니다. 최근 한일군사정보보호협정 체결이 무산된 것도 표면적으로는 절차상의 미비 등 여러 가지 이유가 거론되고 있지만 결국은 적어도 군사문제에 관한 한 일본에 대한 경계심을 가질 수밖에 없는 우리의 국민적 정서 때문으로 보아야 할 것입니다.

    페리제독의 내항으로 상징되는 강력한 무력을 배경으로 하는 서구 열강의 개국 요구에 어떻게 대처할 것인가 하는 과제를 안고 출범한 메이지 정부는 자신들 역시 그것을 그대로 모방하여 부국강병의 기치 하에 제국주의적 식민지 쟁탈전으로 일관하여 이후 일본은 청일전쟁, 러일전쟁, 만주사변, 중일전쟁, 그리고 마침내 태평양전쟁으로 치닫게 됩니다. 이처럼 근대일본의 역사는 대외침략의 역사라 해도 과언이 아닐 것입니다. 그리고 강화도조약에서 시작하여 국권침탈에 이르기까지 그 최대의 피해자가 우리라는 것은 부언의 여지가 없을 것입니다. 이 책 후지와라 아키라(藤原彰) 교수의 『일본군사사』(社會批評社)는 이러한 전쟁의 역사와 군사는 물론이고 이와 관련된 정치, 경제, 사회, 외교 등 다양한 각도에서 조명하고 있습니다.

    역사학자들에게 있어서 군사사 연구는 필수적이라고 해야 할 것입니다. 인류의 역사에서 군대와 전쟁이 갖는 비중이 컸던 만큼 역사를 제대로 이해하기 위해서는 그와 관련된 사실들을 알아야 하기 때문입니다. 그리고 직업군인에게 있어서 군사사는 전략적 통찰력과 리더십 등의 직무능력을 향상시키는 데 큰 역할을 하고 있습니다. "우매한 자는 직접 체험을 통해서 배우려 하지만 현명한 자는 타인의 경험을 통해서 배운다."란 비스마르크의 말이 군사사의 실용성을 잘 대변하고 있습니다.

로마의 군사개혁가 베게티우스는 "평화를 원하거든 전쟁에 대비하라."고 했습니다. 힘 있는 자만이 자신을 지킬 수 있으며 자신을 지킬 수 있는 자만이 평화를 누릴 수 있다는 말입니다. 전쟁을 논하면서 평화를 지향한다는 점에서는 군사사 연구 역시 마찬가지일 것입니다. 저자 또한 이 책의 서문에서 언급한 "군국주의 일본의 재현을 방지하고 평화를 추구하는 데 조금이나마 도움이 되었으면 하는 바람"에서 이 책을 집필하게 되었다고 밝히고 있습니다. 모쪼록 이 책이 근대일본의 전쟁과 그 과정에 있어서의 한일관계를 이해하고 나아가 궁극적으로는 양국이 평화적 관계를 지향하는 데 조금이나마 기여할 수 있었으면 하는 바람입니다.

아울러 이 책의 한국어판 번역을 흔쾌히 허락해주신 일본의 사회비평사 고니시 마코토(小西誠) 대표님과 본서 출판을 위해 아낌없이 협조해주신 제이앤씨출판사의 관계자 분들께도 고마움을 전하고자 합니다. 아울러 '군사연구총서'로 선정하여 지원해주신 육군사관학교 화랑대연구소에 감사를 드립니다.

2012년 12월

화랑대에서 역자

| 목 차 |

저자 서문 / 3
역자 서문 / 6

제1장 | 무사단의 해체와 근대군제의 도입 ——— 19

1. 봉건군비의 무력화 ——— 21
오시오의 난 / 21   유명무실한 군역제 / 23
무사단의 퇴폐 / 24

2. 군제개혁 ——— 27
근대무기의 도입 / 27   군사조직의 근대화 / 30
막부의 3병 / 31   조슈번과 사쓰마번 / 32
각 부대의 성격 / 34

3. 유신내란의 군사적 의의 ——— 37
왕정복고 쿠데타 / 37   도바·후시미 전투 / 39
삿초군과 막부군 / 40   내전의 심화 / 42
무진전쟁 / 43   중앙의 군제정비 / 46

제2장 | 징병제 채용과 중앙병력의 정비 ——— 47

1. 무사단의 해체와 중앙병력의 창출 ——— 49
유신정권의 군제 / 49   동북 개선군의 처리 / 50
번병의 동향 / 53   어친병의 설치 / 55
진대의 설치 / 55   병제의 정비 / 57

2. 징병제 채용과 그 모순 ——— 59
징병령 제정 / 59   면역제의 성격 / 60
군의 규율과 훈련 / 62

3. 서남전쟁과 근대군대의 확립 ——— 65
유신 후의 사쓰마번 / 65   사이고와 사학교당 / 66
내란의 발발 / 68   양군의 질과 전략 / 70
전쟁의 결과와 의의 / 73

제3장 | 천황제 군대의 성립 ─────────── 77

1. 대내적 군비에서 대외적 군비로 ─────────── 79
대만과 류큐 / 79 　　　　　　조선을 둘러싼 청일대립 / 81
청국을 대비한 군비확장 / 82　국권과 민권의 대립 / 85
국민개병의 기초 / 86　　　　　징병제의 모순 / 88
국민적 군대의 내실 / 89　　　프랑스와 프러시아의 군제 / 91
프러시아식 병제로의 전환 / 92

2. 징병령의 개정 ─────────── 95
개정의 필연성 / 95　　　　　　국민으로의 확대 / 97
국민개병의 실태 / 98　　　　　병역기피 / 100

3. 1886~89년의 병제개혁 ─────────── 103
병제개혁의 배경 / 103　　　　헌병과 군기 / 104
군대내무의 강화 / 106　　　　군의 규격화 / 108
간부양성과 획일화 / 110　　　개혁에 대한 비판 / 112
프랑스파의 패배 / 114

제4장 | 청일전쟁 ─────────── 117

1. 해군력 정비와 전쟁준비 ─────────── 119
해군의 창설 / 119　　　　　　해군력의 정비 / 121
해군력의 급성장 / 122

2. 전쟁의 경과와 결산 ─────────── 123
전쟁의 도발 / 123　　　　　　양군의 병력과 작전계획 / 124
전투 경과와 승패의 원인 / 130　전쟁의 결산 / 132

3. 군사기술의 발전 ─────────── 133
무기생산의 진보 / 133　　　　조선업의 발달 / 135
전술변화와 교범개정 / 137

제5장 | 러일전쟁 ─────────── 141

1. 전쟁준비 ─────────── 143
와신상담 / 143　　　　　　　　육군의 확장 / 143
해군의 확장 / 145　　　　　　의화단사건 / 146

2. 전쟁의 경과 ─────────── 148
개전시기 선정 / 148　　　　　군의 작전계획 / 151
전황의 추이 / 153

3. 전쟁 승패의 원인 ─────────────────── 156
병기와 장비 / 156 　　　　　군대의 질과 사기 / 157
일본군 승리의 원인 / 159 　　일본군의 고전과 그 모순 / 160
조선병합전쟁 / 163

제6장 | 제국주의 군대로의 변화 ──────────── 167

1. 러일전쟁 후의 교범 개정과 그 의의 ─────── 169
일본군의 독자성 / 169 　　　정신주의의 강조 / 170
공격정신과 생명경시 / 172 　가족주의의 도입 / 173
병사의 자발성 결여 / 174

2. 제국주의 하의 군대와 그 모순 ───────── 177
군기문란 / 177 　　　　　　복종의 강요 / 178
양민과 양병 / 179 　　　　　농본주의의 출현 / 180

3. 군부와 정치 ──────────────────── 183
군부의 지위강화 / 183 　　　국방방침의 제정 / 184
국민교육에의 개입 / 186 　　재향군인회의 창립 / 188
중국에 대한 간섭 / 189

4. 육해군 군비의 확장 ─────────────── 192
미일대립과 건함경쟁 / 192 　해군의 대확장 / 193
육군 2개 사단 증설문제 / 195

5. 대전 참가와 시베리아 출병 ──────────── 198
참전과 청도공략 / 198 　　　남양제도의 점령 / 200
시베리아 출병 / 201 　　　　출병의 결산 / 203
국방방침의 개정 / 204

제7장 | 총력전 단계와 그 모순들 ──────────── 207

1. 제1차 대전의 영향 ─────────────────── 209
전쟁성격 변화 / 209 　　　　총력전 사상 / 210
반군국주의의 개화 / 212

2. 군축과 그 의의 ────────────────── 214
워싱턴회의와 해군의 군축 / 214
일본육군의 낙후 / 215 　　　개혁의 필연성 / 217
합리화를 위한 군축 / 220

3. 총력전체제의 정비와 그 모순 —————————————— 222
우가키 군축의 목적 / 222　　　　대중군 창출의 어려움 / 223
장비 근대화의 낙후 / 225

4. 군대의 성격과 구조의 변화 ————————————— 227
속전속결주의 강화 / 227　　　　청년장교의 급진운동 / 228
국민통합에 대한 군의 관여 / 230

제8장 | 만주사변 ——————————————————————— 233

1. 중국침략에 대한 충동 ——————————————— 235
중국혁명과 산동출병 / 235　　　만몽확보의 요구 / 236
중국혁명에 대한 위기감 / 238　　런던조약 문제 / 239

2. 군부 내의 혁신운동 ———————————————— 241
대외 위기감과 청년장교운동 / 241　육군장교의 출신계층 / 242
특권적 신분의 재생산 / 245　　　혁신운동의 성격 / 246

3. 만주사변 ——————————————————————— 248
관동군의 만주점령계획 / 248　　사변의 확대 / 249
북만주 점령 / 251　　　　　　　만주점령의 결과 / 252
상해사변 / 253　　　　　　　　열하작전과 관내작전 / 255

4. 군비확장과 군대의 모순 ————————————— 259
만주주둔 병력의 정비 / 259　　해군의 건함계획 / 261
군내의 사상문제 / 261

제9장 | 중일전쟁 ——————————————————————— 265

1. 파시즘체제의 확립과 군부의 역할 ———————— 267
군부의 정치화와 파벌대립 / 267　청년장교의 급진화 / 269
2·26사건의 동기와 목적 / 270　　2·26사건의 결과 / 273
국방방침의 개정 / 276

2. 중일전쟁의 개시 ————————————————— 278
화북 분리공작 / 278　　　　　　전쟁확대의 원인 / 279
노구교사건의 발발 / 281　　　　고노에 내각의 강경태도 / 282
화북 총공격 / 283　　　　　　　전면전으로의 확대 / 284
남경점령과 대학살 / 285　　　　화평공작의 실패 / 287
전선 불확대방침과 그 파탄 / 288　장고봉사건과 무한작전 / 289
노몬한사건 / 291　　　　　　　대전의 발발 / 294

3. 군대의 확대와 변질 —————————————————— 297
전쟁의 규모 / 297   군대의 확대와 그 모순 / 299
군기문란과 사기저하 / 301

제10장 | 태평양전쟁 ——————————————————— 303
1. 미영과의 개전 ———————————————————— 305
독일의 승리와 시국처리요강 / 305   독소전과 관동군특종연습 / 307
미영에 대한 전쟁준비의 진전 / 308   전쟁의 전망 / 310

2. 초기의 전황과 문제점 ——————————————————— 313
초기작전의 성공 / 313   승리에 내재된 패인 / 314

3. 전황의 전환 ———————————————————— 318
산호해 해전 / 318   미드웨이 해전 / 319
과달카날 전투 / 321   패배의 원인 / 323
절대국방권의 설정 / 324

4. 전선의 붕괴 ———————————————————— 327
마리아나 공방전 / 327   전쟁경제의 붕괴 / 329
임팔작전 / 329   중국전선의 양상 / 331
레이테·이오지마·오키나와 전투 / 333   본토공습 / 336
본토결전과 1억 옥쇄 / 337

5. 패전의 군사적 원인 ——————————————————— 340
전쟁지도의 분열 / 340   비합리적 정신주의 / 341
군사기술의 낙후 / 343   천황군대의 본질 / 347

| 참고문헌 ——————————————————————— 353
제1부 전전 간행 도서 ———————————————————— 355
제2부 전전을 대상으로 전후에 간행된 도서 ———————————— 391
제3부 전후를 대상으로 전후에 간행된 도서 ———————————— 395

| 일본군사사 (下) 戰後篇 목차 |

제1장 패전과 군의 해체
1. 패전시의 육해군
   - 팽창된 육해군
   - 장비의 부족
   - 군대의 질적 저하
   - 군기의 붕괴
2. 항복과 복원
   - 본토의 복원
   - 외지부대의 항복
   - 관동군의 패전
3. 점령군의 비군사화정책
   - 미국의 일본점령비군사화의 진행
   - 오키나와 점령과 군정
   - 불씨 보존의 노력
   - 잔존된 군의 기능

제2장 재군비의 시작
1. 점령정책의 전환과 일본재군비구상
   - 냉전과 로얄 연설
   - 미국의 일본 재군비론
   - 중국혁명과 한반도
2. 한국전쟁과 경찰예비대 창설
   - 한국전쟁의 발발
   - 맥아더 서한의 출현
   - 경찰예비대의 발족
3. 점령하 재군비의 성격
   - 미군에의 종속성
   - 민중억압을 위한 무력
4. 경찰예비대의 성장과 해상경비대의 창설
   - 구군인의 채용
   - 해상보안청의 강화
   - 해상경비대의 창설

제3장 강화·안보조약과 보안대·경비대
1. 강화·안보조약의 체결
   - 강화조약과 군사조항
   - 미일안전보장조약
   - 행정협정과 미군기지
2. 보안청의 신설
   - 미일의 재군비 구상
   - 보안청의 발족
   - 재군비와 헌법
3. 보안대와 경비대
   - 보안대로의 개편
   - 경비대와 미일 선박대차협정

　　　　보안대학교와 보안연수소　　　　한국 휴전
　　　　일본의 재군비 구상　　　　　　이케다・로버트슨 회담

제4장 자위대의 발족
1. 본격적인 재군비로의 길
   　　정계의 동요와 재군비론　　　　보수당의 방위절충
   　　방위 2법의 성립　　　　　　　재군비의 구체적인 계획
2. 항공의 독립
   　　구군인의 독립공군 계획　　　　보안대의 항공학교
   　　항공자위대의 창설준비
3. 방위청・육해공 자위대의 창설
   　　방위청과 통합막료회의　　　　미군의 홋카이도 철수와 육상자위대
   　　해상자위대와 항공자위대　　　자위대 발족과 헌법문제
   　　평화운동의 발전
4. 국방방침과 방위계획
   　　자위대 발족 후의 증강　　　　국방회의와 국방의 기본방침
   　　제1차 방위력정비계획

제5장 안보개정과 자위대의 변모
1. 미 극동전략의 변화와 자위대
   　　뉴룩전략　　　　　　　　　　미사일 갭
   　　1차방과 자위대의 근대화　　　차기주력전투기 기종 문제
2. 안보개정과 반대투쟁
   　　안보조약의 개정　　　　　　　반대운동의 고양
   　　자위대 출동문제　　　　　　　저자세로의 전환
3. 방위 2법 개정과 2차방
   　　방위 2법의 유산과 성립　　　자위대의 변모
   　　제2차 방위력정비계획　　　　치안대책의 중시
   　　케네디 전략과의 관련성
4. 대소전략과 핵전쟁
   　　미 극동전략과 자위대의 역할　종속군인가 독립군인가
   　　3무사건

제6장 한일조약과 미일군사체제의 신단계
1. 미쓰야 연구
   　　고도성장과 안보효용론　　　　긴박해진 아시아
   　　미쓰야 연구의 폭로　　　　　　한반도의 군사정세

2. 한일조약의 체결
　　　한일회담　　　　　　　　　　　한일조약의 군사적 목적
　　　자위대의 한국에서의 역할
　3. 베트남전쟁의 격화와 3차방
　　　전쟁의 본격화　　　　　　　　　베트남 반전운동
　　　제3차 방위력정비계획　　　　　　3차방의 목적
　　　미 전략에의 밀착

제7장 고도성장과 4차방

　1. 오키나와 반환과 70년 안보문제
　　　고도성장과 사토내각　　　　　　닉슨의 등장과 괌 독트린
　　　오키나와 반환운동　　　　　　　사토・닉슨 공동성명과 미일군사체제
　　　안보 자동연장　　　　　　　　　오키나와 반환의 실현
　2. 제4차 방위력정비계획
　　　달러 쇼크와 중일복교　　　　　　난항하는 방위청
　　　방위백서와 4차방의 난항　　　　4차방의 내용
　　　오키나와 배치와 반대운동
　3. 베트남전쟁과 자위대의 역할
　　　베트남 화평협정　　　　　　　　오일쇼크와 보수의 위기
　　　4차방의 정체

제8장 미일안보체제의 신단계

　1. 포드・미키 회담
　　　사이공 함락　　　　　　　　　　세계적 불황과 일본
　　　미일방위협력의 강화　　　　　　방위협력소위원회 설치
　2. 방위계획의 대강
　　　포스트 4차방 문제　　　　　　　대강의 결정
　　　방위비의 범위 결정　　　　　　　F15와 P3C
　3. 가이드라인과 유사입법
　　　안정 하의 우경화　　　　　　　　구리스 발언과 유사입법
　　　「미일방위협력을 위한 지침」 결정　지침의 내용
　　　지침의 문제점　　　　　　　　　공동작전의 구체화

제9장 군비증강으로의 길

　1. 미일공동작전체제의 긴밀화
　　　소련의 위협 강조　　　　　　　　군비확장 캠페인
　　　「중기업무견적」의 책정　　　　　중업의 문제성

   림팩에의 참가
 2. 56중업과 군비확장
   카터・오히라 회담   중업 조기실현 요구의 의미
   스즈키 내각과 군비확장   레이건・스즈키 회담
   「중업」과 「대강」의 재검토   56중업의 책정
 3. 핵전략체제의 강화
   레이건의 핵전략과 일본   라이샤워 발언
   비핵 3원칙의 동요   스즈키 정권의 동요

제10장 경제대국에서 군사대국으로

 1. 일본열도의 불침 항모화
   나카소네 정권의 등장   수상의 방한과 방미
   불침항모 발언   전후의 총결산
 2. 59중업과 신방위계획
   59중업의 책정   정부계획으로 격상
   신방위계획의 내용   신계획의 문제점
   방위비 1% 범위의 돌파   안전보장회의와 안전보장실
   SDI 참가
 3. 자위대는 무엇을 지키는가
   제동장치 없는 군비 대확장   미일공동작전의 진전
   자위대는 무엇을 지키는가   전쟁에 휘말릴 위험성

일본군사사

日本軍事史

(上)

- 戰前篇 -

제1장
무사단의 해체와 근대군제의 도입

1. 봉건군비의 무력화
2. 군제개혁
3. 유신내란의 군사적 의의

1. 봉건군비의 무력화

▌오시오의 난

1837년 2월 19일, 전 오사카 마치부교쇼(町奉行所 : 마치부교[町奉行]를 장으로 하는 에도시대의 관아. 동·서 2개소가 있었음)의 요리키(与力 : 마치부교쇼에서 주로 치안을 담당하던 중견관리)이며, 양명학 관련 사숙인 센신도(洗心洞)를 운영하던 오시오 헤이하치로(大塩平八郎)가 오사카에서 반란을 일으켰다. 문하생 고작 20여명을 데리고, "하늘에서 고하나니, 모든 하층 빈민들에게까지"로 시작되는 격문을 띄웠으나, 동원된 농민과 시민은 300명도 되지 않았다. 그리하여 결국 조다이(城代 : 출타 중인 성주의 대리인) 및 마치부교 병력과의 교전 끝에 하루 만에 진압되고 말았다.

그러나 이 반란은, 비록 규모는 작았으나, 그 정치적 사회적 영향은 심각한 것이었다. 32~34년 및 36년에도 계속된 대기근, 전국적으로 확산된 소요와 폭동, 심각성을 더해가는 봉건체제의 동요, 이러한 가운데서 예전에는 충실하고 유능했던 오시오 헤이하치로까지도 민중의 편에서 싸웠다는 것이, 그를 봉건제에 대한 비판과 투쟁의 상징으로 만들었다. 시가전으로 가옥이 소실된 시민도 '오시오님'으로 부르면서 그의 덕을 칭송하고, 그의 거병 격문은 막부의 금지령에도 불구하고 은밀하게 유포되어, 그 직접적인 영향 하에 동년 6월 가시와자키(柏崎)에서의 이쿠다 요로즈(生田万)의 난을 비롯하여 각지에서 폭동과 봉기가 일어났다. 도쿠가와막부(德川幕府=에도막부[江戶幕府] : 1603~1868)에 의한 봉건지배의 모순이 심각해졌음을 상징하는 반란이었다.

오시오의 난은 군사적으로도 매우 중요한 의미를 갖는다. 그 첫째는, 막부 군사조직의 퇴폐와 무력함을 폭로시켰다는 것이다. 오시오 거병의 중심이 된 그의 동지와 문하생은 동(東) 마치부교쇼 소속의 요리키 및 도신(同心: 요리키 휘하의 하급관리)과 근교의 부농들로서, 이들 20명 정도가 처음부터 무장을 하고 참가한 자들이었다. 그 외는 당일 긁어모은 근교의 빈농이나 시중의 빈민들로서, 격문의 내용을 이해하고 참가했다고도 할 수 없었으며, 전투력에 있어서도 오합지졸이었다. 막부군과의 2차에 걸친 교전에서 단 1명의 전사자를 낸 것만으로 순식간에 도망쳐버린 것은 당연한 것이었다. 그럼에도 불구하고 이 소수의 미숙한 반란군에 대해서 당황하는 막부군의 모습은 눈뜨고 볼 수 없을 정도로 한심한 것이었다. 진압 책임자인 오사카 동·서 양 마치부교는 어떻게 대처해야 할지 몰라 허둥거리다가, 출동해서는 두 사람 모두 총소리에 놀란 말에서 떨어지는 추태를 보여 시민들의 웃음거리가 되었다.[1] 오사카 조다이는

---

1 동 마치부교 아토베 야마시로노카미(跡部山城守)는 진압 책임자이면서도 겁을 먹고 좀처럼 나서지를 못했다. 서 마치부교 호리 이가노카미(堀伊賀守)는 조다이로부터 출동명령을 전달받고 어쩔 수 없이 야마시로노카미보다 먼저 도신(同心)의 책임자 히로세 지자에몽(広瀬治左衛門)을 선두에 세워 요리키와 도신을 이끌고 나갔으나, 그 전투 모습도 그다지 칭찬받을 만한 것은 아니었다.
"마침 일당이 고마바시(高麗橋)를 동쪽을 향해 건너고 있을 때, 군기(軍旗) 같은 것이 보였다. '쏴라!'는 이가노카미의 명령에, 지자에몽 역시 같은 생각이었기 때문에 도신들은 마구 발포했다. 그 총성에 놀라 이가노카미가 탄 말이 날뛰어 그는 낙마했다. 그것을 본 도신들은 대장이 죽었다고 생각하고 순식간에 뿔뿔이 흩어졌다. 이가노카미는 하는 수 없이 오하라이스지(御祓筋)의 건물 안으로 들어가 휴식을 하고, 지자에몽은 교바시(京橋) 입구로 후퇴하여 동료인 바바 사주로(馬場左十郎)에게 상황을 자세히 설명하고, 함께 동 마치부교 건물 앞에 이르러 멍하니 서 있었다. 이가노카미가 포술을 잘 몰라 "쏴라"는 명령을 내렸다고 해서 지자에몽까지도 마찬가지 짓을 한 것은 한심한 일이다. 오하라이스지에서 고마바시까지의 거리는 4정(町: 1정은 약 109m)이나 되어, 도신이 소지한 3.5돈포의 탄환이 도달할 리가 없다. 특히 다리 위의 깃발을 향해서 발포하는 것은 위험천만으로, 유탄으로 일반인들이 피해를 입을 가능성도 있다. 하지만 이때 오시오(大塩) 측은 포격이 있었다는 것조차도 몰랐다. 그것은 그러한 상태에서 포격을 한 것이 얼마나 한심한 것인가를 말해주는

부근의 제후들에게 구원병을 요청하고, 오사카에 있는 번(藩)의 구라야시키(藏屋敷 : 에도시대 막부, 번, 사찰 등이 쌀이나 특산물 등의 공물을 저장 및 판매하기 위해 만든 저택)에도 출병을 명했으나, 무장을 갖추고 있는 자는 거의 없었다. 200년의 태평세월에 젖은 군의 문란과 무기의 불비가 이 난을 계기로 그대로 폭로된 것이다.

그 둘째는, 전투가 칼이나 창을 전혀 사용하지 않은 총격전으로 일관했다는 사실이다. 오시오측은 거병에 앞서 화약을 제조하고 탄약을 구입하여, 당일은 백목통(百目筒 : 탄환이 100돈=375g인 대포) 3정과 목통(木筒 : 나무로 만든 대포) 2정을 차대(車臺)에 싣고 사용하여, 오로지 발포와 방화로 일관했다. 이에 대해 마치부교의 군도 각자 10돈포(十匁筒)나 3.5돈포(三匁五分筒) 등을 소지한 것 외에, 백목통도 동원하여 포격과 총격으로 오시오군을 괴란시켰다.[2] 전투에 의한 유일한 사망자는 마치부교군의 근거리 소총사격에 맞은 오시오군의 포수였다.

유명무실한 군역제

총격전이 전투의 중심이 되었다는 것은 기마무사를 주체로 하는 막부의 봉건적 군역제도가 이미 무의미하게 되었음을 의미한다. 전국시대(戰國時代) 다이묘(大名)의 군사조직은 당시의 전투방법에 입각하여 매우 실전적이었다. 그것이 도쿠가와막부의 확립과 더불어, 형식적으로는 완비

것이다. 이가오카미가 낙마하는 것을 보고 그 부하들이 뿔뿔이 흩어진 것도 무리가 아니다."(幸田成友 『大塩平八郎』)

2 이 시대에는 대포와 소총의 엄밀한 구별조차 없어서 탄환이 100돈(375g) 이상인 것을 대통(大筒), 그 이하를 소통(小筒)으로 구분하고 있는 정도였다. 그 성능은 에도시대 초기의 것에서 거의 진보하지 못하고, 여전히 화승(火繩)에 의한 발화장치를 사용하는 전장식(前裝式) 구식총포였다.(小山弘健 「日本軍事工業發達史」 『日本産業機構硏究』)

되고 있었으나, 점차 실전과는 거리가 먼 것이 되고 말았다.[3] 오시오의 난에서 나타난 봉건적 군비의 무력화, 특히 전투원인 무사의 무기력과 쇠퇴한 모습은 이러한 맥락에서 이해할 수 있는 사항이다.

무사단의 퇴폐

중세의 무사는 전투원인 동시에 지주로서, 향리에 거주하면서 소작인과 하인을 거느리고 출진했다. 이 시대의 전투는 1:1 혹은 다수 대 다수의 칼이나 창에 의한 격투로 행해졌다. 이러한 전투방식을 결정적으로 변화시킨 것이 무로마치시대(室町時代: 대략 1336~1573) 말기에서 전국시대(戰國時代: 대략 1467~1568)에 걸친 축성의 발달과 총포의 전래에 의한 전술의 변화였다. 오다 노부나가(織田信長)의 천하통일은 이러한 변화를 재빨리 받아들였기 때문에 가능한 것이었다. 전투의 주체는 소수의 기마

---

[3] 게이안(慶安: 에도 초기 고코묘(後光明) 천황 때의 연호. 1648~1652) 시절 막부가 확립한 병역할당은 다음과 같이 여전히 기마무사 중심이었다.(教育總監部『皇軍史』)

인원		지참품목				
		말	활	총포	창	기(旗)
2백석	5	무사 1, 갑주담당 1, 마부 1, 짐꾼 1, 창 담당 1				
5백석	11	무사 2, 갑주담당 1, 총포수 1, 짚신담당 1, 상자지기 1, 마부 2, 창 담당 1, 짐꾼 1				
1천석	21	활 1, 총포 1, 창 2, 기타 생략				
5천석	102	5	3	5	10	2
1만석	235	10	10	20	30	3
2만석	415	20	20	50	50	3
3만석	600	25	20	80	70	5
4만석	770	45	30	120	70	8
5만석	1,005	70	30	150	80	10
6만석	1,210	90	50	200	90	10
7만석	1,463	100	50	250	100	15
8만석	1,670	120	50	250	110	15
9만석	1,925	150	60	300	120	20
10만석	2,155	170	60	350	150	20

무사로부터 보병 밀집부대로 옮겨갔다. 공방으로 지새던 당시에는 이 다수의 군대를 항상 한 장소에 집중시켜 둘 필요가 있었다. 영주는 영내 중심에 장엄하고 견고한 성곽을 구축하고, 그 주위에 자신의 전투원을 상시 거주하게 했다. 이렇게 하여 다이묘(大名 : 영주) 가신단의 성곽 주변 집중과 병농(兵農)의 분리가 전국시대 말기에 성립된 것이다.

도쿠가와막부는 지배체제 유지를 위해 일국일성제도(一國一城制度) 하에서 참근교대(參勤交代)를 강화하고 다이묘의 영지 변경을 자주 시행했는데, 이러한 것은 모두 무사의 성곽 주변 집중을 한층 강화하는 결과를 낳았다. 또한 사회의 신분관계를 완전히 고정시켜, 무사계급 내부에서도 신분과 지위를 세습토록 했다. 그러나 이렇게 하여 무사가 성곽 주변에 모여들어 도시민이 됨으로써 그들의 무사로서의 체질도 변질되게 된다. 생활이 도시화되고 고정된 지배계급으로서 귀족화됨으로써, 생활태도와 사상이 우아하고 사치스럽게 된 것이다. 막번체제(幕藩體制)의 완비와 더불어 그 지배기구는 정비되었으나, 동시에 지배계급인 무사에게 과해진 행정사무가 증가하여, 무사는 군인이라기보다는 사무관으로서의 역할을 수행하는 경우가 더 많아졌다. 이러한 사정은 에도시대(江戶時代)를 거치면서 무사의 전투원으로서의 소질을 점차 저하시켜, 무사단의 군사력으로서의 가치를 상실시키게 된다.

에도시대 후반이 되면 이러한 경향은 더욱 심화된다. 상품유통의 발전과 봉건경제의 붕괴는 무사 전체의 사기 저하와 하급무사의 극심한 궁핍을 초래했다.[4] 이 때문에 무사의 개인장비는 볼품없게 되었다. 창과 칼이 녹스는 것을 방치하는가 하면 저당을 잡히는 경우도 있었다. 총포는 소지하고 있어도 사용이 불가능하고, 기마무사이면서도 말이 없고,

---

4 무사단의 궁핍과 쇠퇴에 관해서는 土屋喬雄「一般武士団の経済的衰頽と変質」(『史学雑誌』四二ノ一), 辻善之助『田沼時代』, 小野武夫『日本兵農史論』 등의 많은 연구가 있다.

군역 규정상의 대동할 병력이 없는 자가 많았다. 장비가 불충분할 뿐만 아니라, 훈련을 게을리 하여 창검과 총포의 사용법도 모르는 무사가 많았다. 그리하여 무사 개개인의 전투원으로서의 소질과 능력은 때로는 농민봉기나 폭동에 참가한 일반인보다도 뒤떨어져 있었다.

  봉건적 군사조직 그 자체도 붕괴되어 갔다. 원래 도쿠가와막부의 지배체제는 병농의 분리, 신분제의 고정화, 무사 이외의 자들에 대한 철저한 도검 몰수 등을 통한 무사계급의 군사력 독점을 기초로 한 것이었다. 그러던 것이 무사가 경제적으로 궁핍해지게 됨으로써, 무사 가문의 차남 이하가 낭인으로 전락하고, 무사신분의 매매가 일반화되었을 뿐만 아니라, 서민이 금품을 바치고 무사의 특권인 성(姓)을 갖고 칼을 차는 것(苗字帶刀)을 허락받는 경우도 발생했다. 이 때문에 무사와 서민의 신분적 경계가 점차 애매해지게 되었다. 또한 에도시대 후반에 격화된 농민봉기에서는 죽창, 괭이, 낫만으로도 무장한 막부 및 다이묘의 진압부대와 충돌하는 일이 많았으며, 때로는 그것을 압도할 정도의 위세를 보였다. 즉 무사계급이 군사력의 유일한 독점자가 아니게 된 것이다.

2. 군제개혁

▎근대무기의 도입

　무사단의 무력화, 격화되는 농민반란, 그리고 대외위기의 절박감, 이 때문에 막부와 각 번들도 마침내 군사력 재건을 위한 군제개혁 필요성을 느끼기 시작했다. 그리고 그 개혁의 방향은 서양식 총포부대 중심의 근대적 군대 건설에 두어졌다. 서양 연구가들에 의해 축적된 서양병학에 대한 지식, 아편전쟁에서 중국이 서양의 군대에게 어이없이 굴복한 것에 대한 놀라움, 그리고 눈으로 직접 확인한 페리(M. Perry) 함대의 위용, 이러한 경험을 통해 싫든 좋든 그렇게 하지 않을 수 없었던 것이다.

　이 때문에 우선적으로 실행된 것이 가장 가시적 효과를 나타낼 수 있는 근대무기의 제조였다. 쇄국양이 정책에도 불구하고 페리함대의 진입을 수수방관하고 있던 막부는, 급거 그 대책으로서 총포와 군함 제조에 힘쓰기 시작했다. 1853년 6월의 페리 내항 직후인 7월 사가번(佐賀藩)에 대포 주조를 명하고, 8월 유지마(湯島)에 총포제작소를 설치하여 에가와 다로자에몽(江川太郎左衛門)의 지도로 주조를 시도했다. 또한 에가와의 반사로(反射炉) 제조 주청을 받아들여, 다카시마 슈한(高島秋帆)의 죄를 용서하고 그로 하여금 총포를 가르치게 했다. 9월 대포제조 금지령을 해제하고, 10월에는 네덜란드에 증기군함과 대검이 달린 소총을 대량으로 주문했다. 11월에는 대형선박 담당관을 임명하여 미토번(水戸藩)에 대형선박 제조를 명령했다. 12월 미토번에 이시카와지마(石川島) 조선소를 설립하고, 같은 달 이례적으로 태정관(太政官)의 주청으로 범종을 녹여 대 포로 만들려고까지 했다.[5] 이렇게 하여 다음해인 54년까지 막부와 유력 번은 잇달아 서양식 무기 제조소를 설립하게 된다.[6] 그리하여 종래의 동제포(銅製砲)를 대신한 철제포(鉄製砲)를 생산 가능한 데까지 이르게 된다.

그러나 근대공업의 기반이 없는 봉건경제 하에서 갑자기 구미의 군비에 필적하는 총포와 함선을 생산하는 것은 도저히 불가능했다. 막부와 각 번의 재정에 서양 수준의 공업을 이식시킬 만큼의 여력이 있을 리가

---

5 이상의 사실은 井上清 『幕末兵制改革と民兵』(『日本の軍国主義』 I)에 의함.
6 병기제조소 설립상황(小山弘健 『近代日本軍事史概説』 참고)

연차	번명	명칭 또는 장소	사업내용	생산품
1850년	松代藩	—	—	天・地・人砲(砲) 각 수문
	大野藩	—	—	대포 수문
1850년 이후	佐賀藩	築地大銃製造方	反射爐 4基, 水車錐臺 3臺	화포 수십문, 뇌관총 수백정
1853년 이후	佐賀藩	多布施儀石火矢鑄立方	反射爐 4基, 水車錐臺 3連	대포 50문 외
1852년 이후	薩摩藩	鑄製方, 후에 集成館	熔鑛爐 1基, 熔爐 4基, 水車錐臺 6連	포 500여문, 燧石 및 뇌관총 수천정
1853년 이후	幕府	湯島馬場大筒鑄立場	踏鞴式 熔爐	銅製砲 175문 이상
1854년 이후	水戶藩	那珂港	反射爐 2基, 水車錐臺 1臺	鐵製砲 22문
	水戶藩	神務館, 白旗山製作所 등	—	화포, 소총, 탄환, 화약류
	韮山代官	田方郡鳴滝	反射爐 2基, 水車錐臺	鐵製砲 다수
	高知藩	石立村鑄立場	踏鞴式 熔爐	80파운드포(砲) 등
	長州藩	葛飾郡砂村	踏鞴式 熔爐	—
	肥後藩	御舟	踏鞴式 熔爐	80파운드포(砲) 등 약 30문
1857년 이후	越前藩	福井志比口	水車熔爐	소총 7,000정

없었으며, 민간자본 역시 마찬가지였다. 또한 철 이외의 자원과 원료도 충분히 개발되어 있지 않았으며, 무엇보다도 기술적인 면에서 전혀 축적된 것이 없었다. 이 시기 무기의 주체라고 할 수 있는 소총의 경우에도, 구미에서는 취급이 간편하며 탄환 속도가 빠르고 명중도가 높은 나선형 강선(腔線)의 후미장전식 총이 일반화되어 있었는데도, 일본에서는 제철기술과 기계 및 화약공업의 낙후로 도저히 생산이 불가능했다. 모양새를 갖춘 생산품이라고는 대포뿐이었으나, 그것도 바칸전쟁(馬関戦争)과 사쓰에이전쟁(薩英戦争)을 거치면서 장식품에 지나지 않는다는 것이 드러나고 말았다. 그러한 가운데 막부에서는 근대적 군사공업 건설을 위해 전력을 기울여, 1864년 세키구치(関口) 대포제작소를 세워 여기에 유지마(湯島)와 니라야마(韮山)의 사업을 집중시키고, 나가사키(長崎)와 요코스카(横須賀)에 제철소를 세워 외국인 기사와 직공을 초청하는 등의 노력으로 약간의 성과를 거두기는 했으나, 그 정도로는 대세에 영향을 미치지 못했다.

따라서 근대무기는 대부분 수입에 의존하지 않을 수 없었다. 에도막부 말기에 이르러 막부와 서남웅번(西南雄藩 : 메이지유신을 주도한 사쓰마번[薩摩藩], 조슈번[長州藩], 도사번[土佐藩], 히젠번[肥前藩] 이 4번을 일컫는 말) 사이의 정권 공방이 치열해짐에 따라 무기의 수입 특히 소총과 군함의 수입이 증가하여, 그것이 수입품의 중심을 차지하기에 이르렀다. 무진전쟁(戊辰戦争 : 1868년 1월부터 다음해 5월까지 사쓰마번과 조슈번을 중심으로 한 유신 정부군과 구 막부파 사이의 내전)을 전후한 5년간의 소총 수입은 〈표 1〉에서 보는 것처럼 매우 왕성하게 이루어졌다.

〈표 1〉 소총의 수입상황

	나가사키		요코하마		효고·오사카	
	수량(정)	가격(달러)	수량(정)	가격(달러)	수량(정)	가격(달러)
1865년	25,850	160,000	—	—	—	—
1866년	21,620	270,000	—	—	—	—
1867년	65,367	980,000	102,333	1,330,000	—	—
1868년	36,514	620,738	106,036	1,600,000	14,285	122,766
1869년	19,163	287,455	58,613	644,743	30,000	495,143

* 石橋五郎「明治前後に於ける外國貿易に就いて」『史林』8-3 (小山弘健『近代日本 軍事史槪說』에서 인용)

군사조직의 근대화

무기뿐만 아니라 군사조직 그 자체도 총포전에 걸맞는 근대군대로 편성될 필요가 있었다. 그러나 군제의 개혁은 봉건제도의 본질과 연관된 문제인 만큼 용이하지 않았다.

구미의 경우 총포의 위력 증대와 더불어 중세의 기마전사에 의한 개인전투는 보병 중심의 부대전투로 바뀌었다. 이 경우 병력의 수와 부대훈련의 정도가 승패를 좌우했다. 절대주의 용병군이 그 시기의 군대를 대표했다. 그리고 프랑스혁명으로 징병제도가 만들어져 근대적 국민국가에 있어서의 국민군이라는 형태가 탄생했다. 나폴레옹의 군대로 대표되는 이 국민군은 절대주의 용병군에 비해서 병사의 전투의지와 병력의 수에서 앞섰기 때문에, 횡대전술(橫隊戰術) 대신에 산병전술(散兵戰術)을 채택함으로써 이것을 압도했다. 이후의 구미 각국은 국민국가든 절대주의국가든 관계없이 대중적 군대를 군사조직의 기초로 했다.

일본의 경우, 오다 노부나가(織田信長)·도요토미 히데요시(豊臣秀吉) 시대에 일단은 기마전에서 총포전으로, 개인전투에서 부대전투로의 방향을 잡았다. 그러나 도쿠가와막부가 봉건적 신분제 유지를 위해 군역제도를 기마전사 중심으로 역행시킴으로써 부대전투의 준비와 훈련에 소홀해지게 되었다. 특히 무사신분의 고정화와 부패에 의해 무사단 그 자체가 근대전에 적응하지 못할 뿐만 아니라 암적인 존재가 될 정도로 무력화되었다. 이러한 상황에서 총포전에 적응할 수 있는 근대군대를 건설하려고 한다면, 무엇보다도 봉건적 신분제도 그 자체의 틀과 충돌할 수밖에 없는 모순에 직면하지 않을 수 없다.

막부의 3병

막부는 어떻게 해서든 근대군대를 건설하기 위해 1861년 이래 보병·기병·포병의 3병 창설에 노력하여, 62년 군제 개정 담당자에 의한 「친위상비군 편성계획」이 로추(老中 : 에도막부 최고의 관직명으로, 장군에 직속되어 정무 일반을 총괄)에 제출되어 육군 소속의 3병 창설에 착수했다(井上清 「幕末兵制改革と民兵」, 『日本の軍国主義』Ⅰ). 그러나 이것은 종래의 하타모토 고케닌(旗本御家人 : 장군과 직접 주종관계에 있는 자로서 봉록 1만석 이하의 무사)의 봉록에 의한 군역제도를 폐지하는 것이 아니라, 그것을 원칙으로 하여 그 틀 속에서 징집한 병력으로 3병을 건설하려는 것으로, 재정문제는 물론이고 간부와 병사의 질적인 면에서도 어려움이 많아 탁상공론으로 끝나고 말았다.

막부는 서구 군사제도 그 자체의 도입을 시도했다. 1863년 영국 함대가 나마무기사건(生麦事件 : 1862년 사쓰마번의 시마즈 히사미쓰[島津久光] 일행이 요코하마의 나마무기 마을에서 말을 탄 채 행렬을 가로지른 영국인 4명을 살상한 사건)을 보복하기 위해 가고시마(鹿児島)를 공격한 사쓰에이전쟁(薩英戦争), 1864년 영·미·불·네덜란드 4개국 연합함대가 조슈번(長州藩)의

양이정책에 보복하기 위해 시모노세키(下關) 포대를 공격 점령한 바칸전쟁(馬關戰爭) 등의 사건은, 새삼 서구 근대군대의 위력을 보여준 것이었다. 막부는 64년 5월 영국과 프랑스 군대의 요코하마 주둔을 인정하여, 거기서 근대군제를 배웠다.[7]

조슈번과 사쓰마번

막부보다 더 철저하게 군제개혁을 단행한 것은 조슈번이었다. 금문의 변(禁門の変 : 1864년 교토에서 조슈번이 막부측 번군들과의 전투에서 패배한 사건)과 바칸전쟁의 패배로 내외로부터 고립된 조슈번에서는, 다카스기 신사쿠(高杉晋作) 등의 개혁파 하급무사가 쿠데타로 번의 실권을 잡고, 고립된 번을 재건하고 전력을 일신하기 위해 철저한 군제개혁을 실시했다. 1865년 오무라 마스지로(大村益次郎) 등의 지도를 받아 종래의 봉건적 병제 즉 군역제도를 모두 폐지하여 소총부대로 개편하고, 화승총(火繩銃)과 갑옷을 매각하여 신식 소총을 구입하는 등의 근본적 개혁을 단행했다. 이러한 개편으로도 부족한 병력을 보충하기 위해 신분제도에 전혀 구애받지 않는 새로운 군대, 즉 하급무사와 서민으로 구성된 기병대(奇兵隊) 등의 부대가 편성되었다.

제2차 조슈정벌에 있어서의 조슈번의 승리와 막부의 패배는 전적으로 이 새로운 군제의 차이에 의한 것이었다. 막부의 주력은 낡은 군역제도에 기초한 무력한 무사집단으로, 조슈번의 군 특히 소총부대 앞에서는

---

7 영·불 군의 요코하마 주둔은 실질적으로는 1863년 시작되어, 64년 막부에 의해 승인되어 메이지유신 후에도 계속되었다. 병력은 영국군 1,500명, 프랑스군 300명이었다. 그 철수문제는 메이지정부의 큰 과제였으며, 1875년 비로소 철군이 실현되었다. 1867년 막부는 프랑스로부터 샤노엥 대위 이하 19명의 군사고문단을 초빙하여 3병의 훈련을 맡겼다. 그러나 때는 이미 막부 붕괴 직전으로, 큰 성과를 거두지 못했다.

적수가 되지 못했다. 막 신설된 3병이 그나마 어느 정도의 전투력을 발휘했을 뿐이었다.

조슈정벌의 실패로 비로소 막부는 본격적인 군제개혁 결의를 굳혔다. 즉 1967년 프랑스인 교관의 지도로 하타모토 고케닌에 할당되는 병력 대신에 막부가 직접 농민과 시민 가운데서 용병을 모집하고, 하타모토의 봉록 절반을 군역으로 징수하여 군비확장 비용으로 하려고 했다. 막부의 후다이게신(譜代家臣 : 대대로 도쿠가와 가문과 주종관계를 맺고 있던 영주들)과 하타모토 고케닌으로 구성되는 무사단을 대신한 전혀 새로운 용병군을 별도로 조직하려고 했던 것이다. 이것은 절대주의 용병군의 건설을 목표로 한 것이었으나, 때는 이미 막부가 붕괴되는 날이기도 했다.

막부나 조슈번과는 다른 방법이기는 하지만, 소총부대를 기초로 한 강력한 새로운 군대를 건설한 것이 사쓰마번이었다. 번주 시마쓰 나리아키라(島津斉彬) 이래 축적된 번의 재정을 기반으로 재빨리 화원제련소(花園製煉所)와 집성관(集成館 : 서양식 공장) 등을 설치하여 병기를 제조해 온 사쓰마번은, 사쓰에이전쟁의 교훈에 의해 서양식 군대의 건설이 급무라고 생각하여, 1866년 해군방(海軍方)과 육군방(陸軍方)을 설치하여 대대 및 소대 편성의 신군을 창설했다.

사쓰마번의 특색은, 1862년의 인구통계에 의하면 총 61만명 중 무사가 40%나 차지하고 있었으며(圭室諦成『西郷隆盛』), 더구나 그 대부분이 봉록이 매우 낮은 성읍무사(城下士)와 농촌의 향토무사(郷士)였다. 이 하급 성읍무사와 향토무사로 편성된 신군은 그 자체로 많은 병력을 보유할 수 있으며, 막부의 용병처럼 농노나 시중의 무뢰한들을 강제로 끌어모은 군대에 비하면 어쨌든 무사이며, 더구나 궁핍한 하급무사로서 입신공명의 야망에 불타고 있었기 때문에 전투의지 면에서도 우수했다. 또한 설탕 전매 등으로 풍족해진 번의 재력은 이 군대를 부양할 능력도 갖고 있었다.

막부와 각 번의 이러한 군제개혁은 봉건제의 근본문제를 해결하지 않는 한, 즉 농민의 해방 없이는 근대적 국민군으로 발전할 수 없는 것은 명백했다. 기껏해야 절대주의적 용병군으로서의 형태를 취할 수 있느냐 없느냐의 문제였으나, 막부는 그것조차도 성공하지 못했다. 이를 위해서는 후다이(譜代)의 가신단을 희생시키지 않으면 안 되었기 때문이다. 하급무사가 주도권을 잡은 조슈번에서는 어느 정도 근대적 국민군으로의 방향이 설정되어 있었다. 그러나 그 전투력의 핵심인 각 부대는 완전히 봉건제로부터 탈피한 근대적인 군대는 아니었다. 기병대(奇兵隊)나 유격대(遊擊隊) 등의 부대가 하급무사뿐만 아니라 농민이나 상인을 모집하여 대원으로 참가시킨 것은 번의 위기에 즈음한 "부득이한 궁여지책"으로서, 농민과 상인의 에너지를 흡수할 수 있을 뿐만 아니라 나아가 그들을 일반의 농민과 상인 계층으로부터 분리시켜 이용한다는 데 있었다(関順也『藩政改革と明治維新』).

▎각 부대의 성격

각 부대에는 분명히 종래의 무사군대에서는 도저히 생각할 수 없는 민주적 요소가 구비되어 있었다. 각 부대의 선봉인 기병대는, 창시자인 다카스기 신사쿠(高杉晋作)에 의하면, "모든 병사를 차별 없이 대하며, 오로지 능력을 존중한다."는 것을 부대편성의 방침으로 하여, 봉건적 신분질서에 얽매이지 않았다(大絲年夫『幕末兵制改革史』). 편성은 대(隊)를 수 개의 소대로 나누고, 소대를 다시 수 개 오(伍)로 나누었다. 그리고 오에는 오장(伍長), 소대에는 소대장 및 압오(押伍 : 행군대형의 후미 책임자=소대 선임하사관), 그리고 대 본부에는 총관(総管) 및 군감(軍監) 이하에 서기, 훈련담당, 회계담당, 기계담당, 척후를 둔 근대적 편성이었다. 대원의 급여는 2급 혹은 3급의 차이가 있을 정도로, 큰 차이는 없었다(井上清『幕末の兵制

改革と民兵』,『日本の軍国主義』1). 총관이나 부대장은 형식적으로는 번에서 임명하는 것으로 되어 있었지만, 실제로는 부대 내에서 선출되었던 것 같다.

편성과 부대의 구성뿐만 아니라 전술에 있어서도 각 부대는 종래의 무사부대와 비교하면 훨씬 진보적이었다. 오무라(大村)는 이미 1864년에 크노프의 네덜란드어 전술서를 번역했다. 1853년 간행된 이 책은 나폴레옹전쟁을 교훈으로 하여 크게 변혁시킨 독일계 병학서로서, 클라우제비츠의 영향도 받은 것이었다. 기병대의 훈련이 새로운 전술에 의한 것임은 조슈 정벌에서도 나타나 있다. 『병인영성만필(丙寅連城漫筆)』에서 "보초(防長 : 현재의 야마구치현[山口県])의 무리들은 서양전법에 매우 숙달되어 있어 험준한 산악지대에서의 진퇴도 보통 사람으로는 생각할 수 없을 정도로 매우 강합니다. 그럼에도 불구하고 공격하는 각 번의 군사는 화승총으로 무장한 낡은 전법으로 대항하여, 그것이 적에게는 유리하고 공격하는 번군에게는 약점이 되고 있습니다. 따라서 관군의 보병으로 각 번 공격군의 이러한 약점을 보완해야 할 것입니다."(大絲, 전게서)라고 하고 있는 것도, 각 부대의 전술이 새로워졌다는 것을 보여주는 것이라 할 수 있다.

그러나 이들 부대는 어디까지나 무사적인 군대이기 때문에 진정한 의미의 국민적 군대는 아니었다. 바칸전쟁에서 포대(砲台)가 불타 향촌의 자위가 절실한 문제가 되었을 때, 향촌의 자위대라고도 할 수 있는 농병대(農兵隊)가 조슈번 내에서도 수없이 조직되었으나, 이러한 농병대와 번의 군대인 각 부대와는 명확하게 구분되어 있었다. 오히려 번 당국은 농민이 자주적으로 무장한 농병을 금지시킬 방침을 취하여, 번의 각 부대에 대한 통제 강화와 더불어 농병을 해산시키게 된다(井上, 전게서).

각 부대의 창설기에는 처지 곤란한 무뢰한들이 많이 입대하여 지휘관들이 그 통제에 부심했다. 그리고 무사도를 고취시킴으로써 서민출신 대원들에게 부대원으로서의 우월감을 갖게 하는 데 힘썼다. 원래 이들 부대는 번의 명령 혹은 양해 하에 결성된 것이 많았기 때문에, 정규군은 아니라 할지라도 번으로부터 무기와 봉급을 지급받았으며, 복무 중에는 무사의 특권인 성(姓)을 갖고 칼을 차는 것이 허용되었다. 따라서 각 부대는 그 편성과 규정에 종래의 무사군대와는 비교가 안 될 정도로 민주적 요소가 있다고는 하지만, 봉건적 성격이 완전히 불식되어 있었던 것은 아니었다. 농민과 상인 출신의 상당수 대원은 서민으로서의 향토방위 의식을 갖고 있었다기보다는, 대원이 됨으로써 서민에 대한 우월의식을 갖고 장래 무사신분으로의 승격 가능성에 기대를 걸고 있었던 것이다. 즉 종래의 봉건질서에 대대적인 개혁을 가하여 하급무사를 중심으로 농촌의 과잉인구를 대원으로 흡수함으로써 그들에게 봉건적 우월감을 부여한 것이 이들 부대였다(関, 전게서).

따라서 바칸전쟁 후의 조슈번 내의 농병이나, 러시아가 쓰시마(対馬)를 점령했을 때 쓰시마 민중이 자위를 위해 일어난 자주적인 무장과 같은 국민적 군대로의 방향은, 조슈번의 각 부대에서는 찾아볼 수 없었다(井上清『明治維新』). 이러한 경향은 사쓰마번 신군의 경우가 더 강했다. 사쓰마번의 신군인 성읍무사와 향토무사는 농민의 희생을 전제로 그 지위가 유지되는 것이기 때문에, 번의 힘이 강화됨으로써 봉록이 올라간다는 것에 대한 희망을 갖는 무사적인 의식을 갖고 있었다. 사쓰마와 조슈의 신군이 전통적인 무사단에 비해 훨씬 진보된 군대이면서도 메이지 유신 후 오히려 반동의 거점이 되는 것도 이러한 사정 때문이었다.

3. 유신내란의 군사적 의의

▌왕정복고 쿠데타

1867년 12월 9일 이른 아침, 전날 밤부터 계속된 궁중회의가 끝나고 섭정 이하의 신하들이 퇴궐한 후, 사이고 다카모리(西鄕隆盛)가 이끄는 사쓰마번 군이 갑자기 출동하여 교토 황궁의 주요 문인 건례문(建礼門), 건춘문(建春門), 의추문(宜秋門), 청소문(淸所門) 안팎의 경비를 강화하고, 건문(乾門)에는 예비대와 대포를 배치했다. 그리고 이어서 도착한 아키번(安芸藩), 도사번(土佐藩), 오와리번(尾張藩), 에치젠번(越前藩)의 병력도 황궁 주위를 빈틈없이 경계했다. 황궁 내부에서는 이와쿠라 도모미(岩倉具視)가 미리 초청한 자신들의 일파인 친왕·공경·번주들만의 회의에서 궁정의 신하들을 일거에 경질하고, 총재(総裁)·의정(議定)·참여(参与)의 3직책을 임명하고 왕정복고를 선언했다. 메이지유신의 대변혁으로 이어지는 이 쿠데타의 성공은 궁궐의 문들을 경계한 5개 번 병력의 무력을 배경으로 한 것이지만, 그 중에서도 핵심이 된 것은 사쓰마 번병이었다.

이에 앞선 동년 10월 14일 도쿠가와 요시노부(德川慶喜)의 대정봉환(大政奉還 : 정권을 천황에게 반환하는 것)은 공무합체파(公武合体派 : 조정[公]과 막부[武]의 협력체제)의 승리인 동시에, 삿초(薩長 : 사쓰마번과 조슈번) 등 토막파(討幕派)의 패배를 의미했으나, 오쿠보 도시미치(大久保利通)와 사이고 다카모리 등의 토막파 중심인물은 여전히 무력에 의한 막부 타도의 의도를 버리지 않고 있었다. 일찍이 역적의 오명을 썼던 조슈번의 전철을 밟지 않고 무력으로 막부를 무너뜨릴 명분을 얻기 위해서는 천황을 자신들의 수중에 넣을 수 있는 교토에서의 쿠데타가 필요했다. 이를 위한 절대적 조건은 교토-오사카 사이에 우군의 병력을 신속하게 집중시키는 것이었다.

　대정봉환 직후인 10월 17일 고마쓰 다테와키(小松帶刀), 사이고(西郷), 오쿠보(大久保) 등의 사쓰마번 무사와, 히로사와 사네오미(広沢真臣), 시나카와 야지로(品川弥二郎) 등의 조슈번 무사가 일제히 교토를 떠났다. 병력 집중을 준비하기 위해서였다. 사이고 등의 일행은 도중에 조슈번에 들러 출병을 협의하고, 우선 조슈의 미타지리(三田尻)에 대기 중인 사쓰마번 병력을 상경시켰다. 이어서 가고시마(鹿児島)로 돌아온 그들은 번의 의견을 도막으로 통일했다. 그 결과 사쓰마 번주 시마쓰 다다요시(島津忠義)는 몸소 3,000명의 정예병력을 이끌고 가고시마를 출발하여, 도중에 미타지리에서 조슈번과 재차 협의한 후, 11월 23일 교토에 입성했다. 이미 교토에 체재하고 있던 병력과 더불어 사쓰마번의 병력은 1만을 헤아렸으며, 그 총포대의 위력은 교토를 압도하는 기세였다. 이어서 조슈번의 병력 2,000여명도 11월 29일 니시미야(西宮)에 상륙하여 교토로 향할 준비를 했다. 망설이고 있던 아키번(安芸藩)도 병력 200명을 상경시켰다. 이들 병력이야말로 도막파(倒幕派)의 쿠데타 성공을 보증하는 것이었다. 공무합체파인 도사번(土佐藩), 막부의 친번(親藩: 도쿠가와 이에야스의 직계 자손을 시조로 하는 번)인 에치젠번(越前藩)과 오와리번(尾張藩)이 사전에 쿠데타 계획을 통고받고, 이에 동조한 것도 사쓰마번의 군세에 압도되었기 때문이었다.

▌도바·후시미 전투

쿠데타 성공 후인 12월 10일, 입경이 허락된 조슈번 병력은 즉시 교토의 경비에 가담했다. 이에 따라 니조성(二条城)에 있던 도쿠가와 요시노부(德川慶喜)는 아이즈번(会津藩)과 구와나번(桑名藩)의 병력을 이끌고 12월 12일 밤 오사카로 퇴각했다. 그리하여 오사카에는 막부직할의 3병(三兵)을 비롯한 신센구미(新撰組 : 1863년 교토로 가는 쇼군의 신변보호를 위해 편성된 무사조직)와 미마와리구미(見廻組 : 에도막부가 교토의 경비를 위해 만든 부대), 그리고 아이즈번, 구와나번, 오가키번(大垣藩), 다카마쓰번(高松藩) 등의 병력이 집결하여 전투준비를 가다듬었다. 한편, 도막파인 사쓰마번은 여전히 남아있는 타협의 가능성을 배제하고 어디까지나 무력결전에 의한 막부 타도를 목표로 했다. 12월 25일 에도에 있는 사쓰마번 저택 방화 사건 소식이 전해지면서, 마침내 양측 군의 충돌은 불가피하게 되었다. 1868년 1월 1일 도쿠가와 요시노부는 '사쓰마 토벌령(討薩表)'을 내려, 다음날인 2일 막부 군함이 사쓰마번의 기선을 효고항(兵庫港)에서 포격하고 육군은 교토를 향해 진격하여, 마침내 3일에는 교토-오사카 사이의 도바(鳥羽)와 후시미(伏見)에서 전투가 개시되었다.

이때 교토 측에는 삿초(사쓰마번과 조슈번) 외에도 여러 번의 많은 병력이 있었으나, 삿초에 반감을 갖고 도쿠가와 측에 동정적인 번이 많았기 때문에 전투력으로서 믿을 만한 것은 어디까지나 이 2개 번에 한정되어 있었으므로, 병력에 있어서는 막부군이 훨씬 우세했다.[8] 교토 측에서는

---

8 막부군이 북상한다는 보고를 받은 이와쿠라 도모미는 "재경 번들 중 의지할 수 있는 것은 오로지 사쓰마와 조슈 2개 번뿐이다. 하지만 이것만으로는 병력이 적어 필승을 기대하기 어렵다."고 생각하여, 사이고(西郷), 오쿠보(大久保), 히로자와(広沢) 등과 협의하여, 만약 패하게 되면 천황을 여장(女裝)을 시켜 산인도(山陰道 : 혼슈(本州) 동해(일본해) 쪽 서부)로 피난시켜, 재기를 노리는 것도 계획했을 정도였다.(『岩倉公実記』下巻)

사이고(西鄕)를 실질상의 총지휘관으로 한 사쓰마번 병력 2,000명으로 도바를 지키고, 조슈번 병력 1,800명과 도사번 병력 300명으로 후시미를 지켰다. 그리고 사쓰마번 병력 400명을 예비대로서 교토의 도지(東寺)에 두었다. 이에 대해 막부 측은 도바 방면으로는 구와나번·막부의 3병·신센구미·미마와리구미를, 후시미 방면으로는 아이즈번·3병 등의 병력을 진출시켜, 총병력 1만 5,000명을 헤아렸다.[9] 수적으로는 막부 측이 3배의 우세를 점하고 있었다.

3일 저녁부터 개시된 전투에서는 교토 측이 승리를 거두고, 다음날인 4일 막부 측의 필사적인 공격으로 일진일퇴를 거듭하는 가운데 한때 교토 측이 불리했으나 증원을 받아 전세를 만회하자, 요도번(淀藩)과 즈번(津藩) 등이 배반하여 막부군이 총퇴각하게 되어, 5일과 6일 양일의 추격전으로 4일간에 걸친 전투는 교토 측의 승리로 돌아가고 오사카성도 그 수중에 들어갔다. 결국 병력에 있어서는 훨씬 열세로 알려졌던 삿초의 병력이 우세한 막부군을 격파한 것이다.

▌삿초군과 막부군

이 전투의 승패를 가른 첫 번째 원인은 군대의 질적인 차이였다. 편제와 장비 면에서 본다면 막부가 예산을 투입하여 프랑스인 교관을 초빙하여 급거 육성한 3병과, 육군 부교(奉行) 다케나가 단고노가미(竹中丹後守)가 이끄는 5,000명의 병력이 삿초의 신군보다 우수하다는 것은 자타가 인정하고 있었다. 그러나 3병의 병사는 막부가 하타모토 고케닌에게 할당하여 차출한 병력 혹은 에도의 무뢰한들이 입대한 것이기 때문에,

---

[9] 양군의 병력에 관해서는 연구서마다 달라서 정확하게 산정할 수 없으나, 교토 측에 대해서는 4,000, 4,500, 5,000, 5,500이라는 기록이 있고, 막부측에 대해서는 1만 5,000이라고 되어 있는 것이 많다.

개개의 병사가 전투 목적을 이해하고 자발적인 의지로 싸우는 상태는 아니었다(井上淸 「幕末兵制改革と民兵」, 전게서). 막부 측의 주력은 오히려 삿초에 대한 증오심에 불타는 아이즈번과 구와나번의 병사들로서, 3병은 격전이 벌어지면 순식간에 전선을 포기하고 오사카로 퇴각하여, 요시노부가 에도로 도망친 후에는 혼란에 빠져 사방으로 도망쳐버리는 상태였다. 이와는 달리 삿초의 병력은 나름대로 근대적인 편제 및 장비를 갖추고 있었을 뿐만 아니라 병사의 전투의지도 강했다. 그것은 전투의 승패가 그들 자신의 지위와 이해관계에 직결된다는 것을 자각하고 있었기 때문이었다. 사쓰마군의 선봉인 나카무라 한지로(中村半次郎=桐野利秋)의 부대가 4일의 전투에서 40명의 대원 중 28명의 전사자를 내면서도 싸웠다고 하는, 그러한 왕성한 사기가 그 전력을 지탱하고 있었기 때문이었다(『大西鄕全集』 제3권).

아이즈번과 구와나번 등의 번들, 특히 아이즈번 병력은 한때 전선을 돌파했을 정도로 잘 싸웠다. 번의 안위가 자신들의 운명에 직결된다는 것을 자각하고 있는 그들의 사기는 막부 3병에 비할 바가 아니었다. 그러나 이들 번들 역시, 병제개혁을 통해 소총부대를 기초로 한 대중군을 편성하고 있는 삿초에 비하면, 편성과 장비 면에서 매우 뒤떨어져 있었다. 그 군대는 봉건적 신분제 군대이며, 구식 총이 있기는 했지만 주된 전법은 칼을 빼들고 돌격하는 개인전투였기 때문에, 삿초의 소총부대 앞에서는 맥없이 무너졌다.

지휘의 우열도 승패를 갈랐다. 무엇보다도 삿초 즉 사쓰마번과 조슈번의 결속이 견고했다. 4월 마침내 요시노부 토벌이 조정회의에서 결정되어 아키히토(嘉彰) 친왕이 토벌대장군(征討大將軍)이 되었으나, 그 이전부터 사이고(西鄕)가 실질상의 총지휘관으로서 전투를 지휘하면서 불리한 전장에 예비대를 투입하여 증원하는 등, 지휘의 통일을 잘 유지하고 있었다. 이에 반해 막부 측은 로주카쿠(老中格 : 로주의 정원 외이면서 로주의

자격으로 정무에 관여한 자. 로주는 쇼군에 직속되어 정무를 총괄한 에도막부 최고의 관직으로 2만 5천석 이상의 후다이 다이묘 중에서 4~5명이 선정) 오코우치 마사타다(大河內正質) 휘하에 정부(正副) 총독을 임명하기는 했으나, 막부 직할군과 각 번 병력들 사이의 지휘에 통일성이 없고 도중에 배신하는 일조차 있었다. 3병과 각 번 지휘관들도 신분만 높았지 군사적 능력은 떨어지는 자가 많았다. 삿초의 지휘관들이 실력본위의 하급무사였던 것과는 지휘능력 면에서 현격한 차이가 있었다. 도바 방면의 총감군(總監軍)이 사쓰마번에서 전략가로서 가장 명망이 높았던 이지치 마사하루(伊地知正治)이며, 후시미 방면의 총감군으로 약관 25세의 야마타 아카요시(山田市之允=顯義)가 능력으로 선배들을 제치고 임명된 것을 보아도, 막부군과는 비교가 되지 않을 정도로 지휘관의 능력이 우수했다.

이렇게 하여 도바·후시미 전투의 승패를 가른 요인들은 그 후 계속되는 내란에서도 그대로 작용하게 된다.

▍내전의 심화

도바·후시미 전투는 교토에 있어서의 정권의 구상과 전국의 정치정세를 일변시켰다. 타협파인 공경(公卿)과 제후의 정치적 지위는 하락하고 웅번연합 구상은 사라졌다. 삿초의 하급무사 실력자들이 교토 정권 내에 확고한 지위를 점하여, 천황제 절대주의 관료국가로의 방향이 여기서 결정되었다. 형세를 관망하고 있던 남서의 번들은 교토 측으로 기울어져, 이러한 움직임에 반발하는 막부 및 동북의 번들과의 내란을 무릅쓴 대립이 불가피하게 되었다. 그리고 이 내란이 있었기에 유신은 단순한 정권교체가 아닌, 변혁으로서의 깊이와 규모를 갖출 수 있었던 것이다.

도바·후시미 전투 직후인 2월 7일 정식으로 요시노부 토벌령이 내려져, 9일 아리스가와노미야 다루히토(有栖川宮熾仁) 친왕이 정토대총독(征

討大総督)에 임명되고, 각 지역의 진무총독(鎮撫総督)과 참모도 임명되었다. 총독인 친왕과 공경은 원래부터 명목뿐이고 실권은 참모인 각 번의 무사가 장악하고 실질적인 부대 지휘를 했다. 그리고 토벌군에는 삿초 두 번 외에도, 이미 입장을 분명히 한 도사번(土佐藩), 기이번(紀伊藩), 비젠번(備前藩), 에치젠번(越前藩), 히고번(肥後藩), 오가키번(大垣藩)도 참가하여 총병력 5만을 헤아렸으나, 주력은 어디까지나 삿초의 병력이었다.

이에 대해 막부측은 오사카에 있어서의 3병 괴멸 후에는 이미 육군에는 의지할 수가 없게 되고, 겨우 해군이 건재하고 있을 뿐이었다. 그리고 아이즈번(会津藩) 등의 병력은 자신들의 영지로 퇴각하여, 병력에 있어서도 장비에 있어서도 관군에 대항할 수가 없어, 요시노부가 항복한 것은 당연했다. 그러나 토벌군의 간부들, 특히 사쓰마번에서 내전에 호소하려는 결의가 확고했다. 그것은 도바·후시미 전투에서 얻은 자신감과, 막부 및 동북의 번들을 철저하게 괴멸시킴으로써 전리품 즉 영지를 얻으려는 번병들의 무사적인 야심에 의한 것이었다.

▎무진전쟁

도바·후시미 전투에서 패한 막부 측은 끝까지 싸우자는 항전파(抗戰派)와 유리한 조건으로 화평을 이끌어내자는 공순파(恭順派)로 나뉘었다. 이러한 동안에 신정부에 의한 막부개혁 준비가 진행되어, 1868년 2월 6일 다루히토(熾仁) 친왕을 동정대총독(東征大総督)으로 하는 동정 부서가 결정되었다.

도카이도(東海道 : 혼슈[本州] 태평양 쪽의 중부지역), 도산도(東山道 : 도카이도와 호쿠리쿠도 중간 지역), 호쿠리쿠도(北陸道 : 혼슈 동해 쪽의 중부지역) 이 3도(道)의 신정부군이 즉시 진군을 시작하고, 2월 15일 교토를 출발한 대총독이 3월 5일 시즈오카(静岡)에 도착하여, 3월 15일을 에도성(江戸城)

총공격의 날로 정했다. 그 동안 동정군의 진로에 있는 서부지역 번들이 쇼군 직계의 친번(親藩)인 오와리번(尾張藩)까지 포함하여 차례로 신정부에 항복 의사를 표했기 때문에, 막부의 대세도 화평으로 기울어져, 정부군의 참모 사이고 다카모리(西鄕隆盛)와 막부 측 실력자 가쓰 가이슈(勝海舟)의 회담 결과, 4월 11일 에도성은 평화리에 함락되었다.

사이고와 가쓰의 화평교섭이 성립된 것은 에도성의 공방이 관동 주변의 농민전쟁을 확대시키고, 구미 열강의 내란 개입을 초래할 것을 우려했기 때문이었다. 그러나 끝까지 도쿠가와막부의 권력 유지를 바라는 막부 직속의 하타모토(旗本)와 여러 번의 무사들은 이에 불만을 갖고, 쇼기타이(彰義隊)라는 이름으로 우에노(上野)의 산에 들어가 농성을 하기도 하고, 에도를 탈출하여 관동지방이나 동북지방으로 달아나기도 했다. 또한 봉건적 색채가 강한 동북지방의 번들도 막부를 중심으로 하는 통일정권의 유지를 목표로 신정부에 저항을 계속했다. 여기에는 삿초군에 의한 도발도 한몫을 했다.

68년 5월 15일 군무관판사(軍務官判事) 오무라 마스지로(大村益次郞)를 지휘관으로 하는 신정부군은 우에노의 쇼기타이에 대한 총공격을 감행했다. 정부군의 신식화포의 위력에 쇼기타이는 하루 만에 궤멸되었다. 관동 주변에서 게릴라전을 계속하던 막부의 부대들도 5월 중에 거의 진압되었다.

이렇게 하여 관동으로부터 서쪽은 신정부 지배 하에 들어갔으나, 동북과 호쿠에쓰(北越 : 현재의 도야마현[富山縣]과 니가타현[新潟縣]의 일부)의 번들 그리고 에도를 탈출한 막부 세력의 저항은 여전히 계속되었다. 이것은 도쿠가와막부와 아이즈번·구와나번에 대한 신정부의 처분이 가혹하여 막부의 신하들과 동북지방의 무사들의 생활이 위협받은 것, 그리고 구 봉건적 지배 유지에 여전히 집착을 갖고 있었기 때문이었다.

센다이번(仙台藩)을 중심으로 하는 오우(奧羽 : 현재의 동북지방)의 25개 번이 5월 초 동맹을 맺고, 여기에 아이즈(会津 : 현재의 후쿠시마현[福島県]의 서부지역), 나가오카(長岡 : 니가타현[新潟県] 중부), 쇼나이(庄内 : 야마가타현[山形県] 북서부) 등의 번이 참가한 열번동맹(列藩同盟)이 성립되어, 우에노에서 린노지(輪王寺 : 이바라기현[栃木県] 닛코시(日光市) 소재 천태종 사원)로 탈출한 구겐(公現) 법친왕(法親王 : 출가한 친왕)을 군사총독으로 했다. 여기서 항전의 주력이 된 것은 아이즈번과 나가오카번이었다. 신정부군은 격렬한 전투 끝에 7월과 9월에 각각 나가오카와 아이즈를 공략했다. 센다이번 이하의 동북지방 번들도 항복하여 열번동맹은 해체되었다.

그 사이 8월에 구 막부의 해군총재 에노모토 다케아키(榎本武揚)가 함선 8척을 이끌고 시나가와(品川) 앞바다를 탈출하여 홋카이도로 도망갔다. 그리고 홋카이도 전역을 점령하여, 68년 12월 7일(양력 69년 1월 19일) 하코다테(函館)의 고료가쿠(五稜郭)에서 관리들을 선출하여 독립정권을 수립했다. 여기에는 막부의 고문이었던 프랑스 무관 5명도 참가했다. 신정부 측은 해군의 병력 부족으로 공격에 시간이 걸렸으나, 열강이 국외중립(局外中立)을 해제하고 신정부를 지지했기 때문에 정부군이 우세하게 되어, 69년 5월 18일 에노모토 군은 항복했다. 이것으로 마침내 1년 반에 걸친 내전은 끝났다.

무진전쟁은 정치적 사회적으로는 메이지유신을 봉건에서 근대로의 철저한 개혁으로 마무리했다는 데 큰 의의가 있었다. 이와 더불어 군사적으로는 봉건적 신분제 군대가 근대적 대중군의 적수가 되지 않는다는 것을 분명히 했다. 그러나, 앞에서 기술한 것처럼, 삿초의 신군도 진정한 의미의 대중군은 아니었다. 종래의 무사단에 비하면 신분에 구애받지 않는 부대편성을 취하고 있지만, 그 구성원은 봉록이 적은 하급무사라고는 해도 의식에 있어서는 농민이나 시민과는 달리 어디까지나 봉건무사 그 자체였다. 여기에 큰 문제가 잔존하고 있었던 것이다.

▌중앙의 군제정비

　무진전쟁이 진행되는 동안 중앙정부의 체제는 착실하게 정비되어 갔다. 이 동안에 정부에 모여든 하급무사 출신의 관료들은 절대주의적 중앙집권국가로의 길을 추구하고 있었던 것이다. 그러나 이 시점에서 중앙정부의 결정적인 약점은 직속의 군사력을 갖고 있지 않다는 것이었다. 토벌군인 각 번의 병사들은 어디까지나 번의 병력이었다. 68년 후반 동북지방과 호쿠에쓰(北越)에서의 승리로, 그들은 각자의 번으로 개선했다. 개선한 병사들은 그 공을 내세워 논공행상을 요구하면서, 번의 실권을 수중에 넣고 옛 주인인 번주까지도 경멸하는 지경이었다.
　전투에서 승리한 각 번은 전쟁의 경험을 거울삼아 병제개혁을 추진하고, 군사력을 더욱 강화함으로써 발언권을 장악하고 있었다. 더구나 번 병들은 이전의 동료였던 중앙정부 관료들이, 그들이 전투에 참가하고 있는 동안 중앙의 실권자로 부상하여, 번의 권력을 제한하고 봉건제를 변혁하려고 하는 것에 불만이었다. 바야흐로 중앙정부에 있어서 최대의 급무는 직속의 무력을 정비하는 것과, 각 번의 자립을 뒷받침하고 있는 번 병을 정리하는 것에 있었던 것은 당연했다.
　무진전쟁 수행 중 중앙에 있어서 전쟁지도의 실권을 잡은 것은 이와쿠라 도모미(岩倉具視)를 앞세운 오쿠보 도시미치(大久保利通)와 기토 다카요시(木戸孝允) 등의 관료였다. 그들은 전쟁을 수행하는 과정에서 정부의 지도자가 되었다. 한편, 제1선의 지휘관으로서 실권을 잡은 것은 동정대총독부(東征大総督府)의 참모 사이고 다카모리(西郷隆盛), 우에노 전투를 지도한 군무관판사(軍務官判事) 오무라 마스지로(大村益次郎), 호쿠리쿠도(北陸道) 진무총독(鎮撫総督) 겸 아이즈(会津) 토벌을 위한 에치고지방(越後国) 총독참모(総督参謀) 야마가타 아리토모(山県有朋) 등의 하급무사들로서, 그들 중 상당수가 중앙의 군사관료로 성장해 갔다.

제2장
징병제 채용과 중앙병력의 정비

1. 무사단의 해체와 중앙병력의 창출
2. 징병제 채용과 그 모순
3. 서남전쟁과 근대군대의 확립

1. 무사단의 해체와 중앙병력의 창출

▎유신정권의 군제

1868년 1월 3일 아키히토(嘉彰) 친왕을 군사총재로 임명하고, 4일 다시 그를 토벌대장군으로 임명하여 도바·후시미 전투를 지휘케 했는데, 메이지정부가 군사에 관한 관직을 둔 것은 이것이 처음이었다. 이어 1월 7일 신설된 다이조칸다이(太政官代: 에도막부를 대신한 신정부의 중추기관)의 직제를 정하여 육해군과(海陸軍課)를 설치하고, 육해군무총독(海陸軍務総督)에 이와쿠라 도모미, 아키히토 친왕, 시마즈 다다요시(島津忠義)가, 육해군무담당(海陸軍務掛)에 히로사와 사네오미(広沢真臣)와 사이고 다카모리가 각각 임명되었다. 그리고 이 개정 후 겨우 20일이 지난 2월 3일 또다시 관제 개정이 이루어져, 육해군과를 대신하여 군방국(軍防局)이 설치되어 총독에 아키히토 친왕, 권보(権輔)에 가라스마루 미쓰에(烏丸光徳), 판사(判事)에 요시다 료에이(吉田良栄), 요시이(吉井奉輔), 쓰다 노부히로(津田信弘), 도히 덴젠(土肥典膳)이 임명되었다(『陸軍省沿革史』).

한편 이 동안에 동정 준비가 진척되어, 2월 6일에는 다루히토(熾仁) 친왕을 동정대총독으로 하는 동정군의 부서가 정해져, 삿초를 비롯한 20여개 번의 병력이 여기에 속했다.[10] 그러나 이 동정군은 어디까지나 각

---

10 동정 부서는 다음과 같다.(『大西郷全集』第三巻)
　○ 東征大総督 熾仁親王, 참모 正親町公薫, 西田辻公業, 広沢真臣, 西郷隆盛, 林玖十郎
　○ 東海道先鋒総督兼鎮撫使 橋本実梁, 부총독 柳原前光, 참모 木梨精一郎, 海江田信義

번의 연합군으로서, 총독은 유명무실하고 실권을 가진 참모라 할지라도 다른 번의 지휘관에 대해서는 강한 권한을 행사할 수 없었다. 따라서 이 시기 중앙정부는 그 직할의 군대가 없었던 것이다.

동년 4월 동정군은 에도에 도착했다. 동년 윤4월 20일 정부는 처음으로 육군편성법을 제정했다. 이것은 각 번으로부터 1만석당 10명(단, 당분간 3명)을 교토지역의 상비병으로서 차출하고, 또한 1만석당 300량의 비율로 군자금 상납을 받아 이것으로써 중앙의 군사력을 건설하려는 것이었다. 그러나 한편으로는 무진전쟁 수행 중이며, 다른 한편으로는 이것을 각 번에 강제할 권위도 실력도 중앙에는 없었기 때문에, 이 육군편성법은 거의 실효를 거두지 못한 채 다음해인 69년 2월 폐지되었다(松下芳男『明治軍制史論』上卷).

이어 동년 윤4월의 관제 개정으로 군방국(軍防局)을 대신하여 군무관(軍務官)이 설치되었다. 군방국에는 4월에 육군국만 설치되었으나, 군무관에는 육군국과 해군국의 2국과, 축조(築造), 병선(兵船), 병기, 마정(馬政)의 4사(司)가 두어졌다. 각 사(司)는 거의 명목뿐이었으나, 육군과 해군은 처음으로 대등한 국(局)으로서 병립하게 되었다. 이때 군무관 지사(知事)에 아키히토 친왕, 부지사에 나가오카 모리요시(長岡護美), 판사에 오무라 마스지로(大村益次郞)가 임명되었다.

▌동북 개선군의 처리

68년 후반부터 동북평정을 끝낸 번병의 처리가 문제가 되었다. 막부

○ 東山道先鋒総督兼鎭撫使 岩倉具定, 부총독 岩倉具經, 참모 板垣退助, 宇田栗園, 伊地知正治.
○ 北陸道先鋒総督兼鎭撫便 高倉米祐, 부총독 四条隆平, 참모 小林重吉, 津田山三郞.
○ 奥羽鎭撫総督 九条道孝, 부총독 沢為量, 참모 醍醐忠敬, 大山綱良, 世良修藏.
○ 海軍総督 嘉言親王, 참모 庭田重胤, 中山忠愛, 伊藤外記, 増田左馬之進.

말기의 동란기로부터 무진전쟁을 거치는 과정에서 각 번의 군사력은 급속하게 정비되어, 그 장비도 수입병기에 의해 눈부시게 향상되어 있었다. 전승으로 기고만장한 이 번병의 향배 여하는 정권의 운명과도 무관하지 않은 것이었다.

68년 10월 17일 효고현(兵庫県) 지사(知事) 이토 히로부미(伊藤博文)는 "동북 개선군 처리대책"을 건의했다(『法規分類大全 兵制門 兵制總』). 그 요지는 문무의 권한이 조정으로 돌아왔다고 해도, 반군을 토벌한 것은 모두 제후의 군사들이기 때문에, 조정에는 여전히 1명의 친위병도 없다. "이 기회에 동북 개선군을 새롭게 조정의 상비군대로 하고, 총독, 감군, 참모 이하 모두에게 합당한 작위를 수여하여 이들로 하여금 병사를 지휘하게 하고, 또한 병사들에게도 등급을 부여하여 직책을 주며, 그리하여 구주 각국의 병제를 절충하여 새롭게 우리의 병제를 개혁하여 이를 조정이 직접 통어"할 필요를 역설한 것이었다. 즉 각 번의 병력을 중앙에 집결시켜 이것을 정부직할의 군대로 한다는 것이었다. 그러나 각 번의 영주들이 이미 번병에 대한 통제력을 상실했다고는 하지만, 중앙정부에는 이 병력을 유지하는 데 필요한 예산이 마련되어 있지 않았다. 더구나 번병의 생각은 중앙집권국가를 지향하는 중앙정부 관료와는 서로 맞지 않았다. 사쓰마 번병의 지휘관 사이고 다카모리가 정부와의 마찰로 병력을 이끌고 가고시마로 돌아오자, 도사(土佐) 번병의 지휘관인 이타가키 다이스케(板垣退助)도 이에 따랐다.

이 시기 메이지정부에 있어서 무엇보다도 시급한 일은 정부직할의 무력을 갖는 것이었다. 웅번연방에서 탈피하여 중앙집권국가를 완성시키기 위해서는 권력의 기초가 되는 무력이 절대적으로 필요했던 것이다. 하지만 번병들이 자신의 번으로 돌아가, 중앙정부에는 믿을 만한 병력이 없는 상황이었다.

1869년 7월 8일 신정부는 대대적인 관제 개혁을 단행하여 태정관(太

政官)으로 하여금 행정부 즉 내각을 담당하게 하고, 그 밑에 민부성(民部省), 대장성(大蔵省), 병부성(兵部省), 형부성(刑部省), 궁내성(宮内省), 외무성(外務省)의 6성을 두었다. 즉 군무관(軍務官)이 병부성으로 개편된 것이다. 병부성에는 경(卿), 대보(大輔), 소보(少輔) 각 1명, 대승(大丞) 2명, 권대승(権大丞)과 소승(少丞) 각 3명을 두는 것으로 했다. 병부경에는 구 군무관지사 아키히토 친왕이 임명되고, 병부대보에는 오무라 마스지로가 임명되어 병부성의 실권을 장악했다. 오무라는 조슈번의 의사가문 출신이었으나, 난학(蘭学 : 에도시대 네덜란드를 통해 들어온 유럽의 학문, 기술, 문화 등의 통칭)을 통해 서양의 병학을 배워 막부 말기 조슈번의 병제개혁을 지도하고, 무진전쟁에서는 군사전략가로 이름을 날린 인물이다.

그의 중앙병력 정비에 대한 의견은 징병에 의한 상비병력을 두려는 획기적인 것이었다.[11] 즉 각 번의 번병과는 전혀 별개로, 또한 신분에 관계없이 전국에서 병을 징집하여 이것을 중앙 직속의 군대로 조직한다는 것으로, 번병을 징집하자는 앞의 이토(伊藤)의 구상과는 대조적인 것이었다. 오무라는 이러한 중앙병제 정비의 첫 단계로서 우선 간부교육기관의 정비에 힘썼다. 막부가 창설한 요코하마어학소(横浜語学所)를 병부성 관할로 하여 장교후보생의 어학교육을 담당케 하고, 교토의 병학소(兵学所)를 오사카로 옮겨 오사카병학료(大阪兵学寮)로 하여 보병・기병・포병

11　1869년 6월경의 것으로 보이는 오무라의 군제안은 다음과 같은 것이었다.(『公爵山県有朋伝』 中巻, 『大村益次郎』)
　　○ 25세에서 35세까지의 건장한 장정 중 지원자를 친병(親兵)으로 하고, 그 편성은 번의 구별 없이 신장에 의한다.
　　○ 친병은 상비병으로서 오슈(奥州)는 물론 모든 요충지에 두고, 의복을 비롯한 모든 것을 관에서 지급한다. 그리고 월급은 절반 또는 3분의 1을 주고, 나머지는 관에서 저축했다가 임무가 종료되었을 때 지급하여, 고향에 돌아가 자본금으로 쓰게 한다.
　　○ 복무연한은 5년으로 하고, 40세 미만인 자 중에서 원할 경우 5년을 연장할 수 있게 한다.
　　○ 향도(嚮導)와 모든 지휘자는 대원들 중에서 선거로 정한다.

3개 병과의 사관을 양성하도록 하고, 나아가 요코하마어학소를 병학료에 합병하는 것 등이 그 방책이었다. 그러나 이러한 이상적인 중앙병력 정비도, 우선 번병을 어떻게 정리할 것인가, 중앙의 병력을 어디에서 담당할 것인가, 그 유지경비를 어떻게 마련할 것인가 하는 난관에 직면했다.

중앙에 병력이 존재하지 않은 상태에서 무진전쟁에서 개선한 각 번 병력의 향배는 큰 문제가 되어 있었다. 각 번도 전쟁 수행에 의한 재정난에 고심하고, 번의 병력 유지에 곤란을 느끼고 있었다고는 하지만, 여전히 번병의 존재는 중앙집권을 곤란하게 하는 이유가 되었다. 그 중에서 특히 강대한 병력을 유지하고 있던 것은 사쓰마번이었다.

▎번병의 동향

68년 후반 동북 평정 후 사쓰마 번병은 속속 가고시마로 개선했다. 왕정복고 이래 동북전쟁에 이르기까지의 역사적 대전환에 주역을 담당한 것이 사쓰마번의 군사력이었기 때문에 그들의 기세는 하늘을 찌를 듯했다. 중앙정부는 물론 번의 통제도 이들에게는 미치지 않게 되어, 번병의 수령 사이고 다카모리 휘하에 결집한 그 세력은 어떤 것도 두려워하지 않았다.

하급무사를 리더로 하는 번병들의 요구는 자신들이 중심이 된 번의 제도개혁이었다. 69년 2월 쿠데타에 의해 번의 직제를 고쳐, 사이고를 중심으로 한 이지치 마사하루(伊地知正治), 오야마 쓰나요시(大山綱良), 오사코 사다카요(大迫貞淸), 가쓰라 히사타케(桂久武), 이주인 가네히로(伊集院兼寬) 등에 의한 번의 정권이 확립되었다. 그 체제 하에서의 번제개혁은 우선 문벌의 폐지와 녹봉제도의 개혁이었다. 이에 의해 구 문벌의 녹봉이 삭감되고 하급무사가 우대되었다. 그리고 이 하급무사의 권력의 기초로서 군사력의 강화가 도모되어, 사이고의 지도 하에 병제개혁이 행해졌다. 또한 하급무사를 구성원으로 하는 상비군 조직을 더욱 정비하여, 그 위용은 전국을 압도했다.

사쓰마번과 마찬가지로 동북정벌의 주역이었던 조슈번에서는 번 재정의 어려움 때문에 오히려 군대를 정리하는 방향이 취해졌는데, 이것은 병사들에게는 실직을 의미하는 것이므로 논공행상에 대한 불만으로 반란이 일어나, 사쓰마번과는 반대의 양상을 보였다. 그 외 기슈(紀州)나 도사(土佐)처럼 하급무사 이외의 농민까지 대상으로 하여 징병에 의한 병제개혁의 방향을 취한 경우도 있었으나, 어느 곳도 특별히 성공했다고는 할 수 없었다. 그리고 사쓰마를 제외한 각 번에서는 번 체제의 부패 특히 재정난 때문에 무사의 상비직을 폐지하고 녹봉제도를 축소하는 등, 번 병력의 감축을 단행하려는 방향이 일반화되어 있었다.

오무라는 국민 징병에 의한 중앙병력 정비 구상을 내세웠으나, 그것에 손을 대기도 전인 69년 9월, 상비직에서 해고된 것에 불만을 품은 무사들에 의해 교토에서 피습을 당했다. 그 후 병부성은 사쓰마번과 조슈번 출신 간의 대립 등으로 큰 혼란에 빠졌으나, 70년 8월 구미시찰에서 귀국한 야마가타 아리토모(山縣有朋)가 병부소보(兵部少輔)에 취임하여 마침내 병제정비가 궤도에 올랐다. 야마가타는 오무라와 마찬가지로 전국 징병에 의한 중앙병력 정비를 목표로 하기는 했으나, 오무라만큼의 이상주의자는 아니었기 때문에 현실과의 타협을 알고 있었다. 야마가타는 어떻게 해서든 중앙에 강대한 병력을 구비하는 것이 모든 것의 전제라고 하면서, 이를 위해서는 사이고가 이끄는 사쓰마의 무력을 이용하는 것이 선결과제라고 했다. 그리고 이를 위해서는 원래의 의도와는 상반되는 방향, 즉 웅번의 번병을 우선 중앙의 무력으로 하는 길을 택하는 것도 굳이 마다하지 않았다.

▎어친병의 설치

70년 12월 정부 수뇌인 이와쿠라 도모미(岩倉具視)와 오쿠보 도시미쓰(大久保利通)는 야마가타 등을 대동하고 가고시마를 방문하여 사이고(西鄕)에게 병력을 이끌고 상경할 것을 설득했다. 그 결과 사쓰마번·조슈번·도사번의 병력에 의한 어친병(御親兵 : 1871년 천황을 호위하기 위해 설치된 군대. 1872년 근위병으로 개칭) 설치가 실현되었다. 이때 야마가타는 사이고에게 "사쓰마 출신의 군이라 할지라도 유사시에는 사쓰마를 향해 활을 쏠 결심을 해야 한다."고 했으나, 결국 이들은 사쓰마번 무사의 이해관계에 충실한 번병이었다. 71년 2월 3개 번의 병력에 의해 조직된 어친병의 구성은 사쓰마번으로부터 보병 4개 대대와 포병 2개 부대, 조슈번으로부터 보병 3개 대대, 도사번으로부터 보병 2개 대대와 기병 2개 소대 그리고 포병 2개 부대, 총병력 약 1만명이었다. 이렇게 하여 비로소 중앙정부는 그 군대를 갖게 되었다. 그러나 이 어친병은 각 번을 배경으로 하고 있기 때문에, 결국 그 3개 번의 의향이 중앙정국을 결정하는 힘이 된 것도 당연했다.

이 어친병 설치에 의해 비로소 폐번치현(廢藩置縣)이 단행되었다. 그것은 왕정복고에 이은 제2의 쿠데타였다. 이것에 의해 번의 폐지, 무사의 상비직 폐지, 번 병력의 폐지, 무력의 중앙으로의 통일의 길이 열렸다. 이러한 의미에서 어친병 설치는 획기적인 사건이었다. 그러나 그 실체가 3개 번의 번병 그대로인 것은 중앙병력 정비 측면에서 보면 많은 문제를 남기지 않을 수 없었다.

▎진대의 설치

어친병의 조직과 더불어 각 번병의 정리에도 착수했다. 71년 4월 이시노마키(石卷)와 오쿠라(小倉)에 진대(鎭台)를 설치하는 것으로 결정되었으나, 8월 이 2개 진대를 폐지하고 도쿄, 오사카, 진제이(鎭西=小倉), 도호쿠(東北=石卷)의 4개의 진대를 두어 전국의 병제를 통일하려고 했다. 도쿄진대는 본영을 도쿄, 분영을 니가타(新潟)·우에다(上田)·나고야(名古屋)에, 오사카진대는 본영을 오사카, 분영을 오바마(小浜)·다카마쓰(高松)에, 진제이진대는 본영을 오쿠라(小倉)로 하지만 당분간은 구마모토(熊本), 분영을 히로시마·가고시마에, 도호쿠진대는 본영을 이시노마키(石卷)로 하지만 당분간은 센다이(仙台), 분영을 아오모리(青森)에 두었다. 즉 전국의 요지를 정부군의 감시와 통제 범위 하에 두려는 배치였다. 이것은 폐번치현에 의한 각 번 상비군의 해체에 따른 조치이기도 했다. 즉 진대병에는 각 번의 무사를 소집한 인원으로 충당한 것이다. 그 외에 1만석 이상의 번에서 각 현에 1개 소대의 상비병을 유지하기로 하고, 진대병과 현의 상비병 이외의 모든 병력은 해산시키기로 했다. 또한 소유 무기 일체도 정부에 반납하도록 했다.

이렇게 하여 어친병 외에 진대병이 중앙정부의 병력으로서 탄생했으나, 그 실체는 여전히 구 번 의식이 농후하고, 또한 그 훈련과 장비도 통일성이 결여되어 있었다. 이것을 획일화하여 각 현의 무력을 점차 정리하는 것이 정부의 주요 과제였다. 70년 10월 육군은 프랑스식, 해군은 영국식으로 편제를 통일한다는 포고가 발표되었다. 그리고 72년 4월 프랑스로부터 육군 중령 마르커리(Marquerie) 이하 15명의 장교를 초빙하여 육군의 조직과 훈련을 맡기게 되었다. 그 목적은 전국 군대의 획일화에 있었다. 근위병 및 진대병의 편제와 훈련은 이러한 목적에 따라서 행해졌다. 이러한 병제통일의 주도권을 쥐고 있던 것은, 앞에서 기술한 것처럼, 70년 8월 이래 병부소보(兵部少輔)에 취임하여 71년 7월 병부대보로 승진하여, 72년 3월 육군중장으로서 육군대보와 근위도독(近衛都督)을 겸하고 있던 야마가타 아리토모였다. 71년 12월 야마가타는 육해군의 내실화에 관해서 가와무라 스미요시(川村純義), 사이고 쓰구미치(西鄕從道)와 더불어 다음과 같이 건의했다. 즉 "현재의 군비를 논함에 있어서, 소위 어친병은 천황을 보호하고 황거를 지키는 데 지나지 않으며, 진대병 총 20여개 대대는 국내를 진압하기 위한 것이지, 밖을 대비한 것은 아니다."(『公爵山県有朋伝』 中卷)라고, 중앙병력 정비 당시의 그 실체와 목표를 밝히고 있다.

▍병제의 정비

1873년 1월 징병령 제정을 전후하여 전국적으로 실시된 병제 정비는 중앙병력의 강화를 더욱 추진하기 위한 것이었다. 이때의 병제개정에 있어서는 전국을 6개 군관(軍管)으로 나누고 각 군관에 각각 진대를 두었다.

즉 제1군관을 도쿄에 두고 도쿄, 사쿠라(佐倉), 니가타(新潟) 지역을 관할하며, 제2군관은 센다이(仙台)에 두고 센다이, 아오모리(青森) 지역을 관할하고, 제3군관은 나고야(名古屋)에 두고 나고야, 가나자와(金沢) 지역을 관할했다. 제4군관은 오사카에 두고 오사카, 오쓰(大津), 히메지(姫路) 지역을 관할하고, 제5군관은 히로시마에 두고 히로시마, 마루가메(丸亀) 지역을 관할했다. 그리고 제6군관은 구마모토(熊本)에 두고 구마모토, 오쿠라(小倉) 지역을 관할했다. 또한 이때 처음으로 보병, 공병, 포병 및 기타 각 병과를 설치하고, 각 병과의 단위부대를 편성하여, 전국에 보병 14개 연대, 기병 3개 대대, 포병 18개 소대, 해안포병 9개 대(隊), 공병 10개 소대, 치중(輜重: 보급 및 수송) 6개 대를 정비하기로 했다. 이 병력 약 3만 명이 이후 육군 편성의 기초가 되었다.

물론 이 73년 1월의 병제개혁에 의한 각종 단위부대와 그 병력이 곧바로 정비된 것은 아니다. 73년에는 병력이 1만 5,000명에 지나지 않아, 보병연대로 편성된 것은 2개 부대뿐이고 그 외에는 대대였다. 그리고 74년 1월에는 근위대를 보병 2개 연대, 기병 1개 대대, 포병 2개 소대, 공병 1개 소대, 치중 1개 대로 개편했다. 73년 4월부터 뒤에서 기술하는 바와 같이 징병에 의한 병력이 처음으로 입영하여, 각 번에서 분리된 중앙 직할의 군사력이 서서히 정비되어 갔다.

이러한 중앙 군사력 정비에 있어서는 우선 간부교육의 획일화에 중점이 두어졌다. 도쿠가와막부가 창립한 누마즈병학교(沼津兵学校)는 니시 아마네(西周)를 교육 책임자로 하여 가장 진보된 간부교육 교과과정을 운영하는 특색있는 존재였으나, 유신 후인 71년 이것을 육군병학료(陸軍兵学寮)에 합병하고, 이어서 병학료를 도쿄로 옮겼다. 그리고 그 산하에 사관학교, 유년학교, 교도단을 점차 정비하여, 73년 8월 교도단이, 73년 11월 육군사관학교가, 75년 육군유년학교가 각각 독립하여 간부교육의 모체가 되었다.

2. 징병제 채용과 그 모순

┃ 징병령 제정

메이지정부가 중앙집권국가를 완성하는 기초로서 중앙직속의 무력을 정비하려고 했을 때, 원래 봉건적 무력인 구 번병에 그대로 의존하는 것은 일시적 수단은 될 수 있을지언정 본질적인 모순은 피할 수 없는 것이었다. 이러한 점에서 어친병은 폐번치현 쿠데타의 후원자는 되었을지언정, 그 후 정부의 제반 정책에 있어서 암적인 존재가 되었다. 근대적 군대는 국민적 징병에 의한 대중군대가 아니면 안 된다는 것은 정부와 군사 당국자의 지식과 경험으로 분명했다. 그러나 징병제 채택은 무사들의 무력독점을 빼앗고 직업을 빼앗는 것이므로 그들의 이해관계와 결정적으로 대립한다. 근대국가 형성을 위해서는 피할 수 없는 대립이기는 하지만, 이를 위한 결단에는 많은 배려가 필요했다.

1873년 1월 전국적 모병을 위한 조서가 발표되고, 이어서 징병령이 제정됨으로써 마침내 그 방향이 명백해진다. 그러나 73년의 징병령 제정은 그 자체로는 국민개병제의 실시는 아니었다. 이상적인 방향을 제시한 것이기는 하지만, 실제로는 종래의 번병을 점차 중앙정부의 절대주의적 용병으로 전환하면서 전국적인 징병에 접근하려는 것이었다. 이 징병령의 특색은 다음과 같이 면역제도가 매우 광범위하게 존재하고 있다는 것이었다.

[상비병 면역의 개요]

(징병령 제3장)
제 1 조 신장 155cm 미만인 자
제 2 조 몸이 약하고 지병 및 불구 등으로 병역을 감당할 수 없는 자
제 3 조 공무원으로 봉직 중인 자.
제 4 조 육해군의 생도로서 병학료에 재적 중인 자
제 5 조 문부(文部), 공부(工部) 등의 공적 교육기관 수학 중인 생도 및 서양 유학 중인 자. 의학 또는 마의학(馬医学)을 공부하는 자. 단, 교관의 증서 및 과목 수료증이 있는 자(과목의 등급 미정)
제 6 조 일가의 호주인 자
제 7 조 가문 상속자
제 8 조 독자 독손
제 9 조 도형(徒刑) 이상의 전과자
제10조 부형이 있더라도 질병이나 사고로 부형 대신에 가계를 책임지고 있는 자
제11조 양자, 단 양자 약속만 하고 실제로는 본가에 있는 자는 제외
제12조 형제 중에 징병 복역자가 있는 자

면역제의 성격

 이와 같은 광범위한 면역규정은 이 시기의 권력이 어떤 사회구조를 기반으로 하고 있는가 하는 문제와 관련된다. 즉 봉건적 토지소유를 완전히 해체하지 않아, 봉건사회가 완전한 근대사회로 변혁되지 않은 상태에서 천황제 절대주의를 확립하려고 했다. 다시 말해서 하부에 있어서는

국민 대부분을 차지하는 농민을 완전히 해방시키지 않은 상태에서, 봉건적 조세제도를 대신한 지조(地租)에 의해 가족공동체를 단위로 이것을 파악하여 통제하려고 했다. 종래의 촌락공동체를 통한 농민지배 대신에 가부장제 하의 가족공동체를 단위로 하여 이를 지배하는 방향을 취한 것이다. 이 시기에 있어서의 호적의 정비, 지방제도의 개혁, 그리고 지조개정에 이르는 일관된 정책이 그것이었다. 징병령에 있어서의 면역규정도 바로 그것이며, 어떻게 하면 가족공동체를 온존시킬 것인가에 초점이 모아져 있다(大石慎三郎「徵兵制と家」『歷史学研究』194페이지 참조). 즉 호주, 호주가 될 사람, 호주를 대신하는 모든 사람을 병역 대상에서 제외하여, 세금 부담자 이외의 가족공동체에 남은 자를 징집한다는 부역의 성격이 강한 것이었다. 이것은 국민개병제와는 본질적으로 다른, 봉건적 부역이라 해도 과언이 아닐 것이다.

따라서 서남전쟁(西南戰爭)까지는 이 징병령에 의한 징병의 성과는 미미했다. 〈표 2〉에서 보는 것처럼, 징병령 제정 3년 후인 1876년의 경우, 해당 연령 장정 중의 80% 이상이 면역자이다. 더구나 실제로 징집된 병력은 더 적었기 때문에, 이것으로써 근위병 및 각 진대의 병력을 대신하는 것은 쉽지 않았으며, 76년 현재도 징병에 의한 병력 수는 과거의 병력에 미치지 못하고 있었다. 이런 의미에서 이 징병령은 징병이라는 이름만 있었지 내실은 없었다고 할 수 있다.

더구나 이 징병령의 채택에 의해 하급무사들의 불평과 반항은 더욱 강해졌다. 동년 이래 서남 번들에서 일어난 하급무사 반란의 첫 번째 원인이 징병령의 채택에 있었으며, 사이고(西郷) 이하 근위대 간부의 사직 귀향도 정한론의 명분을 빌리고는 있지만 불만의 원인은 거기에 있었다. 그러나 사이고 등의 이반은 야마가타(山県) 등에 의한 근위대의 통제가 처음으로 가능하게 되었음을 말하는 것으로, 오히려 중앙의 무력에 비로소 정부직할 무력으로서의 내용을 갖추게 하는 효과가 있었다.

〈표 2〉 징병 면역자 현황

종별	군관	제1 (東京)	제2 (仙台)	제3 (名古屋)	제4 (大阪)	제5 (廣島)	제6 (熊本)	전국
20세 장정 총원(A)		71,579	34,763	44,292	56,737	49,782	38,955	296,086
(A) 중	징병연명부 인원	9,259	10,212	8,526	6,825	11,007	7,397	53,226
	면역연명부 인원(B)	62,320	24,551	35,745	49,911	38,775	31,558	242,860
B÷A×100		87.1%	70.6%	80.9%	88.0%	77.0%	81.0%	82.0%

* 鹿野政直 「日本軍隊の成立」(『歷史評論』 46) 참고

하급무사들의 반항과 더불어, 부역적 성격을 갖는 징병에 대한 농민의 불만도 높았다. 그러나 이른바 혈세봉기나 징병령 반대봉기는 73, 74년에는 많았으나, 실제로 징병이 적용되기 시작하는 75, 76년에는 오히려 감소한다. 이것은 징병이 실제로는 그다지 시행되지 않았음을 의미한다. 징병령의 모순은 원래 거기에 있었다. 진정한 의미에서의 근대적 대중군대가 되기에는 아직 한참 멀었던 것이다.

▎군의 규율과 훈련

새롭게 창설된 육해군의 편제와 훈련은 1870년 10월의 태정관(太政官) 포고에서, "해군은 영국식, 육군은 프랑스식을 참작"하여 편성하고, 각 번의 육군도 "프랑스식을 목표로 하여 점차 편성"하도록 했다(『法規分類大全 兵制門 兵制総』). 어친병의 설치와 진대의 정비에 따라 군대 교육훈련 교재로서의 교범도 프랑스 육군의 것이 번역되어 사용되기 시작했다.

육군이 프랑스식을 취한 것은 막부가 1867년 1월 이래 샤노엥 대위 이하 19명의 프랑스 군사고문단을 초빙하여 3병(三兵)에 프랑스식 훈련을 실시하고 있던 것의 영향도 있었다. 이 고문단 중 뷰뤼네 중위 등 5명

은 에노모토(榎本)의 하코다테(函館) 정권에 참가하고 있었다. 메이지정부는 프랑스식 채택 결정에 앞서 이미 1870년 3월 프랑스 공사에게 군사고문단의 파견을 요청하고 있으며, 72년 4월 마르커리 중령 이하 16명의 제2차 프랑스 군사고문단이 일본에 왔다. 이 고문단이 서양식 근대군대의 건설에 기여한 것은 말할 것도 없다(프랑스 군사고문단에 대해서는 篠原宏『陸軍創設史1-フランス軍事顧問団の影』참조).

육군 최초의 본격적인 교과서로서 번역된 것은 1870년 11월 육군병학료에서 발간한 『육군일전(陸軍日典)』이다. 이것은 프랑스의 군대교범을 오지마 교지로(大島恭次郎)가 번역한 것으로, 「내무지부(內務之部)」와 「근무규칙」으로 구성되어 있다. 내용은 후의 「군대내무서」에 연결되는 것으로, 군대 내 각 관(官)의 근무 내용 및 유의사항을 상세하게 기술한 것이다(內閣文庫藏『陸軍日典』).

병학료의 이 『육군일전』을 기초로 하여, 독일과 네덜란드의 예를 참고로 하여 편찬된 것이 1872년 6월의 『보병내무서(제1판)』이다. 이것은 「제1편 군대의 성립 및 총칙」, 「제2편 연대 및 대대 각 사관의 직무 및 당직근무」, 「제3편 중대 사관 및 하사관의 직무」, 「제4편 영내근무 규정」, 「제5편 연대 회계업무 규정」으로 구성되어 있다. 『보병내무서』에 이어서 기병, 포병, 공병 등의 내무서가 만들어져, 이것을 종합하여 1888년 『군대내무서(제1판)』이 육군성에 의해 제정된다.

병영 내 일상의 규범을 제시한 내무서와 더불어, 작전행동의 규범을 제시한 것으로서 『프랑스 진중교범』이 1873년 육군문고에서 번역 출간되었다. 이것은 후의 『진중요무령』과 『작전요무령』으로 이어진다. 각 병과의 교범도 메이지 초기 프랑스, 영국, 독일 등의 것이 번역되고 있는데, 1878년 육군성에 의해 『보병교범』이 출판된 이후 각 병과의 교범이 정비되어 간다.

이 시기의 교범류는 유럽의 것을 모방하는 데 급급했기 때문에 모두가 번역에 의한 것이었다. 그러나 군대 내의 규율에 관해서는 구미 군대 이상의 강한 대책이 필요했다. 원래 무사인 장병은 새롭게 편성된 근대군의 계급제도나 조직에 익숙하지 않아 군기 확립이 쉽지 않았다. 또한 징병도 봉건적 부역과 마찬가지여서 자발성을 기대하기 어렵고 통제도 쉽지 않았다. 메이지 초기 군 당국자의 고심도 군기의 확립에 있었던 것이다(松下芳男「明治初年肅軍の規範」『明治軍制史論集』).

군기확립을 위해 1869년 「군율」이 정해졌으나, 그것이 얼마나 실질적인 효과가 있었는지는 분명치 않다. 1871년 8월에는 「천황의 말씀(上諭)」를 첨부한 「육해군 형률」이 정해졌다. 이것은 군대 내의 형률로서는 최초의 본격적인 것이다. 전체 204개조로 구성된 광범위한 것이었는데, 그 첫 번째 특징은 형벌이 매우 엄격하다는 것이다. 특히 모반, 도당 결성, 적전 도주, 전시 도망 등의 죄는 모조리 사형에 처한다고 하는 전례가 없는 것이었다. 두 번째 특징은 봉건적 신분제를 뿌리 깊게 남기고 있는 것이다. 그것은 형벌의 종류가 장교는 할복, 탈관(奪官), 회적(回籍), 퇴직, 강관(降官), 폐문(閉門)의 6종, 하사관은 사형, 도형, 추방, 면직, 강등, 금고의 6종, 병사에게는 사형, 도형, 추방, 장형, 태형, 금고의 6종으로 되어 있어, 장교는 무사도로써 대우하고 하사관과 병사는 농민이나 상인 취급을 하고 있다. 이러한 엄격한 형벌로 군기의 유지를 도모했던 것이다.

3. 서남전쟁과 근대군대의 확립

▌유신 후의 사쓰마번

　신정부가 전국의 병제를 통일시켜 명실 공히 중앙집권국가를 확립한 것은 서남전쟁(西南戰爭) 이후의 일이다. 가고시마현은 그 강대한 무력과 무진전쟁에 있어서의 공로를 내세워 폐번치현 후에도 중앙에 대해 독립국의 양상을 띠고 있었다. 현령(縣令) 이하의 현 관리에는 일체 타 현민을 받아들이지 않고 정부의 방침도 실행하지 않았다. 사민평등에 대해서도 정부의 정책을 따르지 않고 사족(士族)과 평민 외에도 부사(付士), 족경(足輕), 부속장(付屬長), 부속(付属) 등의 무사 호칭을 사용했으며, 72년 졸(卒)을 폐지한다는 포고 후에도 사족, 부사, 졸의 3계급으로 명칭을 바꾸어 규칙에도 없는 부사라는 계급을 존속시키고 있었다.
　또한 정부의 가장 중요한 정책인 지조개정에 대해서도 사족의 지행지(知行地 : 영주가 가신들에게 준 토지)는 사족의 사유지라고 주장하여, 농민의 소유권을 부정하고 그 실행을 수긍하지 않았다. 정부의 가장 중요한 재원인 지조도 가고시마현으로부터는 전혀 상납되지 않는 상태였다. 폐번치현에 따른 사족의 질록처분(秩禄処分 : 메이지정부가 1876년 실시한 질록급여 전폐정책. 질록이란 화족이나 사족에게 지급된 가록[家禄]과 유신 공로자에게 지급된 상전금[賞典禄]을 합한 것)에 대해서도 가고시마현에서는 이것을 거부하면서 현금 대신 쌀을 지급하고 있었다. 77년부터 실시된 금록공채(金禄公債 : 질록 대신에 발행한 공채) 발행도 가고시마현에서는 현령이 특례를 주장하여 정부에 그것을 인정케 했다. 그 외 문명개화 일환으로서의 태양력 채용도 가고시마에서는 시행하지 않았다. 이러한 상황은 기도 다카요시(木戸孝允)로 하여금 "내무성은 다른 현에 대해서는 엄격하게 독촉하면서도, 가고시마현은 일종의 독립국과 같다. 실로 왕정을 위해 분개하지 않을 수 없다."(木戸孝允日記』 1877. 4. 18)고 개탄케 할 정도였다.

▎사이고와 사학교당

중앙정부에 대한 가고시마현의 이러한 독립상태는 사이고 다카모리를 중심으로 하는 무장집단에 의해 지탱되고 있었다. 1873년 정한론에 패한 사이고가 사직하고 귀향한 이래, 근위병의 핵심이었던 사쓰마 출신의 사직 귀향이 잇달았다. 이들 사이고파(西鄕派) 군인을 중심으로 74년 6월 사학교(私学校)가 가고시마에 창설되었다. 사학교는 총대학교(銃隊学校)와 포대학교(砲隊学校)의 총칭이다. 총대학교는 근위학교라 불리졌으며, 근위병 출신의 생도 500~600명으로, 육군소장 시노하라 구니모토(篠原国幹)가 주관했다. 포대학교는 포병학교로 불리졌으며, 포병 출신의 생도 200명으로, 전 궁내대승(宮內大丞) 무라타 신파치(村田新八)가 주관했다. 이 외에 육군유년학교 재학자를 수용한 유년학교가 있었는데, 이것은 시노하라 구니모토가 주관했다. 사관 양성을 목적으로 하는 이 학교는 사이고의 상전록으로 운영되었기 때문에 상전학교라고도 불렸다. 또한 가고시마시(市) 북쪽 근교의 요시노(吉野)에는 전 교도단(敎導団) 생도를 수용한 요시노개간사(吉野開墾社)가 설치되어 개척을 하면서 군사훈련을 실시했다. 전 근위대 포병대위 나가야마 규지(永山休二)와 육군소령 히라노 쇼스케(平野正介)가 그 감독을 맡고 있었으며, 통칭 교도단학교라 부르고 있었다. 이들 학교들의 운영경비는 대부분 현청이 부담했다. 이름은 학교였지만 실질은 군대였다. 그리고 이들 본교 외에 현 내의 각 지방에도 빠짐없이 분교가 설치되었다. 분교는 일반적으로 사학교라 불렸는데, 구역 내 사족의 대부분이 모여들어 군사훈련을 받고, 그 중에서 선발된 자가 가고시마의 본교에 들어갔다. 현 내 사학교 생도는 3만 명에 달했다(『西南紀伝』 上二).

사학교의 경비 일부는 사이고 등의 상전록으로 충당했으나, 그 대부분은 현청에서 지급했다. 가고시마 현령인 오야마 쓰나요시(大山綱良)는 사이고의 가장 충실한 막료였다. 오야마는 사학교 창립에 있어서도 전력을 다해 현청의 적립금 96만엔 중에서 그 비용을 충당했다. "현청에서 사학교의 명부를 만들어, 현의 관리로 사학교당(私学校党)을 등용시키면 현청과 사학교는 분리할 수 없는 관계를 갖게 되어, 현의 관리와 사학교당은 거의 동일체라고 할 수 있다. 사학교의 세력이 현을 압도하기에 이른 것도 우연이 아니다."(『西南紀伝』 上二)고 일컬어질 정도였다.

현청의 관리를 비롯하여 구장(区長)과 호장(戸長) 등은 거의 사학교 관계자가 임명되어, 가고시마현은 사이고 사학교당의 군사정권 하에 있었다고 해도 과언이 아니었다. 그리고 이 사학교당의 의향에 따라 전국적으로도 그 유례를 찾아볼 수 없을 정도의 농민에 대한 가렴주구를 행하여, 가고시마 사족의 특권과 봉건체제를 사수하기에 급급했다.

사학교당의 사족들은 모두가 무기 탄약을 사적으로 소장하고 있었다. 또한 과거 사쓰마번의 강력한 상비군의 전통을 이어, 사학교 내에 병기를 구비하고 있었다. 또한 사학교에는 영국인 코프스와 네덜란드인 스케플 등의 외국인 교관이 초빙되어 근대적인 군사훈련을 끊임없이 실시하고 있었다.

중앙정부의 통제로부터 완전히 독립된 고유의 군대를 갖고, 이 군대를 기초로 하여 독립된 행정을 시행하여, 중앙정부의 명령에 따르지 않고, 세금도 현 내의 군사비에 충당하고 상납하지 않는 가고시마현은 독립국과 다름없었다. 그것은 사이고를 수령으로 하는 가고시마 사족 군단으로서, 이른바 사이고 군벌이라고도 할 수 있는 것이었다. 신해혁명 후 각 성(省)에 할거하여 서로 패권을 다툰 중국의 군벌과 그 성격에 있어서 다를 바가 없었다.

▌내란의 발발

통일국가 완성을 서두르는 메이지정부에 있어서 가고시마현은 눈의 가시였다. 76년 이래 여론의 공격 및 정부 내에 있어서의 기도 다카요시(木戶孝允) 등에 의해 가고시마현 개혁안이 제기된 것도, 어떻게 해서든 그것을 중앙으로 통일시키기 위한 움직임이었다. 그러나 정부가 그것을 강행한다면 사학교당과의 무력충돌은 불가피했다. 또한 그들의 무력을 정리하지 않고는 가고시마현 개혁은 불가능했다.

이 시점에 있어서 사학교당의 무력은 중앙정부와 대항할 수 있을 정도의 것이었다. 가고시마의 사족 3만은 그 용맹함으로 유명했기 때문에, 전국의 상비군 3만에 능히 필적할 수 있는 것으로 자타 공히 믿고 있었던 것이다. 징병령 실시 후의 상비군 정비가 순조롭게 진척되지 않았기 때문에, 정부는 가고시마현 정리에 착수할 수 없는 실정이었다. 이런 상황에서 시행된 지조 개정과 질록처분은 가고시마 사족을 격앙시켰다. 또한 다른 한편에서는 사가의 난(佐賀の乱 : 1874년 에토 신페이[江藤新平]와 시마 요시타케[島義勇] 등이 메이지정부의 개화정책에 반대하는 사가의 불평사족과 더불어 거병한 사건) 이래 서남지방에서 일어난 내란은 모두가 사이고의 궐기를 기대하고 계획된 것이었다. 중앙정부와 가고시마의 충돌, 즉 관군과 사이고 군의 결전은 피할 수 없는 것이었다. 이에 정부도 점차 상비군이 정비됨에 따라 가고시마 처리를 진지하게 생각하기 시작했다. 기도(木戶)의 통렬한 비판으로 오쿠보(大久保)가 가고시마현 개혁에 착수할 결심을 한 것은 77년 1월, 충돌은 피할 수 없는 사실이었다.

가고시마에는 폐번치현 후 시마즈번(島津藩)으로부터 정부가 접수한 해군조선소와 육군화약고가 있었는데, 거기에는 각각 무기 및 탄약이 보관되어 있었다. 사학교당이 정부에 반항하여 가고시마에서 행하고 있는 사족의 군사독재를 전국으로 확대하려는 의도가 명확했기 때문에 이 무기 및 탄약은 매우 위험한 존재였다. 정부는 이것을 다른 곳으로 옮기려고 했으나, 오히려 그것이 사학교당을 자극할 것을 우려하여 번번이 소문으로만 그치고 말았다. 77년 1월 사학교당의 형세가 심상치 않다고 판단한 정부는 미쓰비시기선(三菱汽船)의 세키류마루(赤竜丸)를 파견하여 화약의 적재를 시작했다. 봉기를 결심한 사학교당은 화약고와 조선소를 습격하여 무기와 탄약을 손에 넣었다. 이 습격사건으로 내란의 개시가 결정되었다.

77년 2월 13일 현 내 각지에서 모인 사학교당은 가고시마 시내 연병장에서 출동부대를 편성했다. 사이고 다카모리를 총수로 한 1번에서 5번까지의 5개 대대와 포병 2개 대였다. 기리노 도시아키(桐野利秋), 시노하라 구니모토(篠原国幹), 무라타 신파치(村田新八), 나가야마 야이치로(永山弥一郎), 이케가미 시로(池上四郎) 이 5명이 각각의 대대장이었다. 각 대대는 1번에서 10번까지의 10개 소대로 구성되어 있었다. 소대 병력은 약 200명으로, 그 중 가고시마 사족 약 30명과 현 내 지방무사 약 170명의 비율로 편성되었다(『西南紀伝』中一). 따라서 1개 대대 2,000명, 이것은 정부군의 1개 여단에 상당하는 숫자였다. 이 외에 벳푸 신스케(別府晋介)를 연합대대장으로 하는 6번, 7번 연합대대가 편성되었다. 이것은 편성도 인원도 일정하지 않았다. 그리고 당초의 병력은 전체 약 1만 3,000명이었다.

이 편성에 참가한 최초의 병력은 각자 소총 1정을 휴대하고 있었다. 그 종류는 스나이더(Snider), 라이플(Rifle), 엔필드(Enfield) 등 각양각색이었다. 탄약은 각자 구입 또는 소지하고 있던 것으로 대개 50발 정도였다. 그러나 보충 준비는 거의 없었다. 포병은 프랑스식의 4근산포 28문으로,

그 외 12근포 2문, 구포(臼砲) 대소 30문을 보유하고 있었다고 한다.

2월 15일 사쓰마군 본대가 가고시마를 출발하여, 선발대인 벳푸의 2개 대대가 구마모토성(熊本城) 외각의 가와지리(川尻)에 도착했다. 이어서 본대 5개 대대도 이틀 후에는 구마모토에 도착했다.

▎양군의 질과 전략

봉기에 있어서 사쓰마군에 확실한 전략이 있었던 것으로는 생각되지 않는다. 그 최종목적은 도쿄에 도달하여 정부를 전복하고 사족 중심의 봉건제로의 반동적 개혁을 단행하려고 한 것은 분명하지만, 이를 위해 어떤 전략을 세울 것인가에 대해서는 충분한 연구가 되어 있지 않았다. 구마모토 진대의 전력에 대해서도 전혀 고려하지 않고, 간단히 이를 물리치고 규슈를 제압하고 오사카로 진출하여, 늦어도 1개월이면 목적을 달성할 수 있을 것으로 생각하고 있었다(『西南紀伝』中二).

"사이고 대장의 위세와 명망이 혁혁하여 천하를 압도하기에 충분하다. 그리고 오야마 현령의 지원이 있다. 누가 감히 우리를 저지할 것인가. 만약 관군이 우리에게 대항한다고 해도, 그들 농민과 상인의 군대는 우리의 일격으로 쉽게 분쇄될 것이다. 그리하여 구마모토성을 일단 함락하면 그 영향은 정부에 반대하는 규슈(九州), 시코쿠(四国), 도호쿠(東北) 등 도처에 파급되어, 우리가 승리하여 천하를 도모할 수 있을 것이다." 는 것이 사쓰마군의 기세였다. 사이고는 "구마모토는 즉시 성문을 열고 항복할 것이다. 구마모토에 근거를 두고 규슈를 휩쓸고 곧바로 히로시마를 치고 오사카를 무찔러 해상과 육상으로 도쿄로 향한다."고 생각하고 있었다(『東京日々新聞』3월 14일[圭室諦成『西郷隆盛』에서 인용]).

사쓰마군은 징병을 위주로 한 정부군의 전투력에 대해서는 거의 고려하지 않고, 자신만만하여 전략다운 전략도 세우지 않은 채 전쟁을 시작했다. "지면 역적이요, 이기면 관군이다. 모름지기 남아는 험난한 길이라 할지라도 그것을 극복할 기개가 있어야 한다. 새벽에 가고시마를 나와, 저녁에 의기양양 다로야마(太郎山)를 넘었다. 눈 아래 펼쳐진 작고 보잘 것 없는 구마모토성. 마음을 가다듬고 단숨에 쳐야겠다. 적군도 보이지 않는 남북의 관문으로 이어지는 길들. 이 관문을 넘으면 더 이상 우리를 막을 적은 없을 것이다."라고 하는 스에마쓰 세이효(末松青萍)의 시는 이러한 사쓰마군의 기세를 잘 표현하고 있다.

  이에 비해 정부군의 대책은 신중했다. 이때 규슈에 있던 병력은 구마모토 진대의 보병 2개 연대를 주로 하는 것으로, 그 중 보병 제14연대는 오쿠라(小倉)에 있고, 구마모토성에는 진대 본부, 보병 제13연대, 포병 6개 대대, 예비포병 제3대대, 공병 제6소대, 합계 2,584명이 있는 것에 지나지 않았다. 가고시마에서의 변란 소식을 전해들은 진대사령관 육군소장 다니 간조(谷干城)는 오쿠라(小倉)의 제14연대에 급거 구마모토로 올 것을 명령했으나, 사쓰마군이 도착하기 전에 성에 들어올 수 있었던 것은 그 중의 1/2개 대대 330명에 지나지 않았다. 그 외 경시대(警視隊) 600명이 추가되어, 합계 3,500명으로 사쓰마군의 5분의 1에 지나지 않았다. 이 중에서 어느 정도의 비율이 징병에 의한 병력이었는지는 분명하지 않으나, 구마모토의 징병은 75년부터 시작되었으므로 현역 3년 중 2년분이 징병, 1년분이 아직 장병(壯兵)이었던 것으로 생각된다(松下芳男『明治軍制史論』上). 따라서 장병에서 징병으로의 과도기로서, 약 3분의 2가 징병으로 채워져 있었던 것으로 추정된다. 사족이 아닌 농민병사의 전투력에 대해서 이 시기는 아직 신뢰도가 매우 낮았다. 전년도인 76년의 신푸렌의 난(神風連の乱 : 1876년 10월 구마모토에서 일어난 반정부폭동)에서 일본도만을 무기로 한 불과 100명의 광신적인 무사들의 난입으로 진대군이 혼란에 빠지고, 사령관인 다네타(種田) 소장이 살해된 사건은 여전히 구마모토 관민의 기억에 생생했다.

다니(谷) 사령관은 사쓰마군의 공격을 맞아 성문을 굳게 닫고 전수방어(專守防禦)로 일관했다. 후에 다니 사령관이 정토총독(征討総督)에게 보고한 바에 의하면, 방어를 선택한 것은 전적으로 진대군의 전력에 대해서 자신이 없었기 때문이었다.

결과적으로 사쓰마군의 강공책과 구마모토 진대의 전수방어는 정부군에 있어서는 다행이었다. 구마모토 진대의 방어부대가 만약 성을 나와 산타로(三太郎)의 험난한 지형, 혹은 가와지리(川尻) 부근에서 사쓰마군을 맞아 싸웠다면 아마도 정부군의 패배로 끝났을 것이다. 그 예는 노기 마레스케(乃木希典) 소령이 이끄는 보병 제14연대의 전투에 분명하게 나타나 있다.

앞에서 기술한 것처럼, 제14연대는 가고시마에서의 사태가 긴박해지자 다니 소장으로부터 급히 구마모토 진대에 합류할 것을 명령받고, 오쿠라를 출발하여 수개 제대로 나뉘어 구마모토로 급행 중이었다. 사쓰마군 도착 전에 구마모토에 도착한 것은 그 중의 제1대대의 절반뿐으로, 그 외에는 구마모토 북방에서 사쓰마군과 예상치 않은 조우전을 벌이게 되었던 것이다. 제14연대의 제2제대로서, 노기 연대장이 이끄는 제3대대의 주력 480명은 22일 저녁 우에키(植木)에 이르러, 사쓰마군에서 파견된 무라다 산스케(村田三介)와 이토 나오지(伊東直二)가 이끄는 2개 소대 병력 400명과 저녁 7시 우에키역(植木駅) 북방의 사키사카(向坂)에서 충돌했다. 밤까지 이어진 전투에서, 정부군의 화력도 사쓰마군의 백병돌격에는 대항할 수 없어, 정부군은 군기(軍旗)를 잃고 퇴각하게 되었다. 그것을 알게 된 사쓰마군은 다음날인 23일 다시 6개 소대를 증파하여 다카세(高瀬)를 공격하려 했다. 이에 정부군도 후속 제2대대를 합류시켜 전열을 가다듬고 전진하여 고바(木葉)와 우에키(植木)에서 조우전을 치르게 된다. 병력은 사쓰마군과 정부군 공히 1,200명이었다. 이 전투에서도 정부군이 패배하여 퇴각했다. 이처럼 병력 및 그 외 조건은 양측이 거의 같앞으나, 결과는 사쓰마군의 완승이었다.

▎전쟁의 결과와 의의

이처럼 당초의 전력의 차이에도 불구하고, 결과에 있어서는 사쓰마군이 패배하고 정부군이 승리했다. 그 이유는 봉건적 반동을 지향하는 사쓰마군은, 일시적으로 구마모토 협동대와 같은 민권파도 통합했다고는 하지만, 전국 범위의 전선을 확대시킬 조건을 갖고 있지 않았기 때문이다. 『서남기전(西南紀伝)』에서 말하는 무기의 차이는 그다지 크지 않았으나, 결국은 전국 대 1개 번의 싸움이었다. 사쓰마군은 당초의 병력과 탄약이 소진되자 그 보충이 불가능하여 절망적인 전투를 계속할 뿐이었다.

중앙정부는 서남전쟁의 승리로 무력을 중앙으로 완전히 통일할 수가 있었다. 중앙집권을 위한 기초가 이것으로 가능했던 것이다. 그러나 이 내란은 여러 연구서에서 말하는 것처럼 사족 병력에 대한 징집된 병력의 승리라고는 단정할 수 없는 것이었다. 정부군에서 강한 전력을 발휘한 것은 대부분이 장병(壮兵)으로 구성된 근위병 및 사족을 징집한 순사대(巡査隊)였다. 『서남기전』은 양군의 장점과 결함을 지적하여, 관군은 물질적 요소는 우수했지만 정신적 요소에서는 뒤떨어져 있었다고 하고 있다. 정신적 요소로서는 지휘관의 전투능력 미숙, 병사의 사기 저하, 전투훈련의 미흡 등이 열거되고 있다. 이것들은 모두 징병에 의한 새로운 군대의 건설이 아직 과도기에 있다는 것을 의미한다. 그럼에도 불구하고 결과적으로는 훈련이 미숙하고 사기가 저하된 이 징병군이 결사항전을 불사하는 사쓰마군을 이긴 것이다. 그것은 정부 및 군부 당국자들에게 군대건설의 방향에 대한 큰 자신감을 주었다. 근대군대 건설에 많은 시간과 개혁이 필요하기는 했으나, 그것이 궤도에 오르는 데에는 서남전쟁이 큰 전기가 되었던 것이다.

서남전쟁은 메이지국가에 있어서 최초의 정치적 군사적 시련임과 동시에, 성립 직후의 징병제에 있어서도 그 존폐가 달린 시금석이었다. 1873년 징병령 실시 이후 장병(壯兵)에서 징병(徵兵)으로의 이행이 진행되었는데, 도쿄 진대는 73년부터, 오사카와 나고야 진대는 74년부터, 그 외 진대는 75년부터 징병을 시작했다(松下芳男『明治軍制史論』上). 이 때문에 77년의 서남전쟁 발발 당초의 구마모토 진대는 현역 3년 중 여전히 1년분의 장병이 남아 있었으나, 전국적으로 보면 거의 징병으로의 전환이 진전되고 있었던 것이다.

서남전쟁의 발발은 이 징병제에 큰 위기를 초래했다. 우선 징병에 의한 병력부족에 고심하지 않을 수 없었다. 앞 절에서 본 바와 같이, 징병령 당초의 광범위한 면역 대리인규정과 징병에 대한 민중의 불만 때문에 실제로 징병에 응하는 인원에는 한계가 있었다. 전란이 확대되자 정부군은 병력부족의 대책으로서 77년도 징병 적령자의 징집을 서둘러, 새로 모집한 징병의 훈련이 끝나는 대로 이들을 전선으로 보냈다. 그러나 이것은 징병제의 의미를 국민에게 알리는 것이 되었다. 전쟁에서 목숨을 건 위험을 각오해야 하는 징병을 기피는 현상이 더욱 심하게 된 것이다. 그리하여 금전을 거출하여 빈궁한 부랑자를 매수하여 병역을 대신하게 하는 일까지 벌어졌다. 면역을 위한 노력도 더욱 증가하여, 양자와 데릴사위의 유행으로 마을에 처녀가 없어져서 10살 어린 여아의 데릴사위를 들이는 경우도 발생했다. 이처럼 징병제도의 본질은 더욱 왜곡되어, 성립 초기의 제도는 위기에 처했던 것이다.[12]

---

12 1880년의 『육군성 제4년보(陸軍省第四年報)』에 의하면, 1877년부터 1880년까지의 면역인원의 증가상황은 다음과 같다. 1877년은 장정 총원 29만 6,086명 중 면역 24만 2,860명, 78년 총원 30만 1,259명 중 면역 24만 9,772명, 79년 총원 32만 7,289명 중 면역 29만 785명, 80년 총원 32만 1,594명 중 면역 28만 7,229명이다. 실제로 검사를 받은 것은 전년도에 다음해로 넘긴 자를 포함하고, 당해 연도 장정 중에도 사고 등의 이유로 다음해로 미루어진 자가 있으므로, 총원에 대한 면역 비율은 반드시 정

또 다른 위기는 제도 그 자체의 존속에 관한 것이었다. 징병의 병력부족 때문에 정부군은 장병에 의지하지 않을 수 없었다. 당시 수십만에 달하고 있던 실업 사족을 장병으로 받아들이는 것은 용이했으나, 그것은 징병제의 취지와는 상반되는 방법이었기 때문에, 야마가타 육군경(陸軍卿)은 고육책으로서 징모순사대(徵募巡査隊)를 창설했다. 즉 사족을 순사로 모집하여 전쟁에 내보내기는 하지만, 그것은 어디까지나 순사이지 장병은 아니라는 논리이다. 경부(警部: 순사의 직급) 순사로 별동 제4여단을 편성하여, 대경시(大警視)를 육군소장 가와지 도시요시(川路利良)가 겸임하면서, 사령관으로서 구마모토 후면의 포위해제작전에 투입되어 효과를 거두었다. 이 여단은 후에 별동 제3여단으로 개칭하고, 순사를 증가시켜 크게 성공을 거두었다. 또한 동북 여러 번의 사족을 순사로 모집하여 신설 여단을 편성하기도 했는데, 이 여단은 무진전쟁에서의 원한으로 복수심에 불타고 있었기 때문에 매우 용맹했다고 한다. 사쓰마군이 "근위대에 순사가 없다면, 꽃 같은 에도(江戸)에 뛰어들리라."라고 노래한 것도, 이 징모 순사의 전투력을 말해주는 것이라 할 수 있다.

 그러나 이것은 징병제도의 본질과 관련된 모순이었다. 장병의 실적이 좋다고 해서 징병제 그 자체를 후퇴시키는 것은 정부가 함부로 할 수 있는 일이 아니었다. 장병 즉 사족 출신의 병사가 봉건제도 개혁에 얼마나 장애요소인가는 10년간의 경험이 말해주고 있었다. 징병제도의 이러한 모순을 해결하기 위해 정부는 징병령 개정에 착수하게 된다.

확한 것은 아니다. 그러나 서남전쟁 다음해인 1879년도에 있어서는 제1, 제4군관에서 상비군에 결원이 발생하여 타 군관의 보충병으로 충당해야 했다. 다음해인 1880년의 『육군성 제5연보』는 다음과 같이 기술하고 있다.
"징병령이 실시된 1873년도부터 1879년에 이르기까지의 7년 동안의 상황은, 장정들이 갖가지 수단을 동원하여 병역을 기피하고 면역을 받으려고 하여, 징집인원이 감소하여 심지어 제1, 제4군관은 상비병력도 부족하여 타 군관로부터 보충을 받아야 했다. 이러한 세태를 감안하여 법령을 개정하여 그들의 교활한 병역기피를 방지하고, 병역이 국민의 의무라는 것을 각자가 깨닫게 해야 할 것이다."

제3장
천황제 군대의 성립

1. 대내적 군비에서 대외적 군비로
2. 징병령의 개정
3. 1886~89년의 병제개혁

1. 대내적 군비에서 대외적 군비로

▌대만과 류큐

메이지 일본의 눈은 일찍부터 대륙으로 향하고 있었다. 무진전쟁 개선병의 처리방안의 하나로서 정한론이 조정회의에 상정된 것은 이미 1868년 이래의 일이며, 그 후 정한론의 좌절에도 불구하고 대륙진출은 변함없는 관심사였다(井上清「征韓論と日本の軍国主義」『日本の軍国主義』II). 서남전쟁의 승리로 내란이 일단락되자 곧바로 대외진출을 위한 군비확충이 시작된다. 동시에 군비의 질과 내용도 국내 진압용에서 대외 전쟁용으로 변화된다. 조선과 청국에 대한 침략전쟁이 구체적이고 현실적인 문제로 부상했기 때문이었다.

무력에 의한 대외침략은 1874년의 대만정벌에서 시작된다. 류큐(琉球)의 어민 살해를 구실로 정한파를 추방한 메이지정부는 74년 2월 6일의 각의에서 대만정벌을 결정하고, 4월에는 육군중장 사이고 쓰구미치(西郷從道)를 대만번지사무국(台湾蕃地事務局: 대만출병에 앞서 병력·물자의 수송 및 보급을 위해 설립한 임시 기관) 총독에 임명하여, 3,600명의 병력을 이끌고 대만으로 원정할 것을 명하였다. 그 첫째 목적은 정한파 사족의 불평을 진정시키는 것이었다. 이 원정은 미국 공사의 미국 선박 참가금지 의사를 받아들여 일단 중지하는 것으로 결정되었다. 그러나 사가의 난(佐賀の乱)을 평정한 후 오쿠보 도시미치(大久保利通)와 오쿠마 시게노부(大隈重信)가 5월 4일 나가사키에서 사이고(西郷)와 회견하여, 그의 강경의견을 받아들여 출병강행을 결정했다. 징집 사족을 주체로 한 원정군은 5월 22일 대만에 상륙하여 섬 남부를 점령했다. 이 원정은 당연히 청국의 항의를 초래하여, 오쿠보가 전권변리대신(全權弁理大臣)으로서 8월 청국으로 가서, 영국 공사 웨이드(T. F. Wade)의 알선으로 청국이 배상금 50만량을 지불한다는 조약이 10월 31일 천진에서 조인되어 철병했다. 영국은 이미 이 시기부터 극동에 있어서의 번견(番犬 : 집을 지키는 개)으로서 일본의 무력을 이용할 의도를 갖고 있었던 것이다.

다음해인 1875년 영국과 미국의 조선개국 의향을 접수한 일본은 이노우에 요시카(井上良馨)가 지휘하는 군함 3척을 조선의 서해안에서 위협 시위를 시켜, 그 중의 운요호(雲揚号)가 9월 20일 강화도의 조선군 포대와 교전했다(강화도사건). 그리고 다음날 이노우에는 육전대를 영종도에 상륙시켜 군인과 민간인을 살상하고 성곽을 불태웠다. 이 사건을 구실로 일본은 전권대사 구로다 기요타카(黒田清隆)를 조선으로 보내 전쟁 위협과 더불어 개국을 강요하여, 1876년 2월 26일 강화도조약을 성립시켰다. 그 내용은 부산 등 2개 항의 개항과 일본인의 영사재판권 등을 포함한 불평등조약이었다. 또한 조문에 '조선은 자주국'이라고 명기함으로써, 조선이 청국의 종속국이 아니라는 것을 인정케 하여, 후에 조선의 지배권을 둘러싸고 청일 간 분쟁의 복선을 깔아 두었던 것이다.

류큐의 병합도 무력에 의한 것이었다. 1872년 류큐 국왕을 류큐번주(琉球藩主)로 격하하여 각국과의 조약은 일본 외무성이 관할하는 것으로 했다. 우선 미국이 일본의 류큐병합을 승인했으나, 류큐를 속국으로 간주하고 있던 청국은 이에 강하게 반대했다. 79년 3월 내무대서기관(內務大書記官) 마쓰다 미치유키(松田道之)가 육군 2개 중대를 이끌고 수리성(首里城)을 점령하고, 류큐번을 폐지하여 오키나와현(沖繩県)으로 개칭하고, 번주는 화족으로 신분을 바꾸어 도쿄에 거주하게 하여, 청국의 반대를 무릅쓰고 류큐병합을 강행했다.

조선을 둘러싼 청일대립

이러한 사태가 계속되는 가운데 조선 지배를 둘러싼 일본과 청국의 대립은 1880년대에 들어 더욱 긴박해지게 된다. 1876년의 강화도조약으로 조선 진출에의 길을 연 메이지정부는, 서남전쟁 종결 후 본격적으로 조선의 개국과 지배를 목표로 한 정책을 추진했다. 1881년에는 서울에 공사관을 설치하고 하나부사 요시모토(花房義質)를 변리공사(弁理公使)로 주재시켰다. 또한 궁정에 세력을 가진 민씨 일족에 압력을 가해, 호리모토 레이조(堀本礼造) 소위를 군사고문으로 한 별기군(別枝軍)이라는 일본식 신식군대를 편성하게 했다. 여기에 반감을 품은 조선의 구 군대는 1882년 7월 23일 반란을 일으켜 호리모토 소위와 민씨 일족의 고관을 살해하고 일본공사관을 습격했다. 하나부사 공사는 간신히 제물포로 도망가서 영국 선박으로 일본에 돌아왔다(임오군란).

이 사건을 좋은 기회로 생각한 야마가타 아리토모(山県有朋) 등이 강경하게 출병을 주장하여, 8월 하나부사 공사가 군함 3척에 2개 중대의 육군을 이끌고 서울로 들어갔다. 하지만 이 군란 때 민비가 청국에 출병을 요청하여, 청국군이 서울에 들어와 반란에 의해 정권을 잡은 반민비파 대원군을 체포했다. 일본은 조선 지배를 위해서는 이 청국군과 대항하지 않을 수 없었다. 그리하여 8월 30일 배상금 50만엔 지불과 공사관 호위를 위한 병력주둔권을 인정케 하고, 일본인 거류지의 확장 등 일본 상인의 진출을 꾀하는 제물포조약을 맺었다. 그러나 청국은 군대의 계속 주둔을 각국에 통고함과 더불어, 조선정부를 압박하여 10월에 종주권을 강화하는 내용의 상민수륙무역장정(商民水陸貿易章程)을 체결했다.

조선에 대한 청국의 압박이 강화되어 청국과 결탁한 민씨 일족의 사대당 세력이 커지게 되자, 일본과 결탁하여 조선의 근대적 개혁을 실행하려는 김옥균 등의 독립당이라는 세력이 생겨났다. 1884년 12월 4일 독립당은 일본의 다케조에 신이치로(竹添進一郎) 공사의 지원을 받아 쿠데타를 일으켰다. 다케조에 공사가 이끄는 일본군은 이것을 지원하여 왕궁을 점령했다(갑신정변). 사대당은 즉시 청국군에 지원을 요청하여, 일본군은 패퇴하고 다케조에 공사도 제물포로 도망쳤다.

다음해인 1885년 사건처리를 위해 조선에는 이노우에 가오루(井上馨)가, 청국에는 이토 히로부미가 전권대사로 파견되어, 조선이 일본에 배상지불을 약속하는 한성조약(漢城條約)이 조인되었다. 이토와 북양대신 이홍장의 교섭은 난항을 겪었으나, 청일 양군이 조선에서 철수하고, 이후 파병할 경우에는 상호 문서로 통고한다는 내용의 텐진조약(天津條約)이 85년 4월에 조인되었다. 아직 이 시기 일본의 군비로는 대국인 청국과의 전쟁에 이길 자신이 없어 조선에 대한 침략은 일시적으로 중단되었다. 그 후 청일전쟁을 상정한 육해군 군비의 정비와 확장이 이루어지게 된다.

▎청국을 대비한 군비확장

1882년과 84년 두 번에 걸친 조선에서의 사변 후, 일본은 전쟁에 호소할 수 있을 만큼의 군비에 자신이 없었기 때문에, 이후 10년 동안의 전쟁 준비 기간을 가질 수밖에 없었다. 그때까지의 육군 군비는 1873년의 군제에 의한 근위대 및 6진대 그리고 보병 14개 연대를 근간으로 하는 편제에서, 서남전쟁을 사이에 둔 10년을 거치면서 보병 2개 연대를 증가시키는 데 그쳤다. 이 군비는 그 편성과 배치 모두 오로지 내란진압을 목표로 한 것이었다. 따라서 청국과의 전쟁에서 예상되는 대륙에서의 전쟁에는 편제면에서 적당하지 않았으며, 특히 병력면에서의 열세는 통감하지 않을 수 없었다.

제3장 천황제 군대의 성립 83

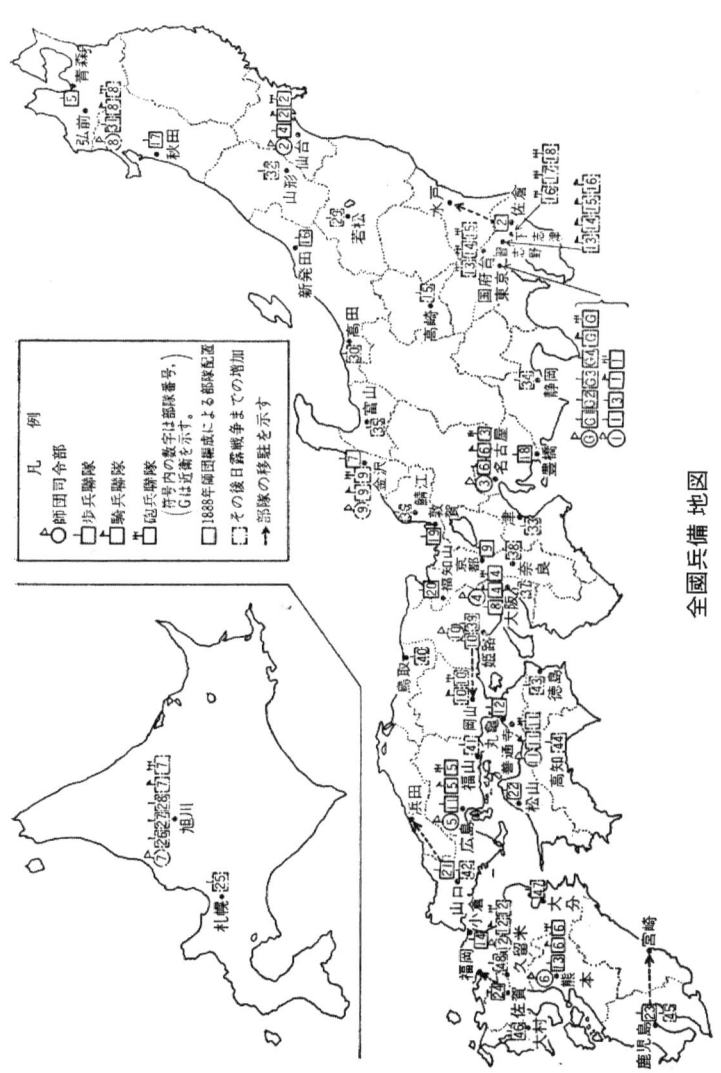

全國兵備地図

82년 보병 28개 연대, 포병 7개 연대, 그리고 기병・공병・치중병 각각 7개 대대라고 하는 일약 2배의 병력증강을 85년 이후 정비한다는 계획을 세워,[13] 85년 진대조례(鎭台條例)를 개정하여 보병 2개 연대 편제의 여단을 편성하고, 나아가 88년 군제개혁의 주요항목으로서 진대를 폐지하고 사단을 편성하여 7개 사단, 보병 14개 여단, 포병 7개 연대, 기병 2개 대대, 공병 6.5개 대대, 치중병 6개 대대로의 확장과 정비를 실현한 것은 오로지 대륙작전을 위한 것이었다.

그러나 이러한 군비증강은 대외전쟁을 위해서만이 아닌, 대내적으로 천황제 권력을 유지하는 지주로서도 필요한 것이었다. 사가의 난에서 서남전쟁에 이르는 사족의 내란을 역사에 역행하는 것으로 규정하고 자신감을 가지고 진압할 수 있었던 메이지정부도, 자유민권운동이 부르조아 민주혁명으로의 전망을 갖고 비약적으로 발전하는 것에 대해서는 큰 위협을 느끼지 않을 수 없었다. 81년의 정변 이래로 정부의 고립화가 더욱 심화되어 탄압은 투쟁을 격화시켰다. 이러한 정세 하에서 천황제는 대외적으로도 대내적으로도 군사력 외에는 어디에도 의지할 곳이 없었다.

79년 이래의 대외 긴장상태는 지상목표인 군비증강에 최대한 이용되었다. 참모본부장 야마가타 아리토모(山県有朋)는 79년과 80년에 걸쳐 가쓰라 타로(桂太郎)와 오가와 마타지(小川又次) 이하 각각 10여명의 장교를 주재무관 혹은 어학연구생 명목으로 청국에 파견하여, 그 결과를 『인방병비략(隣邦兵備略)』 및 『지나지지(支那地誌)』로서 발행케 했다(『公爵山県有朋伝』 中巻). 후쿠시마 야스마사(福島安正)가 편찬한 『인방병비략』 6권(1881, 육군문고 간행)은 청국의 군비를 상세하게 기술하여, 근대군대로서 전혀 가치가 없는 팔기병(八旗兵)과 녹기병(緑旗兵)의 인원까지 들어 그 수가 108만 1,000명을 헤아린다고 하면서, 이 대병력과 대항하기 위

---

13 확장계획에 관한 상세한 사항은 『秘書類纂兵政関係資料』 참조.

해서는 군비확장이 급선무라고 하고 있다. 야마가타는 이것을 천황에게 제출하고, 다시 이것을 발간함으로써 군비확충론을 부추겼다.

이러한 군비확장과 대외전쟁 준비의 강화는 빈약한 국가재정을 압박하게 되어 국민의 부담을 가중시키는 것은 명백했으나, 이에 대한 본질적인 비판은 당시로서는 의외로 적었다.

▎국권과 민권의 대립

메이지유신 이후 일본 최대의 대외적 과제는 국가로서의 독립을 달성하는 것이었다. 메이지정부는 말할 것도 없고 그 비판세력인 자유민권운동도 국권의 확립과 국가의 완전독립을 지상명제로 내걸고 있었다. 다만, 이 국가적 독립의 기초가 한쪽은 절대주의 천황제의 확립과 강화에 있다고 하는 것에 대하여, 다른 한쪽은 국민의 봉건적 착취와 예속으로부터의 해방에 의한 것이어야 한다고 하는 점에 근본적인 차이가 있었다. 후쿠자와 유키치(福沢諭吉)의 유명한 명제인 "일신이 독립해야 일국이 독립한다."(『文明論之概略』)는 것은, 국민 개인의 자유와 해방과 독립이 국가적 독립의 기초가 된다는 것을 명확히 한 것이다.

그러나 자유민권운동의 상층지도부는 국민의 독립과 국가적 독립을 분리하여, 일본의 국권확립이라는 의식 중에 대외적 팽창 관념을 교착시킨다는 약점을 갖고 있었다. 이미 수차에 걸쳐 지적한 것처럼 민권론자의 대륙문제에 대한 관심은 매우 강하며, 그들은 서구열강 식민주의로부터의 해방을 주장하면서, 한편으로는 침략주의를 고취하는 모순을 범하고 있었다. 이것은 제국주의 열강의 아시아에 대한 공세 격화에 대처하여 경쟁에서 뒤지지 않으려는 초조감의 발로이기도 했으나, 한편으로는 봉건적 국체론에서 해방되지 못한 민권론의 본질적인 결함 때문에, 천황제 국가의 타도 즉 국체(国体)의 변혁을 의도했다기보다는 메이지국가의 틀 내에서의 개량밖에 요구할 수 없었다는 것과 관련이 있다.

이러한 약점은 곧바로 번벌정부에 이용되게 되었다. 청국과 한국 양국과의 긴장상태를 이용하여 대외적 위기감을 부채질하여 국권확립을 위해 군비를 충실하게 한다는 것으로써 자유민권론자도 포함한 국론의 통일이 도모되었던 것이다. 군비의 증강은 민권의 억압자인 천황제 권력을 강화시킬 뿐이었으나, 민권론이 가진 모순은 이에 편승하여 대외적 위기의 격화와 더불어 국권확립을 위한 군비의 증강을 주장하기에 이르렀다.

▎국민개병의 기초

이상과 같은 사정은 국가적 독립의 기초를 개인의 자유와 독립에 둔다고 한 후쿠자와 유키치에게 있어서도 마찬가지였다. "일본국에는 정부는 있어도 아직 국민은 없다."고 하여, 근대적 국민국가로의 발전을 주장하면서 봉건적 대외침략주의를 강하게 부정한 그에게 있어서도, 진정한 국민국가의 기초가 되는 농민의 해방에 눈을 돌리지 않는 한 그 국권론이 침략주의로 변화될 위험을 내포하고 있었다. 이미 그는 1881년의 『시사소언(時事小言)』에서 구주열강과 비교하여 일본의 군비가 매우 약하다는 것을 논하고, 나아가 82년에는 『병론』을 저술하여 야마가타의 『인방병비략』을 인용하여 청국에 대비한 군비의 시급함을 주장하면서, 병력의 증강과 군비의 개정을 위해 "국가 재정의 집중을 연구할 것"을 강조했다. "현재의 국고 세입은 국민의 능력을 고갈시킨 것이 아니다. 따라서 그 여력의 일부를 군비로 하여 초미의 급무를 해결하는 것이 국민으로서의 의무가 아니겠는가."(『兵論』)라는 주장은, 청국 대비 군비의 시급함을 주장하는 군부에 대한 적극적인 지지임이 분명했다.

이처럼 청국과의 대외전쟁을 목표로 하여, 대내적 요인도 포함한 거대한 군비의 정비가 시급한 상황에서, 이에 상응하여 상비군의 성격도 변화하지 않을 수 없었다. 19세기 초반 이후의 무기의 진보와 이에 따른 전술의 변화, 그 중에서도 미국 독립전쟁과 프랑스 혁명전쟁의 경험이 전쟁의 성격을 일변시켰다는 것은 주지의 사실이다. 클라우제비츠에 의해 요약된 것처럼, 전투방법에 있어서는 횡대전술에서 종대전술 및 산병전술로, 전략에 있어서는 기동을 주로 하는 회전(會戰)기피 병력온존주의에서 주력을 결전장에 집중하는 회전강요주의로, 작전목표는 토지의 쟁탈에서 적 병력의 섬멸로 진화한 것이 그것이다(클라우제비츠 『전쟁론』). 이러한 전술변화의 기초에는 절대군주가 양성하는 소수정예의 용병상비군대로부터 국민개병의 대중군으로의 발전이 있었다. 이 국민군에 의한 압도섬멸전 방식은 전시에 있어서 병력을 급속하게 팽창시키는 것으로, 그 많은 병력을 평시에 양성 및 유지하는 것은 도저히 불가능하므로, 종래의 상비군이 그대로 전시 병력이 되는 것이 아니라, 그것이 전시에 동원되는 국민적 규모의 대군의 근간으로서의 성격을 갖게 되었다. 보불전쟁 이후 현저하게 된 이 방식에 일본의 육군도 적응하지 않을 수 없었다.

메이지유신 이후 신군대의 건설은 1873년의 징병령 실시를 중심으로 하는 새로운 병제 수립에 의해 일단 앞에서와 같은 외형을 갖추고자 한 것이었다. 그러나 이 새로운 병제는, 앞 장에서 기술한 것처럼, 실질적인 내용에 있어서 도저히 국민군으로서의 면모를 갖추지 못했다. 원래 국민군이란 부르조아 민주혁명을 쟁취한 국가에서 철저한 국민개병의무를 기초로 국민 총무장이 가능할 때 비로소 성립할 수 있는 것이었다. 새로운 전법은 절대주의 상비군이 아닌 이러한 국민군에게만 기대할 수 있는, 조국과 자유를 옹호하는 병사의 자주적인 열정을 기초로 하여 성립된 것이다. 전장에서의 도망방지를 위해 감시가 용이한 밀집대형을 취한 횡대전술에서 병사 개인의 자주적인 판단과 전투노력이 요구되는 산병

전술로의 발전은 이러한 병사의 자각에 의해서만 가능했다. 따라서 국민군의 기초는 혁명에 의해 해방된 자유로운 농민에 의해서만이 가능한 것이다.

▌징병제의 모순

더구나 그 징병제 자체가 근대적 국민개병의무와는 전혀 무관한 것이었다.[14] 앞에서 기술한 바와 같이, 최초의 징병령은 개병을 유명무실하게 하는 것과 다름없는 광범위한 면역제를 인정하고 있었다. 즉 신장 155cm 미만인 자, 병약자 및 불구자를 비롯하여 관공서 관리, 육해군 생도, 관공립 전문학교 학생, 외국에서 수학 중인 자, 의과·수의과 학생, 호주, 독자 독손, 양자, 징병 복역 중인 자의 형제, 도형 이상의 전과자, 대인료(代人料) 270엔 상납자 등을 병역에서 면제하고 있다. 이로 인해 관공서 관리 및 그 후보자인 특권지배층은 모조리 면제되고, 또한 대인료를 납부할 수 있는 지주 부르조아의 자제도 제외되었으며, 더욱이 호주 및 독자 독손 등의 면제에 의해 이 징병이 피지배계급의 2, 3남만이 의무를 갖게 되는, 실질적으로는 완전히 봉건적 부역이었다. 실로 그것은 "전국의 장정을 모집하여 군단을 설치"한 과거의 제도를 부활시킨 것에 지나지 않는 것이었다(『徵兵に関する詔勅』).

더구나 복역의 구분은 상비군 3년, 상비군이 끝난 자가 복역하는 제1후비군 2년, 제1후비역이 끝난 자가 복역하는 제2후비군 2년의 합계 7년과 그 외의 적령자가 복역하는 유명무실한 국민군으로, 실제로는 적격자 중에서 제비뽑기에 의해 상비군에 편입된 자만이 병역을 부담했다. 75년

---

[14] 松下芳男『徵兵令制定史』 및 『徵兵令制定の前後』, 大石愼三郞「徵兵制と家」(『歷史学研究』194) 모두가 제정 당초의 징병령이 유명무실했다는 것을 논증하고 있다.

의 규정으로 육군 전체의 각종 상비병 1년 동안의 징집인원은 '합계 10,480명', 그 외 보충징집 인원 '4,264명'으로 되어 있으므로, 실제로 병역을 부담한 자는 매년의 적령 장정 약 30만 중의 겨우 3%를 약간 넘는 데 그쳤다(山県有朋『陸軍省沿革史』).

▎국민적 군대의 내실

국민개병의무의 실질이 완전히 결여되어, 적령 장정의 겨우 3%에 지나지 않는 상비군밖에 징집하지 못하고, 후비병은 상비병 경험자만에 한정되어, 그 외 대다수의 국민이 실제로는 병역을 면제받고 있는 것은 전시동원능력을 저하시키는 것이었다. 병사의 동원력이 없는 것과 더불어 문제가 된 것은 간부였다. 상층계급이나 상급학교 학생을 모조리 병역에서 제외한 것은, 직업군인 외에는 예비역 장교를 축적하는 길을 막아, 상비병력 이상의 증강을 불가능하게 하고 있었다. 이러한 사정이, 설령 징병령 실시 후 얼마 지나지 않았다고는 하지만, 서남전쟁에서 상비 진대병 이외의 병력동원이 불가능하여, 고심 끝에 신군 건설의 방향에 역행하여 사족을 징집하지 않을 수 없게 했던 것이다. 79년의 징병령 일부 개정도 면역의 내용을 세분했을 뿐, 본질적으로는 이러한 사정을 변화시킬 수 없었다. 따라서 이 시기까지의 천황제 군대는 일견 징병령에 기초하여 국민적 군대의 외형을 취하면서도, 그 실질은 한 시대 전의 절대군주의 상비군 시스템에 지나지 않았으며, 용병을 대신하여 봉건적 부역에 의한 징병을 충당하는 데 지나지 않았다고 할 수 있을 것이다.

대륙의 대전장에서, 비록 근대군 이전의 오합지졸에 지나지 않는다고는 하지만, 100만을 헤아리는 청국군에 대해 전쟁을 도발하려고 할 때, 이러한 성격의 상비군으로는 도저히 근대전쟁을 수행할 수 없는 것은 분명했다. 6진대의 평시총원 3만 1,440명 및 그 외 근위병 3,328명의 상비군은 제1후비군을 동원하는 전시 총병력에 있어서도 4만 6,050명에 지나지 않았다(陸軍省「軍制綱領」, 『明治文化全集』 軍事交通篇). 앞에서 언급한 것처럼, 82년에 일약 2배로의 상비병력 증강계획이 수립되어, 84년 이후 실시단계에 들어가 있었으나, 병역제도의 개혁이 수반되지 않은 상비군의 증강만으로는 전시에 필요한 대군을 기대할 수 없었다. 그리하여 상비군 본위의 병제로부터 전시동원병력을 확대할 수 있는 국민군으로의 병제개혁은 불가피하게 되었다.

 이렇게 하여 상비군에서 국민군으로, 즉 전문적 군대에서 국민적 군대로의 확대가 요구되고 있을 때, 일본군부가 본받으려고 한 유럽에는 병제개혁에 있어서 두 가지 선례가 있었다. 즉 프러시아와 프랑스가 1860년대 전쟁을 앞두고 행한 병제개혁이 그것이다. 나폴레옹전쟁 이후의 유럽 국가들에서는 19세기 초반부터의 반혁명의 성장과 더불어, 전쟁과 군사기술에 일대 혁신을 가져온 국민군 개념이 점차 사라지고 있었다. 프랑스의 국민군, 그리고 프러시아에서 나폴레옹에 저항하여 그나이제나우(August Gneisenau)가 조직한 국민군은, 그 혁명적 성격 때문에 반혁명의 승리와 더불어 폐기되어, 각국의 군대는 계급억압의 도구로서 그리고 국가권력의 무기로서의 군대 본래의 성격을 분명히 하고 있었다. 본래의 국민군으로서의 성격은 스위스나 미국에 있어서의 복역기간을 갖는 민병제도로서 그 모습을 유지하고 있는 데 지나지 않고, 유럽열강의 상비군은 국민의 군대에서 다시 국가의 군대로 되돌아와 있었다. 그러나 전쟁규모의 확대, 군대 병력의 증대, 전술과 전법의 변화는 이들 국가의 군대에도 국민개병의 원칙 즉 상비군 이상의 전시병력 동원 등의 국민군적 성격을 부여하지 않을 수 없게 하고 있었다. 보불전쟁을 앞두고 양국의 국민개병의무의 부활 혹은 강화로의 개혁은, 이 방향으로의 두 가지 대조적인 입장 즉 단기 현역예비병제도와 장기 현역간부제도의 각각의 전형이었다.

▌프랑스와 프러시아의 군제

개혁 전의 프랑스 상비군은 모병에 의한 7년의 장기 현역제로서, 예비도 후비도 없는 것이었다. 프러시아의 군사적 위협 때문에 68년 이후 육군상 닐(Niels)에 의해 실시된 개혁은 전 국민의 병역의무를 정하여, 적령인구 중 8만명을 추첨으로 채용하여 5년의 현역과 4년의 예비역 합계 9년의 의무를 지우고, 추첨에서 빠진 자를 유동군(遊動軍 : 적을 속이거나 어수선하게 하기 위하여 옮겨 다니면서 작전을 하는 부대)으로서 5년에 걸쳐 연 1회 2주간의 군사교육을 실시하는 것이었다. 이 경우 오랜 복역기간으로 군사기술에 숙련된 현역병은 전시에 있어서 간부가 되어 전투부대의 핵심이 되므로, 이러한 간부제도는 전시동원 병력의 저수지로서의 대유동군 즉 무장훈련을 받은 국민의 존재를 전제로 하고 있다. 개혁 직후에 발발한 보불전쟁에서는 예비병도 유동군도 거의 정비되어 있지 않았기 때문에, 개전 직후는 상비군만의 전투가 되어 프러시아군의 일격에 분쇄되었다. 그러나 나폴레옹 3세의 항복 후에 국민의 자주적인 무장을 기초로 하여 편성된 르와르군(Army of the Loire)과 파리군은 상비군을 훨씬 능가하는 완강한 항전을 계속하여, 프랑스혁명 이래의 국민군의 전통을 지켰던 것이다.

이에 반해 개혁 전의 프로시아 육군에는 형식적이나마 1815년 이래의 국민개병의무 원칙이 존재하고 있었다. 병역은 3년의 현역, 2년의 예비역, 4년의 후비역 및 40세 이하의 전 국민이 속하는 국민후비역으로 구분되어, 현역으로서 징집된 자는 현역 종료 후 2년간의 예비병, 4년간의 후비병으로서 재차 소집되는 의무가 있었다. 전시병력은 현역병과 예비병을 주체로 하여 편성되었다. 실제로 현역병으로 징집된 자는 1861년도의 경우 적령인구 56만 5,802명 중 5만 9,459명 즉 10% 정도였다(엥겔스『プロシア軍事問題と労働者党』). 다시 말해서 국민개병이라고는 하지만 실

제로는 적령인구의 10%만이 9년간의 병역의무를 부담하고 있었던 것이다.

　1860년 이래 육군상 론(Emil von Roon)과 참모총장 몰트케(Helmuth von Moltke)가 의회의 반대와 싸우면서 추진한 병제개혁은 현역 2년, 예비역 4년, 후비역 5년으로 하여, 국민후비역을 폐지하는 것이 요점이었다. 이것은 현역의 연한을 줄이는 대신에 징집인원을 늘려 전시동원병력을 21만 5,000에서 45만으로 늘리려는 것으로, 징집인원의 증가는 분명 국민개병으로의 일보전진이었다. 그러나 현역으로 징집된 자만이 예비역군을 거쳐 11년의 병역을 부담해야 한다는 불평등은 개선되지 않아, 비록 국민예비병역의 폐지가 형식에 지나지 않았다고는 해도, 그것은 국민군으로부터의 후퇴였다. 즉 이 개혁은 교육된 예비병을 늘려서 전시병력의 증대를 도모함과 더불어, 군사교육을 그 부분에 한정시켜 다른 대부분의 국민에게 무장의 기회를 주는 것을 적극 피하려고 하는, 절대주의적 희망의 표현이었다.

▎프러시아식 병제로의 전환

　마찬가지 사정으로 개혁이 불가피했던 일본육군은 망설이지 않고 프러시아 병제개혁의 예를 따랐다. 앞에서 기술한 것처럼 유신 후 메이지 정부는 육군을 프랑스식 병제에 따라서 건설하고 있었다. 프랑스식이 채택된 것은 오로지 구 막부의 육군이 프랑스식이었다고 하는 기술적 조건에 의한 것으로, 본질적인 이유 때문은 아니었다. 그러나 그 후 교관으로 고용된 보르땅, 부훼, 마르커리, 뮤니에 등 프랑스 장교의 지도로 육군의 편제, 전술, 훈련 등이 모두 프랑스를 모방하여 정비되었다. 1873년 최초의 보병교범은 1869년의 프랑스 교범을 모방한 것이며, 77년 개정된 교범은 보불전쟁의 결과 개정된 74년의 프랑스 교범을 모방한 것이었다.

　그러나 지주를 기초로 한 부역적 성격의 징병으로 구성하지 않을 수 없었던 천황제 군대가, 소농민을 기초로 하여 혁명 경험과 국민군의 전통을 가진 프랑스 육군의 병제에 준거하는 것은 큰 모순이었다. 이 모순이 병제의 외관은 모두 프랑스의 것을 그대로 옮겨 놓으면서도, 그 기초가 되는 병역제도에 있어서는 장기현역간부제도를 그대로 도입할 수가 없어, 프랑스와 프러시아의 절충인 3년 현역의 상비군제도를 취하게 한 것이다. 따라서 내용과 형식의 이러한 모순이 이미 80년경부터 서서히 프랑스식 병제로부터의 이탈 기운을 양성하고 있었다.

　프러시아식 군제로의 전환이 비교적 용이하게 결의된 이유 중의 하나가 천황제 정부의 프러시아 군국주의에 대한 친근감이었다. 메이지유신 직후에 있어서는 근대국가의 급속한 형성의 필요성에 쫓겨, 제도적으로도 사상적으로도 문명개화의 슬로건으로 대표되는 계몽사조의 선두에 있던 것이 다름 아닌 메이지정부 자신이었으며, 이에 대해 복고적 봉건적 사조를 반정부적 입장이 대표하고 있었다. 그러나 서남전쟁을 마지막으로 반동적 입장의 반정부운동이 쇠퇴하고 자유민권운동이 새로운 강적으로 등장하자, 이러한 관계는 완전히 역전되어, 이제는 메이지정부가 복고적 반동적 사상의 고취자로서 자유민권운동에 대항하게 되었다. 그러나 한편에서는 일본을 급속하게 자본주의 국가로 육성할 필요가 있어, 조약 개정을 앞두고 제도적으로도 사상적으로도 어느 정도 근대화의 외관이 요구되자, 단순히 복고주의나 봉건적 전통의 고취만으로는 충분하지 않았다.

　이러한 상황에서 그들은 유럽에 있어서 반동을 대표하는 프러시아 절대주의에서 절호의 사상적 이론적 근거를 발견한 것이다. 메이지 10년 (1877)대 이후의 정부 유학생이 일제히 프러시아에 파견되어 병제에 앞서 진지하게 프러시아 헌법을 연구하는 등 그 친근관계는 대단했다. 가쓰라 타로(桂太郞), 가와카미 소로쿠(川上操六), 다무라 이요조(田村怡与造), 후쿠시마 야스마사(福島安正) 등 병제개혁의 주역을 담당한 장교는 모두 이 시기의 프러시아 유학생이었다. 또한 이 개혁에 대해서 프러시아 육군의 영향을 강하게 한 것이 85년 3월 육군성이 초청한 프러시아 육군 소령 멕켈(Klemens Wilhelm Jakob Meckel)의 역할이었다. 그는 신설된 육군대학교 초빙교관으로 부임한 것에 지나지 않았으나, 부임 전에 이미 본국에서 군사이론가로서 알려져 있었던 만큼, 전임 프랑스인 교관을 훨씬 능가하는 지식과 수완을 가지고 있었기 때문에, 육군 전반에 걸쳐 최고 고문의 권위를 가지고 병제개혁의 실질적인 지도자가 되었다. 동년 5월 프러시아로부터 막 귀국한 가쓰라 타로와 가와카미 소로쿠가 이례적으로 함께 발탁되어, 가쓰라는 육군성 총무국장(후에 육군차관)에, 가와카미는 참모본부차장에 취임하여 실질적으로 개혁을 담당하게 되어, 프러시아식 병제로의 결정적인 전환이 이루어지게 된 것이다.

2. 징병령의 개정

▍개정의 필연성

앞에서 기술한 것처럼 병제개혁을 불가피하게 만든 요인이 전문적 군대에서 국민적 군대로의 확대 필요성 때문이었던 만큼, 개혁은 당연히 징병제도에 미치지 않을 수 없었다. 1873년 발포된 징병령의 모순이 징병반대 폭동이나 징병기피 등의 국민의 반항과 서남전쟁으로 폭로된 동원능력의 결여에 의해 명백하게 드러나게 되어, 79년과 83년 2회에 걸쳐 그 개정이 이루어졌다. 그러나 전면적인 병제개혁은 멕켈의 간절한 종용에 의해 89년 1월에 이루어졌다. 개혁의 요점은 각종 면역규정 및 대인제도의 전폐, 공립 중등학교 이상 재학생의 징집연기, 중등학교 이상 졸업자의 1년 지원병제, 사범학교 졸업자의 6개월 단기현역제 등에 대한 것이었으며, 복역구분은 83년의 개정에 따라 현역 3년, 현역 종료 후 예비역 4년, 예비역 종료 후 후비역 5년으로 했다.

이 개정의 첫 번째 목적은 국민개병 원칙을 강조하는 데 있었다. 앞에서 기술한 것처럼, 종래의 징병제도는 대폭적인 면역규정과 대인제도로 인해 징병의 계급성을 노골적으로 드러내고 있었기 때문에 봉건적 부역과 다를 바가 없는 것이었다. 건군 이래 끊임없이 군부를 괴롭혀 온 인민의 징병에 대한 반항은 병역의 계급성에 대한 투쟁이었다. 오로지 병사 개인의 자발적 의지와 능력에 의거한 전투방식을 취하려고 하는 근대군대에 있어서, 그 최대의 요구는 자각된 병사를 획득하는 것이었다. 병사

의 자각을 환기시켜 병역이 국민의 평등한 의무라는 것을 강조하기 위해서는 지배계급의 어느 정도의 희생이 필요했다. "부귀한 자는 그 부귀한 것 때문에 이를 면할 수 없게"(「兵役令ニ関スル意見書」, 『秘書類纂兵政関係資料』) 하는 것은, 천황제 군대에 국민군적 명분을 부여하기 위해서는 피할 수 없는 것이었다. "일반복역은 상층사회의 자제를 병졸과 함께 평등하게 배치하여 병졸의 품위를 높이는 것이 매우 중요하며, 이로써 병졸도 자기비하에서 벗어나 흔쾌히 상명에 복종하게 되어, 하층인민의 병역혐오가 감소된다. 또한 상층사회의 자제도 병졸 체험을 직접 하게 됨으로써 그들을 경시하지 않게 될 것이다."(멕켈 「一般ノ服役ヲ日本ニ採用スルノ必要」, 『秘書類纂兵政関係資料』)는 것이 이 개정에 대한 군부의 기대였다.

두 번째 목적은 전시병력 증강을 위해 예비역 간부 양성을 도모하는 데 있었다. 그때까지의 병제에도 예비병과 후비병 제도는 있었으나, 예비병을 소집한다고 해도 이를 지휘할 간부가 전혀 양성되어 있지 않기 때문에, 이 제도는 유명무실하여 전시의 대대적인 동원이 불가능했다. 83년의 개정으로 1년 지원병제도가 생겼으나, 면역제도나 유예제도 때문에 지원하는 자가 거의 없었다. 그리하여 "예비장교 적임자는 학식이 있는 장년과 관리가 될 장년이 아니면 획득할 수 없다. 그 외의 신분인 자는 소요 교육이 결여되었고, 또한 지휘관으로서는 부적합한 습관과 풍속이 있다. 그런데도 학생과 관리에 대해서는 평시 병역을 면제시키는 규정이 있다. 따라서 이 특전을 폐지하고 진정한 일반 복역법을 실행하는 것이 참으로 긴요하다."(멕켈, 전게서)는 관점에서 면역제 폐지 조치가 취해졌던 것이다. 이처럼 1년 지원병제에 의한 예비장교 양성은 전시동원병력 확보를 위한 것이었으나, 한편으로는 평시편제부대의 확장이라는 의미도 있었다. 다수의 예비장교를 확보하면 부대에 있어서 현역장교의 평시정원을 절약할 수 있다. 이것에 의해 절약된 현역장교는 다른 증설 및 신설 부대로 돌리는 것이 가능하게 된다. 즉 평시와 전시를 통해서 비약적인 군비확장이 이에 의해 비로소 가능하게 되는 것이다. 그리고 이 제도를 채용한 하나의 근거는 86년의 교육개혁에 의해 중등학교에서 군대체조가 정규 과목이 된 것에 있었다.

▌국민으로의 확대

또한 이 개정은 단지 예비역 간부의 양성뿐만 아니라, 그 이상으로 군부의 이데올로기를 강제적으로 국민 속에 확대시키려는 목적도 있었다. 병기의 진보와 전쟁기술의 고도화는 병사의 지식수준에도 이에 상응하는 수준을 요구한다. 특히 전문적 군대로부터 국민적 군대로의 확대는 그 전제로서 국민교육의 보급이 필수조건이다. 메이지정부의 의무교육 실시에 대한 비상한 열의가 오로지 이 군사적 목적에서 나왔다는 것은 말할 것도 없다. 그러나 교육의 보급은 한편으로는 합리적 비판적 정신을 국민 가운데 배양하는 것 또한 사실이다. 따라서 국민적 군대로의 확대 노력은 계급억압의 무기로서의 천황제 군대 본래의 성격과 모순되지 않을 수 없게 된다. 이 모순을 완화하려는 하나의 노력이 6개월 단기현역제 등의 조치였다.

이 제도에 의해 사범학교 졸업자는 체력이 약한 자 외에는 반드시 6개월의 단기현역병으로 입영시키고, 그 대신 제대 후에는 일체 병역으로부터 면제된다는 특례를 만들었다. 따라서 이것은 군대 자신을 위한 간부 양성제도와는 전혀 관계가 없다. 그 목적은 초등학교 교사에게 반드시 군사교육을 받게 함과 더불어, 이후 병역에 있어서의 특전을 줌으로써 긍지를 높이고, 그들을 군부 이데올로기를 국민에게 전파하는 매개자로 육성하여, 학교교육에 있어서의 군국정신의 고취자로 만들려고 한 것은 말할 것도 없다.

중등학교 이상 졸업자의 1년 지원병제에 있어서도 마찬가지이다. 이것은 앞에서 기술한 것처럼 간부양성제도이기는 했으나, 유자격자를 만 20세가 되기 전에 지원시켜 지원한 자에 한해 26세까지 입영연기를 인정하여, 1년의 복무기간으로 예비장교로 임관시킨다고 하는 매우 유리한 조건이며, 한편으로는 지원하지 않으면 3년의 일반현역으로 징집된다는 위험을 느끼게 함으로써, 필요한 인원을 상회할 정도의 유자격자 대부분을 지원시키는 것을 의도로 하고 있었다. 이 또한 지원자에 대한 특별대우로 군 신분질서 내에 있어서의 특권적 의식을 심어주어, 장래 그들이 관리 등의 지도적 지위에 올랐을 때 군부 이데올로기를 국민들 사이에 확대하는 역할을 맡게 하기 위해서였다. 이 제도의 입안자 자신이, 군대 자체를 위한 간부양성 이외에, "또한 이 복무 기간은 본인의 장래 업무를 위해 결코 헛된 것이 아니며, 신체적으로도 정신적으로도 이익이 되는 것이다. 후일 관리가 될 자 특히 정무관, 외교관, 경찰관 등이 될 자에게는 도움이 적지 않을 것이다."(멕켈, 전게서)라는 목적을 분명히 하고 있다.

▌국민개병의 실태

이 병역제도 개정이 국민개병의무를 명목으로 내걸어 병역의 평등을 원칙으로 한 것은 종래의 병제에 비해서 분명히 진보였다. 완전한 국민개병의무 즉 조국방위를 위해 무기를 잡을 수 있는 체력을 가진 국민은 모두 병역의무가 있다고 하는 사상은 지극히 민주적인 것으로, 종래의 모든 모병제도에 대립하는 개념이다. 그러나 이 병역제도의 실제는 개병원칙이 매우 불완전하게 실시되어, 오히려 천황제 군대의 봉건적 부역을 감추는 명분에 지나지 않는 상태였다. 83년과 89년의 징병령 개정으로 면역 및 유예제도를 폐지하여 개병의 외형을 정비하고, 실제의 징집인원도 군비확장계획의 진전과 더불어 서서히 증가했으나, 징집인원 증가율

제3장 천황제 군대의 성립 99

〈표 3〉 징병실시상황(1889년)

구 분	인 원	
20세 적령자	309,234	
전년부터 계속인 자	50,664	
지원자	459	
합계	360,357	
종별		
육해군 현역	18,782	(5.2%)
육해군 예비역	74,561	(20.7%)
징집유예	17,826	(5.0%)
면역(질병 등)	211,256	(58.6%)
도망 불참	35,940	(9.9%)
기타	1,992	(0.6%)
합계	360,357	(100%)

* 陸軍省 『陸軍省第三回統計年報』 참고

이 인구증가율을 겨우 상회할 정도밖에 되지 않아, 징병 실시 직후의 징집율 3%를 크게 뛰어넘지 못했다. 89년도의 징병 실시 상황은 〈표 3〉과 같다.

즉, 실제 현역으로서 병역의무를 부담하는 자는 적령인구 36만 357명 가운데 겨우 1만 8,782명인 5%를 약간 넘는 것에 지나지 않음을 알 수 있다. 이 5%가 3년간 현역병으로서 입영하여, 그 후에도 4년간의 예비역, 5년간의 후비역 기간 중 언제라도 소집에 응할 의무를 지고 있었다. 전시동원에 있어서도 현역과 이미 교육된 예비병 즉 5% 이내의 국민만이 병사가 되었던 것이다. 현역으로 징집되지 않고 곧바로 예비역으로 편입된 7만 4,561명은 형식적으로는 의무를 지지만 실제로는 전시동원에도 소집되지 않기 때문에, 육체적으로는 병역을 감당할 수 있는 체력이 가지고 있으면서도 실질적으로는 병역을 면제받는 행운아들이다. 이에 비하면 현역으로 징집된 5%는 12년이라는 긴 의무를 그들만이 부담해야 하는 불운아인 셈이다. 20대의 귀중한 3년간을 병영에서 보내고 그 후에도 9년간에 걸쳐 소집에 떨면서, 더구나 아무른 보장도 특전도 없이 단지 국민개병이라는 미명으로 이것을 감수해야 한다면, 이 불평등은 너무나도 큰 것이라고 할 수 있다.

이에 대해서 적령인구의 과반수를 훨씬 상회하는 21만 1,256명(58%)은 육체 및 기타 결함이 있는 것으로 인정되어 평생 병역을 면제받았다. 즉 일본국민의 과반수는 병역에 적합하지 않은 육체적 결함이 있거나 허약자였다는 것이 된다. 그러나 병역이 대부분의 국민이 감당할 수 없을 정도의 가혹한 육체적 노동이었을까. 대부분의 국민이 일상적으로 강요받았던 농노적 농업노동이나 하루 12시간이 넘는 노예적 공장노동은, 노동의 강도나 분량에 있어서 병역을 훨씬 상회하는 육체적 노동이었다. 그렇다고 한다면 이것은 국민개병의무의 외관을 유지하기 위해 가장 적합한 장정을 필요한 수만큼만 골라내고, 나머지는 적당한 구실을 붙여 불합격이라는 낙인을 찍은 것이라고 생각할 수밖에 없다.

▎병역기피

보다 중요한 사실은 적령 장정 중 약 10%에 달하는 3만 5,940명이 도망 등으로 징병검사에 모습을 나타내지 않았다는 것이다. 이 3만 5,940명의 내역은 도망 실종자 3만 5,667명, 이유 없이 검사를 받지 않은 자 259명, 사고 불참자 14명으로(陸軍省『陸軍省第三回統計年報』), 그 대부분이 의식적으로 징병을 피하기 위한 도망 실종이었다. 메이지 초기 이래 천황제 정부가 비상한 노력을 기울여 온 호적 및 경찰망의 정비는 징병의 완벽을 기하여 국민을 국가에 의한 통제 그물망으로부터 벗어나지 못하게 하기 위한 것이었다. 그럼에도 불구하고 적령인구의 10%에 달하는 행방불명자가 나오고 있다는 것, 더구나 이 도망자가 80년대 이후 호적과 경찰망이 정비되는 것에 반비례하여 1만명대에서 3만명대로 즉 5%에서 10%로 매년 그 수가 증가된 것은 징병에 의해 현역병으로 잡혀가는 것이 국민에게 있어서 얼마나 큰 고통이었던가를 말하고 있다.

이상의 사실은 징병제도 부정론의 유력한 근거가 되었다. "현재의 징병 실태를 관찰해 보면, 장정의 수 대략 40만 중 현행법에 의해 징집을 유예 받아야 할 인원 약 12만명, 불합격자 약 8만명을 제외하고 나머지 약 20만명 중에서 겨우 2만명을 현역으로 복무시키고", "약 27, 8만의 본인은 물론 그 친족 및 친구에 이르기까지 수백만의 인민을 20년 동안 불안에 떨게 하는 효과는 겨우 2만명을 현역으로 복무시키는 것 외에 아무것도 없다." "만약 전국의 장정 40만을 모조리 병역에 복무시킬 수 있고, 그리고 그것을 수십년 동안 실행할 수 있다면, 혹시 과거에 사족이 병역에 복무하지 않는 것을 치욕으로 여기던 것과 같은 풍토를 조성할 수 있을지는 몰라도, 오늘날처럼 장정의 불과 20분의 1을 현역으로 징집하는 상태로는 병역에 복무하는 것으로써 일반의 기풍을 조성하는 것은 도저히 불가능하다."(真中真道「兵役令ニ関スル意見書」『秘書類纂兵政関係資料』)는 것은, 징병제도의 결함을 정확하게 지적한 것이라 할 수 있다.

이러한 사실은 국민개병이라는 명분이 얼마나 유명무실한 것인가를 보여주고 있다. 진정한 국민개병은 국민의 총무장을 전제로 하는 국민군에 의해서만 실현 가능하다. 그것은 모든 국민이 무장 및 훈련의 기회를 부여받아 전시동원병력의 공급원이 되는 민병제도에 의해서만 실현 가능하다. 전쟁기술의 고도화는 그 중 일정 인원을 병영에 수용하여 일상적 훈련을 받게 하는 것을 필요로 했으나, 그것은 어디까지나 광범위한 민병의 존재를 전제로 한 것이다. 그러나 군대를 국민억압의 무기로 보유하고 있는 천황제에 있어서 국민에게 무장을 부여하는 것은 최대의 모순이었다. 징병제도는 천황제 군대가 필요로 하는 수의 병사를 국민 가운데에서 추출하는 수단으로 채용된 것에 지나지 않았다. 그러나 천황제가 대외전쟁을 필요로 하게 되어, 전쟁의 진전이 군대에 국민군적 규모의 병력을 요청하게 되었을 때, 천황제는 어쩔 수 없이 국민개병의 외관을 내걸고 국민의 군사훈련은 필요 최소한에 머무르면서 보다 많은 병사를 확보하려고 한다. 그러나 이러한 방향은 아무리 노력해도 천황제 군대 본래의 성격과 모순되는 국민적 요소가 내포되는 것은 피하기 어렵다. 이 개정에 의해 일본에서는 처음으로 징병제도가 채용되었다고 해도 과언이 아니지만, 그것조차도 본래적인 모순을 피할 수 없었던 것이다.

3. 1886~89년의 병제개혁

▌병제개혁의 배경

 한편으로는 대외전쟁 준비를 위한 군비확장이 필요하고, 다른 한편으로는 대중군 창설을 위한 징병제가 본격화되자, 이에 따른 병제 전반의 개혁이 불가피하게 되었다. 그러나 징병령 개정에도 불구하고 국민을 억압하기 위한 군대가 그 국민을 병사로서 징집하여 구성하지 않으면 안 된다는 근본적인 모순은 해결되지 않았다. 앞에서 기술한 것처럼, 해방된 자유농민을 사회적 기초로 하여 비로소 성립 가능한 국민개병제도를 봉건적 토지소유제 하에서 실시하려고 하는 한 모순을 더욱 심각하게 할 뿐이었다. 병제개혁도 군대가 천황제 유지를 위한 국내 민주혁명 억압의 무기라고 하는 천황제 군대 본래의 성격을 바꾸지는 못했다. 군대의 사회적 기초는 여전히 지주에게 있었던 것이다.
 『육군성 통계연보』에 나타난 매년의 재직무관 신분을 보면, 70년대에는 화족과 사족이 평민출신자의 4~5배에 달하는 압도적 다수를 차지하고 있으며, 개혁 후에도 여전히 과반수를 점하고 있다. 양자가 균형을 이루는 것은 실로 1910년대이며, 20년대에 마침내 그 비율이 역전하여 2 : 3이 된다. 이러한 계급적 본질은 무엇보다도 장교 자신에 의해 자각되어 있었다. "장교는 국가의 간성이며 군대의 근간으로서 천황을 대원수로 받들기를 이미 맹세한 이 몸으로서, 폐하의 손톱과 어금니(爪牙)가 되어 위로는 황실을 수호하고 아래로는 국민을 보호하는 책임을 맡은 자이다."(寺内正毅「将校の地位」,『元帥寺内伯爵伝』)라고 하여, 문자 그대로 '천황의 손톱과 어금니'로서 계급억압의 무기가 되겠다는 본질은 개혁 후의 사관학교 교육에 있어서도 학교장 데라우치(寺内)에 의해 강조되고 있었다. 이러한 본질에 변화가 없는 한 군대의 모순은 해결될 리가 없다. 그것은 농민의 해방과 국민국가의 형성에 의해 비로소 해결될 수 있는 것이지, 천황제에 있어서 기대할 수 있는 것은 아니었다. 그러나 이 모순이 천황제 군대에 있어서 치명적인 것인 이상, 천황제의 개혁 없이 혹은 토지혁명 없이 어떻게 해서든 이 모순을 완화하려는 노력이 다방면에 걸쳐 행해졌다. 이 시기에 병역제도 개정과 더불어 병제에 관한 각종 개혁이 잇달아 행해졌는데, 그것은 모두 이러한 의도를 내포한 것이었다.

▌헌병과 군기

첫째, 그것은 헌병의 강화에 의한 군대의 임무 분업화로 나타났다. 자유민권운동이 격화된 단계에 있어서 군대는 그 본래의 임무인 혁명진압을 위해 어디든 출동했다. 이러한 민중과 군대의 일상적인 충돌이 군대의 계급적 성격을 국민 앞에 폭로한 것은 당연하다. '황실의 손톱과 어금니'는 군대를 형용하는 일반적인 표현이 되어, "정부를 수립하고 이를 유지하기 위해서는 병력이 필요하다. 국가가 육해군을 만들어 내란에 대비하는 것은 이 때문이다."(福沢諭吉『兵論』)라는 것이 군대에 대한 상식적인 이해였다. 대외전쟁에 대비하여 국민 가운데서 다수의 병사를 징발하여, 여기에 국민군이라는 미명을 부여하기 위해서는 가능한 한 이러한 군대의 본질을 은폐하지 않으면 안 되었다. 이 때문에 일상적인 국내 탄압으로부터는 되도록 손을 빼고, 그 임무는 헌병과 경찰에 넘기고 상비군은 그 배치를 농밀하게 하는 데 머물렀다.

개혁에 의해 2배로 확장된 상비군은 보병 28개 연대를 전국 주요도시에 배치한 것 외에도, 보병 대대마다 분산주둔지를 설치하여 전국 각지에 빠짐없이 부대를 주둔시켰다. 그리고 88년 제정된 위수조례(衛戍條例)에 의해 이 주둔부대는 전국을 위수지역으로 나누고 분담 구역을 정하여 응급출동에 대비했다. 대외전쟁이나 국방을 위한 고려라기보다는 국내의 혁명에 대비하기 위한 것이었음은 부언의 여지가 없는 것이었다. 그리고 이 위수부대의 무언의 위압을 배경으로 헌병과 경찰이 직접적인 탄압 담당자로서 급속하게 강화되었다. 경찰은 집결경찰에서 분산경찰로 바뀌어 전국 방방곡곡에 주재소를 설치하여 탄압체제를 정비했다. 이와 더불어 81년 창설된 헌병이 대규모로 확장되었다. 병제개혁에 따라 헌병은 전국 특히 도시를 중심으로 30개 분대(分隊) 150개 오(伍)로 증강되어, 도쿄의 경우 48개소에 주둔지가 설치되었다(田崎治久『日本之憲兵』). 이러한 헌병의 강화는 군대가 그 목적인 대외전쟁과 혁명진압을 분업화하여, 국내에 대비한 임무는 일단 헌병과 경찰에 맡기고, 군대는 예상치 못한 상황에 대비하는 데 한정시켜 그 계급적 본질을 은폐하기 위한 것이었다.

둘째, 그것은 군대 내부에 있어서의 군기확립 노력으로 나타났다. 이미 이보다 앞서 78년 야마가타 아리토모(山県有朋)의 「군인훈성(軍人訓誡)」, 82년의 「군인칙유(軍人勅諭)」에 제시된 군기확립 방안은 천황제 군대와 징병제도의 모순을 오로지 병사에 대한 억압과 노예화에 의해서만 해결하려는 것이었다. 병역제도 개정에 의해 병사의 공급원이 전 국민으로 확대된 것은, 이와쿠라 도모미(岩倉具視)로 하여금 "병졸이라 할지라도 창을 거꾸로 겨누지 않는다고 어떻게 보장할 수 있겠는가."(『岩倉公実記』下巻)라는 공포심을 갖게 하는 것이었다. 이를 위한 대책으로서 봉건적 신분 이데올로기를 부활 강화하여 군대 내의 신분질서를 강조할 것, 그리고 부대 내부에 대한 헌병의 감시망을 강화하여 병사의 자주성과 언론 및 사상의 자유를 박탈하여 그들을 노예화할 것, 이 두 가지가 집중적으로 행해졌다.

　그 중에서도 봉건적 신분질서는 근대적 군사기술의 유입에 반비례하여 특히 강조되었다. "인류가 서로 모여 사회를 이루지만 애초부터 능력과 인품과 연령 등등이 같지 않을진대 상하존비(上下尊卑)의 차별은 피할 수 없다."(寺内正毅 「曲礼一斑」 『元帥寺内伯爵伝』)라는 신분적 질서 중심의 봉건적 윤리도덕 사상이 군대교육에서 의식적으로 고취되었다. 장교가 압도적으로 사족 출신자로 성립된 것은 앞에서 기술한대로였지만, 84년 화족령(華族令)이 제정되어 공(公)・후(侯)・백(伯)・자(子)・남(男) 508가(家)가 작위를 받음에 따라 화족 남자는 황실의 수호자로서 모두 무관이 되어야 한다는 것이 크게 장려되어, 다음해인 85년에는 일거에 23명의 화족 자제가 학습원에서 육군사관학교로 전학했다(이 수는 사관학교 생도 1개 기수 180명의 12%에 해당한다). 이들은 특별대우를 받을 뿐만 아니라 군대 내 신분관념의 지주가 되었다. 87년 「육군예식(陸軍礼式)」이 제정되어 이것을 기초로 봉건적 신분 이데올로기가 전군에 강조되었다. 또한 특히 이 개혁에서는 봉건적인 융커(Junker : 귀족)의 전통을 그대로 군대에 도입하고, 공고한 계급적 긍지와 신분관념을 특징으로 하는 프러시아 장교단의 이데올로기를 모방하여, 89년 「육군 장교단 교육령」을 제정하여 장교의 특권의식의 강화시킴으로써 이러한 경향을 더욱 조장했던 것이다.

▌군대내무의 강화

　가장 많은 노력이 필요했던 것이 병사의 자주성을 빼앗는 것이었다. 프러시아식 전법으로의 전환은 훈련과 내무생활에까지 미쳐, 88년 제정된 「군대내무서」에서는 "내무는 군기의 근원"이라 하여 엄격한 내무생활을 강조하여, 병사의 자주성 및 개성을 말살하여 "오로지 명령에 복종"하는 기계로 만드는 데 전력을 기울였다. 이른바 사적제재(私的制裁) 즉 사적인 형벌로서의 체벌이 공인되어, 엥겔스가 『영국의 군대 - 병사의 징벌』에서 지적한 태형(笞刑)을 훨씬 능가하는 각종 잔혹한 체벌이 고안된 것은 주지하는 바와 같다.

프러시아 군대에서 내무생활을 강조한 것은, "전적으로 병졸의 이해력에 부합하는 방법에 의해 의무 관념을 함양시키기 위한 것이었다. 이 사소한 일을 충실하게 실행하는 것은 비단 군사적 교육을 위해서만이 아니라, 인간적 수양에도 도움이 된다. 즉 청렴, 규율, 정확, 주의, 정직, 신실 등의 덕성을 함양하면, 그것이 군기 확립에도 도움이 된다."(von der Goltz 元帥 『國民皆兵論』)고 생각하여, 병영 내 일상의 사소한 부분까지도 규제하여 병사를 군대라고 하는 기계의 한 부품으로 만들려고 한 것이었다.

또한 내무생활의 강화와 병행하여, 반항을 조직적으로 억압하기 위해 종래 도쿄에만 설치되어 있던 헌병을 전국적으로 확산 강화했다. 헌병의 임무는 민중에 대한 탄압과 동시에 병사의 일상을 감시 및 단속하는 것이었다. 이렇게 하여 자주성이 박탈된 병사가 전시에 산병전술에 의한 전투를 감내하게 하기 위해서도 헌병은 필요했다. 85년 제정된 「전시 헌병복무규칙」에서는 전시에 있어서의 헌병의 임무를, "전선에 배치된 부대의 후방 및 부대장의 시선이 미치지 않는 곳에 주의를 집중한다."(田崎治久 『日本之憲兵』)고 하여, 중국 봉건군벌의 독전대(督戰隊 : 후방에서 전선의 우군을 감시하는 부대)와 같은 것임을 분명히 하고 있다.

그러나 병사에 대한 이러한 억압만으로 이 모순을 완화할 수 있는 것은 아니다. 향상된 군사기술에 부합하는 지식수준을 병사에게 부여하기 위한 국민교육의 보급은, 역으로 국민의 자각을 높여 병사로 하여금 군대의 본질에 대한 의문을 갖게 했다. 더욱이 사회적 경험 없이 적령에 입영하는 장정은 차치하고라도, 전시에 소집해야 하는 예비병과 후비병은 다소나마 이미 사회의 모순을 체험한 자들이다. 국민적 군대로 확대하면 할수록 그만큼 사회의 모순이 군대에 반영되어, 군대 내부에 국민적 요소가 농후하게 됨으로써 군대 내의 모순을 강화시키는 것은 피하기 어렵게 된다.

이것을 해결할 수 있는 방법은 역으로 군대를 국민적 규모로 확대시키는 것, 즉 봉건적 신분 이데올로기를 국민들에게 확산시키고 군대질서를 국가적 규모로 확대시킴으로써 전국을 병영화・군국화하는 것 외에는 없다. 이렇게 되면 군국주의는 필연적일 수밖에 없는 것이다. 교육령 개정과 1년 지원병제도 등을 통해 군국주의 이데올로기를 국민에게 주입시키는 것에 천황제 정부는 전력을 기울였다. 한편으로는 프랑스식의 일원적 군제를 육군성・참모본부・감군부(監軍部)가 정립(鼎立)하는 삼원적 군제로 전환하고, 그 중에서도 참모본부를 강화하여 제국헌법에 있어서의 통수권 독립 규정과 더불어 군사(軍事)를 정부로부터도 독립시켜 참모본부가 독자적인 강대한 권한을 갖게 함으로써, 국가의 모든 체제를 군사에 종속시키기에 이른 것도 주지하는 바와 같다. 이렇게 하여 군국주의는 국내 탄압의 필요성 때문에 생겨나, 대외전쟁 준비에 의해 확립되었다. 물론 그 실질은 모순으로 가득 차 있었다.

▎군의 규격화

이 병제개혁은 한 측면에서 보면 군대의 규격화・획일화의 완성이었다. 국군의 주력이 참가하는 대규모 작전을 위해서는 운용에 있어서도 병력보충 및 보급에 있어서도 전군의 편제장비와 훈련전법이 일정 규격으로 통일되어 있어야 하는 것은 당연한 전제이다. 서남전쟁 때에는 소총조차도 무진전쟁 당시의 엔필드소총(enfield rifle)에서 스나이드소총(Snider-Enfield, 영국), 스펜서소총(Spencer Rifle, 미국), 알피니소총(Albini,

벨기에), 샤스포소총(Chassepot Rifle, 프랑스)에 이르기까지 각국의 제품을 사용하여 편제, 훈련, 지휘, 탄약보충 등 여러 면에서 많은 결함을 노출시켰다.

대외전쟁 준비로서의 병제개혁은 한편으로는 군비확장인 동시에, 다른 한편으로는 군대 전반의 규격을 통일하는 것이 무엇보다도 필요했다. 개혁의 추진자인 가쓰라 타로(桂太郎)는 자서전에서, 종래의 병제는 "독일과 프랑스 혹은 그 밖의 여러 나라의 것도 받아들여 그것을 기초로 만들어 통일성이 없었기 때문에", "무엇보다도 우선적으로 통일성을 도모한 다음에 장단점을 취사선택해야 한다. 자신이 취할 방침도 정하기 전에 남의 장점을 취하고 자신의 단점을 보완하는 것은 도리에 맞지 않는다는 결의로 병제개혁에 노력한 결과 질서정연한 조직을 만들 수 있었다."(『公爵桂太郎伝』)고, 그 공적을 자랑하고 있다.

개혁의 주요 항목으로서 군대의 편성을 사단, 여단, 연대, 대대, 중대, 소대로 하는 프러시아식 편제로 통일하고, 장비 및 무기를 보병은 18년식 무라타총(村田銃)을 현역·예비병·후비병 전체에게 일괄적으로 지급하고, 포병도 7㎝ 산포에 의한 획일적 장비가 비로소 이루어졌다. 이것을 가능케 한 것은 말할 것도 없이 관영 군수공업의 정비와 발달이었다.

교육부문에 있어서도 참모본부의 강화에 따라 종래의 군령 집행기관인 감군본부(監軍本部)를 일단 폐지한 후, 87년 "육군 군대훈련의 통일을 도모"(『陸軍省改革史』)할 기관으로서 교육총감부의 전신인 감군부(監軍部)를 부활시켜 육군대학교의 신설, 육군사관학교의 제도개정, 육군유년학교의 독립 등에 의한 간부양성제도의 통일이 시도되었다.

전술훈련에 있어서도 이전의 프랑스식 교범을 84년 프랑스에 있어서의 개정에 따라 87년 개정 공포했으나, 91년 이것을 근본적으로 개정하여 88년의 프러시아 교범을 모방한 보병교범을 발포하게 됨으로써 전면적인 프러시아식 훈련으로 통일되었다.

이와 같은 규격화를 가능케 한 기초는 일본의 자본주의 발전에 따른 군수공업의 확립이었다. 그 중에서도 도쿄포병공창의 정비에 의해 85년도부터 연간 3만정의 18년식 무라타총 제조능력을 가질 수 있게 되어 그 때까지의 각종 외국 소총을 몰아낸 것, 그리고 오사카포병공창의 정비에 의해 84년경부터 제식(制式) 7㎝ 야산포(野山砲)의 국산화가 시작되어 88년도까지 전 포병에 배치를 완료한 것이 그 주된 원인이었다(小山弘健『近代日本軍事史概說』). 근대군대의 필수조건이라 할 수 있는 편제·장비·훈련의 통일이 비로소 확립된 것이다.

▎간부양성과 획일화

그러나 근대군대로서의 규격화·획일화가 너무 급속하게 요청되었기 때문에, 그리고 그것이 극단적으로 기계적인 형식성·획일성을 특색으로 하는 프러시아 군국주의 선례를 따랐기 때문에, 그 획일화가 실제 필요로 하는 한도를 넘어 획일성 자체를 강조하는 결과를 낳았다. 물질적 조건에 좌우되는 바가 큰 편제장비 측면은 그렇다 치고라도, 오로지 정신적 훈련과 기능의 향상을 기하는 교육훈련 부문에까지 제도의 통일 및 내용에 있어서 일체의 자발성을 부정하는 형식주의가 지배했다.

예를 들면 현역장교 양성제도는 87년 종래의 사관학교를 개혁하여 프러시아의 사관후보생 제도를 채용하고, 유년학교를 독립시켜 유년학교 졸업자 및 시험 합격자는 사관후보생으로서 일단 각 연대에 입대한 후에 사관학교에 집합시켜, 졸업 후에도 다시 견습사관으로서 부대근무를 거친 후에 소위로 임관하는 제도가 취해졌다. 이것은 종래의 프랑스식 학과중심의 제도를 병과중심의 독일식으로 바꾼 것이었으나, 이 때문에 교육내용은 폭넓은 교양교육에서 오로지 군사기술에 편중된 특수교육으로 변화했다. 그리하여 현역장교의 군사기술 수준은 높아졌으나 일반 교양은 저하되어 틀에 박힌 특수전문가로서의 획일화가 이루어진 것은 부정할 수 없다.

교육부문 개혁의 중심인물로서 개혁 후의 사관학교 초대 교장을 역임한 데라우치 마사타케(寺內正毅)를 학교의 사환은 '청소담당'으로 생도들은 '좁쌀영감'으로 불렀는데, "청소담당이라는 별명이 붙은 것은 주도면밀하여 풀 한 포기 먼지 하나도 그냥 넘기지 않고 구석구석까지 주의를 기울인다는 것을 말하는 것이며, 좁쌀영감이라는 말을 들은 것은 백작이 사소한 일에까지 주의를 기울이는 것을 풍자한 것"(『元帥寺內伯爵伝』)이었다. 이것은 간부교육의 방향이 어디에 있었던가를 보여줌과 동시에, 속옷 접는 방법에서 식기 늘어놓는 방법까지 사소한 형식의 획일화를 강요하기에 이른 하나의 원인이 간부양성에 있어서의 형식주의에 있었다는 것을 말해주는 것이다.

또한 이 현역장교 보충제도는 프로이센의 단일 사관학교를 모방한 것으로, 육군사관학교는 89년 제1기생을 배출한 이래 일본육군 유일의 현역장교 양성기관이 되었다. 기병, 포병, 공병, 치중병 등의 특수병과 장교도 일단 이 사관학교를 나와 장교로 임관한 후 포공학교나 승마기병학교 등의 실무학교에서 각각의 전문교육을 받았다. 즉 사관학교 출신자 외에 현역장교로 임용되는 경우는 일체 없었다.

프랑스 육군참모총장을 역임한 데브네(Marie Eugene Debeney)는 1837년 군 내부에서 대두된 단일 사관학교론에 대해 장교단을 관료화하여 프랑스 육군을 위협하는 중대한 공격이라고 비난하면서 다음과 같이 말하고 있다. "이 안은 참으로 단순하고 매력적이다. 게다가 편리하기까지 하다. 이 예비학교에 신중하게 연구된 교과과정을 개설하면 프랑스 육군 전체의 정신을 동일한 방향으로 수렴시킬 수 있다. 부대장들은 부하를 이해하고 평가하는 수고를 하지 않고, 예비학교 졸업성적이 마련해 주는

부드러운 베개를 베고 – 물론 그렇지는 않겠지만 – 놀고만 있으면 되는 것이다. 동일한 정신적 분위기가 군대 내의 모든 활동에 반영될 것이다. 그리하여 장교단은 서서히 동일한 형태로 즉 존엄하기는 하기는 하지만 광채가 없어지게 될 것이다."(데브네, 岡野訳『戦争と人』)

이것은 일본에 있어서의 사관학교 교육제도와 그 후의 실제의 효과에 그대로 들어맞는 적절한 표현이다. 이후 다이쇼시대(大正時代: 1912. 7. 30~ 1926. 12. 25)를 거쳐 쇼와시대(昭和時代: 1926. 12. 25日~1989. 1. 7)에 이르기까지 현역장교의 진급과 인사이동은 사관학교 졸업서열에만 좌우되었다는 것은 주지하는 사실이다. 생도는 군인으로서의 운명을 결정하는 졸업서열을 다투기 위해 사관학교 교육이 요구하는 규격과 형식에 어떻게 적응할 것인가 하는 것에만 노력하여, 가장 획일화된 자가 승자가 되었다. 그것은 또한 그들에 의해서 구성되는 군부 전체에 규격본위의 형식주의를 강요했다. 일본 군국주의의 획일성은 여기서 기인하는 바가 크다고 할 수 있다.

▎개혁에 대한 비판

이러한 병제개혁의 방향에 대한 반대는 내부에서 일어났다. 소가 유준(曽我祐準), 미우라 고로(三浦梧樓), 다니 간조(谷干城), 도리오 고야타(鳥尾小弥太) 소장 등의 월요회(月曜会)에 의한 내부 비판이 그것이었다. 물론 그들은 야마가타(山県)나 오야마(大山) 등 육군을 독점한 삿초번벌에 대한 군내의 반대파벌로서, 인사나 감정의 대립에 의한 불평분자에 지나지 않았다. 그러나 이 병제개혁이 갖는 모순을 지적하고 그 방향이 초래할 위험을 지적하는 한, 그들의 비판은 천황제 군대 내부 모순의 표출인 동시에 어떤 의미에서는 국민의 불만을 반영하는 것이었다고 할 수 있다. 월요회는 1880년 나가오카 가이시(長岡外史) 등 위관급 장교가 "내외의 병서를 연구"(『公爵桂太郎伝』)하기 위해 조직한 병학연구단체로서, 신지식을 얻으려는 장교 대부분이 여기에 참가하고 있었으나, 84, 5년경부터 앞에서 언급한 소가 유준 소장 등이 그 주도권을 잡게 되면서 육군의 주류에 대립하는 불평집단이 되었다. 그들은 야마가타와 오야마의 비호 하에 가쓰라(桂)와 가와카미(川上) 등에 의해 추진되는 병제개혁에 대해서 사사건건 반대했다.

그 주요 논점은, 첫째는 군비확장이 국방의 목적을 넘어선 대외침략을 위한 것이라는 것, 둘째는 인사 및 행정에 관한 개혁이 삿초번벌의 강화를 기도하고 있다는 것에 있었다. 소가(曾我)는 군비의 목적을 다음과 같이 말하고 있다. "군비라는 것은 국방 즉 국토방위를 최우선으로 해야 하는 것이다. 타국으로부터의 침략도 정복도 당하지 않고 어떤 경우에도 이를 격퇴하여 국가를 지키는 것을 제1의 목표로 해야 한다." "혹자는 공격이 최선의 방어라고 말한다. 이 무슨 망발인가." "공격이 최선의 방어라는 것은 진지전투에 있어서의 전술상의 문제이다. 과잉방어가 병가의 기피사항이라는 것을 내 어찌 모르겠는가. 그럼에도 불구하고 그것을 일국의 군비에 적용하는 과오를 범하는 것은 너무 심하지 않은가."(曾我祐準「談近代正誤」, 『国民之友』102号)

즉 군비확장이 국방의 목적을 일탈하여 대외침략을 기도하고 있는 천황제 군대의 본질을 전문가 입장에서 지적하고 있는 것이다. 또한 소가와 미우라 등은 85년과 86년의 재정정리 문제와 관련하여 군비확장에 반대하면서, 이노우에 가오루(井上馨) 등과 제휴하여 군사비 삭감 운동을 일으켰다. 그들의 군부 주류에 대한 반대 즉 월요회와 육군성의 대립은, "표면상으로는 독일파와 프랑스파로 갈라진 학파의 경쟁처럼 보인다. 또한 이 두 파의 분립을 초래한 원인은, 앞에서 말한 것처럼, 학문연구를 위해 독일과 프랑스의 병서를 닥치는 대로 번역하여 원서의 내용이나 사상에 있어서의 옥석을 가리지 못했기 때문이다."(「桂太郎自

伝』『公爵桂太郎伝』)고 그 당사자가 평가하고 있는 것처럼, 그것은 단순한 파벌대립이라기보다는 병제에 있어서의 프랑스주의와 프러시아주의의 대립이며, 절대주의적 군대와 국민적 군대와의 대립이기도 했다. 월요회의 사상에는 "병사를 징집하는 것은 용모를 강하게 꾸며서 대오를 편성하여 총포를 앞세워 적진으로 나아가게 하는 것이 중요한 것이 아니라, 인민 일반의 지식이 적군을 능가하는 것이 무엇보다도 중요하다."(「山田顯義建白書」『明治文化全集』軍事交通篇)는 생각, 즉 프랑스식의 국민군 사상이 흐르고 있었다.

그들의 군부 주류에 대한 비판이 단지 파벌경쟁을 넘어 군비의 본질을 언급하고 천황제 군대의 성격을 문제시하는 데 대해서는 엄중한 조치를 취하지 않을 수 없었다. 86년 7월 육군검열조례와 육군진급조례 개정에 반대하여 소가와 미우라가 그 직을 떠난 후 월요회에 의한 반대운동은 더욱 맹렬해졌으나, 89년 2월 육군성의 명령으로 월요회를 강제로 해산하고 해행사(偕行社 : 1877년 창립된 육군장교의 친목 및 학술연구 단체)를 강화하여 이를 군 내부 유일의 연구단체로 하게 되었다.

▌프랑스파의 패배

이러한 강경조치는 여기서 멈추지 않았다. 군 내부의 반대파를 영원히 근절시키기 위해, 월요회 외에도 다수 존재하고 있던 포공공동회(砲工共同会) 등의 학회를 모두 해산시켜, 관제 단체인 해행사 외 일체의 내부 단체의 활동을 금지시켰다. 이러한 조치는 천황제 군대가 가진 모순을 내외에 노정시키지 않기 위해서는 피할 수 없는 것이었다. 그러나 이로 인해 이후 내부에서의 자주적인 군사과학 연구는 싹틀 수 없게 되었다. 일본에서 독자적인 군사이론가나 전략사상가가 전혀 나오지 않은 하나의 원인이 여기에 있었다고 할 수 있다.

이렇게 하여 군 내부의 의견을 통일한 상태에서 프러시아주의로의 전환이 이루어졌다.[15] 그것은 병역제도와 편제장비의 개혁을 마무리하는 상부구조의 개혁이었다. 90년에는 종래의 프랑스 교범 대신에 프러시아 육군의 제도를 모방한 「야외요무령」(이후의 「작전요무령」 제1부에 해당)이 제정 공포되고, 다음해에는 앞에서 기술한 바와 같이 프랑스식 교범에서 과감히 벗어나 1884년의 독일 보병교범을 모방하여 「신보병교범」을 개정 공포했다. 이에 의해 진중근무와 전투원칙은 완전히 전환되었다. 그리고 한편으로는 83년 개교한 육군대학교에 85년 부임한 멕켈의 지도 및 프러시아 유학에서 귀국한 가쓰라(桂), 가와카미(川上), 다무라(田村) 등에 의해 전략분야가 처음으로 개척되었다. 그때까지 프랑스 전술에 따라 전투단위 이하의 전술은 연구되어 왔으나, 근대전에 있어서의 전략에 대해서는 그 필요성도 없기 때문에 전혀 손을 대지 않고 있었던 것이다. 따라서 전략에 관한 한 전환이 아닌 새로운 도입이며 개척이었다. 이때 어떠한 예비지식도 없이 프러시아·오스트리아, 프러시아·프랑스 이 두 전쟁의 승리로 절대주의적 성격이 더욱 농후해진 프러시아의 전략을 직접 도입한 것이 일본군대의 전략사상을 규정하는 큰 특수조건이 되었다. 더구나 그 신지식을 받아들인 모체는 내란의 경험밖에 없는 봉건적 군대였다.

---

15 이 전환의 전제가 된 것이 1884년 1년간에 걸친 오야마 이와오 등의 유럽 병제시찰이다. 일행은 오야마 육군경을 칙사로 하여, 이하 수행원으로서 중장 미우라 고로(三浦梧楼), 소장 노즈 도칸(野津道貫), 보병대령 가와카미 소로쿠(川上操六), 동 가쓰라 타로(桂太郎), 회계감독 고이케 마사부미(小池正文), 군의감 하시모토 쓰나쓰네(橋本綱常), 보병소령 시미즈 나오(志水直), 동 고자카 지히로(小坂千尋), 포병소령 무라이 조칸(村井長寬), 공병소령 야부키 슈이치(矢吹秀一), 보병중위 노지마 단조(野島丹藏), 포병중위 이지치 고스케(伊知地幸介), 보병소위 하라다 기타로(原田輝太郎), 회계원 마타가 지세이(俣賀致正) 이 15명이었다. 일행은 2월 요코하마를 출발하여 프랑스, 독일, 오스트리아, 이태리 등을 시찰하고, 미국을 거쳐 다음해인 85년 1월 귀국했다.(『明治十七年大山陸軍卿欧州巡視日録』)

제4장
청일전쟁

1. 해군력 정비와 전쟁준비
2. 전쟁의 경과와 결산
3. 군사기술의 발전

1. 해군력 정비와 전쟁준비

▌해군의 창설

메이지정부의 군사력 건설에 있어서 초기의 해군은 육군에 비하면 중요성이 훨씬 미미했다. 대외방위라는 의미에서는 해군의 중요성 역시 이전부터 명백했으나, 유신 당초는 각 번의 병력에 대항할 중앙무력의 정비를 위해, 그리고 폐번치현 후에는 내란에 대한 준비가 중요한 문제였기 때문에, 우선 대내적 무력으로서의 육군을 정비하는 데 중점이 두어졌던 것이다.

메이지 원년인 1868년 8월 구 막부의 해군 부총재 에노모토 다케아키(榎本武揚)가 8척의 군함을 이끌고 시나가와(品川) 앞바다에서 탈주하여 하코다테(函館)의 고료가쿠(五稜郭)에 웅거하자, 신정부는 사쓰마번과 사가번 등의 군함을 주력으로 하여 다음해인 69년 5월 하코다테를 공격하여 에노모토 군과 교전했다. 에노모토의 항복에 의해 그 군함과 각 번에서 헌상한 것을 합해 신정부의 해군이 발족된 것인데, 무진전쟁 종료 시에 있어서의 그 세력은 각 번 소유의 군함을 합하여 군무관(軍務官) 관하의 것은 다음과 같은 구식 소형함 16척에 지나지 않았다.

군무관 직할 — 이즈미(和泉), 가와치(河内), 셋쓰(摂津), 고테쓰(甲鉄), 후지산(富士山), 간코(観光), 지요다가타(千代田形)

사가번(佐賀藩) — 덴류(電流), 엔넨(延年), 사쓰키(皐月)

사쓰마번(薩摩藩) - 가스가(春日), 겐코(乾行)
조슈번(長州藩) - 다이이치 데이보(第一丁卯), 다이니 데이보(第二丁卯)
구마모토번(熊本藩) - 반리(万里)
아키타번(秋田藩) - 요슌(陽春)

다만 해군의 경우는 중앙으로의 무력의 통일과 관련하여 육군과 같은 어려움은 발생하지 않았다. 각 번은 번의 실력을 유지하기 위해 해군을 유지할 필요가 그다지 없었고, 또한 그것을 위한 경비 부담도 감당하기 어려웠던 것이다. 구 막부시대에도 막부의 해군이 각 번의 해군에 비해 압도적으로 우세했기 때문에, 이것을 계승한 신정부의 해군도 규모는 작았지만 통일해군다운 면모를 갖추고 있었던 것이다. 폐번치현에 즈음하여 각 번의 해군은 모두 중앙에 집중되게 되었는데, 거기에도 큰 문제는 없었다.

해군력의 중앙으로의 통일이 비교적 순조롭게 행해졌다고는 하지만, 그 전력은 육군에 비해 매우 뒤떨어져 있었다. 그것은 서남전쟁 전후까지는 육군의 전력정비가 급선무였던 것에 비해서 해군은 그다지 절실하지 않았다는 것, 그리고 기술적 재정적으로 그 능력이 부족했기 때문이었다. 따라서 군제상의 해군의 지위도 육군에 대해서 종속적이었다. 1872년의 병부성 폐지에 의해 해군성이 육군에서 분리되어 독립했으나, 1886년 참모본부 조례 개정으로 군령 사항은 해군대신이 아닌 참모본부장 관할 하에 들어갔다(松下芳男『明治軍制史論』上卷). 89년 재차 조례를 개정하여 해군참모부는 해군대신 관할 하로 돌아왔으나 서열은 육군장관인 참모총장 밑에 두어졌다. 해군군령부의 설치에 의해 군령기관이 독립하여 육군과 동등한 지위로 격상된 것은 청일전쟁을 앞둔 1893년의 일이었다.

▎해군력의 정비

　병력의 정비에 있어서도 해군은 육군보다 지연되었다. 사가의 난(佐賀の乱) 및 대만정벌 때 군함의 필요성이 대두되어 1875년 철갑함 1척(후소[扶桑]), 철골판함(鉄骨板艦) 2척(공고[金剛], 히에이[比叡])을 영국에 주문하여, 78년 준공된 것이 신예함 건조의 시작이라고 할 정도였다.

　서남전쟁으로 마침내 내란진압을 끝낸 메이지정부는 대륙으로 눈을 돌렸다. 82년의 임오군란과 84년의 갑신정변으로 청국과의 대립이 불가피하게 되어, 이를 계기로 대외전쟁에 대비한 해군력 정비가 처음으로 본격적으로 거론되게 되었던 것이다.

　83년부터 최초의 대규모 건함계획이 추진되었다. 이것은 앞 장에서 기술한 육군의 군비확장계획과 대응하는, 청국과의 전쟁에 대비한 최초의 해군 정비계획이었다. 이 계획은 대함 6척(그 중 5척 신조), 중함 12척(그 중 8척 신조), 소함 12척(그 중 7척 신조), 수뢰포함(水雷砲艦) 12척, 합계 42척(그 중 32척 신조)을 8개년 계획으로 정비하려고 한 것으로, 83년에서 85년까지 3년 동안에 나니와(浪速), 다카치호(高千穂), 우네비(畝傍), 가쓰라기(葛城), 다카오(高雄), 야마토(大和), 무사시(武蔵), 지쿠시(筑紫), 아타고(愛宕), 조카이(鳥海), 마야(摩耶), 수뢰정 고타카(小鷹) 총 12척의 구입 또는 건조에 착수했다(伊豆公夫·松下芳男『日本軍事発達史』). 마침내 메이지정부의 재정이 이러한 건함이 가능할 정도가 되었다고 할 수 있겠지만, 그러나 그 부담은 여전히 중대한 문제였다. 보통세입으로는 도저히 그 경비를 조달할 수가 없어 86년도에는 해군공채 1,700만엔을 책정하고, 또한 이미 정한 계획을 변경하지 않을 수 없었다.

▌해군력의 급성장

그동안 청일의 대립은 더욱 진전되어, 특히 청국의 해군 증강이 두드러지게 되자, 이에 대항할 신예함 정비가 문제가 되었다. 88년 사이고 쓰구미치(西鄕從道) 해상이 제2기 확장계획을 제출하여 5개년 계획으로 46척의 건함을 시도했으나, 재정상의 문제로 채택되지 못하고 아키쓰시마(秋津洲)와 오시마(大島) 이 2척을 건조하는 데 그쳤다. 90년 사이고의 계획을 계승한 가바야마(樺山) 해상이 군함 7만톤을 신조할 계획을 세워, 결국 요시노(吉野), 스마(須磨), 다쓰타(竜田) 이 3함의 건조를 포함한 530만엔의 예산안이 제1차 의회에서 승인되었다. 이어서 다음해인 91년 다시 군함 2척의 건조계획을 제2차 의회에 제출했으나 부결되었다. 정부와 민당(民党 : 메이지시대 자유민권운동을 추진해온 자유당, 입헌개진당 등의 총칭)과의 대립의 초점이 이 건함계획이었던 것은 주지하는 바와 같다. 니레이(仁礼) 해상이 철갑함 2척을 포함한 건조계획을 제4차 의회에 제출하여 일단 부결되었으나, 천황의 지시로 후지(富士)와 야시마(八島) 이 2척의 건조가 마침내 결정되었다. 신예함의 정비가 얼마만큼 부담이었던가를 말해주는 것이라고 할 수 있다.

이처럼 청일전쟁 개시 전의 해군은 철갑함 후지와 야시마는 아직 준공되지 않아, 마쓰시마(松島), 이쓰쿠시마(厳島), 하시다테(橋立), 요시노(吉野), 후소(扶桑), 나니와(浪速), 다카치호(高千穂)와 같은 3,000~4,000톤급 군함이 주력이었다. 이것들은 모두 영국 등지로부터 구입한 것으로, 철갑 신예군함을 건조할 공업력은 아직 구비되어 있지 않았던 것이다. 청국의 거함 정원(定遠)과 진원(鎭遠)에 대항하기 위해 마쓰시마(松島) 이하의 3척에 32㎝포 1문씩을 특별히 탑재하는 등의 고육책을 취하지 않을 수 없는 상태였으나, 이 정도의 건함조차도 국민생활을 희생시키고 육군 군비와의 균형을 깨뜨리면서까지 강행하지 않으면 불가능했던 것이다.

2. 전쟁의 경과와 결산

▌전쟁의 도발

1894년 3월 27일 외상 무쓰 무네미쓰(陸奧宗光)는 런던 주재 아오키 슈조(青木周藏) 공사에게 보낸 편지에서, "국내의 형세가 하루하루 절박해져서 정부가 뭔가 국민을 놀라게 할 정도의 사업을 하지 않으면 이 흉흉한 민심을 진정시킬 수 없으며, 그렇다고 이유 없는 전쟁을 일으킬 수도 없기 때문에, 유일한 방법은 조약을 개정하는 것뿐이다."(清沢例 『外交史』) 고 했다. 이때 국내에서는 번벌정부와 민당과의 대립이 극한에 달하여 중대한 정치적 위기에 처해 있었다. 이 국내위기를 밖으로 돌리기 위해서는 전쟁이 절호의 수단이었다. 더구나 82년 이래 12년 동안 청국과의 전쟁을 목표로 정비해 온 육군의 군비가 일단 완성되어 전쟁준비는 갖추어져 있었다. 다만 내외로부터 '이유 없는 전쟁'이라는 지탄을 받지 않기 위한 개전의 구실만 찾으면 되었다. 무쓰 외상의 편지는 번벌정부 당국자가 갖고 있는 이러한 생각을 표명한 것이었다.

청일전쟁의 계기가 된 것은 조선에서의 동학당의 반란이었다. 동학은 서학 즉 기독교에 대한 말로서, 1860년 유교·불교·도교를 절충하여 최제우가 창시한 종교단체이다. 농민을 괴롭히는 조선 조정의 봉건지배와 외국 제국주의의 침입에 대한 농민의 반란으로서 1894년 초에 봉기했다. 조선정부는 이것을 진압할 수 없어 종주국인 청국에 출병을 요청했다. 이것은 일본에게 절호의 구실이 되어, 일본도 급거 출병을 결정했다. 그러자 동학당은 외국의 무력간섭을 방지하기 위해 조선정부와 화의를 맺고, 조선정부는 청일 양국에 철병을 요구했다. 그러나 일단 출병한 일본은 어떻게 해서든 청국과의 전쟁을 원했다. 그 구실로서 조선의 내정개혁을 요구했다.

6월 1일 중의원에서 내각탄핵 건의안을 가결되었다. 그리고 다음날인 2일에는 각의에서 의회해산 및 조선으로의 출병이 결정되었다. 이토 히로부미 수상은 국회해산과 조선출병을 천황에게 보고했다. 남은 문제는 개전의 명분을 찾는 것이었다. "청일 양국이 각각 군대를 파견한 이상 언제 교전이 벌어질지도 예측하기 어렵고, 만약 이러한 상황에 직면하면 일본은 전력을 다해 당초의 목적을 관철시키는 것은 물론이지만, 되도록 평화를 깨뜨리지 않고 국가의 명예를 보전하면서 청일 양국의 세력균형을 유지해야 한다. 또한 우리는 가능한 한 피동자로서의 위치를 고수하고, 중국으로 하여금 주동자가 되도록 해야 한다."(陸奧宗光『蹇蹇錄』)는 무쓰 외상의 말은, 진주만 피격을 앞둔 미국정부 수뇌부의 그것과 비슷하며, 또한 자신감에 넘쳐 있었다. 이후 2개월 동안 조선의 내정개혁을 둘러싼 교섭은 개전을 위한 하나의 절차에 지나지 않은 것이었다.

▌양군의 병력과 작전계획

청일전쟁에 있어서 일본의 당초 계획은 다음과 같은 것이었다.

"아군의 목적은 군의 주력을 발해만 입구에 보내 청국과 자웅을 가르는 데 있으며, 이 목적의 달성 여부는 해전의 승패에 달려있다. 따라서 아군의 작전경과는 다음과 같이 2기로 구분한다.

제1기에는 우선 제5사단을 조선에 보내 청국을 견제하고, 국내에 있는 육해군으로 하여금 요지를 수비하면서 출정을 준비토록 하며, 이 동안에 우리 함대를 진출시켜 적의 수군을 소탕하여 황해 및 발해에 있어서의 제해권 확보에 힘쓴다.

제2기 작전은 제1기에 있어서의 해전 결과에 따라 진행되며, 아군이 제해권을 획득했을 때(甲의 경우)에는 축차적으로 육군의 주력을 발해만 입구로 수송하여 직예평야(直隷平野)에서 대결전을 수행한다. 하지만 청국 해군의 함정은 그 척수 및 톤수 모두 우리 해군을 능가할 뿐만 아니라, 북양함대와 같은 것은 아군보다 우수한 견고한 함정을 보유하여 승패를 가늠하기 어렵다. 따라서 만약 양국 함대가 비등하여 우리가 발해를 제압하지 못하고 적도 우리 근해를 제압하지 못했을 때(乙의 경우)에는, 우리는 육군을 조선으로 진출시켜 적을 격퇴하고 조선의 독립을 달성하는 데 힘쓴다. 그리고 만약 해전에서 우리가 불리하여 제해권이 전적으로 적으로 넘어갔을 때(丙의 경우)는, 우리는 가능한 한 제5사단을 지원하여 국내에서 방비를 완벽하게 정비하여 적의 공격을 격퇴해야 한다."(参謀本部『明治廿七八年日清戦史』第一巻)

이에 대한 청국군의 작전계획은, ① 해군은 주력을 황해 북부에 집결시켜 발해만 입구를 장악함과 동시에, 육군의 해로수송을 엄호하고 조선에 있는 육군과 협조한다. ② 육군은 우선 평양 부근에 집결한 후 진격하여 한국에 있는 일본군을 격퇴한다."(参謀本部, 전게서)는 것이었다.

청국의 작전계획이 일본의 그것에 비해 소극적이고 부분적인 것은 피아의 전쟁에 대한 각오의 차이였다. 이에 대해 일본은 최초의 본격적 대외전쟁에 즈음하여 국가의 운명을 걸 정도의 강한 각오를 보이고 있었다. 직예평야에서의 결전이라는 웅대한 구상을 세우는 한편, 해군력의 차이를 감안하여 본토 전수방어(專守防禦) 사태까지 예상하고 있는 것에 그것이 나타나 있다. 그러나 피아의 전력에 대한 정확한 예측은 할 수 없었다.

개전에 있어서의 청일 양국의 군사력에는 큰 차이가 있었다. 청국군은 거대한 육군과 신예 거함을 중심으로 하는 해군을 보유하고 있었으나, 그 실질에 있어서는 큰 약점을 갖고 있었다. 육군은 청조 창건 이래의 팔기(八旗)와 녹영(綠營)이 있었으나 군사적 가치는 거의 없었다. 이에 비해 태평천국의 난을 평정하기 위해 신설된 용군(勇軍)과 연군(練軍)은 그런대로 전력을 갖추고 있었다. 용군과 연군은 보병과 기병으로 구성되어, 포병은 보병에 포함되어 있었다. 편성의 기초단위는 대대에 해당하는 영(營)으로, 정원은 500명으로 되어 있으나 결원이 많았다. 개전시의 병력은 보병 862개 영, 기병 192개 영, 총병력 35만이었다. 개전 후 모집병을 추가하여 60만의 병력을 보유하고 있었다고는 하지만, 숙련되지 않은 신병이 많아 전장에 사용된 자는 그 일부에 지나지 않았다. 이들은 편성이 각양각색이고 지휘계통도 통일되지 않아 근대육군과는 거리가 먼 것이었다.

　육군의 무기는 대부분이 구식이었으며, 신식병기는 구미 각국으로부터의 수입에 의존하고 있었으나, 구입에 즈음하여 경쟁과 부정이 심하여 종류도 각양각색이었기 때문에 한 부대 내의 소총조차도 잡다한 것이 섞여 있는 상태였다. 신식소총의 대부분은 모젤총(Mauser rifle)이 차지하고 있었으나 탄약보급에는 어려움이 있었다. 그 외 스나이더(Snider Enfield), 레밍턴(remington), 구라 등의 소총이 섞여 있었다. 칼, 창, 기(旗), 치(幟)도 장비에서 큰 비중을 차지하고 있었다.

　해군은 북양(北洋), 남양(南洋), 복건(福建), 광동(広東)의 4수사(四水師)가 있었으나, 그 중 외양에서의 전력으로 사용할 수 있는 것은 북양수사로서, 철갑 거함인 정원(定遠)과 진원(鎭遠)을 포함한 군함 22척을 보유하고 있었다. 그 외 광동수사의 군함 광갑(広甲), 광을(広乙), 광병(広丙)도 전쟁에 참가했다. 이 함대는 척수와 톤수 모두 일본함대를 능가하고 또한 그 중급함의 크기 및 포의 크기도 우세했으나, 함대 전체의 균형이 잡혀 있지 않고 속력도 일본함대에 미치지 못했다.

　일본육군의 개전시 병력은 근위사단 및 제1～제6사단으로, 서양식 야전사단 편성으로 통일되어 있었던 것은 앞에서 기술한 바와 같다.[16] 동원 병력은 12만으로 모두 훈련이 되어 있었다. 장비 무기는 주로 무라타총(村田銃)이었다. 이 소총은 1884년 포병중령 무라타 쓰네요시(村田経芳)가 일본인의 체격에 적합하도록 개량한 것으로 구경 11㎜, 최대 사거리 2,400m였다. 이 외에 근위사단과 제4사단은 개전 당시부터 장비된 신식 무라타식 연발총을 보유하고 있었다. 포병은 여전히 구식 청동포를 주체로 하고 있었는데, 이러한 점에서는 청국군도 마찬가지였다.

앞 절에서 본 것처럼, 해군은 전쟁에 대비하여 치밀하게 보강하여, 척수와 톤수에 있어서는 뒤떨어지지만, 균형이 잡힌 함대편성을 유지하고 있었다. 28척의 군함 5만 7,600톤 외에도 수뢰정 24척을 보유하여 속력에 있어서 청국해군을 능가하고, 대함 거포가 없다고는 해도 신식 속사포를 장비하고 있었다.[17][18]

16 이 외에 전쟁 말기인 1895년 초 홋카이도 둔전병을 근간으로 임시 제7사단을 편성하여, 4,000의 병력을 전장으로 보내려고 도쿄까지 왔으나, 강화의 성립으로 취소되었다. 다음해인 96년 이것이 제7사단이 되고, 둔전병은 폐지되었다.
둔전병은 동북 제번 실업무사의 구제, 홋카이도 개척, 러시아에 대한 방위 등의 목적으로 설치되었다. 1874년 6월 23일 육군중장 겸 개척차관 구로다 기요타카(黒田清隆)가 홋카이도 둔전헌병 사무총리에 임명되어 둔전헌병 창설의 준비를 시작하여, 동년 10월 30일 둔전헌병조례가 제정되어, 다음해인 75년 5월 처음으로 둔전헌병이 삿포로(札幌) 근교의 긴지(琴似)에 주둔했다. 그 일부는 서남전쟁에도 출정했으나, 85년 둔전병조례가 정해져 둔전병 본부가 설치되어, 둔전병은 육군의 일부로서 편제는 보병을 기초로 했다.(『法規分類大全兵制門 陸海軍官制 陸軍三』)
89년에는 둔전병 본부가 둔전병 사령부로 되고, 다음해에는 보병 외에 기병, 포병, 공병도 설치되었다. 둔전병은 지원병으로서 토지와 가옥이 지급되어, 농업을 하면서 군무에 복역하여, 유사시에는 전투에 참가하는 특별한 부대였다.
17 양국군의 편성장비는 참모본부『明治卅七八年日清戦史』第一巻에 의한다.
18 개전 때 일본해군에 소속되어 있던 군함은 다음 페이지의 표와 같다. 그 중 국내의 조선소에서 건조한 군함은 橋立, 高雄, 武蔵, 八重山, 天城, 愛宕, 天竜, 大和, 摩耶, 赤城, 葛城, 海門, 磐城 등으로, 橋立 외에는 모두 소형함이었다. 전력의 주체인 松島와 巌島는 프랑스산이었으며, 高千穂, 浪速, 扶桑 등은 영국산이었다.

청일전쟁 직전의 일본 군함표(『明治37, 8年 日露戰史』 제1권 부록)

함명	소관	함종	재질	계획			탑재병기					승조원	진수년월
				배수량(톤)	마력	속력(노트)	포종	개수	포종	개수	발사관수		
浪速	橫須賀鎭守府	巡洋	동	3,709	7,704	18	26cm쿠	2	6斤속	6	4	361	1885.3
							15cm쿠	6	기	6			
橋立		海防	동	4,278	5,400	16	32cm쿠	1	47mm속	18	4	179	91.3
							12cm속	11	기	1			
扶桑		甲鐵코벳	철	3,777	3,650	13	24cm쿠	4	12cm속	4	3	345	78.4
							17cm쿠	2	47mm속	11			
									기	4			
高雄		巡洋	철골철피	1,778	2,322	15	15cm쿠	4	47mm속	2	2	226	88.10
							12cm쿠	1	37mm속	2			
							7cm쿠	1	기	6			
武藏		슬루프	철골목피	1,502	1,622	13	17cm쿠	2	7.5cm쿠	1		230	86.3
							12cm쿠	5	기	6			
八重山		報知	동	1,609	5,400	20	12cm속	3	47mm속	8	2	126	89.3
筑波		코벳	목	1,978	526	8	前裝16cm쿠	8	4斤포	3		251	미상, 71.4구매
									기	2			
天城		슬루프	목	926	720	11	12cm쿠	6	47mm속	4		148	77.4
									기	2			
愛宕		砲艦	철골철피	622	963	10.25	21cm쿠	1	12cm쿠	1		103	87.6
									기	2			
嚴島		海防	동	4,278	5,400	16	32cm카	1	47mm속	19	4	352	89.7
							12cm속	11	37mm속	2			
金剛		鐵甲帶코벳	철골목피	2,284	2,535	13.2	17cm쿠	3	47mm속	2	2	321	77.4
							15cm쿠	6	7.5cm쿠	2			
									기	6			
比叡	吳鎭守府	鐵甲帶코벳	철골목피	2,284	2,535	13.2	17cm쿠	3	47mm속	2	2	300	77.6
							15cm쿠	6	7.5cm쿠	2			
									기	6			
天竜		슬루프	목	1,547	1,267	12	17cm쿠	1	12cm쿠	4		208	83.8
							15cm쿠	1	7.5cm쿠	1			
									기	5			
大和		슬루프	철골목피	1,502	1,622	13	17cm쿠	2	7.5cm쿠	1		229	85.5
							12cm쿠	5	기	6			

함명	소관	함종	재질	계획 배수량(톤)	마력	속력(노트)	탑재병기 포종	개수	포종	개수	발사관수	승조원	진수년월
筑紫	吳鎭守府	巡洋	동	1,372	2,433	16	10伊암	2	47㎜속	2		177	80.
							40斤암	4	7.5cm쿠	1			
									기	2			
摩那		砲艦	철	622	963	14.25	15cm쿠	2	47㎜속	2		60	86.8
									기	2			
赤城		砲艦	동	622	963	10.25	12cm페	4	47㎜속	6		126	88.8
鳳翔		砲艦	목	321	217	7.5	8cm쿠	2	40斤바	1		96	미상, 71.6 山口県 헌납
									20근바	2			
千代田		鐵甲帶巡洋	동	2,439	5,678	19	12cm속	10	47㎜속	15	3	306	90.6
									기	2			
吉野		巡洋	동	4,225	15,967	22.5	15cm속	4	12cm속	8	5	204	92.12
									47㎜속	24			
高千穗		巡洋	동	3,709	7,604	18	26cm쿠	2	47㎜속	6	4	337	85.4
							15cm쿠	6	기	6			
松島		海防	동	4,278	5,400	16	32cm카	1	47㎜속	15	4	401	90.1
							12cm속	12	37㎜속	2			
葛城		슬루프	철골목피	1,502	1,622	12	17cm쿠	1	47㎜속	2		114	75.3
							12cm쿠	5	6근속	2			
							7.5cm쿠	1	기	6			
海門	佐世保鎭守府	슬루프	목	1,367	1,267	12	17cm쿠	1	7.5cm쿠	1		181	82.8
							12cm쿠	6	기	5			
磐城		砲艦	목	667	659	10	15cm쿠	1	8cm쿠	2		109	78.7
							12cm쿠	2	기	2			
鳥海		砲艦	철	622	963	10.25	21cm쿠	1	12cm쿠	1		89	87.8
									기	2			
秋津洲		巡洋	동	3,172	8,576	19	15cm속	4	47㎜속	10	4	32	92.7
							12cm속	6	기	4			
大島		砲艦	동	640	1,217	13	12cm페	4	47㎜속	5		130	91.10
									기	1			

* 비고: 카: 카네식(Gustave Canet) 포, 크: 크루프식(Alfred Krupp) 포, 암: 암스트롱식(William George Armstrong) 포, 페: 페브리니식 포, 바: 바바써식(vavasseur) 포, 기: 기관포, 속: 속사포, 1근(斤)=600g, 이(伊): 인치.

■ 전투 경과와 승패의 원인

　전쟁은 선전포고에 앞선 7월 25일 일본해군의 기습으로 시작되었다. 같은 날 풍도(豊島) 앞바다에서 청국해군의 일부를 격파하고, 이어 27일 성환과 아산에서 선발대인 오시마(大島) 혼성여단이 거의 동수인 3,000명의 청국군을 격파하면서 지상전에 불을 붙였다. 대본영은 우선 제5사단에 이어서 제3사단을 조선으로 수송했다. 이에 대응하여 청국도 병력을 조선에 진출시켰다.

　9월 15일의 평양 지상전과 9월 17일의 황해 해상전 모두 일본군의 압승으로 끝났다. 이 두 전투는 최초의 본격적인 충돌임과 동시에, 양군의 전력 차이를 명확히 드러내어 전쟁 전체의 운명을 결정짓는 것이기도 했다. 구미 제국도 이 전투에 의해 비로소 양군의 전력 차이 및 절대주의 일본과 봉건주의 청국의 가치의 차이를 인식하게 되었다.

　평양전투에서는 3방향에서 진격한 일본군 증강 1개 사단이 거의 동수인 청국 육군을 포위하여 불과 하루 만에 격파했다. 이 승패의 원인들은 이후의 전투에도 그대로 적용되는 것이었다.

　우선 편제장비에 있어서 일본군은 근대전투에 적합하게 잘 정비되어 있었다. 청국군은 평양에 있는 부대 내부에서조차 지휘가 통일되지 않아 지휘관 사이에 의견이 대립하고, 혹은 싸우지도 않고 퇴각하는 상태인 것과는 달리, 일본군은 일관된 지휘계통을 유지하고 있었다. 부대편제에 있어서도 균형이 잡힌 실전적인 일본군에 비해서, 청국군은 통일적인 체제를 갖추지 못하고 있었다. 무엇보다도 결정적인 것은 장비의 차이였다. 이 시기의 전투는 보병이 여전히 주체였으며, 산병선(散兵線)에 배치한 보병 제1선으로부터의 일제사격에 의한 화력이 전투의 결정타가 되었다. 가볍고 사용이 간편한 무라타총으로 통일되고 훈련도 잘 된 일본군 보병의 일제사격은, 통일되지 않은 총으로 탄약보급에도 혼란을 일으

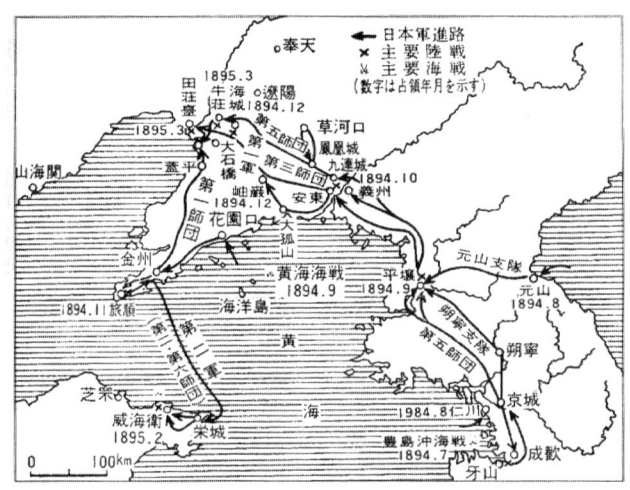

清日戰爭戰鬪経過図

키고 또한 사격훈련에서도 뒤떨어지는 청국군에 비해서 화력에 있어서 압도적인 우세를 보였던 것이다.

사기의 차이도 컸다. 일본은 창설 이래 20여년 동안 국민교육까지 동원하여 강병 육성에 힘써 왔을 뿐만 아니라 개전에 대한 국론의 통일에도 성공했다. 반면에 봉건적인 청국은 전쟁을 이홍장(李鴻章) 등 북양군벌의 사전(私戰)으로서 치렀다. 그만큼 사기의 차이가 클 수밖에 없었다.

황해해전의 승리도 마찬가지 이유에 의한 것이었다. 처음에는 대구경포를 갖춘 거함 정원과 진원을 거느린 청국해군이 우세할 것으로 예상되었다. 그러나 이 시기의 해전은 배와 배가 맞닿는 넬슨 시대의 근접전투와 동해(일본해) 해전 이후 세계적 추세가 된 원거리 포격전의 과도기였다. 정원과 진원의 주포에 대항하기 위해 마쓰시마(松島) 이하의 삼경함(三景艦: 일본 3경과 연관하여 명명된 군함 마쓰시마・이쓰시마(厳島)・하시다테(橋立))에 32cm 주포를 1문씩 무리해서 탑재했으나, 발사를 할 때마다 배가 기울어져 거의 도움이 되지 않았다. 그보다도 실제로 주효한 전법은 적함에 근접하여 갑판 위에 사격을 퍼부어 인원을 살상하는 방법이었다. 이 점에서는 속력이 빠르고 소구경으로 발사속도가 빠른 포를 탑재한 일본함대 쪽이 유리했다. 또한 속도가 제각기 다른 청국함대보다는 평준화된 일본함대 쪽이 함대운동에 있어서도 유리했다. 더욱이 일본군으로서는 위력이 큰 시모세화약(下瀬火藥)을 보유하고 있었던 것도 유리하게 작용했다. 이처럼 해군의 경우에도 육군과 마찬가지로 근대 군사공업의 뒷받침이 있는 일본군 쪽이 통일성이 없는 잡다한 병기로 무장한 청국군을 압도했다.

▎전쟁의 결산

평양과 황해에서의 승리는 전쟁 전체의 승패도 결정했다. 제해권을 장악한 일본군은 당초의 작전계획을 변경하여, 10월 하순 오야마 이와오(大山巖)의 제2군을 요동반도에 상륙시켜 여순을 하루 만에 함락시켰다. 조선으로부터 전진한 야마가타 아리토모(山縣有朋)의 제1군은 그 일부를 해성(海城)으로 진출시켜, 다음해인 95년 2월 우장(牛莊)과 영구(營口)를 점령했다. 한편 산둥반도의 위해위(威海衛)에 대한 제2군과 해군의 공격도 성공하여, 2월 위해위를 점령하고 북양수사를 항복시켰다. 이미 전투의 승패는 문제가 되지 않게 되자, 직예평야 결전에 앞서 청국은 강화를 제의했다.

이 전쟁의 승리는 일본군의 전력을 내외에 재인식시켰다. 군부는 비로소 일본군의 실력에 대한 자신감을 갖게 되었다. 그러나 앞에서 기술했듯이 승패를 가른 원인은 일본군의 강점보다도 청국군의 결점이었다. 일본군 자체에도 큰 문제가 있었다. 훗날의 대만 점령을 포함한 이 전쟁에서 일본군의 피해는 사망 1만 7,041명, 그 중 1만 1,894명이 질병에 의한 것이었다. 보급이나 위생 등의 시설에 있어서도 일본군의 결함은 매우 컸다. 또한 군대의 훈련, 사기, 통제에 있어서 청국군보다는 나았으나 여전히 많은 문제를 안고 있었다.

3. 군사기술의 발전

▌무기생산의 진보

앞 절에서 본 것처럼, 청일전쟁의 승패를 가른 원인 중 첫째가 양국 군의 군사기술의 차이였다. 청일전쟁 전후 군사기술의 발전은 눈부신 것이었으며, 이에 의해 육해군 공히 근대적 군대의 수준에 도달할 수 있었다. 그것을 무기생산과 전략전술 양면에 걸쳐 살펴보기로 한다.

메이지유신 이후에도 육군 무기의 중심은 소총이었다. 우선 근대육군으로서의 자격을 충족시키기 위해서는 소총의 제식 통일과 국산화가 과제였다. 물론 소총과 탄환의 모든 원료와 완성품을 국산화하기 위해서는 근대적 철강공업과 화학공업의 확립이 이루어져야 하겠지만, 아무튼 국산 제식 총을 보유하는 것이 첫째 조건이었다. 이 점에서 관영 군수공장 특히 도쿄포병공창이 큰 역할을 했다.

앞에서 기술한 것처럼, 무라타 쓰네요시(村田経芳)가 영국으로부터 제철기계를 구입하여 13년식 무라타총을 완성한 것은 1880년으로, 이후 이것을 제식총으로 하여 슈나이더와 스펜셀 등의 수입총을 대신했으나, 당초는 제조능력 면에서도 그 전환이 진척되지 않았다. 구경이 11㎜인 이 무라타총은 프랑스의 구라총을 모방한 것으로, 길이나 중량 면에서 일본인에게 적합하지 않았다. 85년 이것을 개량한 18년식 무라타총이 채용되면서 중량을 10% 줄였다. 동시에 도쿄포병공창의 생산능력도 연간 3만정에 달할 정도로 비약적으로 향상되어 비로소 육군에서 수입총을 밀어낼 수 있었다. 청일전쟁에서 중요한 역할을 한 것이 이 총이었다. 그러나 이 18년식은 단발총이어서 1발을 발사하면 다음의 탄환을 장진하는 데까지 상당한 시간이 걸렸다. 구미 각국에서는 보불전쟁 이래 연발총 시대에 들어가 있었기 때문에 일본에서도 연발총 생산이 과제가 되었다.

하지만 연발총의 국산화를 위해서는 몇 가지 전제가 필요했다. 그 첫째는 화약의 진보였다. 그때까지의 흑색화약으로는 1발을 발사할 때마다 검은 연기가 발생하여, 연기가 없어질 때까지 다음의 조준을 할 수 없어 연발의 의미가 없었다. 즉 무연화약의 생산이 필요했던 것이다. 또한 탄창 부분을 정교하게 만들기 위해서는 정밀한 기계공업의 발달이 필요했다. 89년 마침내 이러한 과제를 극복하여 22년식 연발총이 제작되었으나, 여전히 기술적으로 미흡하고 대량생산도 할 수 없어, 청일전쟁에서는 앞에서 기술한 것처럼 근위사단과 제4사단 이 2개 사단밖에 장비할 수 없었다.

청일전쟁 후인 97년 포병대령 아리사카 나리아키라(有坂成章)가 무라타총을 개량하여 30년식 소총을 만들었다. 이 소총은 구경 6.5㎜의 5연발이었다. 구경이 종래의 것에 비해서 훨씬 작아진 것은 소총으로서는 혁명적인 변화였다. 즉 중량을 현저하게 경감시켜 운동성을 높이고, 탄약이 작아도 되므로 휴대량을 대폭 증가시킴으로써, 연발이 가능하게 되어 화선을 농밀하게 할 수 있게 된 것이다. 이 총의 제작 당초는 구경이 너무 작아서 살상효과가 없다는 비난이 있었으나, 총상은 일시적으로 적병의 전투력을 무력화시키면 충분하므로, 휴대탄약이 많은 것이 유리하다는 의견이 대세가 되었다(伊豆公夫・松下芳男『日本軍事発達史』). 이후 육군의 소총은 이 형식을 답습하게 되었다.

소총과 더불어 육군무기의 주력인 화포를 국산화하는 데에는 그 이상의 문제가 있었다. 무엇보다도 철강의 국내생산이 뒷받침되지 않았다.

76년 육군은 보불전쟁의 경험에 비추어 7.5㎝의 쿠루프스식 야포 24문을 구입하여, 이것을 구식 청동포 대신에 서남전쟁에서 사용하여 큰 효과를 거두었다. 그러나 국내에서 양질의 철강을 구하기 어려웠기 때문에, 85년부터 청동제 7㎝ 야포와 산포를 오사카 포병공창에서 생산하여, 87년 이후 전국의 포병에 배치하여 청일전쟁을 치렀다. 해안요새의 고정식 대구경포도 87년 이후 12㎝, 15㎝, 24㎝, 28㎝ 등의 청동제를 국산화했다. 이것들은 당시 여전히 청동포를 사용하고 있던 이탈리아를 모방하여 이탈리아인을 고용하여 생산한 것이었다. 국산 강철제 포를 생산하기 위해서는 철강업이 확립되는 다이쇼시대를 기다리지 않으면 안 되었다.

▎조선업의 발달

국내공업의 발전단계에 제약을 받는 것은 해군의 함선과 무기 쪽이 더 컸다. 막부의 이시카와지마(石川島) 및 요코스카(橫須賀) 조선소를 계승한 메이지정부는, 군함의 국산화에 힘을 기울여, 1875년 요코스카에서 최초의 국산 군함 세이키(淸輝)를 건조했다. 그러나 그것은 목조함으로, 강철제 대함을 만들기에는 기술적으로 도저히 미치지 못했다. 목조함에서 철제함으로의 전환은 메이지 20년(1887년)대 이후부터였다. 그 이전의 국산군함은 최대 1,700톤에 지나지 않아, 주력군함은 모두 외국 조선업에 의탁하고 있었던 것이다. 메이지 20년대에 들어 마침내 최초의 거함으로서 4,278톤의 순양함 하시다테(橋立)를 요코스카에서 건조했으나, 그 외 청일전쟁에서 사용된 주요 함정은 여전히 모두 외국제였다. 결정적인 원인은 제철 제강업의 부진이었다.

군함에 탑재하는 대포의 경우는 이보다 약간 진보되어, 메이지 20년대에 들어 강철재 포 제작에 성공했다. 여기서 특히 중요한 결과를 낳은 것은 암스트롱 속사포의 채용이었다. 주퇴포가(駐退砲架)의 개량으로 발사속도를 현저하게 빠르게 한 함재 중구경 속사포가 무연화약의 사용과 더불어 세계적 추세가 되어 있던 89년, 일본해군에서도 신조함에는 이것을 채용하기로 결정했다. 최초의 국산 순양함 하시다테(橋立)에는 12㎝ 속사포를, 개전 직전 준공된 요시노(吉野)에는 12㎝ 및 15㎝ 속사포를 탑재했는데, 청국해군의 거포를 압도하고 해전을 승리로 이끌 수 있었던 원인이 바로 이 중구경 속사포의 발사속도와 정밀도였다.

일본의 산업혁명을 견인한 것이 군수공업이었다. 이렇게 하여 메이지 20년대에는 병기의 규격화와 국산화에 어느 정도 성공했다. 모든 것을 잡다한 수입품에 의존한 청국과의 차이가 전쟁 승리의 원인이 되었던 것이다. 하지만 중공업의 낙후로 여전히 외국의존에서 완전히 탈피할 수는 없었다. 정부와 군부의 관심도 여기에 집중되어 있었다. 그리하여 군수공업을 중심으로 하는 중공업의 육성에 비상한 노력을 쏟았다. 그리고 그 중심이 된 것이 군 직할의 공창이었다. 메이지 20년대에 있어서의 군수공업의 발달은 그 자체가 산업혁명의 중추를 이루는 것이었다고 할 수 있다.[19]

---

[19] 메이지 20년(1887)년대 육해군 공창의 발전은 다음과 같다.(小山弘健『近代日本軍事発達史』)

육군공창

년도	도쿄포병공창			오사카포병공창			총계(기타 포함)		
	기관	마력	직공	기관	마력	직공	기관	마력	직공
1889	15	322	1,575	10	241	968	25	563	2,543
1891	14	462	2,091	15	255	1,038	33	875	3,743
1893	19	628	2,831	12	326	1,001	36	1,125	4,382
1895	16	577	4,010	20	711	1,847	72	1,997	7,395

해군공창

년도	요코스카공창			구레공창			해군조병창			총계(기타 포함)		
	기관	마력	직공	기관	마력	직공	기관	마력	직공	기관	마력	직공
1889	26	295	2,215	11	113	733	13	361	1,353	50	769	4,301
1891	29	457	3,070	17	237	1,432	14	367	1,312	60	1,061	5,827
1893	26	364	2,876	22	297	1,712	14	389	1,117	63	1,080	5,730
1895	28	384	4,121	22	296	3,310	9	338	1,367	64	1,086	9,408

나아가 군함이나 총포의 재료인 철강의 자급을 위해 청일전쟁 직후에 관영 제철소를 건설했다. 1896년 3월 관련 법령을 공포하여, 다음해인 97년 6월 설립된 후쿠오카현(福岡県)의 야하타(八幡) 제철소가 그것이다. 여기에 예산을 집중적으로 투입하여, 기계설비는 구미에서 수입하고 철광석이나 연료인 코크스는 조선과 중국에서 조달하여, 어떻게 해서든 군함과 병기의 완전 국산화를 이루기 위해 노력했다. 그러나 러일전쟁까지는 철강재도 군함도 여전한 자급은 불가능했다.

▎전술변화와 교범개정

병기의 발달에 따라 전술도 진보했다. 1870년 육군의 군제를 프랑스식으로 정한 이래로 보병전술은 프랑스 교범에 따르고 있었다. 이것은 나폴레옹 이래의 발사속도가 늦은 전장총(前裝銃: 탄환을 총구로부터 장전하는 구식 소총)에 대응한 것으로, 횡으로 넓게 산개한 몇 겹의 대형을 이룬 상태에서, 제1선에서 소총사격을 하고 후속부대는 이에 따라서 전진하여 근거리에 접근하게 되면 일제히 총검돌격을 하여 백병전으로 전투의 승패를 결정하는 것이었다. 이후 전장총이 후장총으로 개량되어 발사속도가 증가하자 화력전의 효과가 크게 증대되었다. 이러한 병기의 발달에 따라 전술도 곧바로 수정되는 것이 당연한 것이지만, 실제로는 실전경험을 거친 후에야 비로소 이루어지는 것이 상례이다. 그 계기가 된 것이 보불전쟁(1870. 7~71. 5)이었는데, 일본의 경우 서남전쟁(1877) 때까지 구식 전술에 의존하고 있었다. 우에키(植木) 및 다하라자카(田原坂) 조우전의 경우에서도 단시간의 화력전 후 백병돌격으로 승패를 결정했다. 그러나 이때 정부군이 최후의 승리를 거둘 수 있었던 결정적인 원인은, 후장총으로 장비하여 발사속도 면에서 사쓰마군을 압도하고, 마침 탄약도 풍부하여 화력전의 시간을 연장할 수 있었기 때문이었다.

보불전쟁에서 패한 프랑스는 1874년 교범을 개정했는데, 이에 따라 일본육군도 1877년 「보병교범」을 제정했다. 그러나 이것은 제3장에서 기술한 것처럼 거의 그대로 프랑스 교범을 직역한 것이며, 또한 1884년의 프랑스 교범 개정에 따라 일본도 1887년 「보병교범」을 개정했다. 이 두 교범에 있어서의 보병전술은 단발 후장총에 대응하는 것으로, 전장총 시대보다는 진보된 것이었다. 따라서 화력전의 위력은 어느 정도 감안이 되어 있었으나, 제1선에 전개된 병력에 의한 사격에 이은 백병전으로 전투를 결정짓는다는 전투방식은 전장총 시대와 큰 차이가 없었다. 그리고 훈련의 중점이 대형운동(隊形運動)에 두어져, 연병장에 있어서의 부대교련을 중시했기 때문에 실전과는 너무나 거리가 먼 것이었다. 이 무렵 유럽을 비롯한 각국에서는 이미 연발총이 일반화되어 있었기 때문이다. 연발총의 일반화는 전술을 혁신적으로 변화시키는 요인이었다. 연발총이 일반화됨으로써 발사속도가 빠르게 되고 사용탄약의 양이 방대하게 늘어나게 되어 화력전의 위력이 현저하게 증대했다. 이것은 당연히 사상자의 증가, 전장의 확대, 보급의 중요성 등의 문제를 초래하기 때문에 전술에도 결정적인 변화가 수반되었어야 했다. 그러나 그것이 전투방식의 변화로서 나타난 것은 연발총에 의한 최초의 대규모 전쟁인 러일전쟁에 있어서였다.

병제를 프랑스식에서 프러시아식으로 전환함에 따라 1891년의 「보병교범」은 프러시아식에 따라 개정되었으나, 이것은 연발총의 채택을 포함시키면서도 그 결정적인 변화를 인식한 것은 아니었다. 더구나 일본에서는 아직 연발총을 채용하지 않은 상태에서 청일전쟁을 맞았던 것이다.

청일전쟁에서의 일본군의 승리는 소총 화력의 승리였다는 것은 앞에서 언급했다. 전쟁 후인 97년 30년식 연발총을 채택하고, 이에 따라 다음 해인 98년 재차 교범을 개정했다. 그러나 전쟁의 경험과 화력의 위력에 대한 인식은 여기서도 그다지 철저하지 못했다. 이 개정 교범에서도 단발총 시대의 전술을 크게 벗어나지 못하고, 제1선의 화력전에 이은 백병돌격전을 그대로 답습하여, 이를 위한 대형운동 훈련이 중심이 되어 있었다. 전쟁의 경험을 무시한 이 전술은 훗날의 러일전쟁에서 방대한 사상자를 내는 결과를 초래했다.

제5장
러일전쟁

1. 전쟁준비
2. 전쟁의 경과
3. 전쟁 승패의 원인

1. 전쟁준비

▌와신상담

1895년 4월 17일 조인된 청일강화조약은 요동반도, 대만, 팽호제도(澎湖諸島)의 할양과 배상금 2억량 지불 등 청국으로서는 가혹한 조건이었다. 이홍장의 북양군벌이 청국 내에서의 권력을 유지하기 위해 전쟁 종결을 서두른 나머지 굴욕적인 조건을 받아들인 것이다. 그러나 이 조약은 러·독·불 3국 간섭으로 변경되고, 동맹국인 영국도 일본을 지지해주지 않았다. 5월 4일 일본은 요동반도 포기를 결정하고, '와신상담'은 국민적 슬로건이 되었다.

러일전쟁을 향한 군비확장이 국책의 중심이 되어, 국민에 대해서도 내핍생활을 강요하여 군비확장비를 염출했다. 그 결과 청일전쟁에서 러일전쟁에 이르는 10년간의 육해군의 군비확장은 눈부신 것이었다. 이 기간 동안의 확장으로 일본군은 비로소 본격적인 근대군대로서의 외관과 내용을 갖추었다고 해도 과언이 아니다.

▌육군의 확장

러시아와의 전쟁을 목표로 한 군비확장계획은 이미 청일전쟁 당시부터 시작되었다. 1895년 4월 15일 감군(監軍) 겸 육상 야마가타 아리토모(山県有朋)는 「군비수립에 관한 의견서」(『秘書類纂兵政関係資料』)를 상주하여, "종래의 군비는 오로지 주권선(主權線) 유지를 위한 것이지만, 이번의 전승 효과를 헛되이 하지 않고, 나아가 동양의 맹주가 되기 위해서는 반드시 이익선(利益線)의 확장을 꾀해야 할 것이다."라고, 군제개혁의 개략적인 방안을 제시했다. 그 안은 현존하는 7개 사단의 내실을 충실하게 하여 실질적으로 2배의 전력으로 하려는 것이었다. 그 1개 사단의 증강안은 다음과 같다.

구분	현편제(근위사단)	개정안(근위사단)	증가(근위사단)
보병	9,600명(6,400명)	18,000명(12,000명)	8,400명(5,600명)
기병	303명(305명)	520명(390명)	217명(85명)
포병	36문(24문)	54문(36문)	18문(12문)
공병	400명(200명)	500명(250명)	100명(50명)

이것은 1873년 6진대(鎭台) 설치 이래로 메이지정부와 군부가 이상으로 삼아온 것으로, 즉 6진대를 점차 내실화하여 이것을 군단으로 편성하려고 한 것인데, 이때 2개 사단 편제의 군단으로 할 것인지 혹은 병력을 증가하여 그대로 사단으로 할 것인지는 확정되지 않았던 것이다. 그러나 대륙에서의 전투를 고려하여 군단보다는 규모가 작은 사단의 수가 많은 것이 유리할 것이라는 배려가 이 증강계획에 나타난 것이다.

전쟁 직후의 제9의회(1895. 3~96. 3)에서 1896년도부터 육해군 공히 러시아와의 전쟁에 대비한 대규모 군비확장계획을 실시할 것이 가결되었다. 육군에서는 제7에서 제12까지의 6개 사단 및 기병과 포병 각 2개 여단을 신설할 계획이었다. 이것은 앞의 야마가타의 제안과는 달리 사단 수를 증가하는 것으로, 대륙작전에 대비한 것이었다. 이 중에서 제7사단은 홋카이도 둔전병을 개편한 것이고 제8에서 제12사단은 신설된 것으로, 이로써 육군의 평시편제는 보병 2개 여단(4개 연대)과 포병 1개 연대를 기간으로 하는 13개 사단이 되었다.

신설사단은 97년부터 3년에 걸쳐 설치를 거의 완료했다(山県有朋『陸軍省沿革史』). 그 외 기병과 포병 각 2개 여단과 철도 1개 대대도 갖추어져, 러일전쟁 전인 1903년에는 전체적으로 보병 156개 대대, 기병 54개 중대, 야전포병 106개 중대(1개 중대 6문), 공병 38개 중대가 정비되었다.

이들 각 부대의 장비도 현저하게 진보했다. 보병 및 공병은 30년식 보병총을, 기병 및 치중병은 30년식 기병총을 통일적으로 장비하고, 전시에 동원할 후비병에는 무라타식 연발총을 장비하는 것으로 했다. 또한 포병은 주퇴포가(駐退砲架)의 속사포인 31년식 야포 및 산포로 통일되었다.

▎해군의 확장

해군도 전후 비로소 세계 일류급 군함을 구비하려는 대규모 확장계획을 세웠다. 청일전쟁의 승리로 청국 군함 진원 이하 11척을 손에 넣었고, 그 외 전쟁 중에 구입한 전함 후지(富士)와 야시마(八島)가 있었으나, 이것으로는 서구 일류해군과 어깨를 나란히 하고 있는 러시아 함대와 균형이 맞지 않았다. 그리하여 청일전쟁 후인 1896년부터 크고 작은 함정 39척을 건조하기 위한 제1기 확장계획을 세워, 육군 확장계획과 함께 제9의회에서 가결되었다.

그리고 제10의회에서는 이 확장계획과 더불어 수정 증가된 제2기 확장계획이 가결되었다. 이 건함계획은 96년부터 1905년까지 10년간 갑철전함 4척(아시히[朝日], 시키시마[敷島], 하세[初瀬], 미카사[三笠]), 일등순양함 6척(야쿠모[八雲], 아즈마[吾妻], 아사마[浅間], 도키와[常磐], 이즈모[出雲], 이와테[磐手]), 이등순양함 3척(가사기[笠置], 지토세[千歳], 다카사고[高砂]), 그 외

삼등순양함 2척, 수뢰포함(水雷砲艦) 3척, 수뢰모함(水雷母艦) 겸 공작선 1척, 구축함 12척, 일등수뢰정 16척, 이등수뢰정 37척, 삼등수뢰정 10척, 합계 94척 및 기타 잡선 584척을 건조하려는 것이었다. 그 경비 총액 2억 1,310만엔은 청일전쟁의 전체 전비에 필적하는 거액이었다(海軍省『海軍軍備沿革』). 이 계획은 러시아와의 정세가 긴박해짐에 따라 예정보다 빠른 1902년에 거의 준공을 끝냈다. 실제로 건조된 것은 최초의 계획과는 약간 달리 전함과 일등 및 이등순양함은 계획대로, 삼등순양함은 3척(니타카[新高], 쓰시마[対馬], 오토와[音羽]), 수뢰포함은 지하야(千早) 1척, 수뢰모함은 만들지 않고, 구축함은 두 배인 23척, 결국 합계 106척을 건조했다.

▌의화단사건

1900년 중국의 의화단사건(義和団事件) 당시 일본은 이에 간섭한 8개국 연합군에 육군의 주력부대를 제공했다. 이것은 일본이 제국주의 진영의 일익을 담당한 것을 의미하는 것이며, 그만큼 일본육군이 구미열강의 육군에 필적할 정도로 성장했다는 것을 의미하는 사건이었다.

의화단의 운동 그 자체는 미숙한 민족주의 운동이 배외주의 형태를 띠고 나타난 것이었으나, 외국인 선교사와 독일공사를 살해했기 때문에 제국주의 열강의 공동개입을 초래했다. 일본은 지리적 조건상 지원부대 파견이 편리했기 때문에, 5월 28일 열강의 공사단이 호위부대 파견요청을 결의하자, 5월 31일 태고(太沽)의 함대로부터 300명의 군대가 북경으로 들어가 공사관 구역에서 2개월 반 동안 농성을 계속했다. 6월 10일 영국의 동양함대사령관 시모어(Edward H. Seymour) 중장이 이끄는 육전대 2,000명이 천진에서 북경으로 향했으나 의화단에 저지되어 고전했다.

이 단계에서 일본은 재빨리 출병을 결의하여, 6월 15일 야마가타 내각은 각의에서 육군중령 후쿠시마 야스마사(福島安正)가 지휘하는 임시파견대의 편성 및 파견을 결의하고 이것을 영국에 통고했다. 영국이 두 번에 걸쳐 출병을 재촉하는 각서를 일본에 보내자, 7월 6일 추가로 야마구치 모토오미(山口素臣) 중장이 지휘하는 제5사단을 기간으로 하는 혼성 1개 사단의 파견을 결정하여, 일본군의 총 병력은 2만 2,000명에 달해 4만 7,000명의 연합군 중의 주력이 되었다. 연합군은 8월 15일 북경을 점령하여 청조 정권을 굴복시키고, 다음해 의화단의정서(義和團議定書)를 조인시켜 배상금과 화북(華北)에의 병력 주둔권을 획득했다.

이 출병은 영국의 요청과 열강과의 협조 하에 이루어져, 지휘관은 독일의 폰 발더제(von Waldersee) 원수였으나, 실질적인 주력은 일본군이었다. 이것은 일본이 극동의 민족운동을 억압하는 열강 제국주의의 헌병 역할을 담당하게 된 것을 의미한다. 또한 이때 러시아군이 만주를 점령한 것이 러일전쟁의 원인이 되었는데, 러시아의 행동에 대해서 영국과 미국이 일본을 앞세워 반발하게 하여 그 원인을 만들었던 것이다.

의화단사건에 대한 간섭전쟁에 군사적으로 큰 역할을 담당한 일본은, 경제적으로는 아직 후진국이었지만, 아시아에 위치한다는 지리적 조건과 근대화된 군사력의 우위를 인정받아, 1902년 1월 영일동맹을 맺고 러일전쟁을 준비하게 된다.

2. 전쟁의 경과

▮ 개전시기 선정

 삼국간섭 후 여순과 대련을 조차한 러시아가 만주에 병력을 파견하자, 1900년의 의화단사건에 편승하여 대규모 병력을 증파하여 만주지역 점령을 확고히 한 일본도, 참모본부를 중심으로 러시아에 대한 작전을 진지하게 연구하기 시작했다. 1900년의 참모본부 계산으로는 극동주둔 러시아군은 보병 48개 대대를 중심으로 하는 것에 지나지 않았으며, 모스크바로부터 하얼빈까지 1개 군단을 수송하는 데 77일 걸리고, 또한 철도나 수로를 통한 수송 및 현지조달로 러시아가 극동에서 급양할 수 있는 병력은 20~24만명에 지나지 않는다는 것이었다(沼田多稼藏『日露陸戰新史』).

 1901년에는 동청철도(東淸鉄道)가 완성되어 전체 노선의 완성이 1903년경으로 예상됨에 따라, 피아의 전략관계에 큰 변화가 일어나려고 하고 있었다. 또한 철도노선의 확장과 더불어 만주주둔 러시아군도 점차 증강되는 상황에서, 일본군 역시 1900년에 일단 청일전쟁 후의 확장계획을 달성하기는 했으나, 그 후에는 큰 변화가 없었다. 따라서 군부는 전략적인 견지에서 개전시기가 빠른 것이 유리하다는 입장을 취하게 되었다.

 1903년 4월 러시아는 만주철병 제2기의 약속을 지키지 않고, 극동정책을 강경책으로 변경시켜 압록강 부근의 부대활동도 활발하게 전개하게 된다. 한편 일본에서는 영일관계의 접근에 의해 러시아와의 전쟁

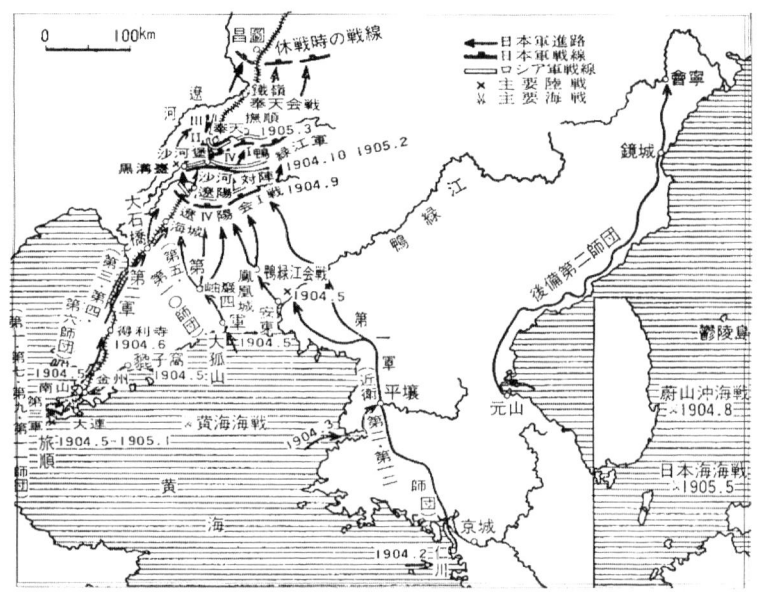

露日戰爭戰鬪経過図

에 대한 정치 외교상의 포석도 마침내 정비되었다.

그해 5월 12일 참모총장 오야마 이와오(大山巖)는 "금후 러시아의 행동은 그들의 상투수단대로 우리를 협박하여, 반응을 보면서 다소의 이익을 얻으려고 하든가, 혹은 직접적으로 병력을 동원하여 승패를 가르려고 할 것이므로, 현재의 전략관계는 우리에게 유리하지만 시간이 흐를수록 피아의 상황이 바뀔 수도 있으며, 또한 한국이 그들의 세력 하에 놓이게 되면 일본의 국방도 안전하지 않게 된다. 따라서 가능한 한 신속하게 군비확장을 도모해야 한다."는 상소문을 올려, 마침내 6월 22일 이래와 같은 의견서를 내각에 제출했다.

〔조선문제 해결에 관한 의견서〕

　우리 일본제국이 조선반도를 우리 독립의 보장지로 하는 것은 개국 이래의 국시이며, 현재 및 장래에도 변동이 없을 것이다.
　섬나라인 제국은 사방이 바다와 접하고 있어 예로부터 천부(天府 : 자연적 요새)로 부르고 있으나, 수송교통기관이 발달한 오늘날에는 천애의 파도도 탄탄대로가 되어 옛날과 달리 국방이 어렵게 되었다. 또한 국토의 형상이 남북으로 꿈틀거리는 것으로 되어 있어서 수비가 필요한 지점이 너무 많아 국방에 매우 불리하다. 다행한 것은 서쪽에 조선해협이 있어 동서의 항로를 막음으로써 자연적으로 국방에 도움이 된다. 따라서 조선이 우리에게 우호적일 때에는 동해(일본해)의 관문이 단단하여 국방에 크게 유리하지만, 이와는 달리 만약 강대국이 조선을 점령한다면 그 위치는 곧 우리의 급소이며 거리로는 불과 몇 시간에 도항이 가능하다. 이렇게 되면 국방에 어려움이 있을 뿐만 아니라, 모든 것에 제약을 받아 마침내 우리의 독립을 유지하기도 어려운 지경에 이를 것이다. 이미 메이지유신 초기에 온갖 어려움 속에서도 조선과 청국의 관계를 소원하게 하고, 마침내 청국이 조선을 속국으로 만들었을 때에는 수만의 전사자를 내고 수천만의 예산을 투입하여 청일전쟁을 일으켜 우리의 보장지를 유지할 수 있었다.
　그러나 이 전쟁의 결과 청국의 약점이 세계에 폭로되자 갑자기 러시아가 동쪽으로 세력을 뻗쳐, 요동반도를 점령하고 동청철도를 장악하여 만주의 실권을 쥐고 상상을 초월할 정도의 속도로 팽창했다. 만약 제국이 이것을 방관하고 그대로 두면 조선반도를 그들의 점유로 하는 데에는 3, 4년도 걸리지 않을 것이며, 이렇게 되면 우리는 결국 유일한 보장지를 잃게 되어 서해의 문호가 파괴될 것이다. 그리하여 탐욕스런 강대국과 지근거리를 두고 마주하게 되어, 그들의 칼날이 우리의 옆구리를 겨냥하게 될 것이다. 우리 제국신민의 안위가 크게 우려되는 바이다.

따라서 우리는 즉시 러시아와 교섭하여 조선 문제를 해결해야 한다. 즉시 교섭을 하면 병력에 호소하지 않고도 쉽게 해결을 볼 수 있으며, 만약 불행하게도 개전에 이른다 해도 현재의 그들의 군비에는 결점이 있다. 우리의 군비가 아직 충실하지 않다고 해도 현재로서는 피아의 병력이 균형을 이루고 있으므로 충분히 대항할 수 있다. 따라서 국가의 백년대계를 위해 조선 문제를 즉시 해결해야 한다.

인습에 사로잡혀 이 호기를 놓치게 되면, 그들이 전략적인 측면의 현재의 결점을 3, 4년 내에 보완할 수 있을 뿐만 아니라, 더욱 견고한 근거지를 확보하고 위력으로 우리를 압박하여, 우리가 군비를 더욱 확장하더라도 그들을 도저히 대항할 수 없을 정도로 승패가 명백해져, 외교적 절충 또한 불가능하게 될 것이다. 형세가 이 지경에 이르게 되면 간담이 서늘해질 것이며, 결국은 한을 품고 굴욕을 감수해야 해야 할 것이다. 따라서 조선 문제는 지금 즉시 해결해야 한다.(후략)

간단히 말하면 피아의 병력 및 수송 상황 등을 고려하여, 개전 시기는 빠를수록 좋다는 군부의 의견을 표명한 것이었다.

▌군의 작전계획

1903년 12월 제1기(압록강 이남의 작전으로서, 한국의 군사적 점령 완수), 제2기(압록강 이북 만주에서의 작전)로 구분된 대(對) 러시아 작전계획을 입안했다. 다음해인 1904년 2월 개전에 있어서의 일본군의 작전계획은 이 안을 답습하면서, 아울러 러시아군에 관한 정세판단을 더욱 추가하여 제2기 이후의 작전에 대해서도 예상한 것으로서, 그 요점은 다음과 같은 것이었다(參謀本部『明治三七八年日露戰史』第一卷).

"러시아 육군이 전시에 동원할 수 있는 병력은 우리의 7배 정도이지만, 그들이 극동에서 사용할 수 있는 병력은 우리에 비해 반드시 우세하다고는 할 수 없다."는 것이 기본적인 판단이었다. 즉 유럽 쪽 러시아와 속령에 대비하여 총병력의 7분의 5를 할애하지 않을 수 없기 때문에, 일본에 대해서 사용할 수 있는 것은 7분의 2 정도일 것이다. 그것도 만주 현지의 급양능력이나 단선인 시베리아 철도의 수송력을 감안하면, 만주에서 30만 이상의 병력을 급양하기는 어려울 것이다. 따라서 실제로 사용 가능한 전투원은 25만 안팎일 것이므로, "우리가 해외에서 사용 가능한 전투원과 거의 서로 같을 것이다. 즉 적어도 시종일관 대등한 병력으로 전투를 할 수 있을 것이다."고 하는 것이 육군병력에 대한 계산이었다. 그리고 극동에 있는 러시아함대에 대해서 일본해군이 우세를 유지하고 있지만, 3월 중순 도착 예정인 증파 함대를 고려하면 피아의 세력관계는 역전될 것으로 판단했다.

이에 일본군은 다음과 같은 작전계획을 수립했다. 우선 해군은 러시아의 태평양함대를 격파하고 제해권을 획득한다. 육군은 제1기 작전계획에서 3개 사단으로 편성된 제1군으로 한국을 점령하여 압록강 부근으로 진출한다. 이어서 증강된 3개 사단으로 편성된 제2군을 요동방도에 상륙시켜 제1군과 호응하여 요양(遼陽)을 점령한다. 여순 요새에 대해서는 이를 감시할 것인가 아니면 공격할 것인가를 상황에 따라 결정한다. 그 외 별도로 우수리 방면의 작전에 1개 사단을 할당한다.

이에 대해서 러시아군은, 개전 당초의 일본군은 거의 2배의 우세를 과시하면서 반드시 선제공세를 취할 것이므로, 결전을 피하면서 전진을 지연시켜 북방으로 유인하고, 그 동안에 유럽으로부터 증강되는 병력을 합쳐 요양 부근에서 결전을 수행하려고 했다. 그리고 만약 상황이 유리하게 진행되지 않으면 다시 하얼빈 부근에서 일대 결전을 치르려고 했다.

이러한 정황판단과 작전계획에 있어서 일본군은 러시아군의 병력집중에 대해 크게 오산했다. 즉 러시아의 현지 급양능력은 예상 이상으로 컸으며, 시베리아 철도의 수송력 또한 비상수단에 의해 증강되어 실제로 러시아가 만주에 집중시킨 병력은 예상의 3배 이상이었던 것에 비하여, 일본군은 보급능력 그 중에서도 특히 육상 보급능력이 불비하여 북방으로의 장거리 전진에 큰 어려움이 있었다.

▎전황의 추이

전쟁의 경과는 청일전쟁과 비교가 되지 않을 정도로 고전의 연속이었다. 초기의 한국에 대한 작전은 러시아군이 본격적인 저항을 포기했기 때문에 순조롭게 진행되었다. 2월 9일 선전포고에 앞서 인천 앞바다에서 해군이 러시아 군함 2척을 침몰시키고, 또한 8일 이래 여순 군항에 대해 공격을 반복하여 폐쇄에는 실패했으나 러시아 함대를 항내에 묶어 둠으로써 일단 제해권을 장악했다. 그러는 동안 한국에 상륙한 제1군은 5월 1일 압록강 주변의 전투에서 러시아군 동부지대(東部支隊)를 격파하고 구련성(九連城)과 안동(安東) 일대를 점령했다. 이어서 제2군은 5월 5일 염대오(塩大澳)에 상륙하여 금주반도(金州半島)의 목줄에 해당하는 남산(南山)의 러시아군 진지에 대한 정면공격을 실시했다. 3배의 병력에 해상으로부터의 지원포격까지 받으면서도 고전하여, 겨우 하루 동안의 전투에서 4,300명의 사상자를 내면서, 결과적으로 남산을 점령하고 여순을 고립시켰다. 청일전쟁의 전체 사상자에 필적하는 피해를 단 하루 한 지점의 전투에서 낸 것은 일본군을 아연질색하게 했다.

이어서 제1군과 제2군의 중간지점인 대고산(大孤山)에 독립 제10사단을 상륙시키고, 6월 6일 제3군을 편성하여 여순 요새를 포위하는 한편, 제2군은 북진하여 득리사(得利寺)에서의 조우전에서 승리했다. 7월 중순 만주군 총사령부의 오야마 이와오(大山巖) 총사령관과 고다마 겐타로(兒玉源太郎) 참모장이 전장에 도착하여 독립 제10사단을 증강하여 제4군을 편성하고, 8월 말부터 요동의 러시아군 진지에 대한 공격을 개시했다. 격전 1주일 동안 러시아군의 지휘 혼란과 일본군 제1군의 측후면 진출로 러시아군은 퇴각했으나, 일본군도 사상자의 속출과 포탄 부족으로 더 이상 추격할 수 없었다. 이 전투에 있어서의 병력은 일본군 13만 5,000명・러시아군 22만명, 사상자는 일본군 2만 3,000명・러시아군 2만이었다.

그 직후인 8월 10일 여순을 탈출하려는 러시아함대와 도고 헤이하치로(東鄕平八郎)의 연합함대가 황해에서 싸워, 러시아함대는 큰 손상을 입고 여순으로 도망쳐 들어가 이후 출격하지 않았다. 이어서 8월 14일 가미무라 히코노조(上村彦之丞)의 제2함대가 울산 앞바다에서 블라디보스토크에 있던 소수의 함대를 격파하여 제해권을 완전히 확보했다.

요동회전 후 양군은 사하(沙河)를 사이에 두고 대치하여, 러시아군이 신예병력을 보강하여 공세로 전환한 사하회전도 결국 승패를 결정짓지 못하고, 이후 대치상태로 월동에 들어갔다.

그 동안 여순 요새의 포위공격을 노린 제3군이 8월 제1차 총공격을 감행했으나 실패했다. 이후에도 유럽에서 회항하는 러시아함대를 고려하여 요새의 조기 점령을 바란 해군은, 대본영의 의견에 따라 강습을 반복하여 실패를 거듭했으나, 12월 5일 203고지를 점령함으로써 마침내 항내를 내려다보고 포격을 할 수 있게 되어, 다음해인 1905년 1월 1일 항복을 받았다. 반년간의 공격으로 참가병력 13만명 중 5만 9,000명의 사상자를 냈다.

월동 중인 북방전선에서, 1월 말 일본군 제3군의 증강에 앞서 기선을 잡기 위해, 러시아군이 제2군 10만으로 일본군의 좌익을 공격하여 흑구대(黑溝台) 회전이 벌어졌다. 눈 속의 격전 5일간, 러시아군의 일부에 의한 단독공세는 실패했으나, 이에 대적한 일본군은 제8사단만 해도 9,000명의 사상자를 냈다. 1개 사단이 한 전장에서 낸 사상자로는 유례가 없는 피해였다.

흑구대 회전 후 일본군은 제3군을 북진시키는 한편 새롭게 압록강군을 편성하여, 1개 사단을 제외한 전 병력을 만주에 집중시켜 3월 봉천을 공격했다. 일본군 24만 러시아군 32만이 투입되어 전쟁 중 최대의 격전이었지만, 1주일 동안의 전투 끝에 러시아군이 퇴각했다. 개전 이후 처음으로 일본군의 포위작전이 성공하는 것처럼 보였으나 병력 부족으로 그 기회를 놓쳤다. 사상자는 일본군 7만, 러시아군은 포로를 포함하여 9만에 달했다. 이 작전은 일본군 공세의 종결점이기도 하며, 이후 전선은 창도(昌図)와 개원(開原) 선에서 정지되었다.

그 동안 러시아는 발틱함대를 태평양으로 회항시켜 제해권을 일거에 회복하려고 했다. 1904년 11월 리바우(Libau) 군항을 출발한 함대는 반년 후인 5월 말 쓰시마(対馬) 수로에 도착하여, 여순 함락 후 정비와 훈련을 거듭하여 기다리고 있던 일본함대와 동해(일본해) 해전을 치렀다. 5월 27일과 28일의 꼬박 이틀 동안의 전투에서 러시아함대는 완전히 궤멸하여 사실상 전쟁은 끝났다.

3. 전쟁 승패의 원인

▌병기와 장비

 청일전쟁에 있어서의 일본의 승리, 특히 전투의 승패 원인은 분명 양국 군대의 근대화 정도의 차이에 의한 것이었다. 그렇다면 러일전쟁에 있어서도 그러한 확연한 차이가 있었던 것일까.

 러일전쟁은 지상전에 있어서도 화기의 위력 증대와 이에 따른 피해가 이례적으로 많았다는 점에서 종래의 세계 군사상식을 초월하는 양상을 보였다. 보불전쟁(1870~71)이나 크리미아전쟁(1854~56) 시대와 비교하여 화기의 위력은 매우 진보해 있었다. 보병화기의 주력은 여전히 연발총이었으나 발사속도, 명중도, 유효사거리 모두가 현격하게 진보하여 살상능력은 대단히 커져 있었다. 또한 새로운 보병화기로서 기관포가 출현해 있었다. 야포와 산포도 발사속도, 명중도, 사정거리 모두 비약적으로 향상되어 그 위력이 증가되어 있었다. 이 때문에 밀집부대의 돌격은 화력에 저지되어 불가능한 단계에 와 있었다. 또한 발사속도의 향상은 사용탄약의 양을 비약적으로 증대시켜 탄약보급 능력이 큰 문제가 되었다. 이러한 사정은 전술에도 큰 영향을 미치지 않을 수 없었다.

 러일전쟁에 있어서 양군의 병기, 장비, 보급능력에 결정적인 차이는 없었으며, 오히려 러시아 쪽이 약간 앞서 있었다. 러시아군은 전쟁 당초부터 2륜 포가(砲架)의 구경 7.6㎜ 맥심(maxim) 기관총을 장비하고, 전쟁 도중 태재식(馱載式: 분해하여 말에 실어 운반하는 형태) 및 마세톤식 기관총까지 병용했으나, 일본군은 끝내 이것을 실용화할 수 없었다. 또한 러시아 포병은 주력인 속사야포중대가 1900년식 푸치로프 속사포 8문을 보유하고, 포 1문당 탄약 220발, 이동탄약창과 군탄약창에 각각 230발의 예비탄약을 보유하고 있었다(參謀本部『明治三七八年日露戰史』第一卷). 일본군 포병중대에 비해서 포와 탄약의 수에 있어서 훨씬 앞서 있었다. 따라서 양군이 동일한 병력의 경우 화력은 러시아가 약간 우세한 것이 사실이었다. 지상전에서는 일본군이 시종 공세를 취했다. 이 때문에 준비된 진지를 향해 화력을 무릅쓰고 정면공격을 하는 경우가 많았다. 여순의 공성전(攻城戰)은 말할 것도 없고 남산전투, 요양 및 봉천회전 모두 마찬가지였다. 이 때문에 일본군의 피해가 막심하여 사상률 2, 30%는 보통이고, 흑구대회전처럼 50%를 넘긴 경우도 있었다.

　이러한 화기의 위력 증가와 사상자의 증대는 전투의 성격을 복잡하게 만들었다. 1회의 화력전과 1회의 돌격으로 전투가 결정되는 재래식 전투는 전쟁 초기의 압록강회전 정도에서 끝나고, 그 이후는 하나의 전지를 쟁탈하는 데도 사상자가 속출하여 예비대를 투입하여 돌격을 계속함으로써, 전투가 수일에 걸쳐 이루어지는 것이 상례였다. 근거리에서 대치하는 일도 많았으며, 지형지물을 이용하여 산개하여 각개사격을 하는 등 교범에 없는 전투가 필요했다. 이러한 끈질긴 전투에 견딘 자가 최후의 승자가 되었다.

▎군대의 질과 사기

　이러한 복잡한 전투양상에 잘 적응한 것이 일본군이었다. 그것은 양국 장교와 병사의 질과 사기의 차이였다고도 할 수 있다.

　러시아군 장교가 귀족출신의 특권계급이었다는 것은 잘 알려진 사실이다. 문벌에 의해 고위직에 오른 고급지휘관 중에는 군사능력에 있어서

열등한 자가 많았다. 또한 일반 장교들도 전투원이기보다는 귀족이며, 교육 역시 근대전과는 너무나 거리가 먼 19세기 전반 프랑스류의 형식주의에 빠져 있었다. 특히 문제가 된 것이 병사의 질이었다. 병사의 공급원은 인구의 대부분을 차지하는 봉건적 농노였다. 러시아군 병사의 성실성이 세계에 선전되고 있었으나, 그것은 농노로서의 성실성일 뿐 일말의 자발성도 없는 것이었다.

러시아군 병사 70%가 문맹이어서 병기의 취급이나 사격능력의 졸렬함에는 정평이 나 있었다. 러시아군의 일제사격은 대부분이 머리 위로 날아갔을 뿐이었다는 것은 전쟁 참가자의 체험담이 말하고 있다. 전투가 길어져 전선이 혼란해진 경우, 자발성이 없는 병사집단은 혼란에 빠질 뿐이었다. 또한 그들에게는 전쟁목적에 대한 이해가 전혀 없었다. 전쟁은 황제와 일부 고급군인의 야심을 충족시키기 위한 것으로, 러시아 국민 특히 농민을 납득시킬 어떠한 목표도 없었으므로, 1905년 혁명이 일어날 조건은 군대의 패인과도 통하는 것이었다.

이에 비해서 일본군의 질은 매우 높았다. 장교교육은 군대창설 이래 가장 중요시해 온 것이었다. 원래 사족계급 출신자가 많았던 장교단에 대해서는, 메이지 30년(1897)대 이후 점차 그 외 출신자의 비율이 높아졌다고는 해도, 엘리트의식을 심어주기 위해 특별히 배려해 왔다. 1898년 군감부를 폐지하고 교육총감부를 두어, 그 통일된 지도하에 유년학교, 중앙유년학교, 사관학교, 육군대학교에서 독일 육군을 모방한 장교교육을 실시했다. 외국 관전무관(観戦武官)들도 일본군 장교의 군사능력이 러시아군에 비해 의외로 높은 것에 놀라워 할 정도였다.

특히 일본군이 상대적으로 유리했던 것은 병사의 질이었다. 메이지유신 이래 30여년 동안 정부가 가장 힘을 쏟은 의무교육제도의 목표는 충성스런 천황의 병사를 양성하는 데 있었다. 전쟁 직전 장정의 무교육자 비율은 20% 정도이며, 그 중에서 읽기쓰기나 산술도 할 수 없는 자는 그 절반에 지나지 않았다(小山弘健『近代日本軍事発達史』). 또한 사기 면에서도 청일전쟁 이래의 국민적 전의고양 교육의 성공으로 상대적 우위에 있었다. 이러한 병사의 질과 사기가 피해가 속출하는 상황에서도 공격을 계속할 수 있는 원동력이 되었던 것이다.

해군도 마찬가지였다. 러시아군에는 고급지휘관의 전의 저하와 무능력, 장교의 빈약한 군사기술, 수병의 훈련 및 능력 부족이 일반화되어 있었다. 특히 먼 길을 회항해 온 발틱함대의 사기저하는 이미 잘 알려진 사실이다.

▌일본군 승리의 원인

이러한 군대의 질과 사기의 차이가 각종 전투국면에 크게 작용했다고 할 수 있는데, 그 외에도 전쟁의 승패를 가른 원인은 또 있었다. 그 중 하나가 지리적 조건이었다. 국력과 군사력에 있어서 일본과 러시아는 비교가 되지 않을 정도로 차이가 있었으나, 전장은 시종 일본본토 가까이에 있었다. 보급과 수송 거리의 차이는, 당초 일본이 산정한 정도는 아니었으나, 그래도 일본에 유리하게 작용했다. 그리고 일본이 국운을 걸고 전 병력을 전장에 투입한 것과는 달리, 러시아는 정예부대는 본국에 두고 질이 낮은 부대의 일부를 전장에 보낸 것도 극동이라는 먼 지역에서의 전쟁이기 때문이었다. 또한 병기나 장비에 있어서도 일본군은 통일화에 성공한 것에 비해서 러시아군은 그렇지 못한 약점을 갖고 있었다. 특히 해군에 있어서는 일본함대의 주력 전체가 청일전쟁 이후 10년 동안에 건조되어 속력이 뛰어나고 화력도 균형을 이루고 있는 것에 비해서, 러시아함대는 노후된 함정이 다수 섞여 있어서 속력도 고르지 않아 함대 행동에 있어서 일본해군에 뒤져 있었다. 또한 화약의 위력도 일본이 우수했다.

러일전쟁에 있어서의 해전은 세계 해전사에 있어서도 획기적인 것이었다. 4,000~5,000m 원거리에서 주포 포격의 응수로 전투를 결정했다. 그것도 함대의 화력을 연달아 적함에 집중시켜 전투력을 상실시키는 전법이 처음으로 효과를 거둔 것이다. 이 점에서 고급지휘관의 능력, 훈련, 소질, 군함의 성능, 그리고 화력에 있어서 균형이 잡힌 일본함대가 함대운동을 유효하게 활용하여 유리했다. 그 후 각국 해군은 거함 거포에 의한 유력함대의 편성과 훈련을 겨루게 되는데, 일본해군이 뜻하지 않게 이러한 신시대의 막을 열었던 것이다.

이상과 같은 전투의 승패 원인은 그것이 그대로 전쟁의 승패 원인과 직결되는 것은 아니다. 해전의 승리는 차치하고라도, 주전장이 된 만주 평야에 일본육군은 가능한 한 모든 병력과 자재를 쏟아 넣어 여력이 없었던 것에 비해서, 러시아는 그 육군의 일부밖에 사용하지 않았던 것은 주지의 사실이다. 봉천전투 이후 일본군의 전력은 소진되었는데도 러시아군의 증강은 더욱 활발하여 피아의 전투력은 역전되고 있었다. 결과적으로 일본의 승리로 전쟁을 종결시킨 것은 러시아 국내의 혁명과 극동을 둘러싼 제국주의 열강의 이해관계였다.

▌일본군의 고전과 그 모순

병기탄약의 보급에 있어서도 일본의 전쟁수행능력은 이미 한계를 넘어 있었다. 화기의 위력증대나 탄약소비의 격증이 전투양상을 완전히 바꾸어 놓았는데도, 이에 대한 준비가 전혀 없는 채로 전쟁에 돌입한 것이 사실이었다. 개전 전 탄약소비량 계산의 기초는 청일전쟁 이전 과거의 전쟁을 참고로 하고 있었으나, 사실은 그 수십배의 탄약이 필요하게 되어, 국내 군수공업을 확장한다고 해도 조달이 불가능했다. 전쟁 초기의 남산전투는 겨우 하루 동안에 막대한 사상자를 내어 군 당국을 놀라게 했는데, 그 이상으로 문제가 된 것이 막대한 탄약 소비량이었다. 이 전투에서 제2군이 소비한 탄약은 소총탄 222만발, 포탄 3만 4,000발에 달해, 오후 1시에는 이미 모든 부대가 포탄 부족을 호소하고 있었다(『明治三七八年日露戰史』第一卷). 최초의 대회전인 요양전투에서는 심각한 탄약 부족과 보급난으로 어렵게 적진지를 돌파하고도 추격이 불가능했던 것은 잘 알려진 사실이다.

이미 개전 1년째 후반부터 탄약 특히 포탄 부족이 중대한 문제가 되었다. 그때는 이미 부대 출정이 거의 끝났으므로, 포병공창은 화포나 차량의 제조를 중지하고 포탄 제조에만 전력을 쏟았지만 그래도 부족은 피할 수 없었다. 사하회전 중 만주군은 발등의 불을 끄기 위해 본토에 대기 중인 제7사단 보유 탄약 전체를 전선으로 보낼 것을 대본영에 요구하고, 또한 여순 포위군의 중포탄(重砲彈) 부족 때문에 본토 요새경비를 위한 탄약까지 전용할 지경이었다. 사하회전 후 만주군 총참모장이 참모총장에게 포탄 부족으로 전진이 불가능하다는 취지의 전보를 보낸 것에 대해서, 참모총장은 다음과 같이 답하고 있다.

"포탄에 대해 각종 방법을 강구하여 제조능력을 증대시키고, 또한 외국에 주문을 하는 등 실로 전력을 다하고 있지만, 아직도 풍부한 보급을 할 수 없는 것이 천추의 한이다. 지난날 총리관저에서 군을 위한 보급품 조달에 금전을 아끼지 말 것을 주장하여, 이에 대해 각료들도 반대하는 자가 없었다. 하지만 어쩌겠는가. 매년의 소극적인 계획의 결과 갑자기 확장할 수도 없고, 자칫 싸울 기회를 놓쳐버릴 우려마저 있으니 참으로 유감이다."(沼田多嫁蔵 『日露陸戰新史』)

제조능력을 확장할 수 없을 뿐만 아니라 그 제품도 불량하여 불발탄이 매우 많았다. 그것은 정밀공업의 부진으로 신관이 불량했기 때문이었다. 일본의 공업기술이 근대전쟁에 적응할 수 없음을 포탄의 부족이 폭로한 것이다. 그럼에도 불구하고 전쟁에는 이겼다. 그리하여 전쟁의 영광은 이러한 사실에 대한 올바른 인식을 방해했다.

전투의 승패에 대해서도 승리에 대한 자부심이 비판의 여지를 없애버렸다. 러일 양군의 질 및 사기의 차이는 양국의 국가기구나 사회구성의 차이에 의한 것이었다. 장교와 병사가 귀족과 농노라고 하는 명확한 계급 차이를 갖고 있던 러시아군과, 형식적이긴 해도 수차에 걸친 징병령 개정으로 일단 국민개병이라는 외관을 갖추어 전쟁 그 자체를 국민전쟁이라는 베일로 포장할 수 있었던 메이지 일본의 차이가 여기에 나타난 것이라고도 할 수 있다. 따라서 사기도 질도 일견 매우 형이상학적 문제처럼 보이지만, 사실은 가장 물질적이고 사회적인 조건의 차이였다. 그러나 이 차이는 일본군부에 의해 정당하게 평가되지 않았다.

예를 들어『해행사기사(偕行社記事)』는 그 337호에서 장교들을 대상으로「러일전쟁 승패의 원인을 논한다.」는 현상논문을 모집하여, 351호(1906년 11월)에서 MU생(生)과 육군 기병소령 요시하시 도쿠사부로(吉橋德三郎)를 입선자로 발표하고 있다. 그 두 사람 공히 몇 가지 요소를 들고는 있으나, 결론적으로는 "승패의 최대 원인은 피아 군인정신의 우열의 차이로 귀결된다."는 점에서 일치하고 있다. 그리고 이 때문에 군대교육에서 정신교육을 강조할 필요성이 있으며, 특히 장교에게는 무사도를 고취시킬 필요가 있다고 역설하고 있다. 이것은 이들 입선자뿐만 아니라 군부의 공식적인 견해이기도 했다. 공적 간행물인『러일전사』를 비롯한 여러 저서가 하나같이 전쟁의 승리 원인을 천황의 성덕과 장병의 충용으로 돌려, 일본군의 정신적 요소의 우월성을 주장하고 있다. 그리고 전후의 군대교육을 비롯한 군사적 시책은 오로지 이 점을 강화하는 데 초점을 맞추었던 것이다. 이러한 정신주의의 강화에 의해 모든 비판을 은폐하여 승리의 영광과 자부심에 빠져 파국으로의 길을 걷기 시작했던 것이다.

조선병합전쟁

러일전쟁의 최대 전리품으로서 일본은 조선을 식민지로 만들었다. 그러나 조선 병합은 격심한 민족적 저항에 직면하여 4년간에 걸친 군사행동을 수반하게 되었다. 평화적으로 합병이 이루어졌다는 모양새를 갖추기 위해 이 식민지전쟁은 비밀에 부쳐져, 그 군사작전 기록인 『조선폭도토벌지(朝鮮暴徒討伐誌)』도 비밀로 되어 있으나, 그것은 분명 식민지화를 위한 전쟁이었다.

전쟁 초기, 우선 육군의 임시파견대가 선전포고에 앞서 조선에 상륙하고, 이어서 제1군이 조선에 파견되어, 그 압력 하에 1904년 2월 23일 한일의정서를 체결하여, 일본은 군사상 필요한 지점을 임시 수용할 권리를 얻어 조선을 사실상 군사점령 하에 두었다. 그리고 제1군이 만주로 전진함에 따라 조선에 한국주답군(韓国駐剳軍)을 두고, 그 일부를 함경도 방면의 작전에 참가시켰다.[20] 1904년 8월 22일 제1차 한일협약으로 한국정부에 일본정부가 추천하는 외교재정고문을 두기로 했으나, 전후인 1905년 11월 27일 제2차 한일협약을 체결하여 한국의 외교권을 탈취하고 서울에 통감(統監)을 두었다. 1906년 8월 1일 한국주답군사령부 조례를 공포하여 그 사령관은 소속은 천황의 직속이지만 병력운용은 통감의 지휘를 받는 것으로 했다.

1907년 6월 네덜란드 헤이그에서 개최된 만국평화회의에 한국 황제가 조선의 독립보장을 희망하는 밀사를 보낸 사건이 발각되자, 일본은

---

20 개전 직후 육군은 1개 대대를 조선의 원산에 파견하여 원산수비대로 하고 있었으나, 러시아의 블라디보스토크부대의 원산항 습격으로 긴슈마루(金州丸)가 격침되어 많은 포로를 내었다. 그 후 한국 동북부의 러시아군을 공격하기 위해 후비 제2사단을 한국주답군에 증가시켜 1905년 5월부터 함경도로 북진시켰다. 전투는 9월까지 계속되었으나, 한국 영토를 완전히 지배하기 전에 휴전이 되었다. (参謀本部編 『明治卅七八年日露戦史』 第十巻)

이것을 구실로 일거에 식민지화를 추진하기 위해 7월 12일 한국에 대한 처리방침을 결정했다. 이토 히로부미 통감은 황제의 책임을 추궁하여 7월 19일 황태자에게 왕위를 넘기게 했다. 이에 반대한 조선의 민중이 각지에서 반일폭동을 일으키자, 이토 통감은 주답군 1개 사단에 추가로 1개 여단 병력의 증파를 요구하여, 그 위력을 앞세워 7월 24일 제3차 한일협약을 강요하여 외교뿐만 아니라 내정까지도 통감의 감독 하에 두고, 한국군대를 해산시키는 것으로 했다. 8월 1일 일본군이 포위하고 있는 가운데 서울에서 군대해산식이 행해져, 울분을 참지 못하고 자살하는 군인까지 나왔다. 또한 서울을 비롯한 각지의 군대가 해산에 저항하여 무기를 들고 반란을 일으키고, 이에 호응하여 전국에서 일제히 봉기가 일어났다. 일본군은 다시 본토로부터 임시파견 기병 4개 중대를 증원받아 격렬한 진압작전을 전개했다. '의병'이라 불린 이 무장 저항운동에는 병사뿐만 아니라 민중들까지 참가하여, 압도적으로 우세한 무력을 가진 일본군에 대해서 소부대 게릴라전을 전개했다.

의병과 일본군의 전투는 일본 측의 자료에도 1907년 8월부터 1911년 6월까지 전투 2,852회, 의병의 전투병력 14만 1,815명으로 보고되어 있다. 이 게릴라전에 대항하기 위해 일본군은 병력을 분산배치하여 의병의 근거지인 산간마을을 불태우고 주민을 일본군 지배하에 있는 평지마을로 집단적으로 이주시켰다. 이것은 1930년대 만주에 있어서의 집단부락이나 베트남전쟁에서 미군이 만든 전략촌의 원형이 되는 전술이었다. 이 때문에 의병의 행동은 소규모로 분산되었으나 저항은 집요하게 계속되었다.

의병운동 탄압에 최종적으로 효과를 발휘한 것은 헌병이었다. 한국주답군 헌병대는 1907년 2,000명으로 증강되었는데, 이와 더불어 조선인 보조헌병제도를 만들어 1909년에는 보조헌병을 포함하여 6,700명으로 증가시켜, 이것을 조선 전국의 453개소에 분산 배치했다. 의병운동이 거의 진압된 1910년 8월 한일병합을 감행했으나, 일부 의병은 국경을 넘어 만주로 도망가서 게릴라전을 계속했다.

병합과 더불어 1910년 9월 12일 조선주답헌병 조례를 공포하여 한국주답헌병을 조선주답헌병으로 개칭하여, 그 임무를 '치안유지에 관한 경찰 및 군사경찰'로 하여 헌병정치에 의한 지배형태를 정비했다. 같은 해 9월 30일에는 조선총독부 관제를 공포하여, 총독은 육해군 대장으로 하고 총독에게 주답사단의 지휘권을 부여했다.[21] 이렇게 하여 군사력에 의한 식민지 통치의 체제가 만들어졌던 것이다. 초대총독에는 육군대신을 겸한 육군대장 데라우치 마사다케(寺內正毅)가 임명되었다. 육군이 조선통치를 직접 담당한 것은 일본 국내에 있어서도 육군의 정치적 역할을 높여 그 발언권을 강화시키기 위한 것이었다.

---

21 러일전쟁 때 편성된 한국주답군은 조선총독부 성립과 더불어 조선주답군으로 개칭되었다. 그 병력은 일본 본토에서 교대로 파견되는 주답사단이 주체였다. 그러나 육군에서는 조선 지배를 위해서도 대륙작전의 전위부대를 강화하기 위해서도 2개 사단을 상주시킬 것을 강하게 요구했다. 1912년 조선 2개 사단 증설 요구가 받아들여지지 않자 우에하라(上原) 육상이 단독 사직하여 제2차 사이온지(西園寺) 내각을 무너뜨린 것도 이 식민지 지배병력의 증강요구 때문이었다.

제6장

제국주의 군대로의 변화

1. 러일전쟁 후의 교범 개정과 그 의의
2. 제국주의 하의 군대와 그 모순
3. 군부와 정치
4. 육해군 군비의 확장
5. 대전 참가와 시베리아 출병

1. 러일전쟁 후의 교범 개정과 그 의의

▌일본군의 독자성

러일전쟁을 계기로 육군 교범은 근본적으로 개정되었다. 1908년 「군대내무서」 개정을 비롯하여, 다음해인 1909년 「보병교범」, 1910년 「포병교범」 및 「치중병교범」, 1912년 「기병교범」이 각각 개정되고, 1913년과 14년에는 각각 「군대교육령」과 「진중요무령」이 제정되었다.

원래 교범류는 병기 및 기술의 진보나 전법 및 사상의 변화와 더불어 끊임없이 개정되어 왔으며, 많은 경우 메이지유신 이래 10여 차례의 개정이 가해졌다. 그러나 메이지 초기의 교범은 대부분이 프랑스 육군의 교범을 직역한 것이었으며, 메이지 20년(1888)대 초기 그것을 독일 육군의 교범에 따라 개정하여 그 이후에도 부분적 개정을 했으나, 여전히 외국모방 색채가 강한 것이었다. 일본군대 특유의 모럴과 이데올로기가 거기에 체계적으로 나타나는 것은 러일전쟁 후의 대대적인 개정에 의해서였다.

이 개정에 의해 비로소 일본군대의 전법, 훈련, 사상이 체계화되었다. 예를 들어 「개정 보병교범」과 개정 전인 1898년의 교범, 「개정 내무서」와 개정 전인 1894년의 내무서를 비교해 보면, 구성이나 문구뿐만 아니라 내용에도 질적인 차이를 발견할 수 있다. 그리고 이후 여러 차례의 부분개정을 거쳐 제2차 대전까지 일본군대에서 채용한 교범의 원형은 이 시기에 비로소 확립되었다고 할 수 있다. 따라서 이때 개정된 교범에 대해서 간단히 분석해 보기로 한다.

이 개정의 전과 후를 비교하여 새 교범에 나타나는 가장 중요한 특징은 모든 곳에서 정신주의가 강조되고 있다는 것이다. 새 교범에는 '공격정신', '필승의 신념', '군기' 등의 강령이 채택되어 있는 것을 비롯하여, 전투에 있어서의 공격정신의 강조 및 그 기초로서의 '충군애국, 지성(至誠)', '신명을 천황의 나라에 바치고, 지성으로 상관에 복종'(『步兵敎範』 綱領)할 것이 요구되어, 교육훈련에 있어서는 이 목적을 위해 특히 '정신교육'을 중시해야 한다고 강조하고 있다.

원래 군부가 교범을 대대적으로 개정한 것은 러일전쟁의 승리로 갖게 된 자신감과 대국의식을 바탕으로, 외국을 모방한 교범에서 벗어나 독자적인 전법과 교육훈련을 채택하기 위한 것이었다. 그러나 개정된 교범은 정신주의를 강조한 것 외에는, 구체적인 전법전술이나 교육훈련 방식에서는 여전히 종래의 독일식 교범과 다를 바가 없었다. 이 개정된 교범을 논평한 독일의 군사전문 기자도 "헌신적인 공격정신이 강조되고 있는 것 외에는 독일의 교범과 차이가 없다."(『라이프치히신보』 및 『독일 군사주보』 논설, 『해행사기사』 410, 411호, 1910년)고 단정하고 있다. 일본육군의 빈약한 군사사상으로는 독자적인 전략전술 체계를 만들어 낼 수가 없었으며, 외국의 모방을 탈피하려는 의욕을 보인 교범 개정도 오로지 정신적 요소를 강조하는 것 외에는 독자성을 발휘할 수 없었던 것이다.

▌정신주의의 강조

그러나 개정으로 갑자기 교범 전체를 채워버릴 정도의 비중으로 정신적 요소가 강조된 데에는 이유가 있었다. 그것은 러일전쟁의 경험이었다. 화기의 위력 증가 특히 기관총의 출현에 의해 전투의 양상은 세계 군사사에 있어서도 특기할 만한 심각한 변화를 보였다. 청일전쟁의 전사자(질병에 의한 사망 제외) 1,600명에 비해서 러일전쟁의 전사자는 10만명에 달하고 있다. 청일전쟁의 주요 전투인 평양, 여순, 위해위(威海衛), 우장(牛莊), 전장대(田庄台)에서의 전투가 모두 하루 동안에 결정된 것에 비해서, 러일전쟁에서는 요동회전 2주, 사하 12일, 봉천 16일, 그리고 여순 공성전은 반년을 필요로 했다.

　이처럼 화력의 진보에 따른 피해의 증가와 전투의 복잡화는 필연적으로 밀집전법에서 산개전법으로의 변화를 재촉하여 전장지휘 및 부대통제를 곤란하게 했다. 참모본부가 편찬한 『1904, 5년 러일전사』를 보면 피해가 속출할 때의 돌격 실시, 간부의 통제가 없는 상태에서의 전선 유지, 그리고 일단 동요된 전선을 수습하는 것이 얼마나 어려운 것인가 하는 사례가 수없이 많다. 이러한 조건 하의 전투에서는 병사 개개인의 자발적인 전투의지와 애국심을 기초로 한 사기 및 공격정신이 얼마나 중요한 요소인지를 통감했던 것이다. 새 교범에서 '일개 병사에 이르기까지' 정신적 요소를 요구한 것은 이러한 통절한 체험에서 비롯된 것이었다.

　그러나 천황제 체제의 핵심으로서 조직된 일본의 군대에는 근대적 의미의 애국심은 없었다. 근대적 애국관념에는 국민의 자유와 민주주의가 불가결하게 연결되어 있다. 국민의 자유를 압살하고 민주주의의 싹을 짓밟고 성립한 천황제가 그 권력의 최대 지주로 삼은 군대에는 애초에 이러한 애국심을 기대하지 않았다. 천황제 군대가 병사의 자주적인 애국심 대신에 의존한 것은 엄격한 군기였다. 일체의 자주성을 빼앗는 노예적인 군기에 의해 병사를 억압하고 구속하고 채찍과 질타로 전진시키는 것만 생각하고 있었던 것이다(井上淸『天皇制軍隊の成立』『日本の軍國主義』). 그러나 전쟁의 체험으로 군기만으로 속박된 군대로는 복잡하고 새로운 전투양식에 대처할 수 없다는 것을 알게 되었던 것이다.

공격정신과 생명경시

그러나 신교범을 비롯한 개정 교범이 '충군애국'을 기초로 한 '공격정신'을 군대에 가장 필요한 자질로서 요구했을 때, 그것이 이러한 자주와 민주주의에 결부된 근대적 애국심을 기대할 수 없었던 것은 당연하다. 교범의 내용이 자유나 민주주의와는 무관한 '충군애국' 혹은 '군국(君國)'이라는 용어를 사용한 것도 이 때문이었다. 그것은 천황 절대주의와 배외주의로 왜곡된 애국이며, 일말의 현실적인 국민적 이익과도 결부된 것이 아니었다. 따라서 교범이 어떠한 추상적인 단어를 나열하여 '공격정신'을 강조한다 해도 병사의 자발적인 전투의지를 환기시킬 수는 없었다.

"병사가 죽음을 불사하고 자발적이고 왕성한 공격정신을 보유하는 것은 우리나라의 미풍이기는 하지만, 그것은 어디까지나 교육상의 이상(理想)일 뿐, 그 이상(以上)은 군기로 다스려야 한다. 다시 말해서 위압이 필요한 것이다."(「軍隊ノ攻擊精神ヲ旺盛ナラシムル諸手段」, 『偕行社記事』 380号 論說, 明治四一年) 혹은 "공격정신은 말로는 쉽지만 그것을 전투 현장에서 실제로 발휘하는 것은 매우 어려운 것이다. 세상이 물질문명의 발달과 더불어 인심이 야박해지고 황금만능의 이기주의로 흘러, 의(義)를 위해서는 희생도 감수하는 무사정신이 결여된 것이 사실이다. 이러한 상황에서 신입 장정에게 2~3년 동안에 군대가 요구하는 공격정신을 갖게 하여, 소수로 다수를 물리치는 군대를 만드는 것은 쉬운 일이 아니다."(荻原吉五郞 「攻擊精神ノ養成方策」, 『偕行社記事』 423號 論說, 明治四四年)는 비관적인 견해가 내부에서조차 나오는 것은 당연했.

이러한 비현실성에도 불구하고 교범이 목소리를 높여 공격정신을 강조할 때, 그것이 비합리적이고 독선적인 정신주의에 빠지는 것은 당연한 귀결이었다. 그리하여 '무형의 요소'가 '물질적 위력을 능가'(「步兵教範」

綱領)한다고 하는 극단적인 정신주의가 생겨난 것이다.

이와 같이 개정 교범이 정신주의를 강조하여, 병사의 애국심을 기초로 한 공격정신이야말로 승리의 요결이라고 주장해도, 병사의 자발성을 환기할 어떠한 조건도 제시할 수 없는 모순을 폭로하고 있었다. 특히 러일전쟁을 전환점으로 하여 제국주의 단계에 돌입하여, 사회적 모순이 어떤 방법으로도 은폐할 수 없을 정도로 첨예하게 되자, 자유와는 무관한 충군과 결부된 애국의 기만성이 더욱 분명하게 드러났다. 무엇보다도 병사들에 대해 군기·풍기라는 명분으로 행하는 억압의 기본적인 태도에 일말의 변화도 없었기 때문에, 이러한 노예적 속박 하에서는 '신명을 군국에 바쳐라'는 요구도 병사들이 모럴로서 받아들이기는커녕 오히려 감각적인 반발을 불러일으킬 우려조차 있었다. 새로운 전쟁의 조건에 대응하여 어느 정도 병사의 자발성을 환기시켜야 했던 군 당국도, 진정한 자발성을 인정하는 것은 군대 존립의 기초와 모순된다는 딜레마에 직면했던 것이다. 그리하여 이러한 모순을 조금이나마 완화하기 위한 여러 가지 대책이 나왔다.

▌가족주의의 도입

개정된 교범에 있어서 두 번째로 중요한 특징은 가족주의 사상이 처음으로 도입되어 강조되고 있다는 것이다. 「개정 군대내무서」와 그 직전까지 채용되고 있던 1894년 제정 「군대내무서」 제2판을 비교해 보면 체제와 내용 모두 근본적인 변화가 있음을 알 수 있다. 종래의 내무서가, "구 내무서는 하나의 규칙서에 불과하여 영내의 단속에 편중된 느낌이 있기 때문에, 군대 내에 있어서의 가정적 교육에 대해서는 방치된 것이나 다름없다."(村田契麟「完全なる軍隊の家庭」『偕行社記事』第四〇七号, 明治四三年)고 평가되고 있는 것처럼, 28장 전체가 완전히 형식적인 규칙서였

으나, 신 내무서는 모두(冒頭)에 강령을 내걸고 내용을 30장으로 늘여 병영 내에 있어서의 정신교육 및 가정교육이 도처에 강조되어 있다. 군대에 있어서의 지배관계를 가족관계로 치환하여 병영을 가정에 비유한 것은 개정「군대내무서」가 처음이었다.

"병영은 생사고락을 함께하는 군인의 가정", "병영은 하나의 큰 가정을 이룬다."(「軍隊內務書」, 綱領), "화기애애한 가운데 군대가정의 내실을 다진다."(「軍隊內務書」, 本文) 등등 도처에서 '군대가정'이 강조되고 있으나, 개정 전의 내무서에는 이러한 표현이 전혀 없었다. 이와 더불어 상하관계에 대해서도 "상관은 부하를 골육지정으로 보살핀다."(「軍隊內務書」, 綱領)고 하여 중대장, 중대 선임부사관, 부사관 등의 직무에 있어서도 병사에 대한 사랑이 새롭게 강조되고 있다.

이와 같이 군대가정이 강조된 이유의 하나는, '병영은 군기양성을 위한 일종의 학교이므로 생활을 통제하기 위해서는 엄격한 군기 및 풍기에 익숙하게 하는 데 중점을 두지 않을 수 없다. 하지만 동시에 병영은 하사 이하의 병사들이 생활하는 하나의 가정이기 때문에 규율이 허락하는 범위 내에서 가족적 분위기의 화기애애한 생활을 보장하는 것도 중요하다."(寺内正毅「軍隊內務書審査委員長に与ふる訓令」, 松下芳男『明治軍制史論集』참고)고 생각했기 때문이었다. 즉 군기에 의한 강압 때문에 발생하는 심리적 저항을 완화하기 위해서 군대에 있어서의 지배관계를 가족관계로 치환하여 가족적인 친근감을 이용하여 그 억압감을 조금이나마 약화시키고자 한 것이었다.

▎병사의 자발성 결여

그러나 보다 근본적으로는 어떤 형태로든 병사의 자발성을 불러일으키지 않고서는 군대로서의 전력을 발휘할 수 없다고 하는, 앞에서 기술한 새로운 전투방식에 따른 요구가 '충군애국'의 기반인 가족주의를 군대에 도입하는 것을 필요로 했다. 그러나 이렇게 해서 이용된 가족주의도 군대의 경우는 완전히 관념적인 공염불로 끝나고 있다. 일본군에 있어서의 상하관계는 직접적인 권력과 연계된 공적인 지배와 복종의 관계이며, 그것을 지탱하는 것은 군기와 징벌이라는 명백한 폭력이다. 거기에 가족적 모델을 개입시킬 여지는 전혀 없었던 것이다.

상관에게 교육되는 부하에 대한 사랑은 기껏 "병사의 생명 및 신체의 보호에 관심을 갖는, 말하자면 피복, 식량, 위생에 대한 배려 및 감독"(染谷銀三郞「軍隊教育ニ就テ」『偕行社記事』第三五六号, 明治四〇年)에 한정된 것이었다. 따라서 가족주의의 강조는 이 시기부터 문제가 되기 시작한 사적제재(私的制裁)를 합리화하기 위한 구실로 이용되는 정도의 역할밖에 할 수 없었다.

"미래의 전투에 있어서도 우리는 적보다 우세한 병력을 동원할 수 없을 것이다. 병기나 장비의 정예화에 있어서도 적에 비해서 우위를 점하기 어려울 것이다. 모든 전장에서 소수의 병력과 열악한 병기로 승리의 영광을 획득해야 한다. 이러한 자세를 평소에 견지하기 위해서는 정신교육을 한층 강화할 필요가 있다."(『軍隊內務書改正理由書』)고 하여, 군사적 입장에서 정신적 요소 및 군기와 사기가 요구되고 있었다.

그러나 전쟁의 새로운 양상에 대응하여 병사의 자발성을 불러일으키려고 한 교범 개정도, 국민의 자유 및 이익과 결부된 애국심에 호소할 근거를 결여하고 있었기 때문에, 추상적인 충군애국과 공격정신을 주장하는 데 그쳤다. 더구나 한편으로는 합리적 정신에 눈뜨기 시작한 병사를 노예적 군기로 속박하여 맹목적인 복종을 강요하지 않으면 안 된다는 모순이 있었다. 천황제에 있어서의 이러한 본질적인 모순은, 다른 한편으로는 자본주의의 발전에 따른 농촌출신 장정의 상대적인 감소에 의해, 또한 기생지주제의 확립과 러일전쟁에 의한 농촌의 궁핍 때문에 점점 확대되었다.

　이처럼 자발적인 복종을 기대할 수 없는 군기는 마침내 강압적인 성격을 더하게 되어, 정신주의의 강조는 독선과 비합리성을 더욱 짙게 할 뿐이었다. 그 모순이 너무 컸던 만큼, 군대의 질서와 기능을 유지하는 수단으로서의 군기나 절대복종의 강조가 점점 그 자체를 자기목적화하여 모든 다른 것에 우선해 갔다. '진공지대'를 만든 것은 바로 이러한 군대 모럴의 강조였다.

　이미 그 단계에서는 소극적이나마 병사의 자발성을 끌어내려고 한 당초의 목적은 완전히 상실되어, 병사의 모든 자주성을 짓밟고 일체의 자유를 박탈하여, 가혹한 군기에 복종시키는 것 자체를 목적으로 하여 강압과 모욕이 가해졌던 것이다. 그것을 지탱하기 위해 끌어들인 가족주의도 그 본래의 취지가 상실된 채 형식화되어, 구타나 고문 등의 제재를 합리화할 때에만 사랑의 채찍이라는 미명으로 이용되는 데 지나지 않았다. '대대장은 아버지, 중대장은 어머니'라는 등의 표어가 얼마나 공허한 것인가는 모두가 다 아는 사실이다. 이렇게 하여 병사로부터 일체의 인간적인 것을 빼앗아 노예화・도구화하기 위한 공장으로서의 군대사회 즉 '진공지대'가 형성되었던 것이다.

2. 제국주의 하의 군대와 그 모순

▍군기문란

앞 절에서 기술한 것과 같은 교범의 근본적 개정은 단지 러일전쟁만의 체험에 의해 이루어진 것은 아니다. 개정의 동기가 전쟁에서 흘린 피의 대가로 얻은 교훈, 특히 그 승리에 의한 자신감을 기초한 것은 물론이지만, 전쟁 직후부터 개정에 착수한 「보병교범」이나 「군대내무서」가 여러 번에 걸쳐 초안을 수정하면서, 4년이라는 기간에 걸쳐 심의를 반복한 데에는 다른 이유가 있었다. 그것은 일본제국주의의 확립과 더불어 격화된 사회적 모순이 군대로 반영된 것이었다.

전후 일본군대가 직면한 최대의 문제는 군기문란이었다. 그 중에서도 특징적인 것은 군기 관련 범죄가 매우 많았다는 것이다. 전전에 총 1만 6,700명이었던 군법회의 처벌 인원이 전후인 1906년에는 2,222명, 07년에는 1,993명, 08년에는 2,130명으로 증가했다. 그리고 이 3년간의 죄목별 내역에서는 '도망'이 06년 606명, 07년 541명, 08년 530명, '도당 결성'이 06년 76명, 07년 23명, 08년 68명, '대(對)상관죄'가 06년 16명, 07년 22명, 08년 36명으로 점점 증가하고 있다(『陸軍省統計年報』第一七~二〇回, 明治三六~四〇年). 전전에 비하면 '도망'이 500명 이상을 차지하여 가장 많은 것은 변함이 없으나, '대상관죄'나 '도당 결성'이 증가한 것이 두드러진다.

이러한 경향은 단순한 개인적인 도망이나 탈영에 그치지 않고, 병사의 집단탈영도 종종 보도되고 있다(1907. 9~1908. 5 사이의 『東京日日新聞』 『国民新聞』). 그 중에서도 1908년 5월 도쿄의 보병 제1연대에서 발생한 병사 30여명의 집단탈영, 아사히가와(旭川)의 보병 제27연대 병사의 동맹파업 등의 대규모 사건은 군 내부뿐만 아니라 사회 전체적으로도 큰 충격을 주었다. 이러한 것들은 단지 전쟁의 영향에 의한 군기이완의 일시적 현상이라기보다는 전후에 격화된 사회적 모순이 군대로 파급되어 반영된 것으로, 당국자의 심각한 우려를 불러일으켰다.

▎복종의 강요

군기의 붕괴는 천황제 군대의 존립에 있어서 치명적인 의미를 갖는 것이다. 교범류의 개정에 있어서는 이 군기의 붕괴를 어떻게 막을 것인가, 그리고 이에 대한 배려와 훈련을 어떻게 조화시킬 것인가 하는 심각한 고심이 있었던 것도 사실이다. 내무서가 군기를 강조하고 복종의 천성을 중시하는 것은 바로 그것이 위기에 처해 있었기 때문이다. 그러나 이 경우에 있어서도 일본군대에 본질적으로 내재하는 모순은, 그것이 국민의 군대가 아니라 천황제 유지를 위한 억압과 지배의 무기라는 것, 군기는 병사의 신념화된 자각에 의해 유지되는 것이 아니라 병사를 강압하고 노예화하는 것에 의해서만 유지해야 한다는, 그 기본적인 태도에는 조금의 변화도 없었다. 다만 격화되는 모순에 대응하여 군기유지의 대책은 한편으로는 흉폭해지고 다른 한편으로는 복잡하고 교묘하게 되어갔던 것이다.

이들 사건은 군대에 대한 외부로부터의 비판의 실마리를 제공했다. 그 중에서도 "내가 보는 바로는 요즘 우리군대 내에서 불평 분위기를 발생시키는 원인은 다름 아닌 바로 이것이다. 첫째는 교육의 보급과 더불어 병사의 교육수준이 향상되어 개인의 권리를 존중하는 관념이 군대

내에 왕성하게 된 것, 둘째는 병사를 교육하고 통제하는 장교에 대한 교육이 이에 상응하여 진보하지 못하여, 병사의 정신적 진화에 부응하여 개선을 요하는 군대 통제의 요소에 있어서 다소 문제가 있다."(「軍隊と社會主義」, 『東洋經濟新報』 第四四五号 社說, 明治四一年四月)는 비판은, 병사의 지식수준의 향상이 합리적·비판적 정신을 성장시켜 맹목적 복종의 강요를 거부하게 된 것을 정확하게 지적하고 있는 것이라고 할 수 있다.

이 비판에 이어서 "만약 노예의 군대를 다루던 방법으로 문명의 군대를 통솔하려 한다면, 아마도 병사 누구 한 사람도 움직일 수 없을 것이다."고 지적하여, 병사의 자각에 기초하지 않은 맹목적 복종의 강요가 효과가 없음을 논하고 있다. 그러나 군부는 이러한 시민적 입장에는 설 수 없었다. 국민의 자각 향상을 세태의 악화와 인심의 퇴폐로 단정하고, 군기유지를 위한 모든 노력은 병사의 인간적 자각을 억압하고 합리적 비판정신을 억제하는 데로 향해졌다.

양민과 양병

노예적 군기로 구속하여 맹목적인 절대복종 정신을 주입하는 데에는 지주제도 하에서 농노적 굴종에 익숙한 농촌출신 병사가 가장 적합했다. 메이지 초기 군대 건설에 즈음하여 징집된 거의 모든 병사는 농촌출신이었다. 자본주의 발전에 따른 농촌인구의 상대적 감소는 점차 군대 내에 도시출신 장정을 섞여들게 했다. 이 불가피한 현실은 노예적 군기유지를 필요로 하는 군부에 있어서는 큰 골칫거리였다.

특히 러일전쟁 후 계급대립의 격화와 자각한 노동자계급의 출현은, "우리나라가 무사적 미덕이 점차 쇠퇴하고, 신문명 체제에 아직 적응하지 못하고 사치와 방종으로 흘러, 도덕심은 날로 미약해져 여차하면 동맹파업이나 직공의 폭동으로 치달아 사회주의 유행의 징조가 되어, 사회

질서가 문란해져 공권력도 상실되어 가는 상황에서, 유독 군에서만 사회 일반의 풍조에 역행하여 군기와 풍기를 엄정하게 하는 데는 어려움이 많다."(陸軍省『軍隊內務書改正理由書』)것을 개탄하지 않을 수 없었던 것이다. 이것은 지주제와 결부된 천황제 군대에 있어서의 기본적인 모순이다. 그러나 군대는 농촌의 인구를 유지하여 농민적 의식을 온존시키는 데 노력하는 것 외에는 대책이 없었다. 더구나 그 농촌은 러일전쟁 전후 확립된 기생지주제로 인해 위기에 빠져, '양민(良民)'의 기초가 되는 자작농은 동요하고 있었다.

▍농본주의의 출현

여기서 주목할 만한 대책으로서 군대에 있어서의 농업교육의 장려가 나타난다. 개정 「군대내무서」에서는 연대장의 직무로서 "영내에 수목과 화훼를 심고 채소밭을 일굴 것"을 추가하고 있다. 이러한 취지에 따라 데라우치(寺內) 육상은 1909년 전국의 연대장과 대대장을 소집했을 때 및 다음해 전국의 참모장들과 만났을 때, 영내에서 농사와 원예를 장려할 것을 훈시하고 있다(陸軍大臣官房「軍隊と農業教育」『偕行社記事』第四一三号, 明治四三年). 이렇게 하여 영내 여가시간에 병사들에게 농업교육을 실시하는 것이 갑자기 전 부대에 장려되기 시작했다.

이것은 "국민 대부분의 집단인 군대에서 병사들에게 농업을 장려함으로써, 격심한 생존경쟁으로 나쁜 풍조가 만연한 사회에 비해서 전원생활이 고결하고 흥미진진하다는 것을 깨닫게 하여 향토를 사랑하는 마음을 갖게 함으로써, 병역을 마치면 고향으로 돌아가 농업에 종사하도록 해야 한다. 선진 문명국에서는 농업을 버리고 오로지 상공업으로 몰려드는 사람이 많아, 그 폐해로 강건하고 근면한 농민을 감소시켜 국가의 원동력을 소모하고, 나아가서는 국민 전체를 쇠퇴시키는 원인이 되고 있다. 따라서 군대에서 농업을 장려하여 효과를 거두게 되면 농업사상을 주입할 수 있을 뿐만 아니라, 간접적으로는 국가적으로도 군대의 질적 향상에 좋은 영향을 미치게 될 것이다."(陸軍大臣官房, 전게지)는 원대한 목적에서 나온 것이었다. 그러나 이러한 코미디 같은 부대 내 농경장려는 군 당국이 기대한 만큼의 효과를 거둘 리가 없어, 제2차 대전 중 식량자급을 위한 농경이 행해질 때까지 한참 동안 중단되었다.

그러나 농업중시 사상은 합리적이고 비판적인 정신의 성장을 어떻게든 억제하기 위해서도, 절대복종을 강요하기 쉬운 병사의 보급원으로서도, 또한 거기에 뿌리 깊게 존재하는 가족주의적인 심정과 토지에 대한 애착심을 위로부터 주입하려고 하는 충군애국사상의 기반으로 이용하기 위해서도, 농촌의 유지가 군으로서는 절대적으로 필요했다는 것을 보여주고 있다.

이러한 농본주의 강조가 병사의 인간적 자각을 억눌러 합리적이고 비판적인 정신을 억제시키는 데 충분한 효과를 거둘 수 없었던 것은 당연하다. 그러나 조금이나마 시민적 분위기에서 격리시켜, 그것이 군내 내로 전파되는 것을 방지하려는 노력이 시도된 것이다. 구「내무서」가 휴일의 외출을 원칙으로 한 것에 비해서, 개정「내무서」는 휴일에는 되도록 영내 휴식을 시킬 것을 요구하여, 외출의 빈도를 줄여 '도시의 화려한 생활에 감염'되지 않도록 주의할 것을 요구하고 있다. 또한『해행사기사』에서 전군의 장교로부터 '병사가 복무 중 화려한 도시생활의 악풍에 감염되지 않게 하는 방법'에 대한 논문을 공모하는 등, 일상생활에 있어서의 병영과 사회에 대해서 갑자기 관심을 보이기 시작한다.「육군 군인 및 군속 저작규칙」의 제정(1905년)이나, 개정「내무서」에서 영내에 있어서의 도서 및 잡지의 소지와 열람을 대폭적으로 제한하고 있는 것도 이 때문으로 생각된다.

하지만 격리만으로는 효과가 미약하다. 일반사회에 있어서의 계급대립이 군대로 들어오는 것을 방지하여, 군대가 마치 계급대립의 권외에 있는 것처럼, 그리고 군대가 정치적으로 중립적인 존재인 것처럼 위장하는 것이 반드시 필요했다. 원래 군대는 국가권력의 최선두에 있는 가장 정치적인 조직이며, 따라서 중립적인 군대는 있을 수 없다. 사실 일본의 군부는 가장 정치적인 것으로서 기능해 왔던 것이다. 그러던 것이 갑자기 '통수권의 독립'을 강조하여 정치적 중립을 표방함으로써 그 계급성을 은폐하기 시작했다. 현실적으로는 1912년의 2개 사단 증설 문제에 나타난 것처럼, 가장 정치적인 행동이 '통수권의 독립'이라는 명목 하에 행해졌던 것이다.

또 한편으로는 황족을 제외하고는 어떠한 사회적 신분이나 지위에 있는 자도 군대 내에서는 일개 병사로서 평등하다는 것이 갑자기 강조되기 시작했다. 1909년의 징병령 개정으로 징집의 유예나 연기 제도가 더욱 축소되고, 또한 3년 현역제가 2년 현역제로 되고, 상비병력이 12개 사단에서 19개 사단으로 대폭 증가한 것과 더불어, 현역 입대자의 범위가 비약적으로 확대된 것도 이러한 분위기에 한 몫을 했다. 그때까지 제도상으로는 입영을 하게 되어 있으면서도 실제로는 그다지 입영을 하지 않았던 상류계급의 자제가, 이후 어느 정도 현역병에 섞여 들어오게 되어, 이것이 군대의 민주성을 주장하는 근거가 된 것도 사실이다.

3. 군부와 정치

▮ 군부의 지위강화

러일전쟁 후 군부의 독자적인 지위가 점차 두드러지게 된다. 군부가 번벌기구(藩閥機構)의 완전한 일부였던 러일전쟁까지는 정부와 군부의 대립이 문제가 되는 일은 거의 없었다. 청일전쟁과 러일전쟁의 수행에 있어서도, 후의 태평양전쟁 때와 같은 통수와 국무의 분열문제와 같은 것은 일어나지 않았다. 그러던 것이 러일전쟁 후가 되면 관료기구의 정비와 더불어 군부 자체도 관료화하여 그 독자성을 강화하게 된다. 그리고 군부와 정부의 대립도 종종 표면화되어, 군벌이라는 말 자체도 이 무렵부터 사용되기 시작한다.

러일전쟁의 승리는 군부의 정치적 지위강화로 연결되었다. 국제관계나 지리적 조건의 도움을 받았다고는 해도, 세계적 강대국인 러시아에 대해서 군사적 승리를 거둔 것은 군부의 권위를 높여 그 발언권을 강화하는 결과가 되었다.

군부의 국가기구 내부에 있어서의 독자성을 보장하고 있던 것이 통수권 독립의 관행과 제도상에 있어서의 군부대신의 무관현역제(武官現役制)였다. 그리고 군부의 정치적 지위를 한층 높이게 된 것이 1907년 9월 12일의 군령 제1호의 제정이었다. 이것은 통수에 관한 사항에 대해서 '칙명을 거친 규정'을 군령으로 하여, 다른 법률이나 칙령처럼 총리대신 이하의 부서(副署)를 필요로 하지 않고, 육해군 어느 한쪽 대신만의 부서로 충분하다는 규정이었다. 그리고 이 군령의 형식을 정하는 규칙을 군령 제1호로서 공시한 것이다. 즉 일반 칙령과는 다른 통수권에 관한 예외적인 칙령의 형식을 군령으로서 정한 것이다. 말하자면 군령으로써 군령을 탄생시킨다는 이례적인 조치로서, 군부 지위강화의 표출이었다.

▮ 국방방침의 제정

군령 제정에 앞서 같은 해인 1907년 4월 「제국국방방침」,「국방에 필요한 병력」,「제국군 용병강령」이 책정되었다. 이것은 장기적인 국방의 방침을 정하여 거기에 기초하여 육해군의 군비를 정비해야 한다는 야마가타 아리토모(山県有朋) 원수의 건의에 입각하여, 1906년 12월 20일 천황이 참모총장과 해군군령부장에게 그 입안을 지시함으로써 연구가 시작되었다. 오쿠(奧) 참모총장과 도고(東郷) 군령부장은 4개월 동안의 협의 끝에 「제국국방방침」,「국방에 필요한 병력」,「제국군 용병강령」의 연구성과를 1907년 2월 1일 천황에게 보고했다. 천황은 사이온지(西園寺) 수상에게 이 중에서 「제국국방방침」에 대해서는 심의를 지시하고, 「국방에 필요한 병력」에 대해서는 내람(內覽 : 천황에게 상주되는 문서를 비공식적으로 열람하는 것)을 허락했다. 사이온지는 「제국국방방침」은 적당하고, 「국방에 필요한 병력」에 대해서는 시간을 갖고 검토하겠다고 보고했다. 이에 천황은 야마가타의 의견을 물은 다음 4월 4일 이 3건을 재가하고, 4월 19일 원수회의(元帥会議)에서 이것을 합당한 것으로 결의했다(『戦史叢書・大本営陸軍部(1)』). 이렇게 하여 결정된 국방방침의 내용은 가상적국을 러시아, 미국, 프랑스 순으로 하고, 그들과의 전쟁에 필요한 병력을 육군은 평시 25개 사단 전시 50개 사단, 해군은 전함 8척과 순양함 8척으로 구성되는 8·8함대를 소요병력으로 제시했다.

정치, 외교, 재정, 경제와 밀접한 관계가 있는 국방방침과 소요병력을 정부와는 무관하게 군 통수부만의 협의로 책정하고, 수상도 간단히 여기에 동의한 것에 군부의 지위강화가 반영되어 있다. 이 국방방침은 국책의 기본방침으로서 그 후의 국가진로를 좌우하는 중요한 의미를 갖는 것이었다. 러시아를 적으로 하는 육군의 확장책은 러일전쟁 후의 긴축재정 방침과 모순되어, 1912년에는 2개 사단 증설문제를 둘러싸고 우에하라(上原) 육상의 단독사직에 따른 제2차 사이온지(西園寺) 내각의 붕괴를 초래하여 다이쇼정변(大正政變)의 단서가 되었다. 또한 미국을 가상적국으로 설정함으로써 미일 간의 치열한 건함경쟁을 초래하여, 이것이 워싱턴회의에 이르기까지 15년간 국가재정을 압박하는 최대의 원인이 되었다.

미국이 가상적국으로 새롭게 등장한 것도 국방방침의 특징이었다. 러일전쟁까지의 미일관계는 원활했으나, 전쟁의 결과 일본이 조선에 이어 만주까지 독점적 지위를 구축함으로써, 문호개방과 기회균등 등을 주장하는 미국과의 대립을 발생시켰다. 국방방침 책정 중이던 1907년 1월에는 캘리포니아주에서 배일이민법(排日移民法)이 성립되는 등 미일관계는 특히 악화되어 있었다. 대미(對米) 해군군비의 확장을 지향하던 해군은 미국을 가상적국으로 하는 것을 강하게 주장했다.

러시아를 가상적국으로 하여 '육주해종(陸主海從)'의 국방방침을 주장하는 육군과, 미국을 가상적국으로 하여 '해주육종(海主陸從)'의 국방방침을 주장하는 해군의 대립은, 결과적으로 미국과 러시아 쌍방을 가상적국으로 하여 육군과 해군 모두를 증강시킨다는 것으로 타협되었다. 그러나 이것으로 국방의 방침을 정하여 중점적 군비를 추진하려는 당초의 목적은 상실되었다. 강대국 러시아와 미국을 동시에 적으로 하는 군비확장에 돌입하여 국민에게 과도한 부담을 지우게 되었던 것이다. 또한 이것은 육해군의 경쟁과 대립을 격화시켜 국책을 혼란시키는 원인이 되기도 했다.

▎국민교육에의 개입

군부의 독자성 강화와 더불어, 군부가 군사 이외의 영역에 대해서도 발언권을 갖고 적극적으로 관여하게 된다. 원래 그것은 오로지 군사적 배려에 의한 것이었으나, 교육이나 사회문제에까지 군부가 개입하게 된 것이다.

'충군애국'이라는 미명으로 노예적 군기를 강요하여 맹목적인 절대복종을 요구하는 일본군의 모럴은, 자본주의의 발전과 기생지주제의 확립에 따른 계급적 모순의 격화와 더불어, 그것을 관철시키는 데 큰 곤란을 겪지 않을 수 없게 된다. 군대를 사회로부터 격리시켜 그 속에서 '정신교육'을 강화한다고 해도, 겨우 2~3년의 교육으로 이상적인 병사를 양성해내는 것은 사실상 불가능하다. 그리하여 군부는 군대교육을 국민적 규모로 확대하여, 병사에게 요구되는 모럴을 국민교육 속에 주입해 두려고 했다. 국민교육에 대한 군 당국의 관심은 이 시기 전례가 없을 정도로 높았다. 양병(良兵)을 얻기 위해서는 우선 양민(良民)을 양성하는 것이 필요했던 것이다.

군대교육과 국민교육의 연속성을 강조하여, 군대는 국민교화의 도장이라는 사상이 교범 개정을 계기로 강조되는 것도 이 때문이었다. "병영에 있어서의 교양은 전 복무기간을 통해서 군인의 본분을 완수하는 데 중요한 기초가 될 뿐만 아니라, 또한 이로써 국민도덕을 함양시켜 평생 필요한 습성을 부여함으로써, 병사들이 귀향 후에도 각자의 업무를 수행하고 순박한 국민이 되어 앞장서서 향토를 발전시키는 분위기를 조성해야 한다."(「軍隊內務書」綱領)는 생각은, 군대교육 체험자로 하여금 국민교육을 담당하게 하려는 원대한 희망을 말해주는 것이다.

이러한 점에서 가장 기대된 것이 사범학교 졸업자 전원을 복역시키는 단기현역병 제도였다. "그들을 입영시키는 취지는 국가 유사시 이들을 전쟁에 사용하는 데 있는 것이 아니라, 그들에게 군사사상 일반을 교육하여 군대 내의 실정을 알게 하여, 그들이 행하는 교육이 국민개병주의자의 정신과 상반되지 않게 하는 데 있으며, 그렇게 함으로써 군대조직의 상하관계 및 내부사정을 이해하고 군대의 큰 정신을 터득하여 제자교육에 임하게 되면 군대교육이 미치는 영향은 상당히 클 것이다. 국민에게 군사사상을 주입시켜 군대에 대한 국민의 흥미와 지식을 양성하는 데에는 6주간의 현역병을 이용하는 것이 가장 빠르고 효과적임에 분명하다. 이것이 국민개병주의의 목적 달성과 더불어 우리군대를 왕성하게 하는 하나의 방법이 될 것이다."(「軍隊教育ト国民教育トノ関係」,『偕行社記事』第四三〇号 論説, 明治四四年)고 하는 절대적인 기대를 장차 초등학교 교사가 될 그들에게 걸고 있었던 것이다.

　이와 같은 군인교육을 통한 국민교화에서 더 나아가, 국민교육에 대한 군부의 직접 관여도 현실의 일정에 오르게 되었다. "유사시에는 의용(義勇)을 공(公)에 바칠 것"을 것을 요구한 「교육칙어」의 주안점이 국민에게 충실한 병사가 될 것을 요청한 것임은 자명한 것이지만, "초등학교에서는 처음에는 효제(孝悌)・친애(親愛)・근검(勤儉)・공경(恭敬)・신실(信実)・의용(義勇) 등을 실천할 수 있도록 가르치고, 나중에는 국가와 사회에 대한 책무 일반으로 확대하여 품위(品位)・지조(志操)・진취적 기상・공덕(公德)을 교육하여, 충군애국의 기상을 양성하는 데 힘써야 한다."(「小学校令施行規則」)는 초등학교의 교육목표 자체가 충실한 병사가 되어야 할 국민의 양성에 있었던 것이다. 도덕과목이 이러한 목적에 기여하는 것은 물론이지만, 국어・역사・지리・체조는 말할 것도 없고 음악교육까지도 수많은 군가와 이와 비슷한 것을 가르침으로써, "사상이 아직 성숙되지 않은 초등학교 아동으로 하여금" "자신도 모르는 사이에 군인정신을 고취할 수 있게 한다."(波多野春房『小学校に於ける軍人精神の鼓吹』明治四四年)는 것이었다.

▎재향군인회의 창립

 군대가 직접 관여할 수 있는 이러한 교육부문뿐만 아니라, 더욱 광범위한 국민 각층에 군대의 모럴과 군국주의 이데올로기를 확산시키는 것도 위기 속에서 군기를 유지하는 데 필요했다. 그러나 이를 위해서는 병영이나 학교에서의 교육만으로는 충분하지 않았다. 군대와 국민의 매개자로서 이러한 역할을 담당할 사람이 필요하게 된 것이다. 재향군인회나 애국부인회 등의 반민반관단체는 이러한 역할을 담당하기 위해 결성되었다.

 재향군인회는 "군대와 국민을 결합하는 가장 좋은 연결고리가 된다."(「田中軍事課長の談話」, 『田中義一伝』)는 목적으로, 1910년 실질적인 군부 외곽단체로서 조직되었다. 그것은 소집이나 동원 등의 기술적인 필요성보다는 오로지 국민교화 즉 군인정신을 국민적 규모로 확대하기 위한 매개자로서의 임무를 갖는 것이었다. 애국부인회의 경우는 1900년 창립 당초는 상류부인의 군사원호사업 단체에 지나지 않았으나, 러일전쟁의 결과 회원을 일약 50만명으로 증가시켜, 1906년 오쿠무라 이오코(奧村五百子)가 은퇴하자 실질적으로는 군부 지휘 하의 군국주의 고취 기관으로 변했다.

 이와 같이 국민교육을 통해 군대의 모럴을 강요하여 이른바 군인정신을 국민적 규모로 주입하려고 하는 이 노력도 결국 그 효과는 뻔한 것이었다. 지극히 독선적이고 비합리적인 정신주의로는 자본주의가 고도로 발달하고 사회주의가 격화되는 시기에 국민을 사로잡을 어떤 매력도 없었기 때문이다. 그럼에도 불구하고 군대의 모럴과 이데올로기를 국민에 확산시키려는 이러한 노력이, 군대 자체에 내재하는 그 본질적인 모순 때문에 최선의 수단으로서 추구되지 않으면 안 되었다. 그리하여 이러한 수단 자체가 마침내 자기목적화하게 된다. 이로 인해 그 독선과 비합리성은 더욱 강화되어 신비적이고 광신적인 황군관념이 형성되었던 것이다.

▮ 중국에 대한 간섭

1911년 10월 중국의 무창(武昌)에서 청조에 대한 신군의 봉기가 일어나 중국의 민족혁명인 신해혁명이 시작되었다. 이에 대해 일본은 만몽의 이권을 확보하고, 중국에 대한 침략을 추진하기 위해 군사력을 동원한 간섭을 반복한다.

무한(武漢)에서 혁명이 일어나자, 해군 육전대가 한구(漢口)에 상륙해 있었으나, 1912년 1월 육군 1개 대대 500명의 한구파견대를 편성하여 육전대와 교대하여 경비를 담당하게 했다. 그리고 혁명이 만주로 파급되자 1월 말 관동도독(関東都督)에 1개 사단의 병력을 증강하여, 이 무력을 배경으로 오시마 요시나오(大島義直) 도독은 청국군과 혁명군 쌍방에 대해 중립지대로부터 철수할 것을 요구하고, 이 지역을 지배하에 두었다. 청 왕조가 멸망하고 3월에 중화민국이 탄생한 후에도 간섭을 계속하면서, 한편으로는 러시아와 협의하여 만몽지역의 세력권 분할을 획책했다.

즉 1907년 7월 30일 체결한 제1차 러일협약에서는 청국의 영토보전을 약속하면서, 비밀협약으로 만주에 있어서의 러일 간의 철도 및 전신에 대한 이권의 경계선을 설치하여, 만주를 남북으로 한 세력범위를 나누어 가졌다. 그리고 1910년 7월 4일의 제2차 러일협약에서는 만주의 현상유지를 약속하면서, 비밀협약에서 앞의 경계선으로 특수이익지역을 분할하기로 했다. 더욱이 1912년 7월 8일의 제3차 러일협약은 비밀협약만으로 특수지역 경계선을 내몽고로 연장하여, 남만주와 동부 내몽고를 일본, 북만주와 서부 내몽고를 러시아의 세력범위로 했다. 러일 양국이 만주와 몽고를 분할하는 밀약을 맺었던 것이다.

중화민국 성립 후, 중앙정부의 실권은 북양군벌(北洋軍閥)의 무력을 배경으로 한 원세개(袁世凱)에게로 넘어갔다. 이에 대해 1913년 7월 양자강 이남의 성(省)들이 독립을 선언하고 원세개 토벌을 위한 군을 일으켰으나 원세개 군의 무력에 압도되어 패배했다(제2혁명). 그리고 1915년 12월 원세개가 황제제도 실시를 기도하자 운남성 등 서남의 여러 성에서 반대파가 독립을 선언하여 좌절시켰다(제3혁명). 이러한 혼란 때마다 군부가 개입을 획책하여 산동성을 점령하고 21개조를 요구하여 중국에 대한 간섭을 강화했다. 또 한편으로는 만몽지구를 일본의 세력 하에 중국으로부터 분리하기 위해, 1912년 1월 몽고의 객리심왕(喀喇沁王)과 가와시마 나니와(川島浪速)가 획책한 독립운동을 지원했다.

1916년 6월 원세개가 사망한 후에도, 중국에서는 제국주의 국가의 지원을 받은 군벌이 각지에서 할거하여 혼란이 계속되었다. 일본은 동북의 봉천을 근거지로 하는 장작림(張作霖)을 지원하여 만몽의 확보를 기도했다. 육군은 장작림 휘하에 군사고문을 두고 그에게 무기와 탄약을 공급했다. 또한 북경정부에서 국무총리를 역임한 안휘파(安徽派)의 단기서(段祺瑞)도 지원했다. 그러나 1920년 7월 미국과 영국이 지원하는 직예파(直隸派)의 오패부(吳佩孚)와 안휘파가 싸워(안직전쟁[安直戰爭]) 안휘파가 패배하자 단기서는 사직했다. 1922년 5월 직예파와 봉천파가 싸워 봉천파가 패했지만, 일본은 봉천파를 지원하여 양파의 화해를 제안했다(제1차 봉직전쟁[奉直戰爭]). 1924년 9월 직예파와 봉천파가 다시 싸웠으나, 직예파의 장령(將領) 풍옥상(馮玉祥)이 북경에서 반란을 일으켜, 직예파가 패배하여 단기서가 집정관으로 부활했다(제2차 봉직전쟁). 다음해인 1925년 11월 봉천파의 장령 곽송령(郭松齡)이 반란을 일으켜 장작림의 본거지인 봉천을 공격했으나, 일본군이 출동하여 장작림을 도와 곽송령이 패배했다. 이처럼 일본군은 만몽의 유지와 장작림을 지원하는 입장에서 중국의 내전에 간섭했다.

이러한 군사간섭 특히 만몽에 있어서의 군사행동의 주체가 된 것은 관동군이었다. 러일전쟁 후인 1906년 8월 관동도독부 관제가 공포되어 육군대장 또는 중장의 도독 하에 육군부를 두고, 본토로부터 교대로 파견되는 주답사단(駐劄師団)과 만철(満鉄)의 경비를 위한 독립수비대 및 여순요새 등을 그 지휘 하에 두었다. 1920년 4월 도독부를 폐지하고 관동주(関東州)의 행정은 관동청(関東庁)이, 군사는 관동군사령부가 담당하여 천황 직속의 관동군이 설치되었다. 만몽 확보의 제1선에 선 관동군은 모략공작과 독단적 군사행동으로 치달았다.

4. 육해군 군비의 확장

▎미일대립과 건함경쟁

러일전쟁 후 일본이 새롭게 직면한 국제정세는 미국과의 대립 격화였다. 러일전쟁까지의 일본은 영국 및 미국과 제휴하여 러시아와 대항하여 대륙정책을 추진하고 있었으나, 전후에는 영국 및 미국의 경쟁자 입장으로 변해버린 것이다. 전쟁의 결과 남만주가 일본의 세력범위에 들어가자, 미국은 강하게 그 문호개방을 요구하여 만철의 중립화를 제의하는 등, 미일 대립이 극동에 있어서의 새로운 과제가 되었다. 1907년에는 일본인 이민의 미국 본토 이주가 금지되고 배일운동이 미국 각지에서 격화되는 등, 만주를 둘러싼 미일 대립이 각종 부차적인 대립을 발생시켰다. 일본이 제국주의 국가로서의 독자적 입장을 분명히 함에 따라서 미일 대립은 국제대립으로까지 고조되었던 것이다.

이러한 사정은 일본의 군비 기본방침에도 큰 변화를 가져왔다. 메이지유신 이후 러일전쟁까지의 일본의 군비는 막연하기는 하지만 러시아를 가상적국으로 하여 정비되어 왔다. 육군은 물론 해군도 러시아 해군을 대상으로 하는 군비를 정비하고 있었던 것이다. 하지만 러일전쟁 후 육군은 여전히 러시아와의 전쟁을 목표로 하고 있었던 것에 대해서, 해군은 미국을 가상적국으로 하여 이에 대항할 해군력을 목표로 하게 되었다.

1907년의 국방방침은 러시아, 미국, 청국을 가상적국으로 하는 것이었다. 청국은 차치하고, 러시아와 미국 두 대국을 동시에 가상적국으로

상정하는 것도 이것이 처음이었다. 러시아에 대해서는 복수전을 우려한 육군 특히 야마가타 아리토모(山県有朋) 등의 강한 주장으로(山県有朋 「軍備拡張に関する意見書」 渡辺幾治郎 『皇軍建設史』), 전후 육군의 군비확장은 오로지 러시아에 대한 전쟁준비를 위한 것이었다. 하지만 해군의 군비는 새롭게 미국을 목표로 하여 그 해군력과 대항하기 위해 군함 50만톤 보유가 방침으로 결정되었던 것이다. 이것은 육군과 해군의 격렬한 대립과 예산획득경쟁을 초래하는 원인이 되었다. 또한 해군의 확장은 미국과의 건함경쟁을 격화시키지 않을 수 없었다.

이 방침에 입각한 해군의 확장은 국가 재정상의 큰 문제이기도 했다. 러일전쟁 후의 해군은 러시아로부터 포획한 군함을 추가했다고는 하지만, 구식 전함이 많아, 전쟁의 교훈을 감안하여 거함거포를 도입한 영국이나 미국의 해군에 비하면 훨씬 뒤떨어져 있었다. 그리하여 1907년도부터 크고 작은 함정 39척을 건조하려는 계획이 1906년 12월부터의 제23차 의회에서 가결되어 실행에 옮겨졌다. 이 계획에 의해 설계 및 기공된 것이 전함 가와치(河内)와 셋쓰(摂津)이다. 이 두 함은 배수량 2만 800톤으로, 부포(副砲)를 과감하게 줄이고 주포(主砲)로서 12인치 포 12문을 탑재하고, 20노트 이상의 속력을 가진 고속전함으로서, 세계 최초의 노급함(弩級艦 = Dreadnought급 전함 : 원래 Dreadnought는 1906년 영국에서 건조한 군함의 이름으로, 배수량 1만 7,900톤에 30㎝ 포 10문을 탑재)으로 설계 및 기공되었다. 이후 각국은 경쟁적으로 노급함 건조에 착수하여 거함거포의 경쟁시대에 돌입하게 된다.

▌해군의 대확장

이러한 노급함 건조가 마침내 가능하게 된 원인에는 국내의 공업 발달이 있었다. 국내산 거함으로서는 러일전쟁 중에 기공하여 1907년 구레(吳) 공창에서 완성한 순양함 이코마(生駒)와 쓰쿠바(筑波)(2함 공히 1만 3,750톤)가 처음이며, 이어서 요코스카 공창에서 건조한 전함 사쓰마(薩摩)와 구레 공창에서 건조한 전함 아키(安芸)(2함 공히 1만 9,350톤)가 1910년과 11년에 연달아 준공되었다. 이러한 거함의 국내 생산이 행해진 것은 그 자체가 국내의 중공업 발전에 있어서 큰 지주가 되었다.

이러한 노급함 경쟁 시대로 접어들자 앞의 계획으로는 불충분하여, 1910년(해군은 11년도부터 8개년 동안) 크고 작은 함정 51척을 건조하는 군비확충계획을 세웠다. 이 계획은 재정문제 등의 이유로 수정되어, 결국 이전의 계획을 앞당김과 더불어, 새롭게 11년도부터 6년간 2억 4,800만 엔의 예산을 계상하게 되었다. 이어서 1911년, 12년, 13년 계속하여 해군은 군비확충계획을 제출하여 정권이 바뀔 때마다 그것이 최대의 쟁점이 되었다. 그것은 러일전쟁 후의 불황과 재정의 궁핍이라는 조건 속에서 해군의 대규모 확장은 견디기 힘들 정도의 부담이었음을 말해주는 것이다.

이러한 건함계획의 난항을 떨쳐버린 것이 제1차 대전의 발발과 이에 따른 국내경제의 의외의 활황이었다. 1914년 해군은 84함대 정비계획 세웠다(松下芳男『明治軍制史論』下). 이것은 1911년 이래 해군확장계획을 제출할 때마다 해군이 이상적인 것으로 생각한 88함대계획(함령 8년 미만의 전함 및 순양전함 각 8척을 최저한의 전력으로 한다) 실현의 첫걸음으로 하려는 것이었다. 84함대 건조계획은 1917년의 제39차 의회에서 2억 6,000만엔의 군비보충비를 추가로 승인받고, 또한 동년 말부터의 제40차 의회에서 86함대 건조를 위한 군비보충비 추가예산으로서 3억 5,000만 엔이 승인되었다. 1918년에는 다시 88함대 실현을 향한 건함계획이 세워져, 1920년 마침내 숙원이었던 88함대계획 예산이 승인되었다(伊豆公夫・松下芳男『日本軍事発達史』).

이때까지 이미 13년 순양전함 공고(金剛), 14년 동 히에이(比叡), 15년 동 하루나(榛名)와 기리시마(霧島), 전함 후소(扶桑), 17년 전함 야마시로

(山城)와 이세(伊勢), 18년 전함 휴가(日向), 이렇게 3만톤에 달하는 거함이 속속 준공되고 있었으나, 다시 이 88함대계획에 의해 이미 착공에 들어간 세계 일류급 초노급함 나가토(長門)와 무쓰(陸奧)(3만 3,500톤) 외에도 전함 6척(가가[加賀], 도사[土佐], 기이[紀伊], 오와리[尾張], 11호, 12호), 순양전함 8척(아마기[天城], 아카기[赤城], 다카오[高雄], 아타고[愛宕], 8호, 9호, 10호, 11호)을 1920년부터 8년 동안에 정비하려는 방대한 계획이었다.[22] 이 거대한 건함이 정치 경제적으로 미친 영향은 헤아릴 수 없는 것이었다. 워싱턴회의는 이러한 그칠 줄 모르는 건함경쟁에 마침내 한계를 느낀 각국의 당연한 요구이기도 했다.

육군 2개 사단 증설문제

앞에서 언급한 것처럼, 육군의 군비확장은 러시아와의 전쟁준비를 위한 것이었다. 러일전쟁의 승패가 러일 양국의 군사력의 차이에 의한 것

---

[22] 대전 중 및 그 후에 준공된 거함은 다음과 같으며, 군축 후에도 일본 해군의 주력이 된 것은 주지하는 바와 같다. 곤고(金剛) 외에는 모두 국내에서 설계 건조되었다.

구분		계획년도	함명	배수량(톤)	속력(노트)	주갑판	포		어뢰관수	건조년월			제조소
							주포	부포		기공	진수	준공	
전함		1911	扶桑 山城	30,600 동	22.5 동	糎	36.16cm 동	5.16cm 동	6 동	12.3 13.11	14.3 14.11	15.11 17.3	吳공창 橫須賀공창
		1913	伊勢 日向	31,260 동	23.0 동		동 동	14.20cm 동	동 동	15.5 동	16.11 17.7	17.12 18.4	神戶川崎造船所 三菱長崎造船所
		1916	長門	33,800	동		40.8cm	동	8	17.8	19.11	20.11	吳공창
		1917	陸奧	동	동		동	동	동	18.6	20.5	21.10	橫須賀공창
순양전함		1910	金剛 比叡	27,500 동	27.5 동	糎	36.8cm 동	15.16cm 동	수중8 동	11.1 11.11	13.5 12.11	13.8 14.8	영국 橫須賀공창
		1911	榛名 霧島	30,500 27,500	26.0 27.5		동 동	동 동	4 8	12.3 동	13.12 동	15.4 동	神戶川崎造船所 三菱長崎造船所

이 아님은 일본의 군부 자신이 잘 알고 있었다. 러시아가 극동경영 정책을 포기할 리가 없으며, 반드시 준비를 가다듬어 복수전을 노릴 것이라는 공포가 군부 내에 매우 강했다. 야마가타 아리토모를 비롯한 이른바 '공로병 환자(恐露病患者)'의 배출은 결코 이유가 없는 것이 아니었다. 이 때문에 전쟁 직후부터 러시아와의 전쟁에 대비한 대규모 전력구축이 요구되었던 것이다.

러일전쟁 개전 당시 육군은 13개 사단을 보유하고 있었다. 전쟁 중 병력 부족으로 부대의 증설이 이어져, 후비제대 합계 약 12개 사단을 동원한 외에도 제13에서 제16까지의 4개 사단을 신설했다. 봉천회전 후 육군은 다시 6개 사단의 증설을 계획했으나 결국 제17, 제18의 2개 사단 신설이 전후에 실현되었다. 후비제대는 동원해제 되었으므로, 결국 전후의 평시병력은 19개 사단이 되어 전전의 1.5배에 달했다. 그러나 시베리아 철도의 연장과 복선화, 러시아의 극동군비 강화 때문에 이것으로는 불충분하다고 하여, 평시 25개 사단 전시 50개 사단을 구비하는 것이 국방방침 결정 이후 러시아와의 전쟁준비를 위한 육군의 목표였다.

식민지 유지를 위해서도 군비확장은 필요했다. 전후 조선에는 한국주답군사령부 휘하에 1개 사단 내지 1.5개 사단의 병력을 두고, 이것을 일본 본토의 각 사단으로부터 교대로 파견하고 있었다. 또한 남만주에는 관동도독 휘하에 1개 사단을 교대로 주둔시키고 있었다. 1907년 7월 한국을 완전히 식민지화하기 위한 준비로서 일본군으로 쿠데타를 일으켜 한국군대를 해산시킨 이래 조선 전국에서 반일 무장폭동이 확산되었는데, 그 토벌과 치안유지 때문에 주답군은 편할 날이 없었다. 조선과 만주의 주답사단은 일본 본토로부터 교대로 파견해야 할 뿐만 아니라, 치안유지를 위한 소부대의 분산배치가 불가피하여 교육훈련에도 지장이 있었기 때문에, 이것을 작전병력으로 사용하는 것도 곤란했다. 그리하여 교대파견제를 폐지하고 조선에 2개 사단을 신설하여 상시 배치시키는 것이 1910년 이후 육군의 현안이 되었다. 1915년 증설이 실현될 때까지, 전후 재정의 어려움 속에서 이 증설문제가 정치 경제상의 큰 문제가 되었음은 말할 것도 없다.

이러한 대대적인 군비확장은 러일전쟁의 결과 일본이 비로소 제국주의 국가로 성장했다는 사실에 의해 필연적이었다. 전쟁 승리에 의해 일본은 도합 5,000만의 인구를 갖고, 비교적 문화수준이 높은 조선과 남만주의 지배자가 되었다. 동시에 구미 제국주의 강국의 대등한 경쟁상대로서 제국주의 시대의 무대에 등장했다. 이것이 경제적 기초가 취약함에도 불구하고 군비확장을 강행하지 않을 수 없는 모순을 낳았던 것이다.

러일전쟁 후 수년 동안의 일본은 일찍이 없었던 경제적 어려움 속에서 신음하고 있었다. 전쟁의 여러 결과물 중에서도 전후에 가장 큰 영향을 남긴 것은 전시재정의 뒤처리였다. 전전 약 5억 5,000만엔이었던 공채 발행고는 전후 일약 22억엔을 넘어, 그 금리 및 상환금만으로도 재정은 큰 압박을 받았다. 국가재정의 수지균형은 전후경영의 지출도 추가되어 전혀 유지가 곤란하게 되었다. 전시의 증세에 다시 전후의 증세를 합쳐도 이 상태는 개선되지 않았다. 민간 경제계는 "금융압박과 신용불량으로 은행과 회사가 잇달아 파산하여 각종 사업은 위축·부진상태에 빠져 이것을 오래 동안 방치할 수 없는 실정이다."(大蔵省『明治三十七八年戦役戦後財政整理報告』)는 상황이 계속되었다. 전후 일본이 당면한 최대의 문제가 이 전시재정의 정리였던 것이다.

그러나 이러한 전후재정의 어려움에도 불구하고, 전쟁 직후부터 육해군 군비의 대확장을 꾀하지 않을 수 없었다. 다이쇼정변(大正政変 : 1912년 말의 2개 사단 증설문제로 13년 2월 제3차 가쓰라(桂) 내각이 붕괴된 정변)과 지멘스(SIEMENS) 사건(해군 간부들이 독일의 전기기기 제조회사인 지멘스 등으로부터 거액의 뇌물을 받은 사건)을 정점으로 하는 정치위기도 이러한 모순의 산물이었다고 할 수 있다.

5. 대전 참가와 시베리아 출병

▌참전과 청도공략

앞 절에서 본 바와 같은 육해군 군비확장계획은 러일전쟁 후 더욱 심각해진 국가재정 위기 속에서 강행하려고 한 것이었다. 1910년대가 되자 군비와 재정의 모순은 종종 정치적 위기로 표면화되었다. 2개 사단 증설 문제가 발단이 된 다이쇼정변이나 해군 확장문제와 결부된 지멘스 사건은 그 대표적인 것이었다.

이 정치적 경제적 위기를 일시적이나마 회피할 수 있는 계기가 된 것이 유럽에서의 제1차 세계대전 발발이었다. 대전에 개입함으로써 일본은 교전국으로서의 이익과 중립국으로서의 이익을 모두 취할 수가 있었다. 정치적으로는 아시아 특히 중국에 대한 우월한 지위를 확보하고 국제적 발언권을 강화했다. 경제적으로는 아시아 시장을 일시적으로 거의 독점하여 미증유의 호황을 구가하면서 독점자본주의를 일거에 확립했다. 대전 중 4년 사이에 무역은 수출초과로 전환하여, 금준비(金準備)와 공업생산지수도 몇 배의 신장을 나타냈다. 그리고 현안인 육군 2개 사단 증설과 해군의 건설계획도 실현의 실마리를 찾게 되었다.

대전의 군사적 경과는 일본이 관여한 부분에 관한 한 간단했다. 개전과 더불어 우선 독일의 극동경영 근거지였던 청도요새 공략에 착수했다. 일본이 참전한 진짜 목적은 열강이 없는 동안에 중국에 대한 제국주의적 진출을 달성하는 것이었으므로, 독일의 조차지이며 극동경영의 근거지인 청도 공략은 그 제1보였던 것이다.

청도의 독일 수비병력은 겨우 3,700명이었다. 여기에 현지에서 소집한 재향군인과 군함에서 상륙한 해군을 합해도 5,900명에 지나지 않았다. 본국과 격리되어 영·불·러 각국과 교전하고 있기 때문에 증원을 받을 가능성은 전혀 없어 함락은 시간문제였다. 일본군이 여기에 강공을 가하여 큰 희생을 치르면서도 그 공략을 서두른 것은 전적으로 정치적인 이유 때문이었다.

청도 공략을 위해 육군은 가미오 미쓰오미(神尾光臣) 중장이 지휘하는 독립 제18사단을 편성했다. 이것은 제18사단을 기간으로 하여 산포병 1개 중대, 야전중포병 1개 연대, 공성중포병(攻城重砲兵) 사령부, 공성중포병 3개 대대와 1개 중대, 공병 1개 대대, 항공대 등을 추가한 것이었다. 또한 영국은 동맹국으로서 공동작전을 수행한다는 이유로 북중국주재군 사령관이 지휘하는 증강된 보병 1개 대대 병력을 참가시켰다. 해군은 제2함대로 교주만(膠州湾) 봉쇄를 담당했다.

이미 운명이 결정된 청도의 독일군은 명목상의 항전을 결의하고 있었다. 이에 대해 일본군은 장기간의 포위에 의한 항복을 기다리지 않고 정공법에 의한 공격을 결정했다. 9월 초순부터 산동반도에 상륙한 육군은 청도 외곽을 포위하고, 9월 26일 전진진지 공격을 개시하고 이어서 공격진지를 구축했다. 그리고 공격준비를 갖춘 뒤 10월 31일 총공격을 개시하여 11월 1일 독일군의 제1공격진지, 3일 제2공격진지, 6일 제3공격진지를 점령하고, 같은 날 제1선이 돌격을 감행하여 각 보루를 점령하자, 7일 독일 수비대는 항복했다. 축성은 견고했으나 수비병력이 적고 전의도 약했으므로 공략은 순조롭게 진행되었다. 이 전투에 있어서의 일본군의 피해는 전사 394명 부상 1,458명인 것에 대해서, 독일군의 피해는 전사 210명 부상 550명이었다(参謀本部編『大正三年日独戦史』上卷에서 집계).

▮ 남양제도의 점령

　청도 요새보다도 교주만을 근거지로 하고 있던 독일 동양함대의 활동이 더 연합국을 괴롭혔다. 장갑순양함 샤른호르스트(Scharnhorst)와 그나이제나우(Gneisenau) 등으로 구성된 이 함대의 주력은 개전과 더불어 출항하여, 일·영·불 3국 함대의 추적을 피해서 태평양을 건너 칠레의 코로넬 앞바다에서 영국의 크래독(Cradock) 함대를 크게 파괴시켰다. 이어서 남미의 남쪽을 통과하여 11월 하순 대서양으로 나와 포클랜드제도 앞바다에서 우세한 영국 함대와 싸워 전멸했다. 동양함대 중의 2등순양함 엠덴(light crusier Emden)은 단독으로 서태평양에서 인도양에 이르는 통상파괴전(通商破壞戰)에 종사하고, 11월 호주의 코코스섬(Cocos Island) 앞바다에서 침몰될 때까지 상선 17척 약 7만톤을 격침시켜 용맹을 떨쳤다.

　독일 동양함대 추적을 위해 해군은 순양전함 구라마(鞍馬)와 쓰쿠바(筑波) 등으로 구성된 제1남견지대(南遣支隊), 전함 사쓰마(薩摩) 이하의 제2남견지대, 장갑순양함 이즈모(出雲) 이하의 견미지대(遣美支隊)를 잇달아 편성하여 파견했다. 이들 함대는 독일 함대와 교전은 하지 않았으나, 전부터 노리고 있던 독일령 남양제도 즉 사이판, 포나페, 트라크, 파라오 등의 섬들을 점령했다. 또한 엠덴을 추적하기 위해 순양함 이부키(伊吹)와 닛신(日進) 등으로 구성된 특별남견지대(特別南遣支隊)를 편성하여 인도양에 출동했으나 이것도 교전의 기회는 없었다.

　1917년 1월 독일이 무제한 잠수함작전을 개시하자, 연합국은 그 대응에 고심하여, 영국이 일본 군함의 지중해 파견을 요청했다. 일본은 전후 연합국 내부에서 발언권을 강화한다는 정략상의 이유에서 이에 응했다. 그리고 상선 호위를 목적으로 제1특무함대를 인도양에서 남아프리카 방면으로, 제2특무함대를 지중해로, 제3특무함대를 호주로 파견했다. 지중해로 향한 제2특무함대는 독일 잠수함과의 교전 36회 및 연합국을 위한 해상호위에 임했다.

이상이 대전 중 육해군의 주된 작전행동이었다. 교전 각국이 국가의 총력을 기울여 사투를 계속하고 있는 가운데, 전쟁에 있어서의 일본의 비중은 사용병력과 전투규모 공히 작은 것이었다. 그것은 동맹국에 대한 연합국의 군사적 승리에 기여하기보다는 중국에 있어서의 영토 및 이권의 확대, 남양 독일령 제도의 획득, 전후 국제적 발언권의 강화를 노린 정략상의 출병이었기 때문이다.

▌시베리아 출병

제1차 대전 중인 1917년 10월 주요 연합국의 하나인 러시아에서 사회주의 혁명이 일어났다. 제정을 무너뜨린 소비에트정권은 평화에 관한 선언을 발표하고, 18년 3월 독일과 브레스트-리토프스크 조약(Treaties of Brest-Litovsk)을 맺고 전쟁에서 이탈했다. 1916년 6월 러일동맹을 맺고 중국의 분리지배를 기도하고 있던 일본에 있어서 제정 러시아의 붕괴는 큰 충격이었다. 더구나 혁명의 영향이 중국이나 조선에 미치게 되는 것은 분명했기 때문에, 일본육군 특히 참모본부는 일찍부터 혁명에 대한 간섭과 시베리아 영유를 목표로 극동 러시아령에의 출병을 계획하고 있었다.

혁명 직후인 1918년 1월 해군은 거류민 보호를 명분으로 블라디보스토크에 군함 아사히(朝日)와 이와미(石見)을 입항시키고 4월부터 육전대를 상륙시켰다. 5월에는 육군 주도 하에 중국과 일화공동방적군사협정(日華共同防敵軍事協定)을 맺고 소련에 대한 간섭전쟁을 준비하고 있었다. 미국은 일본의 시베리아에 대한 야심을 경계하여 출병에 반대하고 있었다. 그러나 시베리아철도 연변에서 소비에트정권에 반대하는 체코슬로

바키아인 포로의 반란이 일어나자, 7월 미국은 이를 구원하기 위해 일본에 공동출병을 제안했다. 일본은 이 제안에 따라 8월 미·영과 더불어 시베리아에 출병하여, 러시아혁명에 대한 극동에서의 간섭전쟁이 시작되었다.

연합국 협정에 있어서의 병력은 일본 1만 2,000명, 미국 7,000명, 영국 5,800명 등으로 되어 있었다. 육군은 연합국의 지휘 통일을 위해 오타니 기쿠조(大谷喜久藏) 대장을 사령관으로 하는 블라디보스토크 파견군사령부를 편성함과 더불어 제12사단을 연해주에 상륙시켰다. 그리고 관동도독의 지휘 하에 있던 만주의 제7사단을 북만주로부터 자바이칼 방면으로 진출시켜, 9월 바이칼호 동쪽의 시베리아 지방을 점령했다. 그리고 8월 말에는 제3사단을 동원하여 협정 병력을 훨씬 초과한 대군으로 동부 시베리아의 지배를 노렸으나, 일본군의 침입에 저항하는 러시아 인민의 게릴라전이 점차 활발하게 되어 일본군은 고전을 계속했다.

1918년 7월부터 영·불군이 유러시아 반혁명군 원조를 위해 개입하는 등 연합국의 본격적인 간섭전쟁이 진행되었으나, 2년간의 격전 끝에 소비에트정권이 반혁명군과 외국군을 격파했다. 각국은 1920년 여름까지 거의 철병했으나, 일본만은 22년 10월까지 4년 동안 시베리아로의 출병을 계속했다.

태평양전쟁 개시 직후에 간행된 이토 마사노리(伊藤正德)의 『국방사(国防史)』에서는 이 출병을 다음과 같이 평하고 있다. "그 동안 전쟁 목적을 변경하기를 3회, 영토는 문제 밖이지만 세력적으로도 경제적으로도 도의적으로도 거의 얻은 것이 없다. 충용한 장병은 광막한 시베리아 광야에서 과격한 적군과 싸워, 병력부족과 불철저한 전략 때문에 니콜라옙스크항(港) 학살사건, 다나카대대(田中大隊)의 전멸, 이시카와대대(石川大隊)의 전멸 등의 참사를 일으켜, 밖으로는 우리의 야심을 의심받고 안으로는 국민의 불만이 누적되어, 결국 어느 하나도 얻은 것 없이 철수하게 된 비참한 대사건이다."

그 동안에 1920년 5월 니콜라옙스크에서 일본군 수비대와 거류민 122명이 살해된 사건이 발생했다. 이 사건은 니콜라옙스크항 학살사건으로서 대대적으로 선전되어, 출병의 실패를 숨기고 국민의 적개심을 부추기는 데 이용되었다. 1922년 시베리아로부터의 철병을 선언한 후에도, 니콜라옙스크항 사건의 손해배상을 보장받기 위해서라는 명분으로 1925년 5월까지 북부 사할린에 계속 주둔하고 있었기 때문에, 시베리아 출병의 전체 기간은 8년에 이른다.

출병의 결산

러시아혁명은 오랜 동안의 가상적국인 거대 육군국 러시아를 일거에 소멸시켰다. 혁명 직후의 혼란과 내전, 열국의 간섭이라고 하는 정세는 러시아와의 전쟁을 유일한 목표로 해 온 육군을 망연자실하게 했으나, 동시에 더할 나위 없는 호기로도 느끼게 했다. 혁명 직후는 혁명의 진정한 의의를 일본의 지배계급은 아직 이해되지 못했으며, 훗날처럼 적화의 위협이 의식된 것도 아니다. 당초의 출병 목적은 오로지 시베리아를 점령하여 여기에 완충국을 만든다는 전략적이고 정략적인 요구 외에는 아무것도 없었다(井上清「社会主義大革命戦争」『日本の軍国主義』 II). 그리고 출병한 각국 열강이 차례로 철병하여 내외의 여론이 불리하게 되자, 최초의 영토적 야심의 실현을 새삼스럽게 강행할 수도 없어 마지못해 주둔을 계속한 것이었다. 출병의 목적조차도 3회에 걸쳐서 변경하고 있다.

이 간섭전쟁은 4년여의 주둔, 북사할린의 경우는 다시 3년을 추가하여, 3개 사단을 교대로 파견하여 출정병력은 10만명을 넘고 사용군비는 9억엔에 달했지만, 수천의 인명을 희생시키고도 얻은 것은 아무것도 없었다. 그것은 정략상의 실패였을 뿐만 아니라 군사적으로도 실패의 연속이었다.

　이 출병은 일본에 있어서는 최초의 패배 경험이었다. 그것은 제국주의 군대가 민중의 보호를 받는 빨치산과 싸워, 대규모 국토방위전쟁에 직면했다는 데 원인이 있었다. 편제와 장비가 근대화된 강력한 군대도 신출귀몰하는 게릴라전에 고전하는 사태가 곳곳에서 발생했다. 다나카 대대와 이시카와 대대의 전멸은 그 좋은 예라고 할 수 있다. 청일전쟁과 러일전쟁에서는 경험하지 못한, 민중을 적으로 한 전쟁이었다는 것이 가장 큰 원인이었다고 할 수 있다.

　일본군 자체에도 큰 결함이 있었다. 전쟁목적이 명확하지 않고 정략도 동요되어 군대의 전의와 사기는 오르지 않았다. 전쟁에 대한 의문이 확산되어 장교 이하가 무장해제를 감수한다는, 일본군으로서는 초유의 경험을 하기도 했다. 또한 군대 내부에도, 다음 장에서 언급하겠지만, 사회적 모순이 두드러지게 나타나고 있었다. 탈주나 도망 사례도 다수 보고되고 있다. 시베리아로 보내진 한 병사는 일기에서, "병졸의 인격무시!……그들에게는 어떠한 자유도, 의사 표현도, 개인으로서, 한 사람의 인격으로서의 권리도 허락되지 않는다. 보통선거, 쓸데없는 짓! 무거운 세금과 생활고!"라고, 의문을 표시하고 있다(黑島伝治『軍隊日記』). 군대의 질과 사기에 대한 일본군의 자신감이 이 출병에서 흔들리기 시작한 것이다. 일본제국주의의 침략적 성격과 그 모순을 남김없이 폭로한 것이 이 시베리아 출병이라고 한다면, 일본군대 내부에 있어서도 그 위기의 최초의 징조를 여기서 볼 수 있다.

▎국방방침의 개정

　제1차 대전은 일본을 둘러싼 국제정세에 큰 변동을 주어, 이와 더불어 국방정책도 변하지 않을 수 없었다. 우선 첫 번째로 메이지유신 이래 일본에게 있어서 항상 북방의 위협이며 가상적국이었던 제정러시아가 붕괴되었다. 이 때문에 일본은 그 최대의 목표를 상실했다. 그러나 1915년 21개조 요구로 시작되는 중국에 대한 제국주의 정책의 본격화와, 이에 대한 중국의 저항 특히 5·4운동 이래의 민족운동의 발전은, 중국침략전쟁을 구체적으로 준비하게 했다. 한편 이 시기 중국 시장이나 남태평양의 패권을 둘러싼 미일간의 제국주의적 대립이 격화되어, 양국 해군이 치열한 건함경쟁을 전개하고 있었다. 이러한 가운데 1907년 책정된 제국국방방침, 소요병력, 용병강령을 개정함으로써, 1918년 6월 국방방침의 수정 및 그 외의 개정이 결정되었다.

그 내용은 가상적국으로서 러시아, 미국, 중국을 들고 있다. 러시아가 여전히 제1 가상적국으로 되어 있는 것은, 전년의 혁명으로 제정은 붕괴되었으나, 일본군이 이미 시베리아 출병을 준비하고 있었기 때문이었다. 소요병력으로서 육군은 전시 50개 사단을 40개 사단으로 축소했으나, 역으로 해군은 종래의 88함대를 개정하여 8척의 전함대 2개와 8척의 순양함대 합계 888함대를 소요병력으로 내걸었다.

이 수정 및 개정 후 시베리아 출병이 있었으며, 제1차 대전이 끝나 세계적으로 평화와 군축 분위기가 고조되어, 1922년 워싱턴 해군군축조약이 체결되자, 육군도 병기와 장비의 근대화를 위해 군축을 단행했다. 이러한 정세 속에서 1923년 2월 제국국방방침의 본격적인 개정이 결정되었다.[23] 이 개정은 가상적국을 미국, 러시아, 중국으로 했다. 미국을 제1

---

23 이 국방방침 개정에 의해 비로소 미국이 제1의 가상적국이 되었다. 해군은 시종 미국만을 목표로 하여 군비를 정비하고 있었으나, 육군도 이때부터 미국에 대한 작전을 계획하게 되었다. 1918년의 국방방침 수정과 용병강령 개정 때에는, 미국과 전쟁할 경우에는 육해군 공동으로 필리핀을 점령하게 되어 있었으나, 23년의 전면개정 후에는 개전 벽두에 괌을 점령하는 것으로 되었다. 국방방침, 소요병력, 용병강령의 연구와 더불어, 육해군의 연도별 작전계획도 미국과의 전쟁을 상정하여 수립되었다. 그 계획이 본격적으로 구체화된 것은 1926년도 작전계획부터였다. 그것에 의하면 미일 해군 주력의 결전은 "개전 후 45일 전후"로 예상하고, 이에 앞서 필리핀의

로 한 것은 해군의 강한 주장에 의한 것이지만, 육군도 양보하지 않고 미국과 러시아를 동등하게 해석하고 있었다. 국방에 필요한 병력으로서 육군은 40개 사단이라는 것에 변화가 없었으나, 해군은 군축의 결과 주력함 10척, 항공모함 4척, 대순양함 12척과 소요 보조병력으로 했다. 육군도 25년의 군축으로 실제 동원준비는 30개 사단 내외로 축소했다. 이때 육군은 병력을 축소하는 대신 장비의 강화, 군수공업 동원, 국가총동원 태세의 정비를 급선무로 했다.

마닐라, 캬비데군항 등을 점령한다. 이를 위해 육군은 상설 3개 사단을 사용한다. 상륙작전 훈련을 위해 참모총장으로부터 제5, 제11, 제12사단에 훈령이 하달되었다. (『戰史叢書・大本營陸軍部(1)』)
해군의 대미 작전계획은 일본본토 근해에서 미 함대의 주력을 영격한다는 것이 일관된 기본방침이었다. 23년 개정된 국방방침에 기초한 용병강령에서는, 개전 초기에 육해군 공동으로 루손 및 괌을 공략하고, 해군은 "동쪽으로부터 내항하는 적 함대의 주력을 차례로 공격하고, 기회를 보아 아군 주력함대로 격파한다."는 것이었다.(『戰史叢書・大本營海軍部・聯合艦隊(1)』) 내항하는 미 주력함대를 태평양 상에서 빠른 함정과 잠수함으로 약화시켜, 최종적으로 본토 근해에서 아군의 주력함대가 영격하여 격멸시킨다는 개념이었다. 이 개념은 군함의 건조에도 영향을 미쳐, 전함 등의 주력함은 항속거리를 희생해서라도 무장을 강화하고, 잠수함이나 일부 구축함 등은 큰 항속력을 갖도록 설계되었다.

제7장

총력전 단계와 그 모순들

1. 제1차 대전의 영향
2. 군축과 그 의의
3. 총력전체제의 정비와 그 모순
4. 군대의 성격과 구조의 변화

1. 제1차 대전의 영향

▎전쟁성격 변화

　제1차 세계대전은 교전국의 수, 참가병력 및 전장의 크기, 전투의 과격함, 방대한 군비와 군수품, 그리고 전쟁 피해의 막대함 등 그때까지의 어떤 전쟁과도 비교할 수 없을 정도의 대규모적인 전쟁이었다. 또한 단지 양적인 증대뿐만 아니라 질적인 변화도 초래했다. 전쟁은 단순한 무력전에 그치지 않고 정치 경제 문화 등 국가의 총력을 동원한 격렬하고 장기간에 걸친 형태를 띠게 되어, 국민 전체가 전쟁의 주체라는 형식을 취하지 않을 수 없어, 국민의 정치적 사상적 단결력과 국가의 경제력이 전쟁의 승패를 결정하는 중요한 요인이 되는 새로운 단계에 접어든 것이다. 이것을 국가총력전(Total war)이라 부르는 것은 루덴도르프(Erich Ludendorff)의 1935년의 동명의 저서에 의해 보급되었으나, 이미 대전 직후부터 총력전이라는 개념은 사용되고 있었다.

　또한 이 단계에서는 전투 그 자체의 형식에 있어서도 숱한 혁명적 변화가 일어나고 있었다. 거대한 집단군대의 출현, 화기 위력의 극단적 증대, 비행기·전차·기관총 등의 신무기 출현, 이에 따른 전술의 변화 등, 그때까지의 군사상식을 초월한 질적인 변화가 초래되었던 것이다.

　제1차 대전 후 각국의 군비는, 대전 경험의 다소에 따라 차이는 있지만, 경쟁적으로 이 변화에 대응할 준비를 하고 있었다. 전시에 거대한 동원병력을 확보하기 위한 복무연한의 단축, 이미 교육된 예비병의 확대,

전시간부요원의 대량 양성, 신무기의 연구와 장비, 이에 기반을 둔 새로운 전투법의 채용, 군대편성의 개정, 문화 경제 등의 부문에 걸친 총력전 체제의 정비, 이를 위한 각종 입법 등이 전후의 군축 분위기 속에서 착착 진행되고 있었던 것이다.

▌총력전 사상

그러나 이들 각국의 총력전 준비와 그 사상에는 서로 다른 두 가지 경향이 있었다. 그것은 즉결전 전략과 장기전 전략, 정예군 사상과 대중군 사상이라는 상반된 사고방식의 대립이었다. 전자의 전형은 독일로서, 이론적으로는 루덴도르프와 젝트(Hans von Seeckt)로 대표된다.

루덴도르프에 의하면 전쟁의 장기화는 국민적 단결의 이완이나 경제적 곤란 등의 불리함을 초래하므로 가급적 이를 피하고 개전 초기부터 국민의 총력을 동원하여 치밀한 훈련, 완전 무장, 우수한 편제의 국방군으로 결전을 강행한다. 그리고 이 최초의 무력을 가능한 한 강하게 하기 위해서는 평시부터 국가의 총력을 기울여 준비하여 이것을 개전 당초에 집중 사용해야 한다. 이를 위해서는 평시부터 비교적 영내복무 기간이 긴 기간부대(基幹部隊)를 갖추고, 신속한 동원으로 현역 및 이미 교육된 후비병으로 구성된 정예병력을 개전 초기에 집중시켜, 단기간에 결전을 감행하는 것을 목표로 한다. 그에 의하면 총력전은 정치, 경제, 사상의 중요성은 종래보다 증가해 있지만, 그것은 어디까지나 무력전에 기여했을 때 비로소 가치가 있는 것으로, 따라서 전쟁은 여전히 무력전이 중심이 되는 것이다(間野訳 『国家総力戦』). 젝트의 경우는 이 정예주의가 더욱 철저하여, 기술적으로 고도로 무장된 비교적 소수의 전문적 군대를 강조하고 있다(篠田訳 『一軍人の思想』).

이러한 총력전에서는 전시 공업동원이 어렵기 때문에, 평시에 전문적인 군사공업을 광범위하게 보유하여, 군수물자를 대량으로 축적할 필요가 있다. 독일에서 이러한 방식이 취해진 것은 베르사이유조약에 의한 군비제한 때문으로도 생각되지만, 젝트 자신은 그 원칙은 근대의 대규모 육군을 보유한 나라에 해당되는 것으로, 단지 조약에 의해 독일군이 그러한 방식을 취한 것은 아니라고 하고 있다. 그리고 루덴도르프의 경우는 나치스에 의한 재군비의 진행을 전제로 한 이론으로서, 실제로 독일의 재군비나 제2차 대전의 경과에 있어서도 이것이 큰 구속이 되었다고는 할 수 없다. 오히려 독일의 경제적 지위 즉 중요한 물자의 상당량을 수입에 의존해야 한 것, 고도의 군사공업을 보유하고 있는 것, 그리고 지리적인 조건 등에 의한 바가 많았을 것이다.

그리고 이러한 전략을 낳은 중요한 요인이 독일 군부의 국민에 대한 불신에 있었던 것은 부정할 수 없다. 루덴도르프는 장기전 하에서의 국민의 사상적 정치적 단결의 보장이 어려운 것을 반복해서 언급하고 있다. 또한 대중군의 전투의지와 전투기술을 기대할 수 없으며, 그것이 갖는 정치적 위험을 고려해야 한다는 것은 독일 군부의 피할 수 없는 숙명이었다. 그것은 "유럽, 미국, 아시아를 통틀어 가장 통솔하기 어려운 병사는 분명 프랑스 국민이다. 원기 왕성한 프랑스 병사는 놀랄만한, 그러면서도 정당한 요구를 갖고 있다."고 하여, 민주주의 국가의 대중군에 큰 신뢰를 나타내고 있는 프랑스 군부의 생각과 전혀 대조적인 모습을 보이고 있다(데브네, 岡野訳『戦争と人』).

영국, 미국, 소련 그리고 프랑스의 경우는, 다소 차이는 있으나, 대체로 후자의 경향에 속한다고 보아도 좋을 것이다. 이들 나라에 있어서 전쟁준비는 지구적이고 장기적이다. 총력전은 문자 그대로 국가와 국민의 총력을 기울인 전쟁으로 이해되어, 정치 경제 사상의 비중은 군사에 못지않은 것이다. 정치는 군사에 종속되는 것이 아니며, 여전히 군사는 정치의 수단이다. 따라서 상비군의 강화나 동원의 속도보다도 대중군 창출을 위한 정치적 경제적 조건이 문제가 되어, 평시의 전문 군사공업의 육성보다도 전시의 공업동원의 준비와 그 가능성이 중시된다. 따라서 그 전략은 개전 당초는 동원과 전개를 엄호하기 위한 수세적 지구전의 성격을 띤다. 리델하트(Liddell Hart)나 보스니의 이론은 그 전형적인 것이었다.

▌반군국주의의 개화

이러한 전쟁의 성격 변화는 당연히 일본육군에도 영향을 미치게 된다. 대전의 직접적 영향으로서 병기·장비·전법의 개혁을 단행하려는 의도는 이미 대전 중에도 있었으나, 그것을 결정적으로 한 것은 전후이며 특히 군축이 내외의 일반적인 여론이 되었을 때였다.

더욱이 일본에 있어서는 중국을 둘러싼 미국과의 제국주의적 대립이 치열하게 되었기 때문에, 미국과의 건함경쟁의 결과로 발생한 해군비의 놀랄만한 증대가 이미 일본경제의 한계를 넘고 있다는 피할 수 없는 현실이 있었다.[24]

제1차 세계대전 후 수년간은 메이지 이래의 군국일본에 있어서 달리 그 예를 볼 수 없을 정도로 군국주의가 힘을 잃은 시대였다. 군비 축소와 군부의 정치적 특권 배제를 요구하는 목소리가 내외로부터 일고 있었다. 1922년의 제45차 제국의회는 전원일치로 군축건의안을 가결하고, 정당은 앞을 다투어 군축과 군제개혁 계획을 발표하여, 해군에 이어서 육군도 군축이 불가피하게 되어 있었다. 시베리아 출병과 중국과의 외교에

---

24 제1차 대전 중 해군의 군비는 다음과 같이 급속하게 증가하여, 1921년의 경우 국가예산의 32%에 달하고 있다.

연도	1914	1915	1916	1917	1918	1919	1920	1921
금액(천엔)	83,260	84,376	116,625	162,435	215,903	316,419	403,201	483,589

있어서의 군부의 독선을 비판하는 목소리는 점점 높아져, 군벌의 횡포를 비난하는 목소리가 신문과 잡지 지상에 넘치고 있었다. "서리가 녹아서 길이 나쁘다. 이것은 군벌의 죄다. 계속된 좋은 날씨로 공기가 건조해져 기침이 나서 곤란하다. 이것도 군벌이 괘씸한 짓만 하기 때문이라고, 뭐든지 나쁜 것은 모두가 군벌을 공격하기 위한 구실로 사용"(中尾竜夫『呪はれたる陸軍』1922)될 정도로 군부는 인기가 없었다. 출퇴근 때 군복이 창피해서 평상복을 입은 장교가 있었다고 하는 것도 이 무렵이었다. 그것은 8·15 이전의 군부 혹은 군대가 공공연히 자유로운 비판의 대상이 되었던 단 한 번의 시기이기도 했다.

이러한 반군국주의의 개화는 많은 미숙함과 불철저함을 내포하고 있었다고는 해도, 또한 제1차 대전 후 세계의 반전평화 풍조의 영향에 의한 바가 컸다고는 해도, 아무튼 다이쇼 데모크라시가 도달한 하나의 큰 성과였다. 메이지유신 이래 천황제 국가 하에서 체계적으로 배양되어, 러일전쟁 후 군부의 정치적 지위 확립과 가족주의적 국가관의 성립을 계기로 하여 거의 확립된 일본의 군국주의는, 여기서 일단 분해의 위기에 처했다고 할 수 있을 것이다. 군축은 이러한 내외의 비판에 대한 방파제로서도 필요했다. 군대의 개편과 장비의 개선이 필요하게 되어도 거기에 필요한 다액의 경비를 요구할 수 없었기 때문에, 형식적으로 군축의 실효가 나타나는 인원정리에 의해 개혁을 실현하려고 한 것이었다.

2. 군축과 그 의의

▌워싱턴회의와 해군의 군축

　제1차 세계대전의 비참한 경험으로부터 세계에는 반전평화 기운이 확산되었다. 전후 성립된 국제연맹도 그 목적을 군축에 두고 있었다. 특히 해군에 대해서는, 격화되는 미일·영미 간의 건함경쟁이 각국의 전후 재정에 막대한 부담을 강요하는 것이기도 하여, 1921년 11월부터 워싱턴에서 미국·영국·프랑스·이탈리아·일본 이 5개국에 의한 군축회의가 개최되었다. 이 워싱턴회의에서는 중국문제를 토의하기 위해 이상의 5개국 외에 중국·네덜란드·벨기에·포르투갈을 추가한 9개국 회의도 동시에 개최되었다.

　미국과의 그칠 줄 모르는 건함경쟁의 위험을 헤아리고 있던 하라(原) 내각(1921년 11월부터 다카하시[高橋] 내각)과 해군 수뇌부도 군축협정을 체결하는 것에 이의가 없어, 가토 도모사부로(加藤友三郞) 해상 등의 전권단(全權団)을 파견했다. 회의는 각국 간 비율 문제로 대립하여, 일본은 해군 내에 미국 대비 7할을 주장하는 강경론도 있었으나, 6할 안을 받아들이는 것으로 타협이 성립했다. 그 결과 주력함은 톤수 3만 5,000톤 이하 및 포의 구경 16인치 이하로 제한하고, 영·미·일·불·이 5개국의 보유량은 5·5·3·1.68·1.68의 비율로 하는 것으로 조약이 성립되었다.

　주력함 외에 항공모함에 대해서도 톤수는 2만 7,000톤 이하로 하고, 일본의 보유량은 미국 대비 6할로 했다. 기타 보조함에 대해서는 각 함의 톤수는 1만톤 이하로 하고 포의 구경은 8인치 이하로 하기로 정했으나, 총보유량에 대해서는 제한을 두지 않았다. 이 때문에 각국은 그 후 1만톤 이하의 순양함을 중심으로 하는 건함경쟁을 하게 되었다.

 이 회의에서 미·영·일 3국 사이에 태평양방비제한조약(太平洋防備制限条約)이 조인되었다. 이것은 태평양 각 도서에 있어서의 요새와 해군 근거지를 1921년 말 현재 상태로 유지하여 일체의 확장을 금지한 것으로, 일본은 대만·팽호도(澎湖島)·류큐제도(琉球諸島)·아마미오시마(奄美大島)·지시마군도(千島群島)·오가사와라제도(小笠原諸島), 영국은 홍콩과 태평양의 섬들, 미국은 필리핀·괌·알류샨·웨이크·미드웨이·사모아가 그 대상이었다. 이것은 서태평양에 있어서 수세작전을 취하는 일본에게 유리한 것으로 생각되어, 미국 대비 6할을 감수하는 것에 대한 대가로 약속된 것이었다. 가토(加藤) 전권대표는 마닐라와 괌을 제한시키는 것으로 일본의 위협은 감소하게 되므로, 6할로도 수세의 최저 안전선은 유지할 수 있다고 했다(伊藤正徳『国防史』). 군축에 대한 합의는 일본이 처한 내외의 상황 속에서 타당한 선택이었던 것이다.

▎일본육군의 낙후

 대전 후의 일본육군은 총력전 단계의 군대로서는 너무 낙후되어 급속한 개혁이 불가피했다. 제정 러시아의 붕괴로 당장 강대한 육군을 필요로 하는 가장적국이 없어졌음에도 불구하고, 30만이 넘는 상비군을 보유하고 있는 것은 전후의 경제적 곤란 속에서 너무나 재정적 부담이 되어 당연히 육군의 군축이 요구되게 되었다. 또한 누가 보아도 명백한 것은 대전 후 각국의 근대화된 군비에 비해서 편제장비 면에서 완전히 낙후되어 있었다. 비행기, 전차, 기관총 등은 시제품 수준에 지나지 않아서 아직 부대장비로 할 수가 없어, 러일전쟁 시대의 소총과 야포를 주로 하는 장비에 머물러 있었다. 더구나 육군의 군복무 연한은 보병을 제외하고는 아직 3년으로, 상비 21개 사단의 대병력을 거느리면서도 전시동원 능력은 100만을 넘기지 못하여, 제1차 대전에서와 같은 거대한 대중군의 창출은 전혀 준비되어 있지 않았다. 전술에 이르러서는 화력만능의 시대임에도 불구하고 여전히 백병돌격 만능의 산병전술을 취하고 있었다. 총력전에 대한 경제적 준비는 전혀 손을 대지 못하고 있었다. 이러한 사정 때문에 군축과 군제개혁에 대해서는 모두가 그 필요성을 인정하고 있었다.

결함은 이러한 표면적인 문제에만 머문 것이 아니었다. 이상과 같은 낙후는 대전의 전투를 실제로 경험하지 못하여 개혁의 필요성을 느끼지 못한 것, 특히 재정·공업력·기술이 수반되지 못한 것, 그리고 전술에 있어서 전통을 고수하는 보수주의를 취한 것 등의 원인 때문이었으나, 그 외 일본사회와 군대 본래의 성격에 기초한 모순도 있었다.

그것은 일본의 군대가 천황제의 계급적 군대로서, 국민적 군대가 아니라는 결정적인 조건 때문이었다. 메이지 초기 계급억압의 무기로서 창설된 군대는, 경찰기구의 완비와 더불어 평상시의 국내진압 임무를 경찰에 넘겨주고 오로지 대외적 무력으로서의 역할을 함으로써, 특히 청일전쟁과 러일전쟁을 거치면서 징병령 개정에 의해 국민개병제를 정비하게 됨으로써, 일단 국민적 군대의 외관을 갖추기 시작했다. 그러나 1918년의 쌀소동은 일거에 이 외관을 파괴했다. 소동으로 경찰이 무력화되었을 때 전국에 걸쳐 이것을 탄압한 것은 군대였다. "34개 시(市) 50개 정(町) 22개 촌(村) 도합 106개소에 5만 8,000명 이상의 병력이 출동했다. 군대의 총검과 실탄에 의한 사망자는 30명에 이르렀다."(松尾尊発「米騒動と軍隊」『人文学報』第二二号)

쌀소동으로 계급적 본질을 폭로한 군대는, 한편으로는 국민에게 호소할 아무런 명분도 없는 시베리아 출병을 강행함으로써, 결국 국민과의 거리가 더 멀어졌다. 대전 후 육군이 극단적으로 인기가 없게 된 것은 이러한 사정과 관련이 있었던 것이다. 국민의 사상적 정치적 단결을 불가결의 기초로 하는 총력전 수행에 있어서 국민과 군대의 유리 및 상호 불신은 최대의 모순이었다.

또한 쌀소동은 군부의 대중군에 대한 불신을 더욱 짙게 하는 결과가 되기도 했다. 각지의 소동에 다수의 재향군인이 참가한 것은 군부에 큰 충격을 안겨 주었다. 소동 직후인 10월 재향군인회장 데라우치 마사다케(寺内正毅) 명의의 훈시에는, "간혹 군인의 본분을 잊고 소요 와중에 뛰어들어 검거된 자들의 떳떳하지 못함은 본회로서는 참으로 유감스런 일이다."고 하여, 재향군인의 이와 같은 행위를 강하게 경고하고 있다. 군대의 발포로 다수의 사상자를 낸 우베(宇部) 탄광의 경우도 갱부 중에 다수의 재향군인이 있어서, 그들이 군대와의 충돌 때 앞장서서 군중을 지휘하면서 군사훈련의 경험을 살려 기민하게 활동한 것이 기록에 남아 있다.

대전 후 사회운동의 고양과 더불어 군대 자신 또한 그 세례를 받기 시작했다. 이러한 사정은 군부가 대중군의 정치적 위험을 더욱 강하게 의식하게 되는 원인이 되었다. 그리고 이것도 총력전의 요청과 모순되는 경향임에 틀림없었다.

▋ 개혁의 필연성

군축과 군제개혁이 불가피해짐에 됨에 따라 군부 내외로부터도 이러한 결함과 모순을 지적하는 몇 개의 안이 공개적으로 나왔다. 다만 그 상당수는 그다지 구체성이 없는 논의였고, 또 거의 대부분이 표면적인 결함을 지적하는 것에 머물러, 본질적인 개혁을 목표로 하는 것은 적었다. 1921년 가을 오자키 유키오(尾崎行雄) 등이 군비축소동지회를 결성하고,

또한 국민당이 1922년도 국회에 군축결의안을 제출하여, 이에 따른 군축안으로서 보병 병력의 반감, 보병 병역 1년제, 사단의 반감을 주장했다. 이 안은 개략만을 늘어놓은 추상론으로서 근거도 설명도 없는 것이었다. 다만 정우·헌정 양당이 앞장서서 독자적인 안을 공표했다는 의미 밖에 없었다.

또한 정우회(政友會) 소속 의원의 개인 안으로 동년에 발표된 퇴역 육군소장 쓰노다 구니시게(津野田国重)의 육군개조안은, 군축과 관련해서는 약 6개 사단의 감축을 주장하고 있으나, 그 외에 편성상의 개혁도 포함하고 있다. 즉 복무기간 1년 4개월로의 단축, 1년 지원병 및 유년학교의 폐지, 군부대신의 문관제, 최고국방회의 창설과 육해군 합동통수부의 신설, 사단의 편성 개정 즉 3단위제의 채용(여단사령부의 폐지, 보병 1개 연대의 삭감으로 사단을 3개 연대로 편성. 연대 이하도 동일) 등이었다. 군축 및 편성개정과 관련하여 이 안은 매우 합리적인 것으로서, 당시로서는 군인이 생각할 수 있는 거의 이상적인 안이었다고 할 수 있다. 특히 대신의 문관제와 육해군 통수의 일원화 및 유년학교의 폐지 등은 군부의 봉건적 성격이 제도적으로 보장되는 것을 막으려는 진보적인 의의를 갖는 것이었다.

군부대신의 무관제와 통수권 독립을 무기로 하는 군부의 정치지배에 대해서, 정당은 일찍이 다이쇼 데모크라시운동 때 이에 맞서 싸워왔을 터이다. 그런데도 반군국주의가 세계적인 추세가 되어, 국내에서도 군부비판이 활발하게 됨으로써 군대 내부에서조차 이러한 점에 대한 양보가 부득이하다는 의견이 유력하게 되어, 개혁을 완수할 수 있는 분위기가 조성되었음에도 불구하고 정당은 이것을 쟁취할 노력을 하지 않았다.

개혁안 중에서 총력전의 의의를 가장 잘 파악하고 있던 것이 예비역 육군중장 사토 고지로(佐藤鋼次郎)의 『국방상의 사회문제』(日本社会学院調査部編『現代社会問題研究』第一八巻)라는 1920년의 저서였다. 저자는 퇴역

후 사회문제에 관심을 갖고 1920년 노장회(老壯會) 창립에 사카이 도시히코(堺利彦), 기타 잇키(北一輝), 오카와 슈메이(大川周明) 등과 더불어 단 한사람 군인출신으로서 참가했다. 11편으로 구성된 이 책에서 그는 우선 총력전 준비의 필요성을 주장하고 있다. 그리고 제3편「징병제도와 사회문제」에서 징병제의 모순과 군대교육의 어려움을 지적하여, "일본의 병영이 마치 감옥과 같고" "병영생활이 극단적으로 속박을 받게 된 것은 우리 육군이 획일주의를 취하여 쓸데없이 외형적인 군기를 강조하고 있기 때문이다."고 기술하고 있다. 그리고 이러한 견지에서 병영생활의 합리화 및 국민교육 특히 학교교육과 사회교육의 군사적 가치를 논하면서, 전시의 급속한 대군 편성 여부가 여기에 달려있음을 강조하고 있다.

그리고 이러한 입장에서「국민의 군대화」「군대의 사회화」라는 편을 각각 설정하여 군대가 사회로부터 단절되어 있는 것을 비난하면서, 국민을 군사화하고 군국주의를 국민에 주입시킴으로써 일종의 병영국가 실현을 지향했다.

다음으로 그는 전쟁을 동원된 군대에 의한 제1기 전쟁과, 지구전으로 전환하여 자원과 생산력 등을 총동원한 국민적 차원의 제2기 전쟁으로 구분하고 있다. 그리고 군비는 서전 즉 제1기 전쟁의 승리를 우선 목표로 해야 할 것이지만, 전쟁의 준비 전체는 제2기 전쟁의 승리를 목표로 하여 국가의 모든 부문에 걸쳐서 수행되어야 함을 주장하고 있다. 그리고「국가총동원」편에서는 이를 위한 경제체제가 "황실중심의 사회주의"로서의 국가사회주의 체제가 되어야 한다고 주장하고 있다. 마지막 편인「함선병기의 민영화」에서는 평시의 병기생산을 육해군 공창으로부터 민영으로 이관할 것을 논하고 있다. 이 주장의 근거는 전시에 거대한 병기와 군함의 수요를 충족시킬 수 있는 것은 민영 군수공업을 육성하는 것에 있으며, 앞의 편과 더불어 국방산업의 국가통제를 주장한 것이다. 그리고 "군사공예의 민중화"라 하여 총동원 준비의 촉진과 경제의 군사화를 주장한 것이다.

이것은 반봉건적 지주제와 근대군대의 모순을 인정하고, 그 극복을 위해 국민교육의 군사화와 사회생활의 군국화 필요성을 주장함과 더불어, 한편으로는 총력전에 대응하기 위한 산업의 군사적 재편성과 총동원 준비의 실현, 그리고 이를 위해 일종의 국가독점자본주의의 필요성을 논하고 있는 것으로, 많은 개혁안 중에서도 총력전 단계에서의 일본군대의 모순을 비교적 잘 언급한 것이었다.

▌합리화를 위한 군축

1922년~25년 동안의 3차에 걸친 군축이[25] 이러한 낙후를 극복하기 위해 군축의 이름을 빌린 군의 합리화 및 근대화 정책으로서 행해진 것은 이미 상식으로 되어 있다. 제3차 군축의 담당자였던 우가키 가쓰시게

---

25 육군의 군축은 다음과 같이 3회에 걸쳐서 행해졌다.
 ○ 제1차 군축(1922년, 야마나시[山梨] 육상)
  보병연대에 각각 3개 중대씩을 축소시켜 기관총대를 신설.
  기병연대에는 1개 중대를 줄여 기관총대를 신설.
  야전포병 여단사령부 3개, 야전포병 연대 6개, 산포병 연대 1개, 중포병 대대 1개를 폐지.
  야전중포병 여단사령부 2개, 야전중포병 연대 2개, 기포병 대대 1개, 비행대대 2개 신설.
  인원 5만 9,564명, 말 1만 3,000필 축소.
 ○ 제2차 군축(1923년, 야마나시 육상)
  철도재료창(廠), 군악대 2개, 독립수비대 2개 대대, 센다이(仙台) 유년학교 폐지, 요새사령부 2개 신설.
 ○ 제3차 군축(1925년, 우가키[宇垣] 육상)
  사단 4개, 연대구(連隊区) 사령부 16개, 위수병원 5개, 대만수비대사령부, 유년학교 2개 폐지.
  전차대 1개, 고사포연대 1개, 비행연대 2개, 대만산포병대대, 통신학교, 자동차학교 신설.
  인원 3만 3,894명, 말 6,089필 축소.

(宇垣一成)가, "이번 정리의 표면상의 이유에 대해서는 지금까지 각 방면에서 언급되었으나, 그 이면의 실제 이유는 여론에 선수를 친 것이다. 국민은 야마나시(山梨)의 정리안이 불철저하고 고식적이라 하여 만족하지 못하고 있다. 더욱이 육군의 군축은 사단을 감축하지 않으면 안 되는 상황을 감안하여, 이에 앞서 용단을 내려 그 감축을 개선으로 유도하는, 즉 국민의 여론을 국군의 개혁에 이용하여 지도한 것이다."(『宇垣日記』)고 하는 말이 군부의 진심이었다.

전후(前後) 3회에 걸친 군축으로 4개 사단, 병력 9만명, 말 1만 9,000필의 대규모 축소를 행하면서 절약한 경비는 겨우 3,000만엔, 특히 4개 사단을 줄인 제3차에서는 경비를 거의 줄이지 않고, 그 나머지는 전부 장비개선에 집중시켰다. 그 결과 새롭게 비행대와 전차대를 신설한 것을 비롯하여, 보병에 경기관총·기관총·곡사포를 장비하고 야산포를 줄여 중포를 장비하는 등, 어쨌든 이것으로써 장비 면에서는 어느 정도의 근대화를 이루었던 것이다.

3. 총력전체제의 정비와 그 모순

▌우가키 군축의 목적

　이 우가키(宇垣) 군축을 정점으로 하는 일련의 군제개혁에 의해 일본 군대의 근대화 및 합리화는 과연 달성되었던 것일까.

　국가총력전은 고도로 발달된 자본주의 단계에 대응하는 전쟁의 형태이다. 그런데도 미숙한 제국주의 국가 일본이 뿌리 깊은 봉건성 및 취약한 자본주의의 기초 위에 군대만의 근대화를 시도하는 것은 어차피 불가능했다.

　우가키 군축의 내용은 앞에서 언급한 것들에 머무는 것이 아니다. 그것은 총력전 단계에 대응하기 위한 여러 가지 새로운 방식을 전법과 훈련에도 채용하고, 또한 이 새로운 단계에 대응할 수 있도록 군의 기구와 성격에 대해서도 어느 정도의 개혁을 가하는 것이 의도되었던 것이다. 특히 제3차 군축이 군대 내부의 개혁에 대해서 의도한 것은, 단지 편성이나 장비만이 아니라, 사상이나 성격 면에서도 근대적인 군대로 발전시키는 것이었다. 번벌(藩閥)에 대한 억제책 예를 들면 육군대학에 조슈번(長州藩) 출신자의 입학을 일정 기간 제한하는 것, 그리고 유년학교의 폐지 및 근대화에 순응하지 못하는 구식 장교의 대규모 감축 등은, 인적인 면에서 봉건적 간부의 근대성을 촉진시키는 것이었다.

　나아가 이 시기를 전후하여 행해진「군대교육령」,「군대내무서」, 각종 교범 등의 개정에 의해 병영생활이나 군대교육에 존재하고 있던 불합리성이나 형식주의를 어느 정도 씻어내고 근대화·합리화로 나아가려고 하고 있었다. 이 시기의 군대생활은 예를 들면 외출이나 일과 등의 면에서도 일본군대 역사상 가장 자유로운 시기였다. 그러나 이러한 개혁들도 그것이 군대의 본질에 미치지 않는 한, 또한 사회구조의 변혁을 수반하지 않는 한, 일본군대의 본질적인 모순을 해결할 수는 없었다. 오히려 모순은 확대되어 새로운 양상을 띠게 된다.

▎대중군 창출의 어려움

첫째로, 전시에 거대한 군대를 창출하는 것은 앞에서 기술한 여러 개혁에도 불구하고 여전히 곤란했다. 수차에 걸친 복무연한 단축과 1927년의 「징병령」을 개정한 「병역법」의 제정에 의해 최대 180만의 교육된 병력과 그 몇 배의 미교육 보충병의 동원이 계산상으로는 가능하게 되었다. 그러나 실제 인구 가운데 얼마만큼을 병사로 동원할 수 있을까 하는 것은 단지 징병기술의 문제가 아니라, 그 나라의 경제발전 정도와 깊은 관계가 있으며, 더욱이 병사의 질적인 면에서는 그 사회의 정치적 경제적 문화적 상황과 관련이 깊다.

1920년대의 매년 징병적령자는 대체로 55만~60만명으로, 그 중 갑종 합격자는 신검인원의 30% 전후를 나타내어, 그 중 현역병으로 징집되는 인원은 약 10만명이었다(『陸軍省統計年報』, 이 절에서 사용한 숫자는 이 통계에 의함). 이것은 적령인구의 20%를 조금 넘는 숫자인데, 농촌의 경우 그 비율은 더 높았다. 그것은 징집단위인 연대구(連隊區)의 적령인구가 돗토리(鳥取), 마쓰에(松江), 홋카이도(北海道)와 같은 6,000~7,000명인 지역에서부터 도쿄의 아자부(麻布)나 혼고(本鄕)처럼 2만명 이상의 지역에 이르기까지, 도시와 농촌은 심한 불균형이 있을 뿐만 아니라, 갑종 합격자의 비율이 농촌이 도시보다 20% 정도 높았기 때문이다. 그것은 군부의 도시

출신 병사에 대한 극단적인 불신도 영향을 미치고 있었다고 할 수 있다. 즉 병사의 압도적인 부분은 농촌을 공급원으로 하고 있었던 것이다.

일정한 상비병력으로 전시동원 병력을 확대시키려고 한다면, 민병제를 취하지 않는 한, 현역병의 복무연한을 단축하여 동일 연령에서 징집하는 인원을 늘리든가, 아니면 현역 징집자 이외의 인원을 일정기간의 소집교육을 통해 훈련을 시키는 수단을 취할 수밖에 없다. 하지만 일본에서는 구미에 비해서 국민일반의 문화수준이 낮기 때문에 복무연한의 단축은 쉬운 일이 아니었다.

또한 앞에서 기술한 것처럼, 최대의 병사 공급원인 농촌은 극단적인 빈곤 때문에 노동력이 가계에 점하는 비중이 매우 커서, 동일 연차의 징집병을 늘리는 것 혹은 전체 적령자를 빈번하게 소집하여 교육하는 것은 국민생활에 대한 큰 압박이었다. 더구나 한편으로는 장비의 근대화가 극단적으로 되면 될수록 국민일반 특히 과학기술 수준이 낮은 농촌과의 갭이 크게 되어, 짧은 복무연한으로 병사에게 신병기의 사용법을 숙련시키는 것은 매우 곤란하게 되었다.

또한 화력의 발달에 대응하는 극도로 발전된 전투군 전법에는 분대장인 하사관의 자주적인 전투능력이 매우 요구된다. 그리고 이러한 전술을 채용하는 데는 하사관의 능력이나 사기에 대한 충분한 확신이 필요할 뿐만 아니라, 전시에 급증하는 대부대에 상응할 만큼의 다수의 유능한 하사관의 예비가 필수적이다. 하지만 하사관 보충의 어려움과 그 소질의 저하는 일본군대에 있어서 최대의 어려움 중의 하나였다.

육군의 하사관은 주로 현역지원병에서 차출하고 있었는데, 그 실제 수는 1922년 3,834명, 23년 2,723명, 24년 3,449명, 25년 3,224명, 26년 3,467명, 27년 3,992명으로 약 3,000명 정도에 머물러, 적령 장정의 겨우 0.5%에 지나지 않았다. 더구나 그 출신은 매우 편중되어 있어서, 매년 도쿄부(東京府), 오사카부(大阪府) 등 인구가 많은 대도시보다 아오모리(靑

森), 아키타(秋田), 구마모토(熊本), 오이타(大分) 등 농촌의 현이 지원자가 많고, 그 중에서도 가고시마(鹿兒島), 니가타(新潟), 나가노(長野) 등의 현은 도쿄의 2~3배에 달했다. 매년 채용되는 현역 하사관의 수는 센다이(仙台), 도요바시(豊橋), 구마모토(熊本) 이 세 보병 교도학교 졸업자의 합계가 1,200~1,500명 정도였기 때문에, 육군 전체로는 연 3,000명 정도로 추정된다. 따라서 현역 지원자에서 하사관을 선발한다고 해도 소질이 우수한 자를 획득할 여지는 적었다. 전체적으로 하사관 지원자를 획득하는 것은 매우 어려워, 어떻게 하면 하사관 지원자를 늘릴 수 있을 것인가 하는 것이 항상 군대의 큰 관심사였다.

문제는 장교의 경우도 마찬가지였다. 직업장교 외에도 광범위한 예비역 장교가 필요했지만, 다른 나라들처럼 지식계급에서 장교를 자유롭게 임용하는 체제는 취할 수 없었다. 1928년에 1년 지원병 대신에 간부후보생 제도를 채택했으나, 원래 지식계급에 대한 불신이 강한 군부는 그것을 충분히 신뢰할 수 없어, 겨우 소대장 요원으로서밖에 예비간부를 양성하지 않았다. 이들 모든 조건이 제1차 대전에서와 같은 혹은 그 후에 예상되는 인구의 10~20%에 달하는 거대한 전시병력 동원을 곤란하게 했다. 사실 제2차 대전 말기에 육해군 합계 770만이라는 인구의 10%가 넘는 병력을 동원했을 때, 국내경제에 있어서의 노동력 부족 특히 농촌에 있어서의 그것은 파국적인 상태가 되었던 것이다. 또한 질적인 면에서도 그것은 이미 전력으로서 계산될 수 있는 군대가 아니었다.

장비 근대화의 낙후

둘째로, 편성장비의 근대화도 개혁 전에 비하면 현격하게 진보했다고는 하지만, 세계의 새로운 군사적 단계와 비교하면 질적인 면에서 거리가 있었다. 그것은 대부분의 병기생산이 군부 직영이어서 기술적으로 수준이 낮을 뿐만 아니라, 설비능력 면에서도 급속한 발전이 어려운 형편이었기 때문이다. 예외적으로 항공기의 경우는 처음부터 민영화되어 있어서 일정 수준의 생산 급상승이 가능했다.

예를 들면 보병 장비의 경우 보병연대에 1개 기관총 부대와 그 기관총 부대 내에 보병포대를 보유한 것에 지나지 않았으며, 경기관총도 편제상 소대에 1개 경기관총 분대를 두고 있을 뿐이었다. 그 시기의 소련이나 프랑스의 보병연대에 연대포 대대 혹은 중대, 대대에 기관총 중대와 보병포중대 혹은 소대, 나아가 각 분대가 경기관총을 중심으로 해서 편성되어 있었던 것과는 현격한 차이가 있다. 대전 후 각국의 보병은 바야흐로 소총과 총검으로 싸우는 병과가 아니게 되어, 기관총·경기관총·자동소총·박격포·보병포·수류탄 등을 주 무기로 하여, 그 중에서도 특히 경기관총을 표준무기로 하여 최소단위인 보병분대는 이 경기관총 중심의 편성으로 되어 있었다.

포병도 마찬가지였다. 개정 후의 포병 병력 158개 중대 중 114개 중대가 7.5인치 야포 또는 산포로 장비하고, 사단 포병은 겨우 6개 중대 그것도 전부 야산포로 편성되어 있었다. 각국의 포병은 탄환의 초속보다는 그 위력을 중시하여 사단포병에도 12인치 유탄포를 장비하고 그 병력도 방대해져 있었다. 또한 기계화 포병이 이미 각국 군에서 중요한 위치를 점하고 있는데도, 일본은 겨우 전차 1개 중대를 시험적으로 보유하고 있는 데 지나지 않았다.

요컨대 화력과 기동력이 대세가 된 시대에 여전히 전력의 압도적인 비중을 보병에 두고, 더구나 보병 전투력의 주체는 소총과 총검에 머물러 있었다고 할 수 있다. 그러나 이 장비상의 결함은 군부 자신에게도 인정되어 군비확장을 위한 강한 요구의 근거가 되었다.

셋째로, 전법과 전술도 구태를 벗어나지 못했다. 1923년「개정 보병교범 초안」을 공포한 것을 비롯하여, 교범 전반에 걸쳐서 시대에 적응시킬 목적으로 개정이 이루어졌다. 그러나 그 내용은 화력의 압도적인 위력을 경시하여 여전히 백병전 만능주의 중심의 보병 전투력에 중심을 둔 것이었다.

4. 군대의 성격과 구조의 변화

▎속전속결주의의 강화

앞 절에서 본 여러 모순은 군부의 전략방침이나 내외정책에 큰 영향을 미쳐, 군대의 구조나 성격에도 변화를 주었다. 또한 이러한 변화가 후에 군부에 의한 국내 군국주의화의 원동력으로서의 군부의 역할도 결정지었다.

우선, 대전 후의 개혁에 의해 점차 독자성을 짙게 한 육군의 편성이나 전술상의 성격은 필연적으로 그 총력전 사상을 무력전 중심주의로, 그 전략을 개전 초기의 단기결전에 의한 속전속결주의로 이끌어갔다. 무력전을 중심으로 하기에는 경제적 능력이 취약하고, 군사공업이 대부분 군의 직영으로 되어 있어 급속한 공업동원이 어려우며, 또한 국민의 사상적 정치적 단결을 기대할 수 없는 것 등, 여러 조건이 독일과 닮아 있었다. 이 때문에 전쟁계획 그 자체에서도 군사가 정치에 우선하여, 국방방침의 책정은 정부와는 거의 무관하게 통수부의 권한으로 결정되는 상태였다. 따라서 상대국에 대해서도, 그 제1선의 무력을 우선적으로 격파하는 것을 목적으로 하여, 국가와 국민의 전쟁의지를 좌절시킨다는 원칙에서 벗어나 있었다.

이것은 소련이나 중국에 대한 단기전이라고 하는 비상식적인 전략을 낳았다. "제1차 대전 후 참모본부는 장기전이 미래전의 성격이라고 판단했다. 그러나 일본의 종합적인 국력으로 보아 이른바 장기작전은 불가능한 것은 아닐지라도 매우 곤란한 것으로 생각되었기 때문에, 상대의 허를 찌르는 개전방식과 속전속결에 의한 작전지도를 중시하여 단기전을 기획해야 한다는 방침이 취해졌다. 그것은 당연히 작전계획에 포함되었다. 이후 공세작전주의, 기습에 의한 개전방식, 속전속결에 의한 작전지도 이 세 가지가 육군의 작전계획을 일관하는 근본사상이 되어 태평양전쟁 개전 때까지 계속되었던 것이다."(林三郎『太平洋戦争陸戦概史』)

이러한 단기결전주의는 주력을 동원하여 전쟁을 적국 내에서 치르는 것이 근본방침이기 때문에 국토의 직접방위는 거의 고려되지 않는다. 국내의 요새 등은 경시되어 시설과 장비가 메이지시대 그대로의 상태로 방치되고, 더구나 군축에 의해 일부의 병력을 삭감시킬 정도였다. 따라서 육군의 목표는 변함없이 아시아 대륙에 집중되어, 그 중에서도 소련 및 중국과의 서전에 우세를 점하기 위해서는 만주를 교두보로 확보해 두는 것이 전략상 절대적으로 필요했던 것이다. 군부가 만주점령에 강한 충동을 느낀 것은 직접적으로는 이러한 전략상의 요구에서 나온 것이었다.

▌청년장교의 급진운동

또한 총력전의 필요성과 일본군대의 본질 사이의 모순에 직면하게 되자, 한편으로는 편제장비 낙후를 초조해 하면서, 다른 한편으로는 만주점령에 대한 충동에 사로잡힌 군부의 초조감은 장교의 급진화로 나타났다. 군부 내의 급진운동 모임은 대부분 이 시기에 발족되었다. 일석회(一夕会)[26], 사쿠라회(桜会) 계통의 단체, 천검당(天剣党)[27] 일파 모두가, 각각

---

[26] 일석회의 출발점은 조슈번벌에 의한 인사독점에 반발하여 육군 내부의 혁신을 지향한 육사 16기생(당시 소령) 나가타 데쓰잔(永田鉄山), 오바타 도시로(小畑敏四郎), 오카무라 야스지(岡村寧次) 이 3인이 1921년 독일의 바덴바덴에서 인사쇄신에 대

제7장 총력전 단계와 그 모순들   229

총력전에 대한 견해의 차이는 있지만, 이에 대한 국가적 대응의 불충분함을 타개하려는 의도에서 출발한 것이었다.

이 시기 장교의 성격은 군축에 의해 메이지시대와는 크게 달라져 있었다. 메이지시대는 대부분의 장교가 화족 또는 사족 출신으로, 정신적으로도 봉건 무사단의 전통을 유지하고 있었다. 그리하여 하사관 이하와의 사이에는 엄연한 신분적 차별이 존재하고 있었다. 다이쇼시대에 들어 사족이 점하는 비율은 메이지 초기의 70~80% 후기의 50~60%에 비해 10~20%로 격감되어 있었다. 그것은 자본주의의 발달에 따른 사족의 전국적인 몰락, 중등교육의 보급에 의한 간부요원 공급원의 확대, 장교 임용제도의 개정 등에 의한 것이었다. 그리고 장교의 출신계층은 중등교육만 받고 상급학교에 진학하지 못하는 층 즉 자본주의적 중간층으로 확대되었다. 엄격한 계급 및 신분이 지배하는 군대는, 동시에 누구든지 최고의 지위에까지 오를 수 있는 가능성도 있는 사회이다. 일본사회의 모순에 가장 큰 영향을 받아 몰락의 위기에 처한 중간하층에 있어서 이 군대사회는 유일한 돌파구였다.

한 이야기를 나눈 것이었다.(高宮太平『軍国太平記』) 귀국 후 그들을 중심으로 월 1회의 모임이 만들어져 일석회라는 이름이 붙여졌다. 이 모임은 그때까지는 국가주의운동을 추진했다고는 생각되지 않는다. 그러나 그 멤버가 이후 사쿠라회(桜会)에 관여하여 통제파의 주요인물이 되어 군의 정치화를 추진했다.
사쿠라회는 1930년 9월 참모본부 하시모토 긴고로(橋本欣五郎) 중령 등이 결성한 것으로, 참모본부와 육군성의 중령 이하의 중견간부가 중심이 되어 국가개조를 연구하는 단체가 되었다. 그러나 그 중심에 무력행사에 의한 직접행동을 지향하는 급진파가 있어, 다음해인 31년의 3월사건과 10월사건 쿠데타를 계획했다.

27   제1차 대전 후의 일본 내 사회운동의 발전에 대한 반동으로서 국가주의운동이 일어나, 1919년 기타 잇키(北一輝)와 오카와 슈메이(大川周明) 등에 의해 유존사(猶存社)가 생겼다. 이들은 국가주의운동의 실력부대로서 육해군 장교를 끌어들였다. 기타(北)의 부하인 퇴역 기병소위 니시다 미쓰기(西田税)는 육군사관학교 후배 생도들을 끌어들이는 등 점차 청년장교에 대한 영향력을 넓혀, 1927년 사림장(士林莊)이라는 학사(學舍)를 만들고, 또한 국가개조를 지향하는 천검당(天劍党) 규약을 만들어 전국의 청년장교들에게 뿌렸다. 그가 동지로서 거명한 자 중에는 스가나미 사부로(菅波三郎)와 오기시 요리요시(大岸頼好) 등 훗날의 청년장교 국가개조운동의 지도자가 있었다. 단, 천검당 자체는 실제로 결성되지는 않았던 것 같다.

이렇게 하여 이 시기에 다수를 점하게 된 새로운 층의 영향에 의해 장교와 하사관 이하의 거리가 좁혀져, 장교단에도 다이쇼시대 이래의 사회적 변동이 예민하게 반영되게 된다. 장교 중에서 사회주의 사상에 물들어 면직된 자, 공산주의에 동조하여 부하를 데리고 조선국경으로부터 소련으로 탈주하는 자조차 나타났다(松下芳男『三代反戰運動史』). 이러한 장교의 질적 변화는 군대의 모순에 대한 그들의 반응을 적극적으로 만들었다. 그들의 반응은 총력전 준비로의 급진적 이행 및 국가주의적 혁신 운동으로 흘러갔다.

▌국민통합에 대한 군의 관여

총력전은 국민의 정치적 사상적 단결이 절대적 전제조건이기 때문에, 국민전체의 자발적이고 적극적인 전쟁노력이 불가결하다. 따라서 이 총력전 단계에 있어서의 각국의 전쟁지도는 전쟁준비 단계부터 모든 선전 및 계몽 수단을 동원하여 국민을 전쟁목적에 일체화시키기 위한 노력을 집중하고 있었다.

하지만 일본에서는 전쟁계획 자체가 국민과 무관하게 군부 독자적으로 수립되고 있었을 뿐만 아니라, 군부가 국민을 신뢰할 수 없었기 때문에, 그 대응책으로서 국민에 대한 지배와 통제를 한층 강화하는 것은 당연했다.

총력전 단계에 돌입함과 더불어 군부는 국민통합을 위한 적극적인 노력을 경주했다. 그 일환으로 나타난 것이 우가키(宇垣) 군축과 동시에 행해진 학교교련 및 청년훈련 등 일련의 신제도 채택이었다. 학교교련 제도에는 병력의 증대에 대응하기 위한 예비역 간부의 대량 양성, 군축에 따른 실직 장교 구제 등의 목적이 있었으며, 청년훈련 제도의 경우도 군사지식의 보급 및 이를 통한 입영준비 교육이라는 목적이 고려되었다. 그러나 강한 저항을 무릅쓰고 이러한 제도를 실행하려고 한 군부의 진의는 그것을 군부를 중심으로 하는 국민통합의 도구로 이용하는 것이었다. 이에 대해 우가키는 다음과 같이 말하고 있다.

"유사시에는 반드시 육군이 지존을 보좌하는 중추로서의 역할을 해야 한다고 수년 전부터 깊이 느끼고 있다. 그것이 내가 중등 이상의 학교에 현역장교를 배속시켜 학생들의 기풍과 체력을 증진시켜 그들을 건전한 국민으로 만들고, 동시에 그들로 하여금 육군과 밀접한 연계를 맺도록 한 이유이다." 왜냐하면 "전시와 평시를 통해서 진정한 거국일치의 7천만 동포 모두가 지존의 밑으로 달려가게 하는 것은 우리육군이 앞장서서 담당하지 않으면 안 된다. 해군은 사회와 교류가 적어 이를 맡길 수 없다. 20여만의 현역 군인, 300여만의 재향군인, 5, 60만의 중·상급 학교의 학생, 80여만의 청소년과 접촉하는 육군만이 이 일을 수행할 능력이 있다."(『宇垣日記』). 이처럼 군부 자신은 학교교련이나 청년훈련에 대한 군사적 가치를 인정하지 않았을 뿐만 아니라, 그것을 유용하게 활용하려고도 하지 않았다. 군이 이러한 제도에 기대한 것은 국민을 통제하여 군국주의로 통합하는 것이었다.

그러나 일본의 군부는 본래 천황제 기구의 일부로서, 직접적으로는 국민의 조직이 아니며 또한 정치에 대한 불간섭을 명목상의 원칙으로 하고 있었기 때문에, 아무리 학교교련이나 청년훈련 등을 통해 국민을 일원적으로 통합하려고 해도, 군부 자체가 국민통합을 위한 중심조직이 되는 것은 용이하지 않았다. 그리하여 군부의 대역으로서 국민에 대한 군국주의 주입의 역할을 맡은 것이 특히 재향군인회였다.

1910년의 제국재향군인회 창립 자체가 군사동원조직임과 동시에 국민통제조직으로서 천황제 지배를 강화하는 역할을 떠맡은 것이다. 쌀소동 때 재향군인 가운데 개인적으로 소동에 참가한 자가 있었다는 것은 앞에서 언급했지만, 조직으로서의 재향군인회는 지배질서 유지를 위해 유효하게 작용했다. 전국의 재향군인회 분회가 동원되어 소동을 직접 진압 혹은 파급을 예방하여, "향토의 보안에 힘쓰고 양민으로서의 모범을 보인 것"에 대해 육군대신의 찬사를 받았다. 이 사례는 군부에 재향군인회의 국민통제 역할을 새삼 인식시켰던 것이다.

군제개혁과 병행하여 1925년 재향군인회 규약에 대폭적인 개정이 가해져, 그 조직과 임무를 보다 명확하게 함으로써 군부와 직접적으로 연관된 권력기구로서의 성격을 갖기에 이르렀다. 특히 최초 시(市)·정(町)·촌(村) 단위였던 조직을 공장단위에도 확대시키는 노력이 시도되었다. 1914년에는 전무했던 공장 분회가 1922년에 173개 1925년에는 234개로 증가한 것은, 여전히 그 설치에 대한 노력이 요청되고 있었기는 했지만(『帝国在鄕軍人会概要』), 거주지뿐만 아니라 직장에 있어서도 재향군인회의 활동을 조직화하려는 의도의 표현으로서 주목해야 할 현상이다.

이 개정을 계기로 재향군인회 활동은 더욱 다방면으로 확대되어, 군사지식의 보급이나 회원의 친목훈련과 같은 것 외에도, '가족사상 함양'을 위한 각종 사업 및 '청소년단 지도', '노동·소작쟁의 조정', '공안의 유지' 등에도 손을 뻗치는 등, 군부의 대역으로서 공공연한 선전활동에 맡고 있었다. 1926년 초에는 기관지로서 『전우(戰友)』 6만 1,800부, 『다이쇼공론(大正公論)』 6,700부, 『우리집(我が家)』 5만 500부를 발행하여 성황을 이루었다. 훗날의 천황기관설(天皇機関説) 문제와 관련된 재향군인회의 활동에서 볼 수 있는 것처럼, 군국주의로의 국민 통합에 있어서의 그 역할은 상당한 것이었다.

총력전 단계에 대응하려고 한 군대는 국민을 신뢰할 수 없어, 따라서 병사의 자발성에 의거할 수 없다는 결정적인 모순 때문에, 한층 호전적이고 적극적인 전쟁계획을 세우지 않을 수 없었다. 그리고 그 때문에 점점 그 모순을 확대하여 군부의 정치지배 즉 국민을 위로부터 군국주의에 통합하기 위해서 그 특수한 지위와 권력을 앞세워 광분하게 되었던 것이다.

제8장
만주사변

1. 중국침략에 대한 충동
2. 군부 내의 혁신운동
3. 만주사변
4. 군비확장과 군대의 모순

1. 중국침략에 대한 충동

▎중국혁명과 산동출병

1931년 9월 8일의 유조호사건(柳条湖事件)으로 시작되는 일본의 14년 간에 걸친 중국 침략전쟁이 일본군부의 주도권 하에 추진되었다는 것은 분명한 사실이다. 그리고 그 직접적인 계기가 된 것이 일본제국주의의 침략에 저항하여 민족의 자립과 국가의 독립을 지키려고 한 중국에 있어서의 민족운동의 급속한 발전이었다.

1925년의 5·30사건, 그리고 26년 국민혁명군의 북벌개시를 계기로 하는 중국 국민혁명의 진전은 중국에 있어서의 일본제국주의의 권익을 위협하는 것이었다. 특히 군부는 청일전쟁과 러일전쟁에서 선배들의 피로 획득한 권익을 지키기 위해 중국혁명에 대한 적의를 불태우면서, 중국에 대한 침략전쟁을 일으키는 원동력 역할을 하게 된다.

1927년 3월 24일 국민혁명군의 남경 입성 때 열강 및 일본의 영사관이 공격을 받아 경비 중이던 해군육전대가 무장해제 당하는 사건(남경사건)이 발생하자, 시데하라(幣原) 외상의 협조외교가 굴욕적이라고 하는 국내의 비판이 높았는데, 거기에 가장 격분한 것이 육해군 장교였다. 그리고 그것이 원인이 되어 와카쓰키(若槻) 내각이 붕괴하고, 4월 20일 다나카 기이치(田中義一) 정우회 내각이 성립하자, 5월 28일 북벌저지를 위해 관동군의 일부를 산동성에 출병시켰다.(제1차 산동출병)

북벌이 일단 중지되었으므로 27년 8월 철군했으나, 다음해 북벌이 재개되자, 28년 4월 제6사단을 주력으로 하는 병력을 재차 산동성에 파견했다.(제2차 산동출병) 산동성에 있어서의 일본의 이권과 거류민 보호가 명분이었으나, 혁명의 발전과 중국의 통일을 방해하는 것이 목적이었다. 5월 3일 국민군이 제남(濟南)으로 들어오자 이와 충돌하여 일본군은 제남성을 점령하고, 나아가 증원을 위해 제3사단을 파견했다. 국민정부는 일본의 산동출병을 국제연맹에 제소함과 더불어, 북벌군은 일본군을 피해 북상을 계속했다. 일본의 지지를 받으면서 동북지구로부터 북경까지를 지배하고 있던 장작림 군벌의 패색은 짙어졌다. 일본정부는 전란이 만주로 파급되는 경우에는 적절한 조치를 취할 것임을 중국에 경고하고, 장작림에 대해서는 만주로 철수할 것을 권고했다.

▎만몽확보의 요구

1928년 6월 4일 봉천으로 철수 중인 장작림의 열차를 폭파하고 그를 폭살시킨 것은 관동군 고급참모 고모토 다이사쿠(河本大作) 대령의 지시에 의한 공병 제20연대의 장교 및 그 병력들이었다. 일본정부와 군부 특히 관동군 수뇌부는, 국민군의 북벌에 의해 동북군(東北軍)이 연패하기 시작하자 장작림을 만주로 철수시켜, 이를 만주에서 독립시켜 일본의 괴뢰로 만들려고 했던 것이다. 그러나 고모토 등은 장작림의 일본에 대한 태도 변화에 분개하여, 이러한 상부의 방침과는 달리 그를 살해함과 동시에 치안유지를 위해 관동군을 출동시켜 남만주를 점령하려고 했다.[28] 만약 고모토 등의 계획이 그대로 실현되었더라면 만주사변이 3년 앞당겨 일어나게 되었겠지만, 이때까지만 해도 현지군인의 독주를 막을 수

---

28 장작림 폭살이 고모토(河本)의 단독계획인지 혹은 상부의 양해 및 묵인이 있었는지는 알 수 없다. 高宮太平『軍国太平記』와 宇垣一成『松籟清談』 등은 전자의, 原田熊雄『西園寺公と政局』 등은 후자의 견해를 취하고 있다.

있을 만큼의 국내적 국제적 조건이 구비되어 있었다. 하지만 이 사건은 이후 중앙의 명령에 의하지 않고 현지군인들이 사건을 일으키게 되는 중대한 통제문제의 시작이었다. 하급자에 의한 이러한 독주는 훗날 '관동군'이라든가 '하극상'이라든가 하는 말로 평가되게 되는데, 고모토 등이 중대한 군율위반을 범하면서도 행정처분을 받는 것에 거친 것도 이러한 풍조에 박차를 가했다.

쇼와 초기의 육군 내부에는 중견장교 이하의 혁신운동과 국가개조운동이 확산되고 있었는데, 이 사건의 경우와 마찬가지로, 그것은 무력에 의한 만주확보라는 요구와 불가분의 것이었다. 오히려 그것을 달성하기 위한 조건으로서 국내혁신을 필요로 하고 있었던 것이다.

육군이 특히 이 만몽확보를 절실한 문제로 생각하게 된 것은 이 시기부터이다. 그 첫째 이유는 소련과의 전쟁에 대비한 작전상의 고려 때문이었다. 러일전쟁 후에도 러시아에 대한 작전은 육군의 제1의 목표였다. 그러나 제정러시아의 붕괴로 이 목표는 일단 소멸했다. 물론 그 후에도 소련에 대한 작전계획은 수립되고 있었으나, 그것은 제정러시아의 붕괴를 이유로 육군병력을 감축시키라는 여론을 봉쇄하기 위한 정치적 함의가 다분히 있는 것이었다(林三郎『太平洋戦争陸戦概史』).

참모본부가 소련을 본격적으로 작전대상으로 판단하기 시작한 것은 1928년을 제1차년도로 하는 소련의 5개년계획이 수립된 이후였다. 이 계획으로 소련의 국방력 강화 및 시베리아 개발 등이 행해지는 것을 큰 위협으로 느낀 것이다. 또한 다음해인 1929년의 중소분쟁에서 소련군이 예상외로 강하여 만주리(満州里)에서 중국군을 격파한 것도 일본육군에 강한 인상을 주었다. 이것이 중견 청년장교들에게 민감하게 반영되었던 것이다.

그들에게 있어서는 일본의 불황보다도 소련의 5개년계획에 대한 공포가 더 컸다. 경계를 접한 만주 및 조선을 비롯한 국내의 혁명운동에 대

한 영향을 염려하면서, 특히 소련과의 전쟁을 유일무이한 목표로 하여 준비하고 있는 그들은 극동의 근대군비 완성을 염려하여, 5개년계획이 완성되기 전에 한시라도 빨리 소련을 공격하기 위한 거점으로서 만주를 점령하려고 한 것이다. "적화사상을 전위로 한 방대한 군대를 주력으로 하는 소련군은 이미 2년의 긴 행군을 끝내고, 남은 3년 후에는 극동에 도착하게 될 발걸음을 계속하고 있다."(「滿蒙の現狀」,『偕行社記事』1931. 3). 5개년계획 2년차인 1931년 3월 육군 장교들의 기관지인『해행사기사』는 만몽문제 특집을 구성하여 만주적화의 위기를 호소했다. "소련을 보라! 세계혁명을 불변의 일관된 국시로 하여 최후의 목표를 중국에 두고 만주를 그 중요한 근거지로 삼으려고 하는 바……실제로 그 계획이 완성되었을 때 즉 국력함양이 충실해졌을 때, 그것으로써 그들의 일관된 국시인 세계혁명 특히 최대의 돌파구인 중국혁명에 권토중래할 것임은 분명하다."(「ソ連邦と対支特に対満州策」,『偕行社記事』1931. 3). 따라서 선수를 쳐서 즉시 만주를 점령하지 않으면 때를 놓친다는 것이 그들의 생각이었다.

▌중국혁명에 대한 위기감

다음으로 중국정세의 변화에도 큰 영향을 받았다. 특히 장작림 폭살이라는 정치적 실패에 의해 장학량(張学良)이 국민당과 타협하여 중화민국 국기인 청천백일기(青天白日旗)를 만주에 게양한 이래, 만주에 있어서의 민족운동은 더욱 활발한 양상을 보였다. 또한 만주를 거점으로 하는 조선혁명운동의 뿌리 깊은 성장이 계속되고 있었다. 중국혁명이 만주로 파급되어 일본제국주의의 침략에 대한 견고한 방어진지를 구축할 날도 머지않은 것으로 생각되었다. "혁명의 기치를 앞세운 중국의 청년들은 혁명외교라는 이름으로 일체의 과거 역사를 부인하고, 국권회복과 피압박민족의 해방을 이유로 우리의 대륙정책 진전을 저지하면서, 만몽에 있어서의 우리의 권익을 압박해 왔다."(「満蒙問題の変遷」『偕行社記事』1931. 3). 일본의 제국주의적 이익을 되찾으려는 중국의 민족운동을 적대시하고, 그것에 대한 위기감을 강조하고 있는 것이다.

1930년 9월 염석산(閻錫山)과 풍옥상(馮玉祥) 등이 북경에 장개석에 반대하는 북방정부를 수립하자, 장학량은 화평통일과 국민정부를 옹호하는 입장을 분명히 하여 중앙군 부사령관에 임명되었다. 그리고 그 동북군의 무력으로 북방정부를 붕괴시켜, 국민정부에 의한 중국의 통일 촉진에 크게 기여했다. 이와 더불어 만주의 중앙화는 한층 진전되고 민족독립운동도 한층 발전했다. 만몽을 일본 세력 하의 특수지역으로 하려는 일본군부의 초조감은 증대될 뿐이었다.

▎런던조약 문제

만몽문제와 더불어 군인의 대외 위기감을 부채질한 것이 1930년의 런던조약 문제였다.

워싱턴조약으로 주력함의 제한을 약속했으나, 각국은 제한을 두지 않은 순양함, 구축함, 잠수함 등과 같은 보조함 경쟁을 시작했다. 이 때문에 1927년 6월부터 제네바에서 보조함 제한을 위한 해군군축회의가 개최되었다. 미국은 주력함과 마찬가지로 일본의 미국 대비 6할을 주장했으나, 일본은 7할을 강하게 주장하여 미국과 대립하고, 영미 간의 갈등도 있어 회의는 결렬되었다.

제네바회의의 결렬로 보조함 경쟁은 더욱 격화되었다. 이 때문에 1930년 1월부터 런던에서 다시 군축회의가 개최되었다. 세계공황이 한창인 가운데 오랜 불황으로 고민하는 일본에서도, 하마구치(浜口) 내각과 다카라베 다케시(財部彪) 해군상 등의 전권단(全権団)도 협정이 성립되기를 바라고 있었다. 그러나 해군 내부에는 가토 히로하루(加藤寬治) 군령부장 등 미국 대비 7할을 주장하는 강경론자들이 있었다. 회의에서는 대형 순양함 미국 대비 6할, 전체 비율 7할의 타협안이 성립되었다. 하마구치 내각은 이 타협안에 조인했으나, 가토 군령부장 등은 여기에 강하게 반대했다. 이 때문에 통수부와 내각이 대립하여, 우익과 군부 강경론자는 통수부가 반대하는 조약을 체결한 것은 천황의 '통수권을 간섭한 범죄'라고 정부를 공격했다.

이 런던조약을 둘러싼 논쟁은 우익이 대두하는 계가가 되어, 하마구치 수상 암살 등의 테러와 쿠데타가 발생하는 실마리를 제공했다. 또한 해군 내부에는 조약이 부득이하다고 하는 조약파와 이에 반대하는 함대파 간의 파벌대립이 생겨났다. 그리하여 만주사변 발발 이후의 군국적 사회정세 속에서 합리주의적인 사고방식의 조약파가 배제되고, 정신주의적 강경론자인 함대파가 대두하여 전쟁확대의 조건을 만들게 되었다.

런던조약 반대운동이 고조되는 가운데 만주사변이 발발하여, 일본 국내의 군축 분위기는 완전히 사라졌다. 해군의 강경론자를 달래기 위해 1931년도부터 제한된 범위 내에서 최대한의 건함을 추진함과 더불어, 제한 밖의 군함을 건조하는 제1차 보충계획이 시작되었다.

2. 군부 내의 혁신운동

▎대외 위기감과 청년장교운동

만몽문제와 런던조약 문제는 군부의 대외 위기감을 부채질했다. 특히 직정적인 육해군의 청년장교 중에 위기감을 가진 자가 많아, 그들 사이에 혁신운동과 국가개조운동이 확산되었다.

장교의 이러한 대외 위기감의 배경이 된 것은 그들 자신이 직면한 신분과 생활의 위협이었다. 앞 장에서 본 것처럼, 그들은 다이쇼 후반의 반군국주의 풍조 및 세 번에 걸친 군축에 의해 그 냉혹함을 골수에 사무치도록 느꼈다. 또한 쇼와에 접어들면서부터 연속된 불황 특히 1929, 30년 전후부터 더욱 심각해진 공황, 하마구치 내각의 긴축정책 및 협조외교의 한계가 있었다. 그 탈출구로서 일본제국주의가 선택할 수 있는 것은 전쟁 외에는 없었으나, 특히 장교의 불만과 초조감을 부추겨 전쟁에 기대감을 준 것은 감봉과 군축이었다.

29년 10월의 고등관 1할 감봉(장교는 중위 이상이 그 적용을 받음)이 장교들에게 얼마나 심각한 영향을 주었는가는, 32년 나가타 데쓰잔(永田鉄山)이 고노에(近衛)와 기토(木戸)에게 군부가 정당과 내각을 반대하는 직접적 원인이 감봉이라고 말했다는 것에서도 엿볼 수 있다. 군축은 그들에게 더욱 심각한 불안을 안겨주었다. 30년의 런던군축조약은 일본에 있어서는 아무런 실질적인 영향이 없었음에도 불구하고, 하마구치 내각이 내외 평화세력의 압력으로 군축을 입에 담은 것 자체가, 그들에게 이전의 우가키 군축에 의한 대량실업을 상기시켰다. 예산절감을 위해 계급

승진이 지연되어, 과일나무가 결실을 맺는 기간에 비유하여 '복숭아와 밤 3년(소위), 감 8년(중위), 아무개 대위는 13년'이라는 말이 생긴 것도 이 시기였다. 군축은 그들의 생활에 대한 직접적인 위협이었다. 하지만 그들은 그 생활불안을 의식에 있어서는 국방의 불안으로 치환함으로써 자신들의 행동에 의의를 부여했다.

이러한 대외 위기감이 그들을 만몽확보를 위한 직접행동으로 치닫게 함과 동시에, 쿠데타에 의한 국내개조운동을 일으키게 하는 원인이 되기도 했던 것이다.

▎육군장교의 출신계층

청년장교가 국가개조운동에 참여하게 된 직접적인 계기를 이 시기 농촌의 궁핍에서 찾는 경우가 많다. "육군에 있어서 농촌은 인적보충의 기반이었기 때문이다. 장교 중에는 중소지주와 자작농 출신이 많고, 하사관과 병사 대부분은 농촌 출신이었다. 따라서 농촌의 궁핍화는 육군 특히 청년장교를 정치적으로 급진적으로 만드는 힘이 있었다."(林三郎『太平洋戰爭陸戰槪史』)고 하는 것이 일반적 견해이다.

장교의 출신지도 농촌 특히 중소지주층이 압도적이었다고 한다. 예를 들면 "장교를 만들어내는 중소지주층"(『日本資本主義講座』제1권), 혹은 "청년장교의 대부분도 농촌 출신(특히 농업위기에 의해 몰락한 중소지주 및 자작농 상층)"(安藤良雄『日本のファシズム』,『思想』1952. 1)이라 하여, 청년장교 급진화의 객관적인 근거를 농업공황에 의한 농촌 중간층의 몰락에서 찾는 경우가 많다. 하지만 이것은 사실의 일면만의 본 것으로, 정확한 표현이라고는 할 수 없다.

일본군대 장교의 출신계층을 정확하게 알기는 어렵다. 그러나 육군의 유일한 현역장교 보충기관이었던 육군사관학교 및 육군유년학교 생도 부모의 직업을 통해 어느 정도 추측은 가능하다. 제1차 세계대전 직후인

〈표 4〉 육군사관학교 생도 부모 직업별 분포(%)

구분	무관	공무원	교원	회사원 은행원	의원 변호사 의사 승려	농업	상업	공업	운송 토목 기타	무직	계
1920	15.4	8.5	6.9	4.6	3.1	41.5	10.8	6.2	—	3.1	100
1921	11.4	9.5	6.7	4.8	2.8	40.0	14.3	4.8	1.9	3.8	100
1921	9.1	9.9	3.6	2.7	3.6	45.5	9.1	7.3	0.9	7.3	100
1922	14.2	10.0	1.7	4.1	6.7	42.5	14.2	3.3	1.7	1.7	100
1923	19.8	6.2	4.9	6.2	1.2	40.7	7.4	1.2	2.5	9.9	100
1924	13.9	8.7	4.3	5.4	3.2	46.2	12.9	2.2	1.1	2.2	100
1925	6.0	11.0	6.0	2.0	1.0	40.0	10.0	7.0	6.0	11.0	100
1926	6.3	4.2	4.2	4.6	1.1	34.7	15.8	4.2	5.3	12.6	100
1927	3.0	11.0	4.0	6.0	1.0	36.0	12.0	5.0	7.0	15.0	100
1928	2.8	6.5	7.0	3.7	5.1	38.6	12.6	8.4	6.5	8.8	100
1929	1.0	3.5	6.7	4.1	1.9	43.5	13.0	8.6	9.8	7.9	100
1930	2.9	7.3	7.6	7.6	1.3	40.0	16.2	4.8	5.7	6.7	100
1931	2.5 (10.7)	6.0	10.8	5.1	1.9	39.7	13.7	4.1	5.4	9.8 (6.0)	100
1932	3.7 (12.7)	3.6	6.2	5.4	1.8	40.0	8.7	8.7	9.0	13.0 (7.0)	100
1933	3.4 (10.6)	6.4	7.5	7.1	2.4	36.8	8.2	5.6	6.2	16.3 (8.3)	100
1934	2.1 (12.6)	9.7	9.9	6.0	2.3	32.0	12.5	3.9	4.8	16.8 (9.4)	100
1935	4.9 (10.6)	7.3	11.2	10.1	4.6	28.8	7.7	4.1	4.2	17.1 (3.5)	100
1936	3.6	11.6	13.3	10.7	5.2	26.2	12.9	2.4	3.6	10.5	100

1. 1931년도 이전의 원표(原表)에는 "무직의 대부분은 퇴역 및 예비·후비역의 무관에 포함"이라는 주(注)가 있다. 1932년도 이후는 무직 중에 퇴역무관의 인원수가 명기되어 있기 때문에, 이것을 무관 항목에 넣어 수정한 숫자를 ( )로 표시했다.
2. 원표에서는 문관, 공무원, 의원, 변호사, 의사, 신관 및 승려, 교통 및 운수업, 토목업, 잡업이 각각 별도의 항목으로 되어 있으나, 단순화시키기 위해 이 표와 같이 집계했다.
3. 제도 개정에 의해 1921년에는 2개 기수가 입교했다.
4. 陸軍大臣官房編 『陸軍省統計年報』(大正9年~昭和12年)에서 집계.

1920년부터 1936년까지의 육군사관학교 생도 부모의 직업별 분표는 〈표 4〉와 같다.

〈표 5〉 육군유년학교 생도 부모 직업별 분포(%)

구분	무관	공무원	교원	회사원 은행원	의원 변호사 의사 승려	농업	상업	공업	운송 토목 기타	무직	계
1920	26.0	6.0	6.0	3.3	2.3	31.0	8.3	5.3	3.0	8.0	100
1921	36.5	10.0	7.0	5.0	2.5	18.5	6.5	6.0	4.0	4.0	100
1922	41.0	7.5	7.5	3.0	2.5	18.0	8.0	6.5	3.5	2.5	100
1923	37.3	11.3	8.0	5.3	2.7	15.3	3.3	8.0	1.3	7.3	100
1924	43.3	4.7	7.3	3.3	2.0	16.7	12.0	2.0	4.0	4.7	100
1925	14.0	10.0	7.3	9.3	3.3	24.0	8.7	5.3	3.3	14.7	100
1926	10.0	12.0	8.0	8.0	4.0	18.0	8.0	8.0	2.0	22.0	100
1927	16.0	12.0	2.0	12.0	2.0	20.0	18.0	2.0	—	16.0	100
1928	16.0	18.0	10.0	8.0	2.0	22.0	10.0	2.0	—	12.0	100
1929	34.0	6.0	10.0	2.0	8.0	12.0	8.0	—	6.0	14.0	100
1930	28.0	10.0	8.0	4.0	4.0	—	10.0	2.0	12.0	22.0	100
1931	26.0 (54.3)	10.0	—	—	—	14.0	12.0	2.0	2.0	34.0 (10.9)	100
1932	34.3 (38.7)	10.0	8.6	4.3	1.4	5.7	2.9	—	2.9	30.9 (8.0)	100
1933	22.5 (43.6)	4.2	11.7	5.0	5.0	9.2	6.7	5.8	5.8	24.2 (6.3)	100
1934	16.6 (53.3)	8.0	6.7	6.0	4.0	8.7	8.7	5.3	2.7	33.3 (5.3)	100
1935	39.3 (28.0)	12.7	8.7	7.3	6.0	7.3	4.7	0.7	4.0	19.3 (9.9)	100
1936	21.0	11.4	13.7	11.0	5.9	8.7	6.7	3.3	2.0	16.3	100

* 출처는 〈표 4〉와 동일

 이 표에서 알 수 있는 것은, 농업 및 무관 출신자의 비중이 회사원이나 은행원 등에 비해 높다는 것이, 일반대학이나 전문학교 등과 비교하여 특징적이라는 것이다.(『도쿄제국대학 연감』에 의하면 당시 도쿄제국대학 학생 부형의 직업은 상업이 20%, 농업이 15% 내외였다.)
 통계의 성격상 농업으로 일괄되어 있는 것이 지주인지 경작농민인지는 분명하지 않다. 사관학교는 전적으로 관비로 운영되기 때문에, 다액의 학비를 요하는 일반대학에 비해서, 비교적 현금수입이 적은 농촌의 자제를 흡수한 것은 사실일 것이다. 그러나 사관학교 입교를 위해서는 적어도 중학교는 졸업을 해야 하고, 또한 20~30 : 1의 경쟁시험을 돌파하기 위해서는 벽지의 중학교보다는 도시나 현청 소재지의 명문교 출신자가 유리하기 때문에, 농업이라 하더라도 비교적 한정된 계층의 지주나 부농의 자제가 대부분이었다는 것은 쉽게 상상할 수 있다. 그리고 이 농업 출신자의 비율은 다이쇼시대의 40%에서 점점 저하되어 1935, 6년에는 20% 정도가 되었다.

▎특권적 신분의 재생산

무관 자제가 많은 것도 특징적이다. 현역무관 및 퇴직무관(〈표 4〉의 주1 참조)의 합계는 약 10~20% 정도로, 선발인원의 증가에 의해 상대적인 비율은 점점 감소되지만, 10% 이하로는 내려가지 않고 있다. 이 숫자는 천황제 관료로서의 무관의 지위가 고정되고 있음을 나타내고 있다. 재직 중에는 장교로서 충분한 사회적 지위와 신분이 보장되고, 퇴직 후에도 특권적인 연금제도(군인연금은 퇴직 당시 봉급의 60%가 지급되었기 때문에, 영관 이상으로 퇴직하면 중류 이상의 생활을 할 수 있었다)의 보호를 받는 특권적 신분은 충분히 자제에게 세습시킬 가치가 있는 것이었다.

이들의 부형은 메이지시대에 장교로 임관된 자들로, 아마도 대부분은 사족이나 지주 출신이었을 것이다. 따라서 앞에서 기술한 농업과 무관을 합한 비율 즉 50% 이상은 반봉건적 지주제를 직접 혹은 간접의 배경으로 하고 있는 계층이다. 무관 외에도 마찬가지로 천황제 관료로서의 신분과 연금을 보장받는 공무원이나 교원이 있는데, 그 비율이 20~40%를 점했다. 회사원이나 은행원 및 상공업 종사자 등 도시의 소부르조아로 추측되는 비율은 10% 정도에서부터 점차 증가하고는 있으나 최대일

때에도 20% 정도이다. 이러한 경향은 〈표 5〉에 알 수 있는 것처럼 육군 유년학교의 경우 더욱 현저하다.

이 표에서 보면, 사관학교의 경우에 비해서 농업의 비율은 감소했으나, 무관이 현저하게 증가되어 있다. 현역 및 퇴직 무관은 30%~50%, 연도에 따라서는 50% 이상이 되어 있다. 그 한 가지 이유로는 유년학교의 입시가 지방의 중학생에게는 어렵고, 또한 무관 자제의 선발에 우선적 배려가 있었다는 것(학비의 반액 면제 – 유년학교는 학비가 필요했다)에 의한 것으로 생각된다.

유년학교 출신자는 장교단 중에서도 특권적 존재로서 엘리트 의식이 특히 강했다. 13, 4세 때부터 특수한 집단교육을 받아, 장교로 임관한 후에도 공고한 단결을 유지하면서, 군인이 최고라는 배타적 의식이 강한 그들이 사상적으로도 장교단의 핵심이 되어 있었다.[29]

▎혁신운동의 성격

이상의 통계로 알 수 있는 것처럼, 반봉건적 지주제를 기초로 하고 있는 천황제가 최대의 기반으로 삼고 있던 메이지시대 군대의 성격은 장

---

[29] 육군에서 고급간부가 되기 위한 유일한 코스였던 육군대학교 및 육군포공학교 고등과 졸업자 중 유년학교 출신자가 점하는 비율은 다음과 같이 매우 컸다.(松下芳男 『明治軍制史論』[下]에서 인용)
① 육군대학교 졸업자 – 육사 15기(유년 1기)부터 24기(유년 9기)까지

구분	육사졸업(명)	육대졸업(명)	비율(%)
유년학교 출신	2,200	185	8.4
중학교 출신	4,292	171	4.98

② 육군포공학교 고등과 졸업자 – 육사 15기부터 27기까지

구분	육사졸업(명)	고등과졸업(명)	비율(%)
유년학교 출신	2,978	231	7.75
중학교 출신	5,757	181	3.14

교단에 관한 한 본질적인 변화를 이루지 못하고 있다. 그러나 출신성분만으로 그들의 사회적 성격을 결정해서는 안 된다. 그들이 어느 계층 출신인가 하는 것은 그들 행동의 하나의 근거가 되기는 하지만, 결정적으로 그들의 행동을 규정한 것은 그들이 천황제 군대의 장교라고 하는 현실적인 지위였다. 갖가지 특권과 반봉건적 신분제의 비호를 받던 군대 내에 있어서의 장교의 지위에 의해, 그들은 천황제의 가장 충실한 수호자로서의 자각을 불태웠다. 천황제의 성쇠가 자신의 운명과 직접적으로 관계된다고 하는 객관적인 현실을, 의식에 있어서는 역으로 자기의 운명에 관계된 것을 국가의 운명에 관계된 것으로 생각함으로써 자신들의 모든 행동을 정당화했다. 이것이 독단에 의한 군사행동도 비합법적인 쿠데타도 국가를 위해서는 정당하다고 하는 사고방식을 낳았다고 할 수 있다. 그리고 이러한 의식은 부자 2대에 걸친 무관으로서의 세습군인에게 특히 강했다고 할 수 있다.[30]

이러한 조건 하에서, 군부 내 장교의 혁신운동 결사로서 1927년경 이미 실무부대 청년장교 사이에서 천검당(天劍党) 결성이 기도되고, 1930년 가을에는 참모본부와 육군성의 중견장교를 중심으로 사쿠라회(桜会)가 발족되었다.

---

30 그 일례로서 후의 2·26사건 반란부대 간부 15명(사형 13명, 자결 2명) 부친의 직업을 살펴보면, 밝혀진 14명 중 11명이 무관으로, 그 대부분은 퇴역 소장 즉 직업군인으로서 연금으로 생활을 보장받고 있는 자였다. [( ) 안은 부친의 직업. 『東京朝日新聞』등 참고]
香田清貞(퇴역 육군특무상사), 安藤輝三(교사), 野中四郎(퇴역 육군소장), 河野寿(육군소장), 栗原安秀(퇴역 육군대령), 丹生誠忠(퇴역 육군소장), 中橋基明(퇴역 육군소장), 坂井直(퇴역 육군소장), 対馬勝雄(회사원), 竹島継夫(퇴역 육군소장), 中島莞爾(퇴역 육군중위), 林八郎(육군소장, 전사), 高橋太郎(회사원), 村中孝次(퇴역 육군소장), 磯部浅一(농업)

3. 만주사변

▎관동군의 만주점령계획

　만주사변의 발단이 관동군 참모를 중심으로 한 일부 군인에 의한 계획적 음모였다는 것은 이미 각종 자료에 의해 명백하게 밝혀져 있다.[31] 하지만 사건의 도발에 이어서 면밀하게 계획되고 있던 만주점령의 목적은, 남만주에서의 일본의 권익을 무력으로 확보한다는 것보다도, 소련에 대한 작전계획의 제1보로서의 북만주 진주에 중점이 두어졌다는 점을 주목하지 않으면 안 된다.

　소련에 대한 작전이 현실적으로 참모본부의 작전계획 과제가 된 이래, 그 구체적인 작전목표는 북만주 쟁탈전이었다. 그리고 전장을 제2송화강(松花江)(장춘과 하얼빈 중간) 부근에서 한빈평지까지와 조남(洮南) 부근에서 치치하얼평지까지로 예정하고 있었다(林三郎『太平洋戰爭陸戰槪史』). 관동군에 의한 만주의 점령확보 즉 만주사변은 소련에 대한 전쟁에 앞서 북만주에 진주하여, 소련에 대한 전략태세를 초전부터 유리하게 해 두려는 것이 사실상의 목적이었다.

　만주사변 2년 전인 1929년 7월, 작전과장 이시하라 간지(石原莞爾) 중

31　극동국제군사재판에서도 이것은 명백하게 되었다(『極東國際軍事裁判速記錄』제1권 참조). 森島守人『陰謀・暗殺・軍刀』는 외교관의 입장에서, 花谷正「滿州事變はこうしておこされた」(『知性』별책「秘められた昭和史」소재)는 직접적인 당사자 입장에서, 각각 이것을 밝히고 있다.

령의 계획을 기초로, 관동군 고급참모 이타가키 세이시로(板垣征四郎) 대령을 통제관으로 하여 북만주에 있어서의 병력운용과 작전을 위한 참모 현지연습이 행해졌다(山口重次『悲劇の将軍 石原莞爾』). 물론 사복으로 비밀리에 행해진 훈련이었지만, 만주사변 계획은 이미 이때부터 준비되고 있었던 것이다.

만주사변 때에도 이시하라(石原)를 중심으로 하는 관동군 참모의 계획에는 소련의 출병에 앞서 어떻게 하면 북만주를 확보할 것인가에 중점이 두어져 있었다. 유조호(柳条湖) 철도 폭파가 계획된 음모였던 것은 물론, 뒤이은 만철 연선의 확보 또한 예정된 행동이었다. 그리고 그것은 대부분이 계획대로 실행되었다. 당초의 착오라고 한다면, 중앙부의 만류로 19일로 예정되어 있던 조선군의 월경이 하루 늦어져, 만철 연선 점령 후 관동군의 주력을 북상시켜 즉시 하얼빈으로 진출하려던 계획이 일시 연기된 것 정도였다.

▌사변의 확대

그 후의 만주사변의 경과도 전적으로 관동군의 독주로 일관했다. 관동군사령관의 권한은 관동주 및 만철 부지 내의 경비에 있으므로, 9월 18일 밤부터 19일에 걸쳐 봉천, 장춘, 사평가(四平街) 등을 점령한 것은, 그 진상이야 어쨌든 관동군의 임무범위 내라는 이유를 붙일 수 없는 것도 아니었다. 그러나 만철 연선에서 멀리 떨어진 지역으로의 출동은 그 권한 밖이었으므로, 중앙의 명령이 없이는 할 수 없는 것이었다. 따라서 9월 21일 길림으로의 진격은 사변 확대를 위한 결정적인 의미를 갖고 있었던 것이다.

일본정부는 9월 19일 각의에서 사건의 불확대와 국지적 해결을 방침으로 정하고, 그 취지를 현지기관에 각각 지시했다. 조선군의 월경출동도 일시적인 정지를 명령받았다. 이때 만철 연선을 점령한 관동군은 제2사단의 주력과 독립수비대의 절반을 봉천 부근에, 제2사단의 1개 여단을 장춘 부근에 집중시키고 있었다. 관동군의 만주점령계획은 그 후 바로 이어서 북만주를 점령하는 것이었으나, 정부의 방침은 이것을 제약하는 것이기도 했다.

정부와 군부중앙의 이러한 불확대 방침은 오로지 국제적 고립을 염려한 것이었으나, 군의 일부에 북만주 출병이 소련을 자극하여 출병을 초래할 것을 염려한 배려가 있었던 것도 사실이다. 또한 관동군으로서는 만철과 장춘 이북의 소련 동지철도(東支鐵道)의 궤도 폭이 달라 하얼빈 방면으로의 급속한 작전에 지장이 있었다. 그리하여 이시하라(石原)를 중심으로 한 관동군 참모들은 하얼빈 작전을 잠시 뒤로 미루고, 우선 길림으로 출동함으로써 조선군의 증원을 실현시키려고 했던 것이다. 즉 사변의 확대를 기성사실로 하여 그것을 추진하는 데 있어서 가장 효과적인 방법을 취한 것이다.

관동군 참모부가 사변 당초부터 일관된 목표로 삼은 것은 북만주 확보였다. 이시하라의 판단에 의하면, 중앙의 신중론과는 달리 이때 조기에 하얼빈으로 진출해도 소련은 준비부족으로 강경한 태도로 나올 수 없기 때문에, 소련에 대한 전략태세를 유리하게 하기 위해서라도 한시라도 빨리 북만주를 확보하는 것이 좋다. 만약 시기를 놓치면 소련이 동지철도 연선에 주둔하게 되어 영원히 불리한 조건이 된다는 것이었다(山口重次『悲劇の将軍 石原莞爾』). 이 때문에 사변 직후부터 하얼빈으로의 출병을 기도하고 있었으나, 앞에서 기술한 것처럼, 중앙으로부터의 만류와 장춘 이북의 철도 궤도문제 때문에 하얼빈으로의 진격을 일시 단념하고 있었을 뿐이었다.

북만주 점령

여기에 새롭게 발생한 것이 수강(漱江)의 철도 폭파 문제였다. 조남(洮南)과 치치하얼 근방의 앙앙계(昂昂溪)를 연결하는 조앙선(洮昂線)은 만철이 담보권을 갖고 실질적으로 그 관리 하에 있는 철도였으나, 치치하얼의 마점산(馬占山)과 조남의 장해붕(張海鵬)의 군벌싸움으로, 마점산의 군대가 수강의 철교를 파괴한 것이 관동군에게 출병의 구실을 주었다. 11월 상순 만철의 철교수리반 호위를 명분으로 관동군 직할의 하마모토(浜本) 연대를 수강에 파견했는데, 이시하라는 이 연대의 작전을 지도하기 위해 직접 전선으로 향했다. 11월 2일 수강을 사이에 두고 하마모토 연대와 마점산군의 전투가 벌어져, 마점산군의 우세로 하마모토 연대가 일시 위기에 빠졌으나, 다음날 2개 대대의 증원을 받아 마침내 대흥(大興)을 점령하여 마점산군과 대치상태에 들어갔다.

이 전투는 사변 개시 이래 최대의 격전이었으며, 또한 마점산을 구국의 영웅으로 만들 정도로 일본군이 고전한 싸움이었다. 전장에서 사령부로 돌아온 이시하라는 이 전선을 돌파하여 일거에 치치하얼을 공격하기 위해 철저한 병력집중 계획을 수립하여 그 준비에 착수했다. 이 동안에도 치치하얼의 시미즈(淸水) 영사는 봉천에 와서, 군이 치치하얼을 폭격하지만 않는다면 치안의 염려도 없고 거류민의 안전도 위험을 느끼지 않는다고 하여, 치치하얼 출병이 필요 없다는 의견을 말하고 있었다(森島守人『陰謀·暗殺·軍刀』). 또한 중앙으로부터도 대흥 이북으로의 독단출병을 자제하라는 참모총장의 명령이 하달되어 있었다. 그러나 이러한 정세에도 불구하고 이시하라의 강경한 주장이 관동군을 주도했다.

11월 18일 제2사단 전체, 조선군으로부터 증원된 제39여단, 비행대, 기타 관동군의 주력을 집중시켜 대흥 부근에서 마점산군과의 전투가 벌어졌다. 관동군은 우세한 병력을 집중시켜 일격에 마점산군을 격파하고,

다음날인 19일에는 승승장구 치치하얼에 입성하여 염원하던 북만주 점령에 착수했다. 그리고 소련은 일본과의 불필요한 마찰을 피하기 위해 동지철도의 권익을 포기하고 북만주로부터 후퇴하는 태도로 나왔기 때문에, 그 후 하얼빈을 비롯한 북만주 확보도 용이하게 수행되었다. 다음해인 32년 1월 금주(錦州) 점령, 2월 대망의 하얼빈 진주, 그리고 3월의 만주국 성립 등에 있어서는 항상 관동군의 전략적 입장에서 나온 기정사실이 중앙과 정부를 끌어들여 추진되었다. 그 정치적 외교적 영향은 매우 컸으나, 군사적으로도 소련과의 예상전장이었던 북만주를 일본군이 사전에 확보했다는 의의를 갖는 것이었다.

▍만주점령의 결과

만주사변의 결과 소련에 대한 작전계획은 크게 수정되었다. 북만주를 포기한 소련은, 일본군의 북상 위협에 대항하기 위해, 1933년경부터 만주와의 국경 일대에 토치카진지를 구축하여 방위태세를 굳혔다. 또한 5개년계획의 진행과 더불어 시베리아에 있어서의 병력도 계속 증강되고 있었다.

이에 대항하여 일본군도 소련과 만주 국경에 국경진지를 구축함과 동시에 만주 주둔 병력을 점차 증강하여, 소련에 대한 작전계획도 북만주에서 전투를 치른다는 구상을 버리고 제1선을 만주와 소련 국경 부근으로 상정하게 되었다. 이와 더불어 소련과의 전쟁을 진지하게 고려하여, 국내의 군비증강도 그러한 견지에서 추진되게 된다.

만주사변 그 자체는 군사적인 면에서 보면 관동군 작전의 화려한 성공이었다. 당초의 일본군 병력은 겨우 1만 400명, 이에 대해 만주의 중국 병력은 30만 대군이었다. 관동군은 봉천과 장춘 점령, 길림으로의 진격, 치치하얼 공격 등의 전투 때마다 가능한 한 병력을 한 곳에 집중시켜 중국군을 각개 격파했다. 이시하라를 중심으로 한 관동군의 작전에 대한 태도는, 설령 닭고기를 자르기 위해 쇠고기를 자르는 칼을 쓰더라도 일격에 결말을 내려고 하는 것으로, 전략적으로는 분명히 성공했다. 대공황의 영향으로 국제정세가 유리하게 작용한 것, 중국이 국공분열로 진지하게 저항을 하지 않았던 것, 소련이 일본과의 충돌을 되도록 피하려고 한 것 등 정세의 유리함도 있었으나, 이 성공이 이후 군부로 하여금 중국에 대해 자만심을 갖게 함으로써 일중전쟁 확대의 한 원인이 된 것도 사실이다.

상해사변

육군의 만주에서의 전쟁도발에 대항하여, 양자강 유역에 강한 관심을 갖고 있던 해군도 상해에서 전쟁을 시작했다. 만주사변 발발 당시 해군은 제1파견함대(사령관 시오자와 고이치[塩沢幸一] 소장)를 화중과 화남에, 제2파견함대(사령관 쓰다 시즈에[津田静枝] 소장)를 화북에 배치하고 있었다. 사변 발발 후 양자강 유역에서 항일운동이 확산되자, 해군은 1931년 10월 제1파견함대에 순양함 덴류(天竜)와 부설함 도키와(常磐)를 증파하고, 또한 32년 1월 순양함 오이(大井), 수상기모함(水上機母艦) 노토로(能登呂), 구레(呉) 및 사세보(佐世保) 진수부(鎮守府)의 특별육전대, 순양함 유바리(夕張)를 기함으로 하는 제1수뢰전대를 증파했다. 중국 최대의 상공업도시 상해에서는 항일운동이 한창이었으므로, 일본인 거류민도 군의 보호를 받기 위해 강경한 출병론을 주장하고 있었다.

이러한 가운데, 전쟁도발을 위한 음모가 유조호사건과 마찬가지로 계획되었다. 상해 주재 일본공사관의 육군무관 보좌관 다나카 류키치(田中隆吉) 소령은 관동군 참모로부터 만주국을 만들어야 하므로 열강의 주목을 다른 데로 돌리기 위해 상해에서 사건을 일으켜 달라는 의뢰를 받고 활동자금을 받았다. 그리하여 중국인 부랑자를 일본인 탁발승으로 분장시켜 사살하여, 이것을 계기로 거류민 우익분자와 중국관헌을 충돌시켜 사태를 확대시켰다. 그리고 32년 1월 28일 심야, 상해 공동조차구역 밖의 북사천로(北四川路) 경비를 맡고 있던 상해 해군특별육전대와 중국군 사이에 전투가 개시되었다.

이 방면의 중국군은 복건성의 군벌군이었던 제19로군(사령관 채정개[蔡廷鍇])이었는데, 내란으로 단련되어 '철군'이라는 별칭을 갖고 항일의식도 강했으므로, 그 저항이 격렬하여 육전대는 곧바로 고전에 빠졌다. 이 때문에 처음에는 마음에 내키지 않아 했던 육군도 병력파견에 동의했다.

32년 2월 2일 육군은 제9사단(사단장 우에다 겐키치[植田謙吉] 중장)과 제12사단에서 차출한 혼성 1개 여단을 상해에 파견하고, 해군은 새롭게 제3함대(사령장관 노무라 기치사부로[野村吉三郎] 중장)를 편성하여, 종래의 제1파견함대와 제1수뢰전대 외에 제3전대(순양함 3척)와 제1항공전대(항공모함 가가[加賀], 호쇼[鳳翔])를 지휘 하에 편입시켰다.

황보강(黃補江)과 양자강의 합류점인 오송(吳淞) 부근에 상륙한 육군은, 2월 20일 상해 북방의 중국군에 대해 총공격을 개시했으나 전황은 진전되지 않았다. 예상외로 격렬한 중국군의 저항으로 피해가 속출하고 탄약도 부족하여 고전이 계속되었다. 이 곤경을 호도하기 위해 '폭탄 3용사' 미담이 창작되어 국내를 향한 대대적인 선전이 행해졌다. 육군은 전황 타개를 위해 2월 23일 상해 파견군사령부(사령관 시라카와 요시노리[白川義則] 대장)를 편성하여, 새롭게 제11사단과 제14사단을 증파할 것을 결정했다. 증원군의 일부가 양자강을 거슬러 올라가 3월 1일 중국군의 배후인 칠료구(七了口)에 상륙하자, 배후를 위협받은 중국군은 3월 2일 퇴각했다. 겨우 체면을 유지한 일본군은 3월 3일 전투중지를 발표했다. 이것은 국제적 이해가 얽힌 상해에서 각국의 간섭이 심하고, 중일 간의 전쟁이 3월 3일부터 국제연맹 총회의 의제로 상정되게 되어 있었기 때문이기도 했다. 그 결과 중일 양국 및 관계 4개국 대표에 의한 정전교섭이 상해에서 개최되어, 상해에서 중일 양군이 철수한다는 정전협정이 5월 5일 조인되었다.

상해사변은 만주사변의 몇 배에 달하는 피해를 내면서도 아무것도 얻은 것 없이 철수한, 일본군으로서는 실패로 끝난 전투였다. 그 이유는 중국군의 저항이 예상외로 완강하고 수로가 많은 지형 때문에 일본군의 강공책이 모두 실패로 끝난 데 있다. 제9사단 보병 제7연대 대대장 구칸 노보루(空閑昇) 소령이 포로가 되어 송환 후 자살하는 비극이 발생한 것도 이 때문이었다. 또한 만주와는 달리 제국주의 열강의 권익이 집중된 상해에서의 전투는 각국의 간섭을 초래했다. 일본의 만주점령은 소련에 대한 공격준비라고 하여 이를 인정했던 열강도, 일본이 화중지역에서 군사적 독점을 기도하는 것은 인정하지 않았던 것이다. 그러나 '만주국' 건국을 위해 열강의 주목을 상해로 돌리게 한 관동군 참모와 다나카(田中)의 음모 그 자체는 성공적인 것이었다.

▎열하작전과 관내작전

상해전투가 한창이던 1932년 3월 1일, 관동군의 완전한 괴뢰국인 '만주국'이 성립되었다. 장학량 휘하의 군벌로서 만주에 남아 있던 하얼빈의 장경혜(張景惠), 길림성의 희흡(熙洽), 흑룡강성의 마점산(馬占山) 등을 모아 청조 최후의 황제 부의(溥儀)를 끌어들여 집정(執政)으로 내세운 것이었다. 그러나 마점산은 4월부터 '반만항일' 무력투쟁을 전개하여, 4개월에 걸쳐 관동군에 저항한 후 소련으로 망명하여 중국의 항일 영웅이 되었다. 그러나 열하성(熱河省)의 탕옥린(湯玉麟)은 거취를 명백히 하지 않았다.

1932년 8월 관동군사령관이 혼조 시게루(本庄繁) 중장에서 무토 요시노부(武藤信義) 대장으로 교체되면서, 관동군의 간부도 바뀌어 진용이 강화되었다. 신임 사령관은 조차지인 관동주 장관과 만주주재 전권대사를 겸했다. 그리고 9월 무토대사는 만주국의 정효서(鄭孝胥) 총리와 「일만의정서(日滿議定書)」[32]에 조인하여 일본군의 만주 영구주둔을 인정시켰다.

만주국 성립 후에도 만주 각지에는 항일 게릴라가 활동하고 있었다. 그 수는 마점산 군대와의 전투가 끝난 32년 9월에도 여전히 22만을 헤아렸다. 이 때문에 관동군의 병력을 증가시켜 토벌을 계속하여, 33년 초 마침내 전투가 일단락되었다. 그러나 동부 내몽고의 열하성에서는 장학량 휘하의 탕옥린이 만주국에 따르지 않았기 때문에, 토벌전 종료를 계기로 관동군은 열하성으로의 진공작전을 준비했다. 그리고 제6사단과 제8사단, 혼성 제14여단, 기병 제4여단 등의 병력으로, 만주사변 개시 이래 최대 규모의 작전으로 33년 2월 23일 열하성을 공격하여, 3월 상순 성 내의 주요지역을 점령했다.

열하성을 점령함으로써 만리장성을 사이에 두고 화북의 중추인 하북성(河北省)과 접하게 되었다. 국민정부는 장학량을 파면하고 하응흠(何応欽)을 북평군사위원회(北平軍事委員会) 분회장에 임명하여 중앙군에 만리장성 경비를 맡겼다. 관동군은 3월 상순 만리장성에 도달하여, 중앙군과 격전 후 고북구(古北口)와 희봉구(喜峰口) 등의 만리장성 관문을 점령하고, 이어서 성 안으로 진출할 태세를 갖추었다.

열하작전 개시 다음날인 33년 2월 24일 국제연맹은 일본의 만주점령 불승인 결의를 42대 1로 채택하고, 3월 27일 일본은 정식으로 연맹을 탈퇴했다. 국제적 고립이 절정에 달한 상황에서 만리장성 관내로 진공하는 것은 국제관계를 더욱 악화시킬 위험이 있어, 정부와 군 중앙부 모두 관

32　이 의정서를 체결함으로써 일본은 만주국을 정식으로 승인하고, 다음해인 33년 3월 국제연맹을 탈퇴하게 된다. 또한 이 의정서는 겨우 2개 조항으로 일본의 기존 권익의 승인과 일만(日滿) 공동방위를 위한 일본군의 주둔을 인정케 했다.

동군의 진공을 억제시키고 있었다. 그러나 관동군은 일시적으로 관내로 진출하여 적에게 타격을 가하기 위한 것이라는 명분으로 4월 11일 독단으로 작전을 개시하여, 중앙의 반대로 4월 19일 관문 밖으로 귀환했다. 군 중앙에서는 관동군의 관문 내 진출을 정부에 인정시키기 위해 노력하는 한편, 전황상 필요한 일시적 작전이라고 하여 관동군의 행동을 묵인했다. 이 때문에 5월 7일 관동군은 대규모 관내 진격을 개시하여, 5월 중순에는 북평과 천진에서 겨우 50㎞ 떨어진 선까지 진출했다.

북평과 천진의 위협을 느낀 중국은 5월 25일 정전을 제의했다. 그리하여 5월 31일 천진의 외항인 당고(塘沽)에서 정전협정이 성립되었다. 그 내용은 만리장성 선과 실제로 일본군이 진출해 있는 연경(延慶)·순의(順義)·통주(通州)·향하(香河)·호태(芦台)를 잇는 선 사이를 비무장지대로 한다는 것이었다. 이 협정은 외교기관이 아닌 관동군과 화북의 군사기관인 하응흠 대표 사이에 체결된 것이었다. 그러나 만리장성의 남쪽인 화북의 요지에 완충지대로서의 비무장지대를 설치하여 사실상 만주국의 존재를 중국이 인정하는 결과가 되었다.

당고에서의 정전협정 체결은 만주사변 개시 이래 군사행동이 일단 종결된 것을 의미했다. 1933년 6월부터 육군 수뇌부는 국방의 기본방침에 대한 토의를 실시하여, 소련과의 전쟁준비를 최우선으로 하는 전력정비를 서둘 것을 확인했다. 그리고 이를 위해서도 국론을 통일하여 국내체제를 정비할 수 있도록 국책을 정리할 필요성을 느끼게 되어, 아라키(荒木) 육상의 제의로 9월부터 국방국책 확정을 위한 5상회의(사이토 마코토[斎藤実] 수상, 히로타 고키[広田弘毅] 외상, 다카하시 고레키요[高橋是清] 장상, 아라키 사다오[荒木貞夫] 육상, 오스미 미네오[大角岑生] 해상)가 개최되었다. 그러나 소련과의 전쟁준비에 국방국책을 일원화하려는 육군과, 그 때문에 미국과의 전쟁준비가 소홀해질 것을 경계하는 해군의 주장이 대립하여, 10월에 타협적인 중간발표를 했을 뿐 국책의 결정에는 이르지 않았다.

소련과의 전쟁을 최우선으로 하여 육군군비의 확장을 요구하는 육군과, 미국과의 전쟁을 최우선으로 하여 해군군비의 확장을 요구하는 해군이 항상 대립하여, 이것을 조정 통합할 수가 없어 항상 육군군비와 해군군비를 동등하게 강화시킨다고 하는, 중점이 없는 국방정책이 전개된 것이 일본의 통례였던 것이다.

4. 군비확장과 군대의 모순

▌만주주둔 병력의 정비

만주사변의 개시는 군비확장의 계기가 되기도 했다. 전쟁 개시가 군부의 정치적 발언권을 강화시킨 것은 말할 것도 없다. 10월사건, 이누카이(犬養) 내각의 출현, 혈맹단(血盟團) 사건, 5·15사건, 국제연맹 탈퇴라고 하는 일련의 과정을 통해서 군국주의화가 진행되었으나, 그 동안에 이전의 군축 분위기는 흔적도 없이 사라져버렸다. 만주 점령과 소련의 건설 진행에 따라 육군은 소련과의 전쟁을 진지하게 준비하기 시작했다. 연맹 탈퇴에 의한 국제적 고립, 미일 대립의 격화, 워싱턴조약의 폐기와 같은 일련의 과정은 해군의 미국에 대한 건함경쟁을 다시 격화시켰다. 그리하여 만주사변에서 일중전쟁에 이르는 과정은 육해군의 증강 및 전쟁준비의 진행과정이기도 했던 것이다.

〈표 6〉 만주주둔 병력의 증강

구분	1931년	1932년	1933년	1934년	1935년
사단	2	4	4	4	4
비행중대	2	9	12	15	18
총병력	64,900	94,100	114,100	144,100	164,100

* 비행중대 당 실제 출격 비행기 수는 10대 정도였다.
* 服部卓四郎『大東亞戰爭全史』참고.

〈표 7〉 국가재정에 있어서 군사비의 비중

구분	일반회계와 임시군사비 특별회계의 순계(純計)	직접군사비	비율
1927	1,765,723	494,612	28.0
1928	1,814,855	517,173	28.5
1929	1,736,317	497,516	27.1
1930	1,557,864	444,258	28.5
1931	1,476,875	461,298	31.2
1932	1,950,141	701,539	35.9
1933	2,254,662	853,864	37.9
1934	2,163,004	951,895	44.0
1935	2,206,478	1,042,621	46.1

* 大蔵省 『昭和財政史(Ⅳ) 臨時軍事費』 참고.

육군은 만주사변 이래 소련과의 전쟁준비를 위해 만주 주둔 병력의 증강과 장비의 근대화에 노력했다. 특히 1934년에는 소련이 연해주에 대형 폭격기를 배치한 것에 민감하게 반응하여, 소련에 대한 작전계획을 현저하게 공격적인 것으로 전환했다. 즉 소련에 대한 작전에는 24개 사단으로 개전과 동시에 동부 국경을 공격하고, 또한 극동 소련 공군에 대해 항공격멸전을 수행한다. 그리고 블라디보스토크 방면의 항공기지와 잠수함기지를 우선 점령하는 것을 제1단계 작전으로 하고, 이것이 성공한 후 서쪽 및 북쪽에 병력을 투입하여, 계속해서 바이칼호 방면으로 향한다는 계획으로 되었다(林三郎 『太平洋戦争陸戦概史』). 이를 위해 만주 주둔 병력의 증강에 군비계획의 중점이 두어졌는데, 그 병력은 〈표 6〉과 같이 점차 강화되었다.

이 무렵은 여전히 군축 이후의 평시 17개 사단 편성으로서 전시동원 병력은 30개 사단으로 되어 있었기 때문에, 그 대부분을 소련에 대한 작전에 집중시키는 것으로 되어 있었던 것이다. 이와 더불어 장비의 근대화에도 힘을 기울여, 특히 보병화기인 경기관총, 수류탄, 속사포, 대대포

(大隊砲) 등의 장비가 강화되었다. 이 때문에 만주사변 전 최저였던 직접 군사비가 대폭 증가하기 시작했다.

▌해군의 건함계획

해군의 병력확장도 급속하게 진척되었다. 워싱턴회의 이후 건함경쟁의 중점은 보조함으로 옮겨졌으나, 런던회의에서의 제한으로 상대적으로는 미일 해군력의 비중은 시기적으로 일본이 가장 낮게 되어 있었다. 즉 조약에서 할당된 분량을 이미 보유하고 있는 일본과 대조적으로, 할당된 분량에 미치지 못하고 있던 미국이 점차 건함에 박차를 가했기 때문이다. 그 때문에 무조약시대의 출현 및 미국과의 대립격화를 반영하여 해군의 건함계획은 다시 대규모적인 것이 되어 갔다. 이 보충계획은 점차 예산에 반영되어 1937년에는 03계획, 39년에는 04계획이 되어 실시되었다.

03계획은 1937년부터 6년간의 보충계획으로서 전함 야마토(大和)와 무사시(武蔵), 항공모함 즈이카쿠(瑞鶴)와 쇼카쿠(翔鶴)를 비롯한 함정 66척의 건조와 기지항공대 14개 부대의 증가를 목표로 하는 것이었다. 04계획은 1939년부터 6년 동안에 전함 2척, 항공모함 1척 등의 건조와 항공대 74개 부대의 증가를 목표로 한 것이었다(『戰史叢書·海軍軍戰備(1)』).

▌군내의 사상문제

이러한 육해군 군비의 확장과 근대화가 일본경제 그 자체를 군사적으로 재편성할 정도의 큰 의의를 갖고 있었다는 것은 부언의 여지가 없다. 그러나 그것과 더불어 이러한 군비확장과 장비의 근대화에도 불구하고, 여전히 군대의 모순도 격화되고 있었다는 것도 간과할 수 없다. 그것이

이 시기 군부의 각종 움직임에도 반영되고 있었던 것이다.

쇼와 초기 이래 국내 계급대립의 첨예화에 대응하여 군대 내에 있어서의 혁명적 위기도 심각한 문제가 되어 있었다. "현재의 일본군은 이미 러일전쟁 당시와는 다르다. 이 동안을 일본 근로계급의 혁명화 기간, 일본의 사회 및 군대의 부패의 기간으로 보지 않으면 안 된다." 1932년에 쿠시넨(Otto Vilhelm Kuusinen)이 지적한 이 사실은,[33] 군 당국에 있어서 그리고 항상 신분제도를 배경으로 하사관 및 병사와 대립하고 있는 하급장교에게 있어서, 실제 이상으로 우려해야 할 문제로서 비춰지고 있었다.

이 시기에 '사상문제'와 '요주의 병사' 대책이 군 당국에 의해 신경질적일 정도로 강조되고 있는 것은, 이러한 것들이 부대 내에 미치는 사상적 영향이 크다는 것, 그리고 그것을 군 당국이 무엇보다도 우려했다는 것을 보여주고 있다. 군대 내부에 있어서의 혁명조직은 극단적인 탄압 가운데서도 도처에서 싹트고 있었다. 이러한 사실에 대한 군의 대책은 한편으로는 철저하게 탄압하면서, 다른 한편으로는 이러한 사례를 적극적으로 은폐하여, 외관상으로는 군기유지가 되고 있는 것처럼 보이면서 파급을 막는 것이었다. 그러나 극단적인 비밀주의에도 불구하고, 〈표 8〉에서 알 수 있는 것처럼, 군기에 관한 범죄의 증가는 인정하지 않을 수 없었다. 이 표에서 총수로는 매년 크게 변화가 없으나, 육군형법 위반자가 점차 늘고 있는 것, 그 중에서도 상관에 대한 범죄가 늘어나고 있는 것은 이 시기로서는 주목해야 할 사항이다.

---

33 군내에 있어서의 반군운동 건수는 1929년부터 점차 증가하여 1932년에는 204건이 보고되고 있다. 또한 29년부터는 군내 세포조직도 나타나고 있다.(藤原彰『天皇制と軍隊』) 일본공산당은 32년 7월 중앙에 군사부를 설치하여 병영과 군함에 대한 공작을 적극적으로 실시했다. 육군에 대한 공작을 위해서는 기관지『병사의 벗(兵士の友)』을 32년 9월부터 33년 1월까지 12호를 발행했다.(藤原彰『資料日本現代史 I 軍隊内の反戰運動』)

〈표 8〉 군법회의 처벌인원 (죄명별) 일람표

	총계	① 육군형법 처벌자	① 중에서 대상관죄	일반형법 처벌자	기타 법에 의한 처벌자
1930	548	123	16	400	25
1931	508	119	15	354	31
1932	434	130	20	280	24
1933	562	148	26	379	35
1934	611	127	23	449	35
1935	528	123	36	378	27
1936	580	144	37	420	16

* 대상관죄란 육군형법에 의한 처벌자 중 항명, 군내에서의 상관의 명령에 반항, 상관 폭행, 상관 협박, 상관 모독, 병기를 사용한 상관 폭행 및 협박, 집단 상관 폭행, 도당 결성 등 이른바 군기죄에 해당하는 것을 집계했다. 그 중에서 도당 결성은 많은 해에는 5명이다.
* 陸軍大臣官房編『陸軍省統計年報』(昭和5年~昭和11年)에서 집계.

군대 내에 있어서의 이러한 혁명적 요인의 발아야말로 이 시기 청년장교가 과격화하는 근거가 되었다. 이것은 하급장교에 의한 국가개조운동의 중심이 제1사단 예하의 부대들이었다는 사실에서도 나타나 있다. 도쿄 주둔 부대가 정치정세를 가장 예민하게 반영하는 것은 당연하겠지만, 같은 재경부대라도 운동은 근위사단이 아니라 제1사단에서 활발했다. 근위사단은 전국에서 주로 농촌청년을 촌장의 추천으로 선발한 것에 비해서, 제1사단은 도쿄 및 인근 현을 징모구역으로 하고 있었다. 따라서 제1사단은 오사카의 제4사단과 더불어 도시출신자 비율이 가장 높은 부대로서 사상문제가 우려되는 부대 중의 하나였다. 그 중에서도 반란부대의 주력을 낸 보병 제3연대의 징모구역은 아자부(麻布) 연대구(聯隊區)(도쿄의 야마노테[山手]와 사이타마현[埼玉縣])였다.

10월사건 이후에도 끊이지 않은 청년장교의 쿠데타 계획은 마침내 2・26사건으로 폭발하여 거대한 영향을 국내 전반에 미치게 되는데, 그 요인의 하나가 이 문제였던 것이다.

제9장

중일전쟁

1. 파시즘체제의 확립과 군부의 역할
2. 중일전쟁의 개시
3. 군대의 확대와 변질

1. 파시즘체제의 확립과 군부의 역할

▌군부의 정치화와 파벌대립

만주사변 개시 이후 일본 국내정치에 있어서의 군부 발언권이 점차 강화되어, 군부를 중심으로 하는 천황제 관료의 억압지배 체제가 굳어짐으로써 전쟁으로의 발걸음이 빠른 속도로 진척된다. 이 시기의 지배체제가 천황제 파시즘으로 불리는 것은 국민지배와 전쟁체제가 군부를 중심으로 하는 천황제 관료에 의해 추진되었기 때문이다. 이 경우 군부가 지배체제 내의 정치적 헤게모니를 쥐고, 파시즘의 직접적 추진자였던 것도 주지하는 바와 같다.

쇼와 초기부터 중견간부와 청년장교에 의해 추진된 혁신운동은 파시즘체제 수립을 목표로 한 것이었다고는 해도, 그들 자신이 파시즘의 담당자라기보다는 군부를 중심으로 하는 천황제의 위로부터의 파시즘화를 위한 압력으로 작용하여 그 전위부대 역할을 한 것에 지나지 않았다. 3월사건과 10월사건 이래 반복된 쿠데타 계획은 그 최대의 것인 2·26사건에 이르러서도 쿠데타로서 성공하지는 못했다. 다만 그 에너지와 압력이 군부 및 관료에 의한 위로부터의 파시즘화 추진에 이용된 것에 머물렀다.

군부가 정치적으로 진출하는 계기가 된 것이 전쟁이었음은 말할 것도 없다. 이와 더불어 군 내부의 파벌항쟁도 결과적으로는 군부의 정치적 진출의 원인이 되었다.

메이지 이래 군부에는 출신지역인 사쓰마번과 조슈번의 대립이라는 형태로 반봉건적인 군대고유의 뿌리 깊은 파벌항쟁이 존재했다. 그것은 다이쇼 중기에는 다나카 기이치(田中義一)의 조슈번벌과 우에하라 유사쿠(上原勇作)의 사쓰마번벌로 대표되었다. 제1차 세계대전 후 순수한 향토군벌의 색채는 엷어졌으나, 여전히 인사나 정실이 얽힌 계통벌(系統閥)로 남아, 다나카 계통으로서 군정부문에 많은 우가키벌(宇垣閥)과, 우에하라 계통으로서 군령부문에 많은 반우가키벌(反宇垣閥)로 갈라졌다. 우가키 가쓰시게(宇垣一成)가 1924년 이래 7년간 육상으로서 인사행정을 손아귀에 쥐고 두 번에 걸친 군축을 단행함으로써 우가키 파벌이 다른 세력을 압도하여, 우에하라 계통의 무토 노부요시(武藤信義) 휘하에 결집한 아라키 사다오(荒木貞夫)와 마자키 진자부로(真崎甚三郎) 등 반대파의 불평이 고조되었다. 하지만 3월사건과 만주사변을 거치면서 우가키가 실각하고 아라키가 육상에 오르자, 아라키는 중앙부의 요직으로부터 우가키벌을 일소하고 극단적인 파벌인사를 함으로써 이 대립에 기름을 부었다.

아라키가 병으로 퇴진하고 하야시 센주로(林銑十郎)가 육상이 되자, 아라키 계열의 파벌화를 공격하는 구 우가키 계열이 중앙에 부활하여, 각각 황도파(皇道派)와 통제파(統制派)로 갈라져 싸우게 되었다. 이처럼 이 대립은 상층부에 관한 한 인사를 둘러싼 사적인 투쟁이었으며, 특히 만주사변 이후 중대한 육군의 기밀비 쟁탈이 얽힌 심각한 이해관계의 대립이었다. 사건 당시의 수상 오카다 게이스케(岡田啓介)는, "황도파다 통제파다 하고 요란을 떨고 있지만, 사실은 육군의 방대한 기밀비 쟁탈전이지. 그 무렵 육군의 기밀비는 100만엔, 해군은 20만엔 정도였을거야. 그 기밀비를 어느 쪽이 차지할 것인가 하는 파벌싸움인거야."(『改造』 1951년 2月號 座談會記事 「二・二六事件の謎を解く」)라고 말하고 있다.

양 파는 각각 이미 부서 내부에서 큰 세력이 되어 있던 하급장교의 국가개조운동과 결합했다. 아라키와 마자키 등의 황도파에는 군령계통 출신의 정신주의자자 많아 단순한 하급장교의 신망이 두터웠으며, 통제파에 의해 밀려난 지위를 회복하는 수단으로써 그들을 선동하여 이용했다. 반대로 통제파의 경우는 우가키 계열의 유능한 간부가 아라키 육상 시대에 퇴직하여 상층부에는 무능한 인물이 많았기 때문에 영관급 혁신파 장교가 이와 연결되어 조종했다. 이로 인해 양 파의 성격에 어느 정도의 색깔의 차이가 나타났다. 군정부문의 직책을 차지하고 있는 통제파는, 전쟁수행과 관련된 요직을 담당하여 경제관료나 자본가 대표들과 군비확장이나 전쟁경제에 관한 업무로 접촉하여, 어느 정도의 시야와 합리성도 갖고 있었다. 이에 비해서 재야파라고 할 수 있는 황도파는 보다 성급한 국가개조나 전쟁을 생각하고 있었다.

그러나 이것이 양 파의 대립을 독점자본적 요소와 지주적 요소의 대립으로 보는 이유는 되지 않는다. 통제파의 막료도 황도파의 하급장교도 마찬가지로 국내의 전쟁체제 확립과 대륙진출을 지향하여, 단지 그것을 순차적으로 할 것인가 아니면 서둘러 할 것인가 하는 방법의 문제를 다투고 있던 것에 지나지 않았다.

▍청년장교의 급진화

1934년경부터 만주지배의 한계가 명백하게 드러남으로써, 화북으로의 진출이 순조롭게 진행되지 않아 국내의 준전시체제가 제자리걸음을 시작하자, 급진파 하급장교의 초조감이 심화되었다. 이 초조감은 상층부의 파벌대립에 휩쓸려 들어감으로써 통제파에 대한 격렬한 반감으로 나타났다. 원래 지위나 금전의 이해관계가 얽힌 파벌싸움은 개인적이고 감정적인 것인 만큼, 반대파에 대한 증오는 뿌리 깊은 것이다. 아라키와 마자키 등의 일파는 하급장교를 선동하여 시국에 대한 그들의 초조감을

통제파에 대한 증오와 결부시켰다. 무라나카(村中)와 이소베(磯部)가 통제파를 공격하여, "우리가 하야시, 마자키, 아라키 이 세 대장의 무사성충(無私誠忠)의 인격에 감복하기 때문에 세 대장을 언급하는 데 비하여, 그들은 인척관계나 금전관계로 의심을 받는 미나미(南) 대장과 마쓰이(松井) 대장을 추대하는 점에 있어서, 우리와 중대한 하나의 대립원인을 만드는 것은 주목해야 한다."(村中·磯辺『肅軍に関する意見書』)고 하고 있는 것은, 이 대립이 지극히 감정적이고 왜소화된 것임을 나타내는 것이다.

이것은 11월사건과 관련하여 무라나카와 이소베가 통제파의 가타쿠라 다다시(片倉衷)와 쓰지 마사노부(辻政信)를 무고죄로 고소한 기소장으로, 이것을 인쇄 배포하여 전국의 동지들에 대한 선동에 사용한 것이지만, 거기에는 정책이나 방침에 대한 비판도 없고, 있는 것이라고는 격한 감정적 반발뿐이다. 무라나카와 이소베가 이 문건 배포를 이유로 면직되고, 더욱이 그것에 의해 격앙된 아이자와(相沢) 중령이 나가타(永田) 군무국장을 살해하는 사건이 발생함으로써 감정적 대립은 극에 달했다. 2·26사건은 이러한 파벌대립의 극한상태에서 발생한 것이었다. 따라서 사건 그 자체에 그다지 정치적 사회적 의의를 부여할 수는 없다. 다만 그 영향이 매우 컸던 것이다.

▎2·26사건의 동기와 목적

2·26사건의 동기와 목적은 궐기한 청년장교의 구체적인 전술목표가 된 「육군대신에 대한 요망사항」을 통해서 엿볼 수 있다. 거기에는 다음의 8개 항목을 들고 있다.

1. 사태를 신속하게 수습함과 더불어 본 사태를 유신 방향으로 이끌어 갈 것. 결행의 취지를 육상을 통해 천황에게 상신할 것.

2. 경비사령관, 근위사단장, 제1사단장 및 헌병사령관을 불러 모아 그 행동을 통일시켜, 황군 상호 간의 충돌이 없도록 조속한 조치를 취할 것.
3. 병마(兵馬)의 대권을 간섭하여 침해한 우가키(宇垣) 조선총독, 고이소(小磯) 중장, 다테카와(建川) 중장을 즉각 체포할 것.
4. 군권을 사유화한 중심인물인 네모토 히로시(根本博) 대령, 무토 아키라(武藤章) 중령, 가타쿠라 다다시(片倉衷) 소령을 즉시 파면할 것.
5. 소련의 위협에 대처하기 위해 아라키(荒木) 대장을 관동군사령관에 임명할 것.
6, 7, 8 (생략)

거기에는 청년장교의 혁신운동이 초기에 갖고 있던 사회적 시야는 소멸되고, 농민도 중소상공업자도 재벌도 특권계급도 문제되지 않게 되어, 반대파에 대한 격렬한 감정과 반혁명전쟁에 대한 요구만이 남아 있었다. 31년경 농촌의 피폐로 고민하는 현역병의 가정을 돕기 위해 청년장교의 중심이었던 스가나미 사부로(菅波三郎)와 안도 데루조(安藤輝三) 등이 동지 장교들에게 호소하여 봉급의 일부를 거출하는 운동을 일으켰으나 군 당국에 의해 금지된 적이 있는데(新井勳『日本を震撼させた四日間』), 초기에 나타난 농민에 대한 이러한 약간의 관심조차도 35년 이후의 농촌 정세의 변화에 따라 사라져 버렸다. 그들의 운동은 왜소화하여 목표가 축소되어 있었던 것이다.

또한 이 시점에서 쿠데타를 결행하게 된 직접적인 계기 중의 하나는 1936년 3월로 예정되어 있던 제1사단의 만주 파견이었다. 만주사변 이후 이 시기까지 만주에 있어서의 병력배치는, 독립수비대를 제외하고는 아직 관동군 고유의 부대라는 것이 없이, 본토의 사단이 교대로 파견되는 것이 통례로 되어 있었다. 이 교대파견제는 2개 사단 설치 이전의 조

선이나 시베리아 출병 때에도 행해진 것으로, 제1사단에 순서가 돌아오는 것도 일단은 순전히 군사적 측면의 교대배치라고 할 수 있다. 그러나 러일전쟁 이래 30년간 근위사단과 제1사단은 한 번도 외지로 나간 적이 없고, 도쿄 사단을 외지로 파견하지 않는 것은 당시 육군의 내규로 되어 있었다(渡辺茂雄『宇垣一成の歩んだ道』). 따라서 이 결정은 군 내외에 의외의 조치로 받아들여졌다. 더구나 제1사단은 황도파 청년장교의 거점으로 알려져 있었으며, 이것이 내정된 1935년 말은[34] 11월사건과 교육총감 파면문제에 이어서 아이자와(相沢) 사건이 일어나, 육군 내부의 황도파와 통제파의 상극이 절정에 달해 있던 시기였기 때문에, 이 결정에 모종의 정치적 고려를 느끼는 자가 있었다고 해도 그것은 당연한 것이었다.[35]

따라서 통제파와 황도파의 항쟁 와중에 휘말려 있던 청년장교가, 이 결정을 황도파 탄압을 위한 통제파의 음모로 받아들인 데에는 충분히 근거가 있었다. 만주파견은 그들이 5년 동안 오로지 그것만을 목표로 열정을 쏟아 온 쿠데타 기회를 반영구적으로 상실하는 것을 의미했다. 그 때문에도 3월의 만주이동 전에 거사를 결행하지 않을 수 없었다. 사실 가장 적극분자였던 무라나카(村中), 이소베(磯部), 구리하라(栗原) 이 세 사람은 35년 12월경부터 만주이동 전의 궐기를 목표로 다른 동지들에게 공작을 시작했다(「二・二六事件判決理由書」, (新井勲『日本を震撼させた四日間』), 山口一太郎「嵐はかくして起きた」『時論』1924년 6月號 등).

---

34 제1사단의 만주파견이 발표된 것은 사건 직전인 1936년 2월 21일이었으나(당일 육군성에서 발표, 『東京朝日新聞』), 관련 부대에는 35년 말에 그 취지가 하달되어, 12월부터 시작된 초년병 교육은 이미 그것을 감안한 것이었다.(新井勲『日本を震撼させた四日間』)

35 木下半治『日本国家主義運動史』(下)에서는 "만주 파견은 당연히 황도파 청년장교들이 모여 있는 이 사단을 만주로 쫓아내려는 것으로, 황도파는 그 계획의 변경 혹은 연기, 또는 3월의 인사이동에 의한 일본본토 체류를 시도했으나 실패했다. 그리고 일부에서 내심 우려했던 것처럼, 이 만주행 결정이 황도파 장교의 '개조단행(改造断行)'을 앞당기는 결과를 초래했다."고 하고 있다. 그 외 山本勝之助『日本を亡ぼしたもの』, 渡辺茂雄『宇垣一成の歩んだ道』등도 동일한 견해를 나타내고 있다.

이렇게 하여 일어난 2·26사건은, 그때까지의 쿠데타 계획과 마찬가지로, 국가개조라고는 해도 그것에 대한 어떠한 구체적인 계획도 없이 정계와 재계 지도자의 암살에 머물렀을 뿐, 나중 문제는 군 상층부가 수습해 줄 것으로 기대하고 있었다. 거기에 청년장교 혁신운동의 한계가 있었으며, 일본 파시즘화의 주역이 그들이 아니라, 그들은 단지 전위부대였다는 것이 나타나 있다. 주역은 군부전체 특히 그 중추부의 간부들이었다.

2·26사건의 결과

2·26사건 후 계엄령 하에서 군부의 정치적 제패가 완성되어 간다. 그것은 사건에 참가한 장교의 사형이라는 강경처분과 숙군의 강화를 맞바꿈으로써 얻은 것이었다.

이른바 '숙군'은 대규모적인 인사이동이었는데, 결과적으로 통제파의 제패를 의미했다. 3월 6일 군사참의관인 하야시(林), 마자키(眞崎), 아베(阿部), 아라키(荒木) 이 네 대장의 대기명령에 이어서, 관동군사령관 미나미 지로(南次郞)와 시종무관장 혼조 시게루(本庄繁) 대장도 사직하여, 6명의 대장 모두가 예편되었다. 7월 10일에는 가시이 고헤이(香椎浩平), 호리 조부(堀丈夫, 제1사단장), 하시모토 도라노스케(橋本虎之助, 근위사단장) 등 사건 관련 책임자가 전부 예편되었다. 그리고 8월 1일의 육군 정기인사에서는 육군에서는 전례가 없는 3,000명이 이상의 장교 인사이동을 단행하여, 다테카와 요시쓰구(建川美次, 통제파)와 오바타 도시시로(小畑敏四郞, 황도파) 등 주목을 받았던 인물 모두가 예편되었다.

이 숙군인사는 사건에 대한 국민의 격심한 반감을 다른 데로 돌린다는 의미도 있었다. 일찍이 5·15사건의 재판장 책상 위에 20여만 통의 감형탄원서가 쌓였던 것과 같은 반응은 전혀 없었을 뿐만 아니라, 반대로 수상관저에서 순직한 경찰관에 대한 의연금이 쇄도한 것은, 계엄령 하에서 모든 발언이 봉쇄된 국민의 무언의 항의 표시였다고 할 수 있다. 이러한 국민의 반감을 배경으로 정당과 재계 그리고 언론계 모두 소극적인 형태로의 항의를 숙군의 요구로써 표현했다.

사건이 칙령을 거역한 반란의 형태를 취한 것은, 이를 빌미로 군부를 비판하는 대의명분을 부여하여, 숙군을 요구하는 목소리는 날이 갈수록 높아졌다. 사건 후의 특별의회에서 사이토 다카오(斎藤隆夫)가 숙군에 관한 연설에서, "국민은 모두 분개하고 있으나, 오늘날 국민은 이것을 드러내 놓고 말할 자유를 박탈당하고 있다. 그러나 국민의 인내력에는 한계가 있다. 나는 이 국민의 인내력이 다하는 날이 오지 않기를 충심으로 바란다."(議會 速記錄)고 외쳐, 국민의 큰 공감을 얻음으로써 숙군은 절정에 달했다. 이 때문에 육군 당국도 숙군 단행을 약속하지 않을 수 없었다.

국민이 군부에 숙군을 요구한 것은 군의 정치적 진출을 반대한 것이었으나, 그것과는 다른 의미로 군대 자체도 숙군을 필요로 하고 있었다. 반란이 군 질서에 의한 통제를 뛰어넘어 하급장교가 상급간부의 권위를 모독한 것, 그리고 동원된 병사가 반란군이 됨으로써 명령에 대한 절대 복종의 원칙에 군 내외로부터의 의혹을 초래한 것은, 군부의 권위와 질서에 상처를 주는 중대한 사태였다. 청년장교의 운동이 군부에 의해 정치적 흥정에 이용되는 한계가 노출된 것이다. 군부의 정치적 영역확대는 사건의 압력과 계엄령의 위력으로 충분히 달성할 수 있었다. 그 이상의 하급자의 비합법적 운동은 단지 국민의 비판을 받는다는 것만이 아니라, 군대지배의 유지를 위해서도 허용될 수 없는 것이었다. 이 때문에도 숙군은 철저하지 않으면 안 되었던 것이다. 그리고 숙군은 이러한 의미에서 군 내의 야당인 황도파의 탄압과, 군 중앙부 즉 통제파의 군 내 지배권의 확립을 가져왔다.

따라서 숙군은 군 내부에 있어서의 비합법적인 급진운동에 대한 최초의 탄압이었다. 그것은 군부관료가 만주사변 이래 전쟁정책으로의 전환에 있어서 지렛대로 이용해 온 급진 파시즘운동의 역할이 객관적으로 불필요하게 된 것을 의미했다.

더구나 이상과 같은 강경처분과 숙군은 양날의 칼이었다. 군부 스스로의 필요에 의해 행해진 이들 조치는 군의 권위와 압력을 더욱 강화시켜, 외부에 대해서는 그 반대급부로서 큰 대가를 요구하는 것이었다. 이 압력을 배경으로 반란진압 직후부터 군부의 정치적 영역은 비약적으로 확대되어, 숙군의 진행과 더불어 그것은 한층 현저하게 된다고 하는, 일견 모순으로 가득한 현상이 발생했다. 이미 히로타(広田) 내각의 조각에 있어서 데라우치(寺內)를 육상으로 추천하는 대가로서 '국방의 강화', '국체의 명징', '국민생활의 안정', '외교의 쇄신'이라는 네 가지 이례적인 강경조건을 사건의 재발 방지를 위해 절대 필요하다고 주장하고, 또한 각료 인사에 개입하여 예정된 신내각 각료의 면면을 일변시킴으로써 이미 쿠데타의 효과를 최대한으로 이용하고 있었던 것이다.

이러한 군부의 정치적 진출을 배경으로 군부와 재벌의 유착체제가 강화되어, 정치 경제의 군사화 및 파시즘체제의 확립이 진척된다. 이러한 방향으로 도약하는 발판으로서 이 쿠데타의 의의는 큰 것이었다. 대공황의 위기를 만주침략의 개시에 의해 타개하려고 한 일본제국주의는, 그 구조적 특질 때문에 새로운 위기와 침략의 필요성을 재생산하지 않을 수 없었다. 국내에 있어서의 만주 붐의 한계, 인플레이션의 악화, 노동운동의 격화, 사회적 불만의 고조에 덧붙여, 화북 진출의 실패, 중국에 있어서의 통일전선 형성의 진전은, 새로운 침략 즉 중일전쟁 개시를 독점자본에 있어서도 그리고 그것과 유착하여 그 위기를 스스로의 지배 위기로 하기에 이른 천황제에 있어서도 필수적인 요구가 되게 하는 것이었다.

중일전쟁으로의 코스로 직진하기 위해 보다 철저한 반동지배의 강화와 전쟁준비의 노력이 필요하게 되었다. 2·26사건은 이러한 정책으로의 전환에 있어서 지렛대 역할을 한 것이다.

▎국방방침의 개정

히로타 내각은 2·26사건의 압력으로 육군이 요구하는 '광의국방(広義国防)'과 '서정일신(庶政一新)'을 모두 받아들였다. 전쟁준비와 군비증강에 있어서 2·26사건은 큰 계기가 되었던 것이다.

히로타 내각의 강경노선으로의 전환을 드러낸 것은 히로타 수상, 아리타 하치로(有田八郎) 외상, 데라우치 히사이치(寺内寿一) 육상, 나가노 오사미(永野修身) 해상, 바바 에이치(馬場鍈一) 장상의 5상회의가 36년 8월 7일에 결정한 「국책의 기준」이었다. 이것은 육군과 해군의 주장을 받아들여 대륙에 있어서의 지반확립과 남방해양으로의 진출을 국책의 기준으로 정하고, 이를 위해 군비를 충실히 한다는 방침을 처음으로 '국책'이라는 형태로 성문화한 것이다. 또한 같은 날 5상회의 멤버 중 장상을 제외한 4상회의에서 「제국 외교방침」을 결정했다. 이것은 당면한 외교의 중점을 "소련의 동아시아에 대한 침략적 기도의 저지, 특히 군비 위협의 해소 및 적화진전의 저지"에 둔다는 것으로, 육군의 주장을 받아들여 소련과의 대항을 외교의 기본방침으로 한 것이다.

「국책의 기준」 결정에 앞서 「제국국방방침」도 개정되었다. 국방방침의 개정은 2·26사건 직전부터 토의되던 것이지만, 만주사변 후의 정세변화에 따라 1923년 개정된 방침을 전면적으로 개정하게 된 것이다. 그 결과 1936년 6월 8일 「제국국방방침」·'용병강령'의 제3차 개정이 천황에 의해 재가되었다. 이 방침은 가상적국으로서 미국과 소련을 제1위에 두고, 그 다음으로 중국과 영국을 추가한 것이다. 그리고 소요병력으로서 육군은 소련과의 전쟁이 현실화되는 것에 대비하여 50개 사단과 항공 142개 중대의 병력을 재차 제시했다. 해군도 무조약시대에 대비하여 전함 12척, 항공모함 12척, 순양함 28척, 수뢰전대 6개 부대(구축함 96척), 잠수전대 약간(잠수함 70척), 기지항공대 65개 부대를 제시했다.

육군은 이 소요병력을 조속히 실현하기 위해 육군군비증강계획(1호 군비)을 결정했다. 이것은 37년부터 42년까지 6년 동안에 41개 사단과 항공 142개 중대를 정비하려는 것이었다. 해군도 즉시 제3차 보충계획(03계획)을 결정하여 전함 무사시와 야마토 등 66척의 군함을 건조하고, 기지항공대 14개 부대를 4년 동안에 정비하는 데 착수했다. 히로타 내각의 1937년도 예산은 이 육해군비의 대확장을 포함하여 30억엔이 넘었다. 만주사변 이후 최초의 본격적인 군비확장이 시작된 것이다.

2. 중일전쟁의 개시

▌화북 분리공작

 당고(塘沽) 정전협정 이후도 관동군의 눈길은 인접한 화북과 내몽고에 집중되어 있었다. 그것은 소련과의 전쟁에 대비하여 배후를 굳건히 해둔다는 의미와, 만주국 내의 항일 게릴라 소탕을 위한 거점으로서 화북을 지배하에 두려는 의도에 기초하고 있었다. 이를 위해 봉천의 특무기관장 도히바라 겐지(土肥原賢二) 소장 등을 통해 화북공작을 추진하고, 내몽고 각지에도 특무기관을 배치하는 등, 화북과 내몽고를 중국정권으로부터 분리시켜 일본의 영향 하에 두려는 공작을 추진했다.
 1935년 6월, 하북성으로부터 국민당의 당 기관과 군대를 철수시키기 위한 지나주둔군사령관 우메쓰(梅津) 소장과 국민정부 대표 하응흠(何応欽) 사이의 우메쓰·하응흠 협정을 체결시키고, 이어서 7월 찰합이성(察哈爾省)의 만리장성 이북으로부터 중국군을 철수시킨다는 도히바라(土肥原) 특무기관장과 성(省) 수석대리 진덕순(秦德純) 사이의 도히바라·진덕순 협정을 체결케 했다. 그리고 35년 11월에는 당고 정전협정에 의해 비무장지대가 된 하북성 동북부의 22개 현에 친일파인 단여경(段汝耕)을 위원장으로 하는 기동방공자치위원회(冀東防共自治委員会)를 설치하고(12월에는 기동방공자치정부(冀東防共自治政府)로 개칭), 12월에는 찰합이성의 장가구(張家口) 북방의 구북(口北) 6현을 관동군이 지도하는 몽고인 이수신(李守信)의 군으로 하여금 점령케 했다.

관동군은 화북 5성(하북, 산동, 산서, 찰합이, 수원[綏遠])을 중앙에서 분리시켜 자치구로 하여, 제2의 만주국으로 하려는 목적으로 화북 분리공작을 추진하고 있었다. 이에 대해서 국민정부는 중앙의 영향력이 미치는 정권을 수립함으로써 일본의 군사적 압력을 피하려고 하여, 35년 12월 지방군벌인 제29군 사령관 송철원(宋哲元)을 주석으로 하여 하북성과 찰합이성을 관할하는 기찰정무위원회(冀察政務委員会)를 성립시켰다. 12월 9일 북평(北平)의 학생들이 이에 반대하는 데모를 하여(12·9운동), 이를 계기로 중국의 항일운동이 고조되었다. 일본 측은 기찰정무위원회가 반드시 일본의 꼭두각시는 아니라는 것에 불만을 갖고, 화북 분리공작을 한층 강하게 추진했다. 36년 1월 참모본부는 화북의 자치공작을 추진하기 위해「북지처리요강(北支処理要綱)」작성을 지나주둔군 사령관에게 지시했다. 이러한 일본육군의 화북 분리공작은 오히려 중국에 민족독립에 대한 위기감을 불러일으켜 항일운동을 격화시키는 계기가 되었다.

▎전쟁확대의 원인

1937년 7월 7일 노구교사건(蘆溝橋事件)으로 시작된 일본과 중국의 전면전은, 일본을 장기전의 수렁으로 끌어들여 태평양전쟁을 일으켜 결국 패전의 파국으로 몰아가게 되는데, 그 개시에는 몇 가지 문제가 있었다. 첫째, 그것은 청일전쟁이나 러일전쟁 혹은 이후의 미·영과의 전쟁과는 달리, 예상하고 계획한 전쟁이 아니었다. 둘째, 전쟁이 시작되고 나서도 그것이 그처럼 큰 전쟁이 될 것이라고는 일본으로서는 전혀 예상하지 못했다. 정세의 추이에 떠밀려 자주적인 판단을 상실하여 자신도 모르게 빠져나올 수 없는 대전쟁의 수렁에 빠져 있었던 것이다.

왜 그랬을까. 군사적인 문제에 한정하여 본다면 중국에 대한 정세판단의 착오, 군부 내의 의견 불일치, 내부의 통제 결여, 그리고 중일 양군의 전의와 질적인 면에 대한 전망과 판단의 실패를 들지 않을 수 없다.

노구교사건 발발 전, 중국에 대한 일본의 정책은 이미 전쟁이 필연적이라는 방향으로 향하고 있었다. 2·26사건 후의 전쟁체제의 확립과 군비확장 추진은 언젠가는 전쟁이 불가피하다는 것을 전제로 한 것이었다. 1936년 8월 히로타 내각은 최초의 장기적 국책으로서 「국책의 기준」을 정하여 남진과 북진을 동시에 목표로 했으나, 이 중 가장 구체성이 있는 당면목표는 화북으로의 침략이었다. 즉 화북을 중국에서 분리시켜 제2의 만주국을 만드는 것이 당면의 중요 국책으로 되었던 것이다. 그리고 이미 35년부터 활발하게 되어 있던 현지군에 의한 화북 분리공작은 더욱 그 템포를 빠르게 해 갔다. 그러나 이러한 정책이 중국의 저항을 불러일으키지 않을 리가 없었다. 중국과의 전쟁 없이 그것을 달성하려고 하고 있던 점에 중요한 예상착오가 있었다고 할 수 있다.

이 무렵 참모본부에서는, 소련에 대한 작전계획과 마찬가지로, 중국에 대한 작전계획을 평시대로 입안하고 있었다. 그러나 그것은 본격적인 장기전쟁을 예상한 것은 아니었다. 사건 직전의 계획도 종전의 것과 큰 차이 없이, 소수 병력으로 중국 내 주요지점을 점령하는 데 머무른 것이었다. 즉 화북 방면에서는 2, 3개 사단으로 북경 및 천진을 점령하고, 화중 방면에서는 1, 2개 사단으로 상해 및 그 주변을, 그리고 화남 방면에서는 1개 사단 정도로 복주(福州), 하문(廈門), 산두(汕頭)를 각각 점령한다는 것이었다(林三郎『太平洋戰争陸戰槪史』). 그 이상의 대규모 작전은 예상하고 있지 않았다.

이 시기 참모본부의 주요 관심사는 소련과의 전쟁이었다. 그 때문에 중국군을 상대로 본격적인 전쟁을 수행하는 것은 2정면 작전의 우를 범하는 것이라고 하여 피하려는 의향이 강했다. 참모본부 부장 이시하라 간지(石原莞爾)를 중심으로 하는 이 사고방식이 일반적이었다고 할 수 있다.

그러나 이러한 기본적인 사고방식과는 별개로, 중국의 항일운동 고조를 증오하여 이참에 중국에 일격을 가해야 한다는 의견이 오히려 중국통으로 불리고 있는 인물들 사이에 강했던 것도 사실이다.

노구교사건의 발발

노구교사건도 이러한 강경파의 움직임과 관계가 없었다고는 할 수 없다. 사건의 발단에 대해서는 여러 설이 있으며, 최초의 발포에 대해서는 제3자의 모략설까지 있으나, 사건을 심각하게 만든 것은 일본군에 의한 공격 개시였다.[36]

사건 발발 후, 중앙과 현지의 지나주둔군 모두 불확대 방침을 정했다. 7월 11에는 현지의 양 군 사이에 노구교의 인도, 대표자의 사죄, 책임자의 처벌, 항일단체의 단속 등 일본 측의 요구를 받아들인 현지협정이 조인되었다. 이러한 한에서는 만주사변의 발단과는 상당히 양상이 달랐다. 일부 간부에 의한 도발적인 행동이 있었다고는 하지만, 일본군의 행동은 계획적이지는 않았으며, 그 후의 움직임도 의식적으로 확대시키려고 한 것은 아니었다. 지나주둔군의 병력이 중국 측의 제29군에 비해 상대적으로 적었던 것도 일본군이 신중론을 취한 하나의 근거였다. 전년도인 36년 지나주둔군의 병력은 대폭 증강되어, 보병 2개 연대 편성의 혼성여단 정도로 되어 있었다.[37] 그러나 북경과 천진 주변의 제29군 병력 10만

---

36 주지하는 바와 같이, 사건의 발단은 노구교 부근에서 야간훈련 중인 지나주둔군 보병중대가 소총사격을 받았다는 것이다. 당사자인 시미즈 세쓰로(淸水節郞) 중대장의 수기에 의하면, 수 발의 실탄이 날아오는 소리를 듣고 즉시 부하를 집합시켰는데 병사 1명이 행방불명이었다(나주에 확인한 결과 아무 일 없었다). 이것을 대대장에게 보고하여, 대대가 출동하여 중국군과 대치했다. 그러는 동안 다시 3발의 사격을 받았다(피해는 없었다). 대대장이 그것을 연대장 무다구치 렌야(牟田口廉也) 대령에게 보고하자, 연대장은 "전투를 해도 좋다."고 지시하여, 대대는 중국군에 대한 공격을 개시하여 이를 격퇴시켰다는 것이다.(淸水節郞手記, 秦郁彦編『蘆溝橋事件』)

은 이전의 장학량의 군대보다는 훨씬 항전의식이 높아, 그 10분의 1의 일본군으로서는 상당한 고전이 예상되었던 것이다.

▌고노에 내각의 강경태도

이러한 국지적 해결의 가능성에도 불구하고, 일거에 중일 양국 간의 전면전으로 확대시킨 것은 일본정부의 본토사단 파견 결정이었다. 현지에서 정전협정이 체결된 것과 같은 날인 7월 2일, 고노에(近衛) 내각은 각의에서 스기야마(杉山) 육상의 주장을 만장일치로 승인하여, 중국 측이 교섭을 전면적으로 거부했다는 이유로 화북 파병의 '중대 결의'를 표명하는 성명을 발표했다.

그날 저녁 관동군 혼성 2개 여단과 조선군 제20사단을 화북으로 파견하라는 명령이 하달되고, 7월 15일에는 육군 항공병력의 절반 이상을 집합시킨 임시항공병단의 편성 및 파견 명령이 하달되었다. 이것은 모두가 천황의 재가를 받은 봉칙명령이었다. 이에 앞선 8일 육군은 사건의 확대에 대비하여 긴키(近畿) 서쪽 각 사단에 제대 연기를 명령했다. 그것은 7월 10일의 정례 2년차 병사 제대와 12일의 신병 입대 사이의 병력 공백을 막아, 긴급출동이나 동원에 대비하기 위한 조치였다. 해군도 대만 방면에서 훈련 중이던 제3함대를 복귀시켜 긴급파병을 위한 대기병력 준비에 착수했다.

---

37 그때까지의 지나주둔군 부대는 1년 교대제로, 개편 전의 병력은 1,771명이었다. 개편에 의해 군사령관은 친보직(親補職 : 대장 보직에 중장이 임명되는 것)이 되어, 부대는 다음과 같이 증강되어, 병력은 5,774명이 되었다.(『戰史叢書·支那事変陸軍作戰(1)』)
지나주둔군사령부, 지나주둔 보병여단사령부(지나주둔 보병제1영대, 제2연대), 지나주둔 전차대, 지나주둔 기병대, 지나주둔 포병연대, 지나주둔 공병대, 지나주둔 통신대, 지나주둔 헌병대, 지나주둔군 병원, 지나주둔군 창고.

또한 11일 일본정부는 이 사건을 '북지사변(北支事變)'이라 명명한다고 발표하고, 이 충돌사건을 만주사변과 마찬가지로 '사변'이라는 이름의 전쟁으로 확대시킬 태세를 나타냈다. 고노에(近衛) 외상은 정계, 재계, 언론계 등의 각계 대표를 초대하여 거국일치를 요망하면서 전쟁 돌입 의사를 표명했다. 전쟁의 확대와 관련하여 이 사건 발발 당시에 있어서의 내각의 책임은, 만주사변 때와는 반대로, 참으로 큰 것이었다.

화북 총공격

이러한 일본정부의 전쟁에 대한 강한 의지는 중국 국민의 분기를 촉발시켰다. 특히 일본군의 파견병력 증강이, 중국 측에 일본은 작전준비가 갖추어질 때까지 현지교섭으로 시간을 벌고 있다는 의혹을 갖게 했던 것이다. 7월 15일 중국공산당은 국공합작에 의한 전면항전을 호소했다. 가급적 일본과의 타협을 원했던 장개석도, 7월 19일 국민의 궐기를 촉구하는 성명을 발표하지 않을 수 없었다. 화북의 책임자인 송철원(宋哲元)의 타협적인 태도에도 불구하고 제2군의 병사, 북경과 천진의 노동자와 시민 그리고 학생까지 독립을 지키기 위해 싸울 결의에 불타, 충돌은 점차 불가피하게 되어 갔던 것이다.

일본군도 증원부대의 도착에 의해 행동이 활발하게 되었기 때문에, 7월 25일 북평과 천진 중간의 낭방(郎坊)에서, 그리고 7월 26일 북평 성문의 하나인 광안문(広安門)에서 중일 양군의 충돌이 일어났다. 지나주둔군은 26일 저녁 송철원에게 낭방사건을 이유로 제29군을 28일 정오까지 북평 시내와 영정하(永定河) 좌측 연안으로부터 모두 철수시키라는 최후통첩을 보냈다. 그리고 제20사단, 혼성 제1 및 제10여단, 임시항공병단을 증강시킨 지나주둔군이 7월 28일 아침 총공격을 개시하여, 격전 끝에 북평과 천진 및 그 주변지역을 하루 만에 점령했다. 참모본부는 지나주둔군의 공격을 승인함과 더불어, 7월 27일 제5, 제6, 제10의 3개 사단을 동원하여 화북에 파견하라는 명령을 내렸다. 이로써 전쟁의 확대는 결정적인 것이 되었다.

이 총공격의 경우에도 군 중앙부는 이것을 확대시킬 의도는 없었기 때문에, 영정하(永定河) 선을 넘어서는 안 된다는 조건을 달고 있었다. 그러나 현지에서 전투준비를 완료하고 있는 군 지휘관에게 무력행사를 제한시키는 것은 무리였다. 지나주둔군 내부에 있던 불확대론자조차도 강경파의 주장에 압도되고 말았다. 주둔군사령관 다시로 간이치로(田代皖一郞) 중장이 병사하고, 그 후임인 고쓰키 기요시(香月淸司) 중장이 강경파에 동조한 것도 큰 영향이 있었다.

▌전면전으로의 확대

총공격이 행해진 이상 전쟁은 확대될 수밖에 없었다. 8월 13일에는 상해로 전투가 비화되었다. 해군 육전대는 중국군에 압도되었다. 8월 15일 정부는 「중국군의 폭거를 응징한다.」는 전쟁개시 성명을 발표했다. 육군은 새롭게 4개 사단을 동원하여 상해로 보냈다. 9월 초 임시회의에서는 25억엔이 넘는 전비지출을 승인하여 임시군사비 특별회계가 계상되었다. 11월 21일에는 러일전쟁 이래의 대본영이 설치되었다. 마침내 본격적인 전쟁이 시작된 것이다.

정부와 군부가 중국과의 장기전을 바라지 않았음에도 불구하고, 이 국지적 사건이 일거에 확대되어 전면전이 된 이유는 무엇일까. 준전시체제의 파탄 및 만주경영의 한계로 인한 경제적 정치적 위기가 또 다시 새로운 침략을 불러일으키지 않을 수 없었던 것이다. 더구나 누차에 걸친 화북 침략 시도가 모두 실패했을 뿐만 아니라, 서안사건(西安事件) 후의 중국 정세가 화북을 제2의 만주국으로 만들려는 이러한 기도를 쉽게 허용하지 않은 것에 대한 초조감도 있었다. 이러한 사정 때문에 이 기회에 강대한 무력으로 중국을 압도하여 화북 점령의 목적을 일거에 달성하려는 의도가 강하게 작용하고 있었다.

군 중앙부와 정부도 개전을 강행하려고 했다기보다는, 강대한 일격을 가하면 손쉽게 중국을 굴복시킬 수 있을 것으로 믿고 있었기 때문이었다. 소련과 중국에 대한 2정면 작전을 피하기 위해서는 중국과의 전쟁을 단기간에 끝낸 다음에 소련과의 전쟁준비에 전념해야 한다는 의견이, 앞에서 기술한 것처럼 제1부장 이시하라 간지(石原莞爾) 소장을 비롯한 참모본부를 지배하고 있었다. 이러한 생각은 유아사 구라헤이(湯浅倉平) 내대신이, "소련에 대한 준비 역시 게을리 해서는 안 된다.(중략) 가급적 신속하게 중국군을 항공기로 폭파한 후 신속하게 철수하여,(중략) 그 다음의 준비를 해야 한다."(『西園寺公と政局』 Ⅵ)고 말하고 있는 것처럼, 군부뿐만 아니라 상층부 일반에 공통된 것이었다. 그럼에도 불구하고 참모본부와 정부의 중신들을 포함한 지배계급이 전면전을 감행한 것은, 대군을 파견하여 과감하게 일격을 가하면 현안도 간단히 해결할 수 있다는 계산 때문이었다. 육상은 사변 당초 2개월 내에 마무리할 수 있다고 천황에게 보고하고 있었으며, 확대된 후에도 "중국군에 대해서는 단기간(예를 들면 1년)에 큰 타격을 가할 수 있다는 판단이 육군 내부에서는 유력"했으며, 또한 "남경을 점령하면 국민정부가 항전을 단념할 가능성이 높다고 판단"(林三郎 『太平洋戦争陸戦概史』)하고 있었다고 한다. 이러한 안이한 전망이 전쟁을 확대시킨 하나의 원인이었다.

▎남경점령과 대학살

전쟁에 대한 이러한 낙관적인 전망은 우선 중국 국민과 군대의 강한 저항에 의해 좌절되었다. 만주사변에서는 전의가 없는 장학량의 군벌군을 상대로 했기 때문에 불과 1개 사단 정도의 일본군으로 충분했으나, 이번의 중국군은 항일민족통일전선으로 결집한 중국국민 전체의 지원을 받아 강한 항전의지에 불타고 있었다. 스기야마(杉山) 육상이 천황에게 약속한 2개월은, 상해 북방의 늪지대에서 중국군의 저항에 저지되어, 막대한 사상자가 발생하여 한 발도 전진하지 못하는 동안에 지나가 버렸다. 이에 일본군은 관동군을 제외하고 본토로부터 동원한 대병력을 모아, 11월 상해전선의 중국군 배후인 항주만(杭州湾)에 대군을 상륙시켜 마침내 이 전선을 돌파하고, 이후 남경을 향해 진격을 계속하여 12월 13일 이것을 점령했다.

상해와 항주만으로부터 남경으로 진격하는 동안에도, 그리고 남경 공략과 그 후의 몇 주 동안에도, 일본군은 대량의 포로를 불법으로 살해하고, 또한 다수의 일반 민중에 대한 강간과 살인 등의 잔악행위를 거듭했다. 이것은 '남경 잔악행위(atrocity)'로서 세계에 보도되어, 도쿄재판에서도 중요한 기소 이유의 하나가 되었다. 이 사건은 중국에서는 중대한 역사적 사실로서 알려져 있으며, 남경에는 기념관도 세워져 있다. 그러나 일본에서는 대학살은 없었다는 설까지 있을 정도로, 중국이 말하는 학살 인원수는 과장이라는 주장이 문부성의 교과서 검증을 비롯하여 전쟁책임을 면죄하려는 사람들에 의해 행해지고 있다. 그러나 대학살이 행해졌다는 것 자체는 의심의 여지가 없는 사건이며, 그것을 논증한 연구도 많다(洞富雄『南京大虐殺の証明』, 吉田裕『天皇の軍隊と南京事件』, 藤原彰『南京大虐殺』). 이러한 연구에 의해 남경에서 희생된 중국의 군인 및 민간인 수는 20만이 넘는다는 것이 밝혀져 있다.

일본군이 이 대학살 사건을 저지른 원인으로는 다음의 다섯 가지를 들 수 있다. 첫째, 원래부터 일본군에서는 병사의 인권과 자아를 존중하는 관념이 결여되어 있었기 때문에, 적국의 민중과 포로에 대해서도 그

인권이나 인간의 존엄성을 무시했다. 둘째, 일본군은 정신주의를 강조하여 포로가 되는 것을 부정하고 있었기 때문에, 적군의 포로도 존중하지 않았다. 셋째, 이 시기가 되면 막료의 강경론과 독단전횡이 두드러지게 되어, 그들이 잔악행위를 주도한 경우가 많았다. 넷째, 이 전쟁에서는 군에 중국에 대한 멸시관이 강하여, 국제법을 적용하지 않는다는 결정을 하고, 포로는 죽여도 상관없다는 풍조가 만연했다는 것을 들 수 있다. 그리고 다섯째로, 중국군과 민중이 민족의식에 불타 강한 저항을 보였기 때문에, 고전하던 일본군이 민중에 대해서 적개심을 갖고 잔악행위를 일삼았다. 그러나 이 대학살은 중국 민중의 일본에 대한 저항의지를 더욱 견고하게 하여 전쟁 장기화의 원인이 되었다.

▎화평공작의 실패

당초 중일전쟁에 대해서는 군부에도 정부에도 명확한 목적과 전략이 없었다. 그러나 전쟁이 확대되자, 원래 소련과의 전쟁을 계획하고 있었기 때문에 중국에 대군을 묶어 둘 생각이 없었던 육군에서는 조기에 화평을 해야 한다는 의견이 대두되어, 독일 군부에 손을 써서 독일의 중개에 의한 화평공작을 추진하려고 했다. 37년 11월 이래의 주중 독일공사 트라우트만(Oscar P. Trautmann)의 중개에 의한 교섭은, 일본 측의 현지군과 군 중앙의 의견 불일치 및 군과 정부의 대립으로 순조롭게 진척되지 않았으며, 일본정부가 남경점령을 화평조건으로 한 것은 너무 가혹했기 때문에 교섭이 곤란했다.

남경대학살은 중국 민중의 저항의지를 더욱 자극하는 원인이 되었다. 한편 일본정부와 국민은 적국의 수도를 점령했다는 것만으로 중국의 영토와 자원에 대한 욕망이 높아지고, 화평교섭에 대한 중국의 태도가 불손하다는 강경론이 강하게 되었다. 1938년 1월 11일 어전회의에서「지나사변 처리 근본방침」이 결정되었는데, 그것은 국민정부가 화평을 요청해 오지 않으므로 이를 상대로 하지 않고 '신흥정권'(요컨대 괴뢰정권)의 성립을 조장한다는 내용이었다. 그리고 독일이 중개하는 화평공작에 대해 참모본부는 그것을 계속할 것을 주장했으나, 고노에(近衛) 내각은 교섭 중단을 결정하고 1월 16일 "이후 국민정부를 상대하지 않는다."는 성명을 발표했다.

▌전선 불확대방침과 그 파탄

'상대하지 않는다.'는 성명이 화평교섭의 가능성을 막아, 전쟁은 장기전의 수렁으로 빠져들게 된다. 소련과의 전쟁을 고려하여 중국과의 전쟁을 더 이상 확대시키고 싶지 않은 참모본부는, 38년 2월 16일 대본영 어전회의를 열어 이 이상 전선을 확대시키지 않는다는 내용의 '전선 불확대방침'을 확인했다.

그러나 이 전선 불확대방침은 현지군의 독주로 곧 파탄되게 된다. 38년 2월 중지나방면군, 상해파견군, 제10군의 전투서열을 해체하여 화중방면의 부대를 중지나파견군으로 통일했다. 중지나파견군의 일부는 진포선(津浦線)을 따라 양자강 좌측 연안을 북상하는 한편, 화북의 북지나방면군의 일부인 제2군을 제남(濟南)으로부터 남하시켰으나, 38년 4월 초 서주(徐州) 동북방의 태아장(台兒莊)에서 중국군의 반격을 받아 고전에 빠졌다. 중국 측은 이것을 태아장의 승리라고 선전했다. 이에 대해 일본군은 체면문제도 있었기 때문에, 태아장 부근에 집결한 중국군에 타격을 가한다는 이유로, 4월 7일 화북과 화중 전선을 연결하는 서주작전(徐州作戰) 명령을 북지나방면군과 중지나파견군에 하달했다. 전선 불확대 방침은 이미 포기되었던 것이다.

서주는 5월 20일 점령되었으나, 중국군의 주력은 일본군이 포위하기

전에 탈출했다. 일본군은 서주작전 후반부터 대본영의 제지를 무시하고 전진하여, 무한(武漢) 공략 태세로 전환하고 있었다.

이 무렵까지 대본영은, 소련과의 전쟁에 필요한 병력(24개 사단)에는 손을 대지 않고, 중국에 대한 작전에는 그 외의 병력으로 충당한다는 방침이었다. 그 때문에 현역사단은 동원하지 않고, 후비사단을 동원한 병력을 화북과 화중 전선으로 보내고 있었다. 하지만 중국군이 예상외로 강하게 저항하자, 처음의 계획과는 비교가 되지 않을 정도의 대병력이 필요하게 되었다. 그 때문에 서주작전을 전후해서는 어쩔 수 없이 대(対)소련작전 예정병력까지도 중국전선에 투입하지 않을 수 없게 되었다. 그것이 불확대파들 가운데 다시금 화평공작에 대한 움직임이 일어나게 하여, 이를 수용한 고노에 수상은 38년 5월 개각을 단행하여 육상을 스기야마 하지메(杉山元)에서 이타가키 세이시로(板垣征四郎)로, 외상을 히로타 고키(広田弘毅)에서 우가키 가쓰시게(宇垣一成)로 교체했다. 그러나 전쟁지도방침에 일관성이 없고, 우가키 외상의 화평공작도 육군의 지지를 얻지 못해 교섭이 성립되지 못하고 끝났다. 이 동안에도 전선은 확대일로를 치닫고 있었다.

▮ 장고봉사건과 무한작전

중일전쟁이 전면화한 후에도 일본육군 최대의 가상적은 소련군이었다. 1936년 육군이 책정한 군비증강계획(1호 군비)은 소련과의 전쟁에 대비하여 사단을 3단위제로 하여 사단 수를 증가시켜, 1942년까지는 만주 10개 사단, 조선 3개 사단, 본토 14개 사단의 27개 사단을 정비하여, 전시 41개 사단(본토 사단을 2배로 동원)의 병력을 확보하려는 것이었다. 또한 항공병력은 42년까지 142개 중대로 확충하는 것으로 되어 있었다. 그러나 이 계획을 발족시킨 다음해인 1937년에 중일전쟁이 발발하여 예상외로 확대 장기화하고, 다른 한편에서는 소련의 극동군비 증강도 진척되었으므로, 이에 대응하기 위해 육군에서는 군비의 대대적인 증강을 기도하게 되었다. 그리고 1939년 12월 수정군비증강계획(2호 군비)을 수립하여 지상군 65개 사단과 항공 162개 중대를 목표로 하여 소련과의 전쟁을 대비한 군비증강을 계획했다(『戰史叢書・陸軍軍戰備』).

상호 가상적인 일본과 소련 양국의 군이, 만주사변으로 일본군이 만주를 점령했기 때문에, 국경을 사이에 두고 대치하게 되었다. 더구나 이 국경선은 불명확한 곳이 많아 분쟁이 일어나기 쉬운 것은 당연했다. 양군의 병력증강 및 국경선에서의 긴장 고조와 더불어 분쟁의 횟수도 증가하여, 노구교사건 직전인 1937년 6월에는 흑하(黑河) 동쪽 흑룡강 중주(中洲)의 건분자도(乾坌子島) 영유를 둘러싸고 양 군이 충돌한 건분자도 사건과 같은 대규모 충돌도 발생하고 있었다. 그러나 국경분쟁으로서는 너무 큰 전투가 된 것이 중일전쟁 개시 후의 장고봉(張鼓峰)사건과 노몬한(Nomonhan) 사건이었다.

1938년 7월 만주국 남동쪽 끝단에 위치하여 만주, 조선, 소련의 연해주가 접하는 지점에서 가까워 국경에 관한 서로의 주장이 엇갈리고 있던 장고봉에서 사건이 발생했다. 이 지역의 일본 측 경비를 담당하고 있던 조선주답군으로부터 소련군이 장고봉에 진출해 있다는 보고가 대본영에 도달했다. 당시의 참모본부 작전과장 후쿠다 마사즈미(福田正純)의 회상에 의하면, 무한공략전(武漢攻略戰)을 앞두고, 소련이 일본과의 본격적인 전쟁을 하지 않을 것이라는 확증을 얻기 위해, '위력수색'의 목적으로 북한 주둔 제19사단에 이 소련군을 격파하도록 했다고 한다. 제19사단 주력의 본격적인 전투는 7월 30일부터 시작되었다. 그러나 소련군의 전차, 포병, 비행기를 동원한 반격으로 일본군은 고전에 빠져, 8월 10일경에는 사단의 전력이 소모되어, 제19사단 참모장이 "사단이 확실하게 전진의 자유를 갖는 것은 1~3일 동안으로 판단된다."는 비관적 보고를 하기에까지 이르렀다. 이 때문에 군부 중앙에서도 정전을 서둘러, 8월 10일 밤 모스크바에서 정전협정이 체결되었다. 위력정찰을 할 생각으로 시작한 전투에서 제19사단은 제1선 보병의 절반, 전체적으로는 22%의 사상자를 내는 등 큰 피해를 입었다. 그러나 소련군은 그들이 주장하는 국경선 이상으로는 진출하지 않아, 소련 측에 일본과의 본격적인 전쟁 의도가 없다는 것은 확인되었다.

장고봉사건이 해결된 후인 38년 8월 22일 대본영은 중지나파견군에 한구(漢口) 공략을 명령했다. 중지나파견군은 4개 사단의 제2군으로 대별산맥(大別山脈) 북방으로부터, 5개 사단의 제11군으로 양자강 양 연안으로부터 진격하여, 10월 26일 한구를 점령했다. 또한 한구 공략을 전후하여 광동(広東) 공략도 준비되었다. 이를 위해 3개 사단의 제21군을 편성하여 9월 19일 광동 공략을 명령했다. 제21군은 주력으로 10월 12일 바이아스만(灣)에 상륙하여 10월 21일 광동을 점령했다.

일본육군은 거의 모든 전력을 집중시켜 한구작전과 광동작전을 수행하여 무한 3진(三鎭)과 광동의 요지를 점령했다. 그러나 국민정부는 중경(重慶)으로 옮겨가, 중국의 항전의지는 여전히 약화되지 않았다. 한편 일본군은 더 이상 진공작전을 계속할 여유가 없었다. 대본영 육군부와 육군성은 11월 18일 더 이상 전선을 확장하지 않고 장기 지구전 태세를 강화한다는「1938년 추계 이후의 전쟁지도방침」을 결정했다. 일본군의 전선이 너무 확장되었다는 것을 스스로 인정한 것이다.

노몬한사건

중일전쟁 개시 후에도 소련과의 전쟁을 최대 목표로 하고 있던 육군은 만주 주둔 병력의 장비 증강에 노력했다. 그 결과 1939년경의 관동군은 현역 9개 사단과 전차단 등으로 구성된 육군 최정예 병력으로 인정되고 있었다. 또한 관동군의 막료들은 만주 점령을 성공시킨 이래의 공적을 내세워, '만주국'을 지배하고 있는 권력에 빠져 독선적인 성격이 강하게 되어, 중앙을 무시하는 하극상 경향이 짙어 있었다. 그리고 장고봉사건 때의 조선주답군의 대응을 소극적이라고 한 관동군은, 다음해인 1939년 4월 「만소국경분쟁 처리요강」이라는 강경 방침을 사령관 명의로 시달했다. 이것은 "국경선이 명확하지 않은 지역에서는 방위사령관이 자주적으로 국경선을 인정"한다는 것으로, 외몽고군을 포함한 소련군의 "불법행위에 대해서는 주도면밀한 준비 하에 철저하게 이를 응징하고 그 야망을 초전에 봉쇄한다."는 강경한 방침을 표명했다.

1939년 5월 11일, 국경선이 명확하지 않아 여전히 분쟁이 발생하고 있던 만주 서부와 몽고의 국경인 노몬한 부근에 외몽고군이 진출했다는 보고가 접수되었다. 이에 대해 만주 서부의 경비를 담당하고 있던 하이라루의 제23사단은 관동군의 방침에 따라, 5월 12일 아즈마지대(東支隊: 사단의 수색대장 아즈마(東) 중령이 지휘하는 수색대와 보병 1개 대대)의 출동을 명령했다. 아즈마지대가 진출하자 소련군과 몽고군이 철수했기 때문에 아즈마지대도 철수했다.

하지만 소련군과 외몽고군이 다시 진출했다는 보고를 받은 제23사단장은, 5월 22일 야마가타지대(山県支隊: 보병 제64연대장 야마가타 대령이 지휘하는 증강된 보병 1개 대대, 수색대의 주력 등)의 출동을 명령했다. 지대는 5월 28일 공격을 개시했으나 우세한 소련군의 반격으로 수색대가 전멸에 가까운 타격을 입어 지대의 주력은 철수했다.

이에 관동군은 제23사단 주력에 전차단(당시 일본군 유일의 기갑부대)과 제7사단 일부를 추가한 병력으로 소련군에 철저한 타격을 가하려고 했다. 그리고 대본영에 보고하지 않은 상태에서 우선 항공부대로 6월 27일 외몽고 내부의 타무스크 항공기지를 공습했다. 지상부대의 공격은 7월 초부터 개시되었으나, 소련군의 우세한 기갑부대와 포병에 압도되어 공격은 실패했다. 7월 중·하순부터 하루하강(河) 우측 연안에서 전선은 대치상태가 되어 있었으나, 소련군은 병력을 집중시켜 8월 하순 대공세로 전환했다. 이 때문에 일본군은 각개 포위되어 큰 피해를 입고 독단으로 철수하는 부대가 속출하는 등, 일본육군의 그때까지의 역사에서 최대의 패전이 되었다. 제23사단은 출동인원 1만 5,975명 중 사망, 상해, 질병, 행방불명자 합계 1만 2,230명(76%)이라는 전멸에 가까운 피해를 입었다(『戰史叢書·関東軍(1)』). 이 때문에 일본 측이 정전을 요청하여 9월 15일 모스크바에서 정전협정이 성립되었다.

장고봉사건과 노몬한사건 모두 국경분쟁이라고는 하지만, 사단 단위의 대부대를 출동시킨 대규모적인 러일 양국 간의 전투였다. 그리고 어느 경우에도 일본군 측에서 적극적으로 공격을 가하여 결과적으로 큰 타격을 입었으나, 소련 측에는 그들이 주장하는 국경선 회복 이외의 의도는 없었으므로 그 이상의 확대는 피할 수 있었다. 그리고 이 두 사건 그 중에서도 특히 노몬한사건은 일본육군에 중요한 교훈을 남겼다.

첫째, 소련군의 화력과 기동력이 압도적으로 우세하다는 사실을 통감하게 되었다. 특히 노몬한은 철도가 끝나는 지점에서 750㎞나 떨어져 있어, 소련군이 대병력을 집중시키는 것은 불가능할 것이라고 예상하고 있었기 때문에, 그 판단을 훨씬 상회하는 기동력을 발휘한 것은 일본 측을 놀라게 했다. 소련에 대한 상당한 병력 증강 없이는 전쟁이 용이하지 않겠다는 판단에서, 육군 내에도 남진론이 대두하게 되었다.

둘째, 두 사건은 통수의 혼란과 막료정치의 폐해를 노정시켰다. 장고봉사건의 경우, 장고봉에서의 무력행사는 '대명에 의한다.'는 중앙으로부터의 지시가 있었음에도 불구하고, 제19사단장 오다카(尾高) 중장이 장고봉에 인접한 사초봉(沙草峰)의 소련군을 7월 30일 독단으로 공격하여 사건을 확대시켰다. 사초봉과 장고봉은 별개라고 하여 억지로 이유를 갖다 댄 것이지만, 결과적으로 1개 사단의 궤멸을 초래한 이 대명불복종이 묵인되었던 것이다. 노몬한의 경우는 대본영과 관동군의 대립이 감정적으로까지 격화되어, 결국은 격렬한 전보의 교환까지 행해졌다. 최종적으로는 우에다(植田) 군사령관과 이소타니(磯谷) 참모장 등을 파면하고 대명에 의한 정전이 이루어졌다. 통수의 혼란이 심각했으나, 그 시정조치는 취해지지 않았던 것이다.

또한 관동군의 핫토리 다쿠시로(服部卓四郎)와 쓰지 마사노부(辻政信) 등의 작전참모가 강경론으로 참모장과 군사령관에게 압력을 가하고, 혹은 제1선 부대에 독단으로 지시를 내리는 등 사건의 확대에 큰 역할을 했다. 이것은 막료정치의 폐해로서 당시부터 문제가 되었으나 시정되지 않았다. 사건 처리에 있어서 군사령관 이하와 중앙의 나카지마(中島) 참모차장 등은 예편되었으나, 핫토리와 쓰지는 전속만 되었을 뿐 얼마 후 참모본부의 작전과장과 작전주임으로 보임되어 태평양전쟁의 주역이 되었다.

▍대전의 발발

노몬한사건의 종결은 유럽에 있어서의 대전 발발과 겹치고 있었다. 1939년 9월 1일 제2차 세계대전이 발발한 것이다. 8월 30일 막 성립한 아베(阿部) 내각은 9월 4일 즉시 "이번의 구주전쟁 발발에 즈음하여 제국은 이에 개입하지 않고 오로지 지나사변의 해결에 매진한다."는 성명을 발표했다. 유럽 정세의 급회전에 대응하기 위해서는 어떻게 해서든 중일전쟁을 조기에 해결하려는 것이 일본의 절실한 바람이었다.

육군은 9월 23일 지나파견군 총사령부(총사령관 니시오 도시조[西尾寿三] 대장)을 설치했다. 종래는 화북의 북지나방면군, 화중의 중지나파견군, 화남의 제21군이 각각 대본영에 직속되어 있던 것을, 중국 전체의 육군부대를 통솔하는 총사령부를 두기로 한 것이다. 이에 따라 중지나파견군 사령부를 폐지하고, 지나파견군이 북지나방면군, 제21군, 화중의 제11군, 제13군을 지휘하게 되었다.

북지나방면군은 전쟁 개시 후 얼마 지나지 않은 1937년 12월 북평에 중화민국 임시정부(위원장 왕극민[王克敏])라는 괴뢰정부를 수립하고, 이에 대항하여 중지나파견군은 38년 3월 남경에 중화민국 유신정부(행정원장 양홍지[梁鴻志])를 만들었다. 각각의 군이 제멋대로 괴뢰정권을 만들기도 하고 중국과의 화평공작을 하기도 하는 것을 통일하기 위해 하나의 총사령부로 통합한 것이다. 그러나 종래의 사정도 있었던 만큼, 총군과 북지나방면군의 관계는 대립적이었다.

38년 1월의 "상대하지 않는다."는 성명으로 중일 화평을 막았던 것에 대한 반성으로, 고노에(近衛) 내각은 38년 11월 「동아시아 신질서건설」이라는 고노에 제2차 성명과, 동년 12월에는 '선린우호, 공동방공, 경제제휴'의 3원칙을 내건 제3차 성명을 발표하여, "상대하지 않는다."는 성명을 수정했다. 국민정부 내에서 장개석과 대립하여 일본과의 전쟁 개시 이래 완전히 세력을 상실하고 있던 왕조명(汪兆銘)은, 이에 호응하여 화평을 주장하면서 은밀히 중경을 탈출하여 하노이로 도망가 일본육군과 접촉하고 있었다. 지나파견군의 설치는 왕조명을 중심으로 한 통일된 괴뢰정권을 수립할 목적도 있었다.

왕조명은 39년 5월 일본을 방문하여 히라누마(平沼) 수상과 이타가키(板垣) 육상 등과 회담했으나, 신정권을 단지 꼭두각시로 이용하려는 일본 측과, 적어도 내정에 관해서는 자주성을 요구하는 왕조명의 의견은 완전히 어긋나 있었다. 이 때문에 왕조명의 측근에서도 이탈자가 나오게 되어, 난항 끝에 마침내 1940년 3월 30일 왕조명을 수반으로 하는 '국민정부'가 탄생했다. 그러나 이 신정부는 지나파견군에 의해 전면적으로 지도를 받는 괴뢰정권에 지나지 않았다.

지나파견군의 창설과 왕조명 정권의 수립도 답보상태에 있던 중일전쟁의 타개에는 도움이 되지 않아, 전황은 헤어나기 어려운 장기전 양상을 띠고 있었다. 게다가 노몬한의 패전과 유럽에서의 전쟁 발발은 소련에 대한 전비강화를 기도하려는 육군 중앙의 초조감을 더욱 부채질했다. 이 때문에 39년 12월 20일 하타(畑) 육상과 간인노미야(閑院宮) 참모총장은 「수정 군비강화계획」(4년 계획의 2호 군비)을 상신하여 재가를 받았다. 이 계획은 1936년의 전시 41개 사단 및 비행 142개 중대라는 군비증강 6개년 계획을 수정한 것으로, 43년도까지 전시 60개 사단 및 비행 160개 중대를 정비하려는 계획이었다. 그리고 이 계획을 달성하기 위해 중국전선을 축소하여, 41년까지 85만의 지나파견군을 50만으로 줄이는 것이 구상되었다. 이 중국전선의 병력감축계획에 대해 지나파견군이 강하게 반대하면서 공격작전의 실시를 요구했다. 그리고 1940년 4월에는 중국 파견 병력을 70만으로 감축하고, 일부의 공격작전을 승인한다는 육군성과 참모본부의 결정이 있었다.

  육군 중앙이 소련에 대한 전비강화를 위해 일단은 중국으로부터의 자주적 철수를 한다는 결정을 한 것은, 중일전쟁의 군사적 해결이 불가능하다는 것을 스스로 인정하는 것이었다. 그러나 현지군의 요구로 병력감축의 폭이 축소되고, 더욱이 전선 불확대 방침에 반해서 일부의 공격작전을 승인하는 등, 전쟁지도 그 자체도 혼미를 거듭했다.

3. 군대의 확대와 변질

▮ 전쟁의 규모

중일전쟁은 만주사변과는 규모도 내용도 비교가 되지 않을 정도의 본격적인 전쟁이었다. 그때까지 일본이 경험한 최대의 전쟁인 러일전쟁을 훨씬 능가하는 것이었다.

전쟁의 확대와 교착에 의해 투입 병력은 계속적으로 증가했다. 앞에서 기술한 것처럼, 사단 수에서는 이미 전쟁 1년차에 러일전쟁을 상회했다. 출정병력 수는 후방부대의 증가 등에 의해 사단 수의 차이 이상으로 현격하였고, 2년차 이후에는 항상 100만의 대군을 대륙에 묶어주는 상태였다. 피해도 컸다. 37년 12월의 남경 점령까지 전사 1만 8,000명, 부상 5만 2,000명을 내고, 41년 말까지는 사망자만으로도 18만 5,000여명으로, 이것도 러일전쟁을 상회하고 있다.

투입된 전쟁비용과 군수품도 방대했다. 처음에는 임시군사비 특별회계의 신설과 더불어 임시군사비로 편성되었으나, 경상비를 제외한 임시군사비만으로 41년 말까지 지출된 액수는(태평양전쟁 준비를 위한 41년 후반의 66억엔 제외) 223억엔으로, 화폐가치의 차이가 있다고는 해도 러일전쟁의 10배 이상에 달했다. 더구나 이 기간에 100억엔이 일반회계의 육해군성 예산으로서 지출되고 있는 것이다.

게다가 이 기간 동안 일본은 한편으로는 중국과의 전쟁을 치루면서, 다른 한편으로는 처음으로 본격적인 소련 및 영미와의 전쟁준비에 돌입하고 있었던 것이다. 군비 확대를 뒷받침하는 군수공업도 이 기간에 그 때까지와는 질적으로 다른 큰 발전을 이루고 있다. 37년 초 군수공업 확충 5개년 계획과 중요산업 5개년 계획을 세워, 전쟁 개시 후인 38년 1월 군수공업동원법을 발동하고, 3월에는 국가총동원법을 제정하여 그 일부가 시행되었다. 이러한 군수공업 확장계획은 전쟁수행이라는 조건에 의해 궤도에 올라 급속하게 실행되었다. 39년 육군은 육군군수품정비 3개년 계획을 세워 다음해부터 3년 동안 총액 100억엔의 군수품 정비를 실시하고, 그 중 40%를 중일전쟁의 보급에 할당하고, 60%를 소련에 대한 전비를 포함한 군비증강에 할당하기로 했다. 이러한 군수공업의 정비는 일본경제의 구조를 일변시킬 정도로 큰 영향을 미쳤다. 병기와 군수품의 생산능력도 비약적으로 향상되었다. 영미와의 전쟁 개시 전인 1941년의 군수 생산능력은 37년도의 5배에 달했다. 이 때문에 중일전쟁의 소모를 보충하고도 소련 및 영미와의 전쟁에 필요한 자재를 비축하고 있었다. 41년도에는 육군항공기 연산 3,500대, 전차 연산 2,100대, 탄약 연산 43개 사단 전투분의 능력이 있었다(服部卓四郎『大東亜戦争全史』).

그러나 이 군수생산의 급속한 확장은 국내경제 전반에서 보면 큰 무리를 거듭한 것이었다. 군수생산은 급속하게 신장되었으나, 그것은 국내 생산 전체를 확충함으로써 이루어진 것이 아니라, 민수생산을 완전히 희생시키고 필요한 기초생산까지 바닥을 낸 일시적인 발전이었다.[38] 따라서 그것은 언젠가는 한계에 도달하여, 군수생산 그 자체가 순식간에 붕괴될 수밖에 없는 모순도 안고 있었던 것이다.

---

[38] 美戦略爆撃調査団『日本戦争経済の崩壊』와 코엔『戦前戦後の日本経済』는 제2차 대전에 있어서의 일본의 패배 원인을 오로지 이 점에서 찾고 있다.

▌군대의 확대와 그 모순

급속하게 확대된 군대도 마찬가지이다. 육군의 경우, 제7장에서 기술한 것처럼, 총력전 단계에 대응한 거대한 대중군을 전시에 창설하기 위한 계획과 준비에 있어서 많은 모순을 안고 있었다. 그리하여 오히려 훈련을 쌓은 소수정예주의를 취하고 있었다고 할 수 있다. 36, 7년 특히 중일전쟁 개시 후의 대확장이 시작되기까지 육군은 평시 17개 사단으로 전시 30개 사단의 동원준비를 갖추고 있는 것에 지나지 않았다. 그것이 〈표 9〉에서 보는 것처럼 겨우 4년 동안에 사단 수 3배, 병력 수 10배의 대확장을 이루고, 더구나 그것이 전시의 일시적인 현상이라기보다는 중일전쟁의 장기화 및 소련과의 전쟁을 준비하기 하기 위한 지속적인 확장이었던 것이다.

이것은 우선 병력의 질적인 면에서 크게 나타났다. 군축 이후 1932년까지의 징병 적령자는 매년 60~70만명, 그 중 갑종 합격자는 약 30%, 그 중 실제로 현역으로 징집된 자는 대체로 그 절반이었다(『陸軍省 統計年報』). 그러나 중일전쟁 개시 후 현역병 징집률은 점차 증가하여, 1941년에는 과반수인 51%에 달했다. 이것은 제1을종, 제2을종까지 현역 입대자가 확대되어, 일정 체격 수준에 있는 자는 모두 징집되었다는 것을 의미하는 것이다.

그것만이 아니었다. 이 시기에 팽창된 병력 수를 유지할 수 있었던 것은 후비사단을 비롯하여 예비병 및 후비병의 비율이 점차 높아졌기 때문으로, 41년의 현역병 보유율은 60% 정도로 떨어져 있었다(林三郎, 전게서). 그 때문에 병사의 질은 육체적으로도 정신적으로도 만주사변 당시와 비교하여 현저하게 저하된 것은 당연했다.

더 큰 문제는 교육훈련의 부족이었다. 현역 입대자의 교육을 평시의 주둔지에서 계획적으로 실시할 수 있는 여유가 거의 없게 되었던 것이다.

〈표 9〉 1937~41년 사단수 증강 일람

	1937년	1938년	1939년	1940년	1941년
본토 및 조선	3	2	7	11	11
만주	5	8	9	12	13
중국	16	24	25	27	27
합계	24	34	41	50	51

1. 이 표의 숫자는 1937~40년은 연말, 41년은 태평양전쟁 직전의 것을 표시했다.
2. 사단수는 이 표에서처럼 늘어났으나, 장비는 해마다 줄었다.
3. 이 외에 1개 기병집단(騎兵集團)이 있었다.
4. 服部卓四郎『大東亞戰爭全史』참고.

  대부분의 사단이 중국과 만주에 상주하게 되어, 특히 중국에 주둔하는 사단은 끊임없는 전투행동과 경비를 위한 극단적인 분산배치로 거의 교육능력이 없었다. 한편 보충을 담당하는 본토의 잔류사단은 복잡한 업무와 간부의 부족으로 교육훈련 능력이 결여되어 있었다. 특히 전선에서 신설된 사단의 경우, 잔류부대와의 친근관계가 없어 그 잔류부대의 현역병이나 보충병의 교육에 대한 열의도 없었다. 따라서 부대의 숙련도는 저하되어 있었다. 기존 현역사단의 경우도 전장 주둔이 수년째에 이르러 숙련도 저하 및 군기 이완이 현저하게 되었다.
  병사의 질 이상으로 문제가 되었던 것은 장교의 부족이었다. 양성에 장기간을 요하는 현역장교의 보충이 이러한 급속한 확장을 따라갈 리가 없었다. 사관학교 선발 인원을 400명에서 2,000명 이상으로 늘이고, 또한 그 재학기간을 예과와 본과를 합해서 4년 이상이던 것을 2년으로 단축했으나 그것도 도움이 되지 않았다. 하급장교의 보충수단으로서 채용된 간부후보생제도에 의해 하급장교의 대부분을 채우는 실정이었다. 특히 중급장교의 부족이 심각했다. 기관과 사령부의 요원도 팽대해졌기 때문에 실무부대의 대대장이나 중대장으로 유능하고 경험이 풍부한 현역 장교를 배치할 수가 없게 되었다. 41년 전체 장교 중 육사출신 비율은

36%, 특히 실무부대에 있어서의 그 비율은 더욱 낮았다.

▌군기문란과 사기저하

일본군대의 경우, 군기유지와 사기진작은 병사의 자발성에 의한 것이 아니라, 엄격한 계급의식과 훈련에 의해 유지되고 있었다. 이 경우 간부의 지휘능력과 통솔력 비중이 매우 높다. 민주적인 군대에서는 임시로 임용된 간부가 군사적 경험의 부족을 풍부한 사회적 경험과 능력으로 보충하여 그 지위에 상응하는 활동을 하는 것이 가능하지만, 일본군대에는 그러한 간부가 활동할 수 있는 여지가 적기 때문에, 그 능력을 결정하는 것은 군사적 경험과 역량뿐이었다. 뿐만 아니라 엄격한 계급의식이 있어서, 2년 전에 초년병이었던 간부후보생 출신의 장교를 하사관이나 고참병이 깔보는 경향이 강했던 것도 그 능력발휘를 방해했다.

이러한 간부와 병사의 질이나 능력의 저하에 더하여, 대부분의 부대가 점령지에 장기간 체류하게 됨으로써 군기도 문란하게 되었다. 주야에 걸친 경비와 전투, 주둔 중 생활의 문란, 출정기간의 장기화 등으로 간부에게도 병사에게도 생활의 문란과 타락이 두드러지게 되었다. 일찍이 정예를 자랑하던 사단도 전장주둔이 길어지면서 군기가 흐트러져 범죄가 증가하는 경향이 현저하게 되었다.[39] 일본군대를 겨우 지탱하고 있던 높은 숙련도도 자랑할 수 없게 되었다. 태평양전쟁을 맞은 것은 이처럼 상황이 심각하게 되어가던 때였다.

---

39 군대 내의 범죄자는, 1942년 군사령관 회동에서 행한 도미나가(富永) 육군차관의 강연자료에 의하면, 1937년 1,138명, 38년 2,875명, 39년 2,798명, 40년 2,820명, 41년 3,148명으로 증가하고 있다. 42년 12월에는 산동성 관도현(館陶縣)에 주둔하는 독립보병 제42대대 제5중대 병사가 음주 상태에서 무기로 상관을 습격하여, 중대장 이하 간부가 병영으로부터 도피하여 대대본부에 폭동진압 병력파견을 요청한 사건 (관도사건)까지 발생했다.(『戰史叢書·北支の治安戰(2)』)

제10장
太平洋戰爭

1. 미영과의 개전
2. 초기의 전황과 문제점
3. 전황의 전환
4. 전선의 붕괴
5. 패전의 군사적 원인

1. 미영과의 개전

▌독일의 승리와 시국처리요강

일본해군은 미국을 가상적으로 하여 건함을 추진하고 작전계획을 세웠으나, 현실적으로 미국과의 전쟁 일정을 잡고 있던 것은 아니었다. 더구나 육군은 소련과의 전쟁을 제1의 목표로 하여, 미국과의 전쟁계획은 해군에 대한 체면치레 정도로밖에 계획하고 있지 않았다. 그러던 것이 갑자기 남방진출 나아가 미영과의 전쟁이 구체적인 문제가 된 것은 독일의 승리에 편승하려고 했기 때문이었다. 그리고 이 국책 전환에 있어서는 군 중견층이 주도권을 행사했다.

만주사변과 중일전쟁이 현지의 사건이 점점 확대되어 예기치 않은 전쟁으로 발전한 것과는 달리, 태평양전쟁은 명확한 국가의지의 결정에 기초하여 개시된 전쟁이었다. 중국과의 장기전이 수렁에 빠져있을 때, 한편으로는 소련과의 전쟁을 준비하면서, 다른 한편으로는 세계 제1의 대국인 미국과 영국 그리고 네덜란드를 상대로 전쟁을 개시한다는 결정이 이루어진 데에는, 일본의 천황제 군국주의의 특성 및 통수와 국무의 분립 문제가 깊이 관계되어 있다.

남진정책의 구체화 및 미영과의 결정적 대립의 직접적인 계기는 1940년 봄 서부전선에 있어서의 독일의 승리였다. 40년 5월 10일 네덜란드, 벨기에, 룩셈부르크를 기습공격한 독일군은, 5월 14일 마지노선을 돌파하여 영불 연합군을 덩켈크(Dunkerque)에서 해상으로 축출하고 6월 14일

파리를 점령했다. 프랑스에 수립된 페탱(Petain) 정권은 독일에 항복하여 6월 22일 휴전협정에 조인했다. 이에 앞서 네덜란드 정부는 영국으로 망명하고 벨기에 국왕도 항복했다. 이 독일의 승리에 의해 동남아시아의 영국, 프랑스, 네덜란드 식민지가 먹기 좋은 떡으로 일본의 눈앞에 어른거리게 되었던 것이다.

프랑스의 패배가 확실해진 40년 6월 12일부터 참모본부의 작전과장과 작전주임, 육군성의 군사과장과 고급 과원 등의 주무자들이 연일 회의를 거듭하여, 유럽 정세의 급변에 편승한 남진정책의 사무당국 안으로 「세계정세의 추이에 따른 시국처리요강」을 만들었다. 이 안은 7월 3일의 정부 수뇌회의에서 육군안으로 결정되어 해군에 제시되었다(『戰史叢書・大本營陸軍部(2)』).

해군도 같은 수준에서 토의를 거듭하여 해군안을 만들어, 육해군의 실무당국 간 조정을 거쳐, 7월 22일 육해군 수뇌회의를 열어 이 처리요강안을 군부의 안으로 결정했다. 이날은 제2차 고노에 내각이 성립한 날이기도 했는데, 이 육해군 회의에서는 내각 성립 즉시 대본영-정부 간 연락회의를 열어 이 요강을 결정시킬 방법까지 결정했다. 그리고 고노에 내각은 군부의 계획대로 7월 27일 연락회의를 열어, 무력행사를 포함한 남진정책을 결정한 시국처리요강을 군부의 원안대로 결정했다. 영미와의 전쟁을 예상한 남진정책이 군부의 계획에 따라 국책으로 결정된 것이다.

이 국책은 9월의 북부 프랑스령 인도지나 진주, 일・독・이 군사동맹의 체결, 미국의 석유 및 설철(屑鉄: 쇠를 불에 달구어 불릴 때에 떨어지는 부스러기)의 수출허가제로 진전되어 미일대립을 격화시켰다. 그러나 그 후 일본이 기대했던 독일의 영국본토 상륙작전이 실현되지 않고, 미일관계의 긴박성 때문에 남진정책은 일시 정체되었다.

▌독소전과 관동군특종연습

　1941년 6월 22일 독일과 소련의 개전 소식은 또 다시 일본에 충격을 주었다. 마쓰오카(松岡) 외상이 즉각 소련과의 개전을 주장하는 등 다년간의 현안이던 소련에 대한 즉시 개전론도 있었으나, 육군의 대부분이 중국과의 전쟁을 수행 중에 있다는 현실이 그것을 불가능하게 했다. 육군의 수뇌는 연일 토의 끝에, '호기를 포착'하여 '북방문제를 해결'한다는 방침을 결정했다. 이것은 소련과의 전쟁을 준비하여, 유럽 전장에서 소련이 패배한다든가 극동 소련군의 병력이 감소한다든가 하는 등의 호기가 있으면 참전한다는, 소련과의 전쟁에 대한 대비책이었다. 해군은 육군이 북진으로 전환하는 것을 경계하면서도 소련과의 전쟁을 준비에는 것에는 찬성하는 한편, 이미 결정된 남진을 추진하는 데 필요한 무력을 준비할 것을 주장했다. 그리하여 6월 22일 「정세의 추이에 따른 제국국책요강」의 육해군 안이 결정되었다. 이것은 남방에 대해서는 프랑스령 인도지나와 태국에 대한 이미 결정된 방책을 추진하여 그 "목적달성을 위해 영미와의 전쟁도 불사한다."고 하고, 북방에 대해서는 "은밀하게 소련을 대비한 무력을 정비하여", "독소전쟁의 추이가 제국에 매우 유리하게 진전되면 무력을 행사하여 북방문제를 해결"한다는 것이었다. 이 요강은 7월 2일 어전회의에서 결정되었다.

　어전회의 결정을 기초로 육군은 소련에 대한 전쟁준비를 위해 미증유의 대대적인 동원을 단행했다. 이것은 관동군 12개 사단과 조선군 2개 사단의 전시정원을 충족시킴과 더불어, 일본 본토의 2개 사단을 동원하여 관동군에 증파하는(실제로는 1개 사단 파견) 것이었다. 관동군특종연습(관특연)으로 일컬어진 이 동원은 육군 창설 이래 최대의 것으로, 관동군의 병력은 70만으로 증가되었다(『戦史叢書・関東軍(1)』).

　소련에 대한 이러한 전쟁준비 강화가 소련을 위협하게 되어, 극동 소련군은 일본이 기대한 대로는 감소하지 않았다. 독소 전선도 히틀러가 호언장담한 것처럼 진전되지 않아 지구전 양상을 띠게 되었다. 대본영 육군부는 8월 9일 연내의 소련에 대한 개전을 단념하고, 남방진출에 전념한다는 「제국육군 작전요강」을 결정했다(『戰史叢書 · 大本營陸軍部(2)』).

미영에 대한 전쟁준비의 진전

그러나 일단 국책으로서 시국처리요강 즉 무력행사를 포함한 남진정책이 결정된 것은 육해군의 미영에 대한 전쟁준비가 구체적으로 시작되었음을 의미한다.

해군은 1940년 11월 15일 출동준비령을 발동하여 전쟁준비 강화에 매진했다. 그때까지 미취역 상태이던 함선을 모두 전투부대에 편입시켜, 연합함대는 종래 제1함대와 제2함대로 구성되어 있었으나, 그 후 1년 동안에 제3, 제4, 제5, 제6남방파견, 제1항공, 제11항공의 각 함대를 새로 편성했다. 그리고 민간선박 징발을 그때까지의 약 20만톤에서 1년 동안에 180만톤으로 늘였다. 이것은 일본의 선박 보유량의 30%에 달하는 양이다. 그리고 41년 9월 1일 전 해군에 전시태세를 발령했다.

미국과의 전쟁에 대한 해군의 작전계획은 대체적으로 매년 수립되고 있었는데, 그 중심은 개전 초기에 괌 및 필리핀을 공략한 후, 내항하는 미국 주력함대를 서태평양에서 맞아 공격하는 것이었다. 하지만 41년 8월 미일관계가 긴박해짐에 따라 작전계획을 구체적으로 작성하게 되어, 야마모토 이소로쿠(山本五十六) 연합함대사령장관이 개전 벽두에 하와이 진주만에의 항공기습작전을 실시할 것을 군령부에 제안했다. 야마모토 장관이 하와이 기습 구상에 대해 은밀히 관계자에게 지시한 것은 41년 1월 경부터였다고 한다(福留繁 『史觀眞珠灣攻擊』). 41년 9월 해군대학교에서 실시된 대본영 해군부의 대미작전 도상연습에서 이것이 채택되었다. 이 작전은 위험이 많은 도박이라고 하여 반대도 많았으나, 나가노 오사미(永野 修身) 군령부 총장이 야마모토 장관의 희망을 받아들여, 10월 20일 책정된 제국해군작전방침에서 하와이 기습이 받아들여졌다. 그리고 새로 준공된 즈이카쿠(瑞鶴)와 쇼카쿠(翔鶴)를 추가한 일본해군의 주력 항공모함 6척 모두를 동원하여 하와이 기습을 단행하는 것이 결정되었다. 그리하여 11월 5일 하와이 기습과 남방작전에 대한 천황의 명령 즉 대해령(大海令)이 연합함대에 발령되었다.

개전 때의 해군은 전함 10척, 항공모함 10척, 중순양함 18척, 경순양함 20척, 구축함 112척, 잠수함 65척 및 그 외의 함정을 포함하여 391척 146만톤, 여기에 앞에서 기술한 징발선 180만톤을 추가한 대규모 세력이 되어 있었다. 더욱이 거대 전함 야마토(大和)와 무사시(武蔵), 그리고 4척의 항공모함이 건조 중에 있었으므로 항공모함에 있어서는 미 해군보다 우세했다.

육군은 원래 소련에 대한 전쟁준비를 중심으로 하고 있었기 때문에, 미국에 대한 계획에는 해군과 협력하여 필리핀과 괌 공격을 맡는다는 것이 정해져 있을 뿐, 구체적인 준비는 거의 되어 있지 않았다. 남진정책이 추진되던 1940년 말이 되어 비로소 남방작전에 대한 본격적인 준비가 시작된 것이다. 40년 12월 대만군사령부 내에 대만군 연구부가 창설되어 병요지지(兵要地誌)의 조사와 부대의 편제장비 등 남방작전에 대한 연구를 시작했다. 또한 상해 부근에 결집해 있던 제5사단에 상륙작전 훈련을 명령하는 등, 소련 및 중국에 대한 작전용 부대의 일부를 남방작전에 투입할 준비를 개시했다.

육군의 남방작전 계획도 마침내 41년 4월경부터 입안되었다. 그리고 41년 9월 거의 계획이 완성되어, 10월 초 육군대학교에서 도상연습이 실시되었다. 남방군 및 남해지대(南海支隊)에 대한 천황의 명령 즉 대해령은 11월 6일 발령되었다. 또한 11월 15일 육해군을 통합한 남방작전 전반에 대한 도상연습이 천황이 참석한 가운데 실시되었다.

육군은 남방작전을 위해 데라우치 히사이치(寺内寿一) 대장을 총사령관으로 하는 남방군을 편성하여 필리핀에 제14군, 태국과 미얀마에 제15군, 네덜란드령 인도지나에 제16군, 말레이시아에 제25군을 할당했다. 그 외 대본영 직속의 남해지대를 괌에서 라바울(Rabaul)로 이동시켰다. 그 병력은 1개 사단과 2개 비행집단으로, 지상부대는 육군 전체 병력의 5분의 1, 항공병력은 2분의 1이었다.

▌전쟁의 전망

미영과의 전쟁을 결정함에 있어서, 정치 및 외교상의 고려는 차치하고라도, 군사적으로 어떤 전망을 갖고 있었던 것일까. 대개 국가가 그 운명을 건 전쟁에 돌입하기 위해서는 승리에 대한 계산이 있어야 하는 것이지만, 일본의 경우에는 그것이 없이 개전을 결정했다. 11월 5일 대본영 정부연락회의에서 「미·영·네덜란드에 대한 전쟁에 있어서의 초기 및 수년에 걸친 작전 전망」이 결정되었다(服部卓四郎『大東亜戦争全史』). 그 결론은 다음과 같았다.

1. 육군작전

   남방에 대한 초기 육군작전은 상당한 어려움이 있겠지만 반드시 승산이 있다. 이후는 해군의 해상교통 확보와 더불어 소요지역을 확보할 수 있을 것이다.

2. 해군작전

   초기작전의 수행 및 현재의 병력으로 수행하는 요격작전에는 승산이 있다. 초기작전이 적절하게 실시될 경우, 우리는 서태평양에 있어서의 전략요충지를 확보하여, 장기작전에 대응할 태세를 확립할 수 있을 것이다. 그리하여 미국에 대한 작전은 무력으로 적을 굴복시키는 것이 아니라 장기전이 될 각오를 해야 하며, 장기전은 미국의 군비확장에 대응하여 우리 해군의 전력을 적절히 유지할 수 있는가에 달려있으므로, 전황은 유형무형의 각종 요소를 포함한 국가총력의 여하 및 세계정세의 추이 여하에 따라 크게 좌우될 것이다.

즉 육해군 공히 초기 작전에 대해서는 전망을 갖고 있었다. 하지만 그 이후에 대해서는 전혀 승리의 전망이 없었던 것이다. 개전 결정 단계에서 해군 수뇌부가 "2년차까지는 어찌 되었건, 3년차 이후는 알 수 없다."는 말을 반복한 것도, 작전상의 확실한 계산이 없었기 때문이었다. 더구나 이 초기 작전은 상대국 주요 군사력과의 결전이 아니었다. 적 지상군은 질적으로 수준이 낮은 식민지 군대에 지나지 않았다. 서태평양의 작전해역에 관한 한, 해상병력도 일본군이 절대적으로 우세하고, 항공병력도 항상 국지적 우세를 유지할 수 있었다.

이러한 일시적 우위는 상대국 특히 미국이 전쟁준비와 전력집중에 시간이 걸린다고 하는 전제에서 나온 것이다. 즉 초기 작전은 본격적인 결전이 아니라 전초전에 지나지 않는 것이었다. 이 전초전의 전망만으로 그 이후에 예상되는 결전에 대한 전망도 없이 전쟁 돌입을 결정한 것이다. 청일전쟁의 경우는 제해권을 장악하여 직예평야에서 적 주력과 결전한다는 계획이 있었으며, 러일전쟁도 제해권을 확보한 상태에서 만주에서 러시아군 주력과 결전을 치른다는 계획 하에 전쟁을 시작했다. 하지만 이 전쟁에서는 승리를 위한 결전의 전망이 없었던 것이다.

군사적으로 결전을 걸어 승리를 쟁취한다는 전망이 없었던 것만이 아니었다. 정치와 경제 등을 포함한 모든 면에서 전쟁을 승리로 이끈다는 확실한 계산도 전혀 없었다. 전쟁경제에 관해 사전에 검토된 것은 선박 소모와 보충 전망, 석유, 보크사이트(Bauxite), 고무 등의 확보 전망뿐으로, 그것도 지극히 희망적인 전망을 하는 데 불과했다(전쟁경제에 대해서는 다시 언급). 그리고 전쟁의 종말에 대해서도 요행을 바라는 희망적 관측으로 일관하고 있었다. 개전 결정 후인 11월 15일 대본영 정부연락회의는 다음과 같은 「대(對)미・영・네덜란드전쟁 종말 촉진에 관한 복안」을 결정했다.

1. 조속히 극동에 있어서의 미・영・네덜란드의 근거를 박멸하여 자존자위를 확립함과 더불어, 적극적인 조치로 장개석 정권의 굴복을 촉진하고, 독일 및 이탈리아와 제휴하여 우선 영국의 굴복을 도모하여, 미국의 전쟁지속 의지를 상실시키는 데 힘쓴다.
2. 적극적으로 전쟁 상대의 확대를 방지하고 제3국의 도움을 받는 데 힘쓴다.

고 하는 방침에서 시작하여, 독일이 영국을 굴복시키는 것을 기다려 일본은 중국을 굴복시킨다. 그리고 영국과 중국이 굴복하면 미국은 전의를 상실할 것이라는 것이었다. 직접 미국을 적극적으로 굴복시킬 수단이 없으므로, 오로지 독일의 영국 공격에 기대를 걸고, 전쟁의 종말점을 거기에 두고 있었다. 당연히 이 기대는 심각한 판단착오였지만, 스스로 극적인 수단을 갖지 못했기 때문에 희망적인 조건을 늘어놓은 작문으로 얼버무리고 있었던 것이다.

2. 초기의 전황과 문제점

▎초기작전의 성공

1941년 12월 8일 일본은 선전포고에 앞서 기습으로 미·영·네덜란드와의 전쟁을 시작했다. 도박적인 작전이었던 진주만 기습도, 필리핀에 대한 개전 첫날의 항공격멸전도 완벽하게 성공했다. 말레이반도의 송클라(Songkhla) 및 코타바루(Kota Bharu) 상륙작전은 강습상륙으로 치열한 전투가 있었지만 이것도 성공했다. 그리고 서태평양과 동남아시아에 대한 작전도 모두 예정을 앞당겨 종료되었다.

하지만 초기작전의 성공에는 일시적이고 우연적인 요소가 많았다. 하와이 공격의 성공은 기습의 성과였다. 원래 일본해군의 미국에 대한 작전계획은 공격해 오는 미 해군을 서태평양에서 요격한다는 개념으로 일관하고 있었다. 이때 주안점은 함대결전으로, 이를 위해 군함의 화력을 크게 하고 속력을 높여 요격에 중점을 둔 건함이 이루어져, 이 때문에 항속력은 희생되었다. 하와이 공격이 일정에 오른 것은 개전 직전으로, 그것도 병력분산의 우려라든가 투기적 작전이 실패했을 경우 등을 고려하여 많은 반대가 있었다. 그만큼 미국에 대해서도 의표를 찌른 작전이었다고 할 수 있다. 기습이 완전히 성공한 것 외에도, 군함과 항공기의 전력 차이가 컸던 것도 뜻밖의 큰 전과를 거둔 하나의 원인이었다. 전함 8척을 격침 또는 대파시키고, 그 외의 함정 16척에도 피해를 주었으며, 지상의 항공기 약 300대를 격파하면서, 일본의 피해는 겨우 항공기 28대에 머문 것은, 항공어뢰 및 폭탄의 위력이 아무리 견고한 함정에 대해서도 압도적이라는 것을 증명하는 것이었다. 이것은 이틀 후인 12월 10일 말레이 해상에서 영국의 동양함대 전함 2척을 해군항공대가 순식간에 격침시킨 것으로도 입증되었다.

남방작전이 예상외로 순조롭게 진행된 데에는 그 나름의 이유가 있었다. 하와이 기습의 성공 및 필리핀과 말레이에 대한 항공격멸전이 기습의 이점을 살려 성공함으로써, 이 지역의 제공권과 제해권이 처음부터 완전히 일본에 있었다는 것이 큰 이유였다. 이 때문에 일본의 공략작전은 따로 고려할 것 없이 필요한 곳에 필요한 병력을 집중시켜 영·미·호주·네덜란드 군을 차례로 각개 격파할 수 있었다. 또한 상대국 군대가 질이 낮고 병력과 장비 모두 낙후된 식민지 군대이며, 이것을 본국으로부터 긴급하게 증원할 준비가 미국과 영국 모두 없었던 것도 성공의 조건이었다.

▍승리에 내재된 패인

하지만 이 초기작전의 성공은 대국적으로 보면 일본의 전쟁지도에 있어서 오히려 마이너스 영향도 컸다. 초기작전의 성공은 예상된 것이었으며, 전쟁 전체의 승패와는 관계없는 일시적인 승리였음에도 불구하고, 예상 이상의 순조로운 진행으로 장래의 심각성에 대한 배려가 전쟁지도자들에게 없어져 버렸다. 이 때문에 장래에 대한 전망과 준비가 지극히 낙관적이 된 것이다. 그것은 영미연합군의 전력을 과소평가하여, 그 반격의 규모와 시기를 안이하게 생각하는 것으로 나타났다. 이 때문에 육군은 남방작전에 사용한 병력을 만주 및 본토로 복귀시켜, 42년 봄부터의 독일군의 소련에 대한 공세에 호응하여, 소련에 대한 개전의 기회를 잡으려고 했다. 이 병력이동계획은 실제로는 극히 일부밖에 실행되지 않았으나, 연합군의 대규모 반격을 예상하지 못했기 때문에, 그것에 대한 방위준비도 거의 없는 실정이었다.

한편 서전의 성과가 매우 크다고 판단한 해군은 계속적인 공세작전을 희망하여 하와이 혹은 호주 공략을 주장했으나, 육군의 반대에 부딪쳐 (林三郎『太平洋戦争陸戦概史』) 차선책인 육해군 타협안으로 남태평양의 피지, 사모아, 뉴카레도니아 제도를 공략하는 미-호주 간 차단작전이 채택되었다. 이것도 연합군의 전력 회복의 정도와 그 반공의 규모에 대한 과소평가에서 나온 낙관적인 계획이었다. 이 때문에 처음에 결정한 확보지역이 점차 확대되어, 남태평양의 솔로몬군도까지 진출하여 과달카날(Guadalcanal) 전투를 초래했던 것이다.

서전 성공에 대한 군사적 원인 분석도 부족했다. 하와이 및 말레이 해전은 항공기가 전함에 대해서 얼마나 강력한가를 세계에서 처음으로 일본해군이 입증하는 결과가 되었다. 이미 동해(일본해) 해전이나 셔틀랜드(Shetland Islands) 해전처럼 전함을 중심으로 하는 거대 전함끼리의 주포 공격에 의한 해상결전은 사라지고, 해상부대의 중심은 항공모함을 중심으로 하는 기동부대로 옮겨간 것이 이것으로써 증명되었다. 미 해군은 항공모함을 중심으로 하는 기동부대를 일찍부터 편성하여, 전함은 그 대공화력으로 항공모함을 호위 또는 그 화력으로 상륙전투를 지원하는 데만 사용하게 되었다. 하지만 일본해군은 여전히 거함거포주의에서 벗어나지 못했다. 야마토(大和)와 무사시(武蔵)를 중심으로 하는 전함군(戰艦群)이 연합함대의 핵심이었으며, 그것에 의한 해상결전을 작전의 중심에 고정시키고 있었다. 기동부대는 부차적인 것으로, 그 호위함은 연합함대의 주력과 비교하여 훨씬 뒤떨어져 있었다.

말레이 공략의 성공은 대만과 남부 프랑스령 인도지나 등에 진출시킨 항공기지로부터 우선 항공격멸전을 수행하여 제공권을 획득하고 그 지원 하에 공략작전을 추진했기 때문이며, 인도네시아나 미얀마에 대해서도 속속 점령지에 항공기지를 추진시켜 그 제공권 하에서 작전을 한 것이었다. 즉 지상작전은 항공기지를 추진시켜 그 제압 범위 내에서 행하는 결과가 되어 그것이 성공했던 것이다. 이후 미군의 반격은 충실하게 이 원칙을 지키면서 수행되었다. 하지만 일본은 육해군 공히 이 교훈을 배우지 않았다. 기지항공의 항속거리 밖인 과달카날이나 포트모레스비(Port Moresby)를 목표로 육군부대를 차례로 투입하여 참담한 결과를 초래한 것은 이 때문이었다.

따라서 초기작전에서 배울 수 있는 것은 항공전력이 바야흐로 군사력의 근간이 되었다는 것이었다. 미국은 모든 생산능력을 동원하여 급속한 항공전력의 강화에 매진했다. 43년 미국의 항공기 월생산이 3,000대가 넘었던 것에 비해서 일본은 고작 300대였다. 개전 후 1여년 동안 항공기 생산 확충 노력은 거의 없었다. 뉴기니 및 솔로몬 방면의 상황이 다급하여 항공기 생산에 열을 올리기 시작했을 때는 이미 늦어 있었다. 43년 도죠(東条) 수상이 "참으로 애석한 일이다. 42년에는 아무것도 하지 못했다."(辻政信『ガダルカナル』)고 술회한 것도, 이러한 전환의 때늦음을 표명한 것이었다.

경직된 함대결전주의는 해상호위의 경시에도 나타나 있었다. 섬나라인 영국과 마찬가지로 국력의 유지가 전적으로 해상교통에 달려있는 일본에 있어서 해상수송로의 확보는 사활에 관한 문제였다. 영국해군은 그 주된 임무를 해상교통로의 확보에 두고, 제1차 대전과 제2차 대전 공히 독일 잠수함과 영국 호위함의 해상교통로를 둘러싼 공방이 해군전투의 주체였다. 하지만 일본해군은 동해(일본해) 해전의 환상에 젖어 미국과의 해상결전에만 주력했을 뿐 상선의 호위는 고려하지 않았다. 호위에 적합한 항속력이 긴 대잠병기(対潛兵器)를 구비한 구축함은 갖추지 않고, 구축함에는 적 함대 공격을 위해 속력이 빠른 어뢰발사관을 장비하는 것으로 생각하고 있었다. 남방 자원지대의 점령이 최초의 전쟁목적이었으나, 점령한 지역의 석유나 보크사이드, 고무를 본토로 운반할 수송에 대해서는 크게 배려하지 않았다. 미 잠수함이 남지나해를 중심으로 활동함으로써 선박의 피해가 중대한 문제로 부각되어 해상호위총사령부가 설치되었어도, 거기에는 구식 구축함이나 해방함(海防艦 : 항만, 해협, 연안 등의 방비를 주요 임무로 하는 군함)을 긁어모았을 뿐, 연합함대의 신식 구축함은 한 척도 호위에는 할당하지 않았다. 일본이 전쟁능력을 상실한 최대의 원인은 해상교통이 차단된 것이었지만, 이에 대한 대책은 어느 나라의 경우보다도 소홀했던 것이 사실이었다. 이렇게 하여 일시적인 서전의 우위는 순식간에 그 위치가 역전되게 된다.

3. 전황의 전환

▌산호해 해전

 제1단계 진공작전의 성공 후, 앞 절에서 기술한 것처럼, 남방작전이 수세로 전환되자, 병력을 북방으로 이동시키자는 육군안과, 진공작전을 계속하자는 해군안의 절충안으로서 미-호주 간 차단작전이 채택되었다. 그 초기에 일어난 것이 산호해(珊瑚海) 해전이었다. 이것은 기동부대와 기동부대가 항공공격으로 싸운 최초의 근대해전이며, 미일 양국의 해군이 대등한 조건으로 싸운 첫 조우전이었다.
 1942년 5월 초 일본군은 우선 솔로몬군도 남부의 툴라기(Tulagi)와 뉴기니 남쪽 해안의 포트모레스비(Port Moresby)를 공략하기 위해, 해군의 항공모함 즈이카쿠(瑞鶴)와 쇼카쿠(翔鶴)를 중심으로 하는 기동부대와, 항공모함 쇼호(祥鳳)와 중순양함 4척을 중심으로 하는 공략부대를 보내 작전을 개시했다. 5월 3일 툴라기 공략은 성공했으나, 다음날인 4일 미군 함재기의 공격을 받음으로써 이 지역 가까이에 미군 기동부대가 있다는 것을 알게 되었다. 이에 일본군은 우선 이 기동부대를 공격하기 위해 포트모레스비 공략 선단을 일시 후퇴시키고 기동부대를 남하시켰다. 5월 7일 우선 미군기가 공략부대인 쇼호를 습격하여 격침시켰다. 이날 일본기는 미 기동부대를 발견할 수 없었다. 5월 8일 양군은 서로 적을 확인하고 상호 함재기 공습을 감행했으나, 일본군의 전력이 약간 우세하여 미 항공모함 렉싱턴(Lezington)을 격침시키고, 요크타운(Yorktown)과 쇼카쿠는 피해를 입었다. 추격의 기회는 놓친 일본군은 여전히 미 기동부대가 존재하고 있었기 때문에 포트모레스비 공략을 중지했다. 결과적으로 무승부였으나, 전략적으로는 일본군의 패배였다.[40]

이 해전은, 하와이와 말레이 해상에 이어서, 항공기가 해상전투의 결정적인 요소라는 것을 보여주었다. 그리고 해상전투가 전함의 화력에 의해 결정되는 것이 아니라, 적함을 전혀 목격할 수 없는 원거리에서, 항공모함과 항공모함이 그 함재기를 서로 발진시켜 승패를 가르게 된 것을 보여주었다. 짧은 전투시간의 큰 타격으로 철저한 결전이 이루어지는 것도 분명하게 되었다. 이와 더불어 전술적으로는, 적 함대를 먼저 발견하는 것이 무엇보다도 중요하므로, 정찰의 중요성을 분명히 한 것이기도 했다. 그러나 이 교훈을 일본해군이 충분히 받아들였다고는 생각되지 않는다. 불과 1개월 후의 미드웨이 해전은 이러한 사실을 역력히 보여주었다.

▌미드웨이 해전

해군의 미드웨이 공격은 미 함대에 대해 결전을 강요하기 위해 계획된 것이었다. 일부의 병력으로 북방의 알류샨열도(Aleutian Islands)를 공격하여 적을 견제하고, 기동부대로 미드웨이를 공습한 후 공략부대를 상륙시켜, 이에 대항해 오는 미 함대에 결전을 걸어 해상전투의 결말을 지으려는 것이었다. 이를 위해 연합함대의 주력을 동원하여 출동시켰다. 그 전력은 미 함대에 비해 압도적으로 우세하여, 기동부대는 항모 4척 ·

---

40 산호해해전과 미드웨이해전에 대해서는 많은 기록이 있다. 中野五郎訳『太平洋の旭日』上下, 淵田美津雄 · 奧宮正武『ミッドウェー』가 특히 상세하며, 해군의 작전구상에 대해서는 福留繁『海軍の反省』과『実録太平洋戦争Ⅱ』에 각각 수록된 源田実와 三代一就의 기록이 있다.

전함 2척・중순양함 2척・경순양함 1척・구축함 12척, 공략부대는 항모 1척・전함 2척・중순양함 8척・경순양함 2척・구축함 20척, 주력부대는 항모 1척・전함 7척・경순양함 3척・구축함 21척, 그 외에 크고 작은 함정을 포함하여 항모 6척과 전함 11척을 근간으로 하는 대함대였다. 사전에 일본해군의 기도를 알아채고 기다리고 있던 미 함대는 항모 3척, 중순양함 7척, 경순양함 1척, 구축함 17척, 잠수함 19척의 소함대에 지나지 않았다.

전투는 일본 기동부대의 미드웨이 공습으로 시작되었다. 이때 일본군은 미 기동부대가 대기하고 있는 것을 몰랐다. 미드웨이 기지의 미 육해군 항공기가 일본 기동부대를 공습했으나, 상공의 호위를 담당하는 일본해군의 레이센기(零戰機)가 성능과 기능 모두 우수하여, 거의 모든 미군기가 격추되었다. 미드웨이를 공습한 일본 항공기는, 미군이 충분이 준비를 갖추어 비행기를 대피시키고 있었으므로, 거의 효과를 거두지 못하고 일단 귀환하여 제2차 공격을 준비했다. 이때 마침내 미 기동부대를 발견하여 항공모함에 대한 공격을 위해 폭탄을 교체하고 있는 중에 미 함재기가 습격해 왔다. 뇌격기도 수평폭격기도 거의 모두 레이센기(零戰機)에 의해 격추되었으나, 마지막으로 구름 속에서 갑자기 습격해오는 급강하폭격기 때문에 항공모함 아카기(赤城), 가가(加賀), 소류(蒼竜) 모두 명중탄을 맞아, 이것이 함상의 폭탄과 어뢰에 연쇄폭발을 일으켜 일순간에 세 척 모두 전력을 상실했다. 남은 한 척의 항공모함인 히류(飛竜)의 함재기가 미 항공모함 요크타운에 피해를 입혔으나, 그 자신도 곧 전력을 상실했다. 이렇게 하여 기동부대 최정예 항공모함 4척이 전멸하는 참담한 결과가 되어 미드웨이 공략도 중지되었다.

이 패전은 함상기의 발진 직전 겨우 5분 차이의 불운이라고도 일컬어지고 있으나, 사실은 언젠가는 일어날 실패였다. 미 해군이, 진주만에서 전함 대부분을 상실했다는 필연적인 결과 때문이기도 했지만, 이 초기작전의 교훈을 받아들여 해상의 주력을 항공모함에 두고 기동부대를 중심으로 하고 있었던 것에 비해서, 일본해군은 여전히 전함 중심의 함대결전주의에서 일보도 벗어나지 못했다. 이때도 기동부대에는 전위적 임무를 부여하고, 야마토(大和) 이하의 본대를 전력의 중심으로 생각하고 있었다. 결국 이 본대는 전혀 전투에 감가하지 않아 전력이 분산되는 결과를 초래했는데, 기동부대가 엄호 부족, 통신지휘기능의 불충분, 정찰력 부족에 고심한 것도 연합함대의 주력이 유휴병력이 되어 있었기 때문이었다.

전술적으로는 정찰의 경시가 결정적이었다. 미 기동부대는 산호해 해전의 결과를 거울삼아 적 색출에 모든 능력을 집중시켜 항공모함 탑재기의 3분의 1을 정찰기로 하고 있었다. 일본의 기동부대는 겨우 몇 대의 수상기를 정찰에 보냈을 뿐으로, 그 능력에는 몇 배의 차이가 있었다. 미군에게는 준비를 하고 기다린 예상전투, 일본군에게는 허를 찔린 예상치 못한 전투가 된 것은 당연한 귀결이었다. 기도비닉의 불충분, 정보의 경시, 적 정세에 대한 희망적 관측, 암호의 누설과 같은 일본군 실패의 여러 원인들도 과거의 교훈을 무시하고 서전의 전과에 자만한 결과였다. 편성과 장비와 전술을 상황의 변화와 전투의 교훈에 따라 곧바로 바꾸는 유연성을 갖고 있는 미군과, 보수적이고 경직된 일본군의 차이가 노출된 것이었다.

과달카날 전투

미드웨이 패전으로 일본해군은 정규 항공모함 4척과 다수의 우수한 탑승원을 잃었으나, 그래도 아직 여전히 항공모함의 세력은 미일이 호각지세였다. 미일의 전력을 결정적으로 전환시킨 계기가 된 것이 1942년 8월부터 다음해 2월에 걸친 과달카날 쟁탈전이었다.

해군의 일부 부대가 42년 5월 이후 솔로몬군도 남부의 툴라기와 과달카나날을 점령하여 여기에 비행장을 건설하기 시작했다. 이 지역은 라바울(Rabaul) 기지 전투기의 제공권 밖에 있어서 기지에서 발진하기에는 너무 먼 한편, 미국과 호주를 잇는 보급선을 위협할 수 있는 곳이기 때문에 간과할 수 없는 지점이었다.

8월 7일 해군 기동부대의 호위 하에 미 해병사단이 상륙하여 거의 무저항으로 두 섬을 점령했다. 그리고 과달카나날의 비행장을 기지로 사용하기 시작했다. 이에 대해 일본해군은 즉각 라바울 기지의 함대를 이 섬에 투입하여 군함으로 공격을 가했다. 대본영은 이 섬의 탈환을 결정하고 육군을 파견하기로 했다. 이렇게 하여 우선 1개 대대를 기간으로 하는 이치키지대(一木支隊), 증강된 1개 연대의 가와구치지대(川口支隊), 제17군 사령관 휘하의 제2사단, 그리고 38사단 병력을 차례로 투입했으나 모두 실패했다. 해군은 수송과 보급을 엄호하기 위해 수차에 걸쳐 함대에 의한 정박지 돌입을 기도하여 전함 2척 등 많은 함정을 잃었다. 솔로몬 해역의 제공권은 완전히 미군의 수중에 있고, 일본군의 수송선은 모두 격침되어, 구축함에 의한 수송도 성공하지 못하자, 최후에는 수송보급에 잠수함을 사용했으나 그것도 효과가 없었다.

보급이 완전히 두절된 이 섬의 상륙부대는 화기 탄약은 고사하고 식량까지 완전히 고갈되어, 전사자를 훨씬 상회하는 아사자를 내고, 남은 자도 영양실조와 말라리아로 전투력을 상실했다. 43년 2월 마침내 이 섬의 포기를 결정하고 철수하게 되었을 때, 반년 동안의 소모전에 계속적으로 투입된 항공전력 등의 상실로 인해, 미일 간 전력의 차이는 이미 결정적인 것으로 되어 있었다.[41]

---

41 과달카나날전투에 대해서는 服部卓四郎『大東亜戦争全史』외에 辻政信『ガダルカナル』, 川口清健『真書ガダルカナル戦』(『別冊文芸春秋』), 五味川純平『ガダルカナル』(文芸春秋社) 등이 있다.

▌패배의 원인

이 패배에도 몇 가지 원인이 있었다. 첫째로, 해전과 마찬가지로 도서쟁탈전에 있어서도 항공세력의 우열이 결정적 요소가 된 것이 여기서도 증명되었다. 항공엄호를 수반하지 않은 군함의 돌입이 얼마나 무모한가가 여러 번의 전투에서 증명되었다. 멀고 먼 라바울 기지의 일본군과 과달카날 섬 내에 기지를 갖고 더구나 해군 기동부대의 엄호를 받는 미군의 항공전에서, 육해군 항공대 모두 쓸데없는 손실을 거듭했다. 해군은 항공모함 탑재기까지 육상기지에 끌어올려 육상전투에 투입함으로써, 항공전력의 균형을 결정적으로 무너뜨린 소모전을 반복하고 말았던 것이다. 항공엄호가 없는 지역에 전장을 선택하여 결국 질질 끌려간 소모전이 된 것이 이 전투였다.

둘째로, 일본의 대본영이 미 육군의 전력을 과소평가하고, 일본육군의 전력을 과대평가하고 있던 것이 폭로되었다. 대본영은 미군의 반격 개시는 빨라도 43년 중반 이후가 될 것으로 예상하고 있었다. 미군의 상륙이 시작되었을 때에도, 이것을 본격적인 공세로 보지 않고, 정찰상륙의 범위를 넘지 않는 것으로 보고 있었다. 그리고 대본영에서는 "불과 500명의 정예부대만 있으면 쉽게 그것을 탈환할 수 있다."고 생각하고 있었다(『証言記録太平洋戦争史』I). 그리고 항공엄호와 보급도 무시한 채 한 번의 실패로 끝나지 않고 두 번 세 번에 걸쳐 병력을 투입하여, 결국 질질 끌려가면서 소모를 거듭하고 말았던 것이다. 일본육군의 육탄돌격도 미군의 준비된 화력 앞에서는 전혀 무력했다. 이 섬에 상륙한 부대는 상륙 도중의 수몰과 수송의 어려움 때문에, 거의 화포를 갖지 못하고 탄약도 부족한 채 무턱대고 미군의 화망 속으로 뛰어들었던 것이다.

셋째로, 일본군 전술사상의 경직성과 그 결과로서의 지역고수주의 및 퇴각의 부정이 패배의 큰 원인이 되었다. 과달카날은 전략상 일본이 사용 가능한 모든 전력을 집중시켜 싸워야 할 정도의 중요성이 있는 섬이 아니라, 작전계획에 의한 확보요역의 권외에 있었다. 이 섬을 쟁탈하기 위해 계속적으로 불충분한 전력을 투입하여 쓸데없이 수많은 항공기, 함정, 병력을 상실한 것은, 오로지 군부가 국민에 대한 체면과 군대의 사기에 미치는 영향을 중시했기 때문이었다. 이러한 비합리성과 국민에 대한 불신 그리고 사기에 대한 자신감의 결여야말로 일본군이 가진 근본적인 모순이라는 것은 이미 여러 번 언급했다.

  넷째로, 육해군의 대립과 불신이 있었다. 모든 점령지역은 분쟁을 피하기 위해 육해군에 분할되어, 각각 마치 다른 나라의 세력범위에 있는 것 같은 모습이었다. 해군이 담당하는 이 섬에는 전투개시 때 육군은 한 명도 없었다. 육해군은 상대방에게 진실을 알리는 것조차 경계하면서, 전선과 후방을 막론하고 모든 면에서 서로 다투어, 통합전력의 발휘가 불가능했다. 군부가 사사건건 마치 다른 나라끼리의 연합군과 같은 용어를 사용하여, 연합작전의 긴밀성을 강조하지 않을 수 없었던 것도 그것을 잘 나타내고 있다. 이러한 극단적인 파벌주의(Sectionalism)는 전쟁 전체를 통해서 나타났다.

▎절대국방권의 설정

  과달카날에서의 반년에 걸친 전투는 해군력과 항공전력을 결정적으로 소모시켰다. 이미 언제 미 해군과의 결전이 벌어진다고 해도 일본해군에 승산은 거의 없었다. 이후 미군은 원하는 시기에 원하는 지점에 마음대로 공세를 취할 수 있게 되어, 일본군은 어디에서도 전반적인 전황과는 관계없는 소모전을 반복할 뿐이었다. 미군은 솔로몬군도와 뉴기니 연안을 따라 차례로 기지를 전진시켰다. 그곳의 일본군은 모두 비참한 전투 후 저항력을 상실했다. 44년 초까지 이 방면에서의 전투가 대체로 끝남으로써 라바울 요새는 고립되었다. 그리하여 30만의 육해군 및 항공병력의 주력을 동원하여 확보하려고 하면서도 항상 미군의 공세에 끌려가, 13만의 생명과 함정 70척 22만톤 그리고 항공기 8,000대를 전멸시켰다.

43년 9월 이탈리아가 항복하여 추축(樞軸) 진영의 일각이 붕괴된 것은, 전쟁의 장래를 유럽 전황에 기대를 걸고 있던 일본의 지도자들에게 큰 충격을 주었다. 태평양전선에서도 육해공 전력의 손실이 심대하게 되어 좋든 싫든 전략을 전환하지 않을 수 없었다. 서전의 전과를 확보 및 확충하여 장기불패의 태세를 취한다던 개전 이래 일본의 전쟁지도방침은 여기서 비로소 근본적인 전환을 강요당했다.

9월 30일 대본영과 정부는 어전회의에서 「금후의 전쟁지도대강」 및 이에 따른 긴급조치를 결정했다. 새로운 전략방침은 지시마(千島), 오가사와라(小笠原), 남양군도 중·서부, 서부 뉴기니, 순다(Sunda), 미얀마를 포함한 권역을 절대국방권으로 하여, 종래의 확보요역을 축소하여 시간을 벌면서 그 사이에 항공병력을 중심으로 하는 전력 강화에 모든 힘을 경주한다는 것이었다.

그러나 이 방침전환은 너무 늦었다. 과달카날 전투 개시 이래 1년여 동안 남서태평양 방면에서 상실한 일본의 전력은 너무나 크고 결정적이었다. 시간을 벌기 위해 후퇴한 이른바 절대국방권의 일각인 서부 뉴기니와 남양군도에도 이미 미군의 창끝은 다가와 있었다. 거함거포주의에 의한 제해권 쟁탈이라는 시대착오를 깨닫고 항공기 중심의 대대적인 증강계획을 세우기는 했지만, 피아 항공 전력의 격차가 너무 커지고 국내 생산력도 이미 마비되어 있었다. 모든 점에서 이 전략은 1년 이상 때를 놓친 것이었다. 그 이후는 중부태평양의 섬들과 뉴기니 북부 연안에서 필리핀 방면으로 징검다리 형태로 기지를 전진시키는 미군의 작전에 끌려갈 뿐이었다. 43년 11월 마킨(Makin)과 타라와(Tarawa), 44년 2월 콰절린(Kwajalein)과 로이나무르(Roi-Namur)가 미군의 상륙으로 수비대가 옥쇄(玉碎)한 것에 이어, 2월 트루크(Truk), 3월 파라오(Palau)가 기동부대의 공격을 받았으나 아무런 저항도 할 수 없었다. 전쟁의 미래는 절망적이었다.

4. 전선의 붕괴

▌마리아나 공방전

　1944년 6월의 마리아나제도 공방전은 전략적으로 일본의 패전을 최종적으로 결정했다. 대본영에서는 동년 3, 4월경부터 미군의 다음 공세를 이 방면으로 예상하고, 전국 만회의 최후 수단으로서 여기서 해공군에 의한 결전을 치르려고 하여, 이것을 '아'호작전(ア号作戦)으로 명명하고 준비를 추진하고 있었다. 육군은 만주에서 이동시킨 정예사단에 이 방면의 도서방어를 맡기고 제3군을 편성했다. 해군은 기지항공 병력의 주력인 제1항공함대와 제14항공함대를 이 방면에 집중시킴과 더불어, 연합함대의 주력을 출동시켜 미 기동부대와의 결전을 계획하고 있었다.
　6월 11일 이래 미군은 마리아나제도에 대해 공습과 함포사격을 반복하고, 6월 15일부터 3개 사단으로 사이판 상륙을 개시했다. 연합함대의 중심이었던 제1기동대(항공모함 3척, 개조한 항공모함 6척, 전함 5척 등)가 6월 13일 북보르네오의 정박지를 출발하여 마리아나 해역으로 진출하여, 6월 19일 미 기동부대와의 사이에 마리아나 해전이 일어났다.
　해전의 경과는 미드웨이의 경우와는 반대로 시작되었다. 19일 아침 먼저 미 기동부대를 발견한 일본함대는 공격대의 모든 전력을 적보다 앞서 발진시켰다. 하지만 200대가 넘는 이 공격대는 기량이 미숙하고 항공기 성능도 좋지 않아, 미 전투기에 의해 거의 모두 격추되어 아무런 성과도 거두지 못했다. 공격대 발진 후, 항공모함의 주력인 다이호(大鳳)와 쇼카쿠(翔鶴)도 미 잠수함의 공격을 받아 침몰했다. 더욱이 동일 오후에는 미군기의 공격을 받아 남아있던 전투기 거의 모두가 전멸되고, 즈이카쿠(瑞鶴)·히요(飛鷹)·준요(隼鷹) 등의 항공모함도 침몰 또는 대파되어 해전은 완전한 참패로 끝났다.

이 패전은 군사적으로는 일본에 최후의 일격을 가하는 것이었다. 육군은 그때까지의 도서전투에서 실패한 것은 병력 등에 대한 준비가 부족하고 보급수송이 어려운 지점에서 전투가 치러졌기 때문이라고 믿고, 화력과 장비가 정비된 정예사단의 준비된 진지에 의한 반격에 기대를 걸고 있었다. 하지만 마리아나의 수비대는 공습과 함포사격으로 미군 상륙 이전에 이미 큰 타격을 입고, 미군의 신속한 상륙속도와 화력의 압도적인 우세 때문에, 해안에서의 반격도 진지에서의 저항도 제대로 하지 못하고 참담하게 옥쇄했다.

한편 해군은 재건한 기지항공대의 주력을 섬들 일대의 14개 비행장에 배치하고 있었으나, 2월 중순 미 기동부대의 공습으로 싸워보지도 못하고 큰 타격을 입었다. 더욱이 미군이 마리아나 상륙에 앞서 비아크(Biak)섬에 상륙한 것에 현혹되어 그쪽으로 병력을 이동시켰으나, 기량미숙으로 사고가 속출하고 탑승원 태반이 말라리아에 걸리는 등, 상륙작전 개시 전에 이미 전력의 대부분을 소모했다. 또한 기동부대의 함재기는 착함이 불가능할 정도로 기량이 미숙하여 미군보다 먼저 발진하고도 적을 발견하지 못하고 수몰되기도 하고, 모처럼 미 함대를 발견하고도 미 항공기의 공격을 받아 맥없이 추락되었다. 게다가 귀함이 불가능하여 괌 등의 기지에 착륙할 계획이었으나, 상공에 잠복하고 있던 미군기에 전멸을 당했다. 항공기의 성능도 탑승원의 자질도, 하와이나 미드웨이 때와는 달리, 미군과는 비교가 되지 않을 정도로 저하되어 있었다.

이 작전은 처음부터 연합함대 최후의 옥쇄전이었다(福留繁『海軍の反省』). 이 패전으로 항공모함과 해군항공의 병력 대부분이 전멸했다. 육군은 준

비된 육상전투에서도 미군의 화력 앞에 무력했다. 마리아나 기지는 일본 본토를 공습권 내에 두고 있었다. 어떤 점에서 보아도 이미 전세를 만회할 방법은 없었다.

▍전쟁경제의 붕괴

이 무렵 국내의 전쟁경제도 완전히 마비상태에 빠져 있었다. 전쟁경제의 동맥인 해상교통이 미 잠수함 활동으로 완전히 정지상태에 빠져있던 것이 무엇보다도 큰 원인이었다. 개전 결정 전 대본영의 선박상실 추정은 개전 1년차에 연간 80만 내지 100만톤, 2년차 이후는 60만 내지 80만톤, 이에 대해 조선능력은 1년차 45만톤, 2년차 60만톤, 3년차 80만톤으로, 선박 보유량은 감소하지 않는다는 계산이 세워져 있었다. 하지만 44년도에 들어서자, 이 책 마지막의 〈표 10〉에서 나타난 것처럼, 1월과 2월에만 해도 80만톤이 넘는 피해를 입었다. 그리하여 해상교통의 확보는 완전히 불가능하게 되어 국내경제에도 심각한 영향을 주었다. 이러한 점에서도 전쟁의 수행은 불가능하게 되어 있었다.

마리아나 공방전이 옥쇄를 각오한 최후의 결전이었으면서도, 그리고 결정적 패배를 당한 후에도, 전쟁의 종결에 대한 고려가 없었던 것은 의외라고 할 수밖에 없다. 그 후의 전황은 연합군의 공세에 끌려가는 절망적인 항전을 계속했을 뿐, 헛되이 많은 생명을 희생시킨 것이다.

▍임팔작전

태평양 이외의 전선에서도 군대의 질적 저하, 항공병력의 열세, 화력과 장비의 열세, 보급의 곤란, 지휘의 혼란과 같은 말기적 양상이 나타나기 시작했다. 미얀마와 중국에서도 그것은 예외가 아니었다. 그 전형적인 예가 44년 미얀마에 있어서의 임팔(Imphal) 작전이었다.

인도 영내의 일각인 임팔로 진공하려는 계획에는 전략적 필요보다는 다분히 정략적 요구가 포함되어 있었다. 44년에 들어서자 북미얀마에서는 미국식 장비로 무장한 중국군 및 영국·인도군의 반격이 점점 격화된다. 이 시기 인도와 미얀마의 국경인 아라칸(Arakan) 산맥을 넘어 인도 영내의 임팔로 진공하려고 한 것은 피아의 전력과 전장의 지형을 무시한 무모한 작전이었다. 44년 3월 3개 사단으로 구성된 제15군이 행동을 개시하여, 4월 중순에는 일단 임팔을 포위할 태세가 되었다. 하지만 일본군은 보급이 완전히 두절되고, 한편으로는 증강된 영국·인도군의 반격이 격렬하여, 6월경에는 탄약과 식량의 결핍으로 전선이 붕괴되기 시작했다. 7월 결국 작전을 중지했으나, 퇴각이 매우 곤란하여 5만의 인명을 잃고 각 사단 모두가 전력을 완전히 상실하고 패주했다.

이 작전의 실패에는, 앞에서 언급한 것처럼, 피아의 전력에 대한 결정적인 판단의 착오가 있었다. 영국·인도군의 화력의 우세, 일본군의 제공권 상실과 같은 사태를 무시한 공세가 실패하는 것은 당연했다. 일본군은 험준한 산맥을 넘기 위해 화포를 거의 가지고 갈 수 없어 소량의 탄약 외에는 대전차 무기도 없었다. 따라서 전차와 중포(重砲)로 무장하고 공중엄호까지 받는 적과 싸우는 것은 무리였다. 또한 보급이 완전히 무시된 작전이기도 했다. 각자가 휴대할 수 있을 만큼의 식량만을 가지고 전진하여, 그 이후는 풀을 뜯어먹었으므로 아사자가 발생하는 것은 당연했다. 보급수송의 무시가 얼마나 비참한 결과를 초래하는가를 철저하게 보여준 것이 이 작전이었다. 더욱이 임팔 포위작전의 실패가 확실해졌는데도, 일본군은 적시에 전선을 정리할 방법을 강구하지 않았다. 그러기는커녕 군사령관 무다구치 렌야(牟田口廉也) 중장은 전선의 실정을 호소하는 3명의 사단장 모두를 파면하고 전투 독려를 계속했다. 이 때문에 부질없이 피해를 키워 완전한 괴멸로 작전을 끝낸 것이다. 전력의 실체를 직시하지 않은 채 퇴각을 기피하고, 일단 수립된 계획을 상황의 변화에 따라 변경하는 유연성의 결핍으로, 결국 스스로 파국적인 상태에 함몰되는 경직된 작전지도가 여기서도 나타났던 것이다.

임팔작전의 실패는 미얀마 전선 붕괴의 원인이 되었다. 영국·인도군 기계화부대의 돌진에 대해 저항력을 상실한 일본군은 후퇴만 계속하여, 45년 3월 만다레(Mandalay)를, 5월에는 랭군(Rangoon)을 잃고 미얀마를 포기하게 된다.

중국전선의 양상

중국전선에서도 상황은 비슷했다. 태평양과 남방에서 고전이 계속되고 있을 때, 일본육군의 주력은 여전히 중국전선을 벗어나지 못하고 있었다. 43년 말 무렵 중국에 있던 일본군은 25개 사단, 11개 독립여단, 전차 1개 사단으로, 총병력이 100만에 달해 어느 전선보다도 많은 병력이었으나, 점령지의 점과 선을 확보하기 위해 분산배치되어, 피로와 군기 문란과 훈련부족으로 점차 작전능력을 잃어가고 있었다.

41년에서 42년에 걸쳐 일본군은 팔로군(八路軍)에 대한 대규모 토벌을 반복함과 더불어, 대병력으로 중경 진공작전을 준비하고 있었으나, 42년 12월에 이르러 중경 작전 준비를 중지할 수밖에 없었다. 그것은 과달카날의 패배가 확실해져 여기에 우선적으로 대처하지 않으면 안 되게 된 것, 스탈린그라드 전투에서의 소련의 승리로 관동군을 강화해야 할 필요를 느낀 것 등에 의한 것이기도 하지만, 무엇보다도 중경 정부에 대한 전략적 타격보다도 중공군에 대한 소탕과 치안공작에 더욱 힘쓰지 않을 수 없었기 때문이었다.

중공군의 유격전에 시달려 분산배치를 하고, 토벌을 반복해도 치안확보가 순조롭지 않은 것에 고심한 일본군은 수많은 잔학행위를 저질렀다. 중공군의 동정을 살피기 위해 유격전 지역의 민중을 닥치는 대로 붙잡아 고문했다. 유격전에서 피해를 입는다든가 도로나 전선에 이상이 있으면 그 부근의 민가를 불태워 주민을 살해했다. 아무런 이유도 없이 민중을 때리고 죽이기도 하고, 또한 부인에 대한 폭행도 끊이지 않았다. 42년 가을 하북성 난란현(欒灡縣) 북방 마을에서 3명의 병사가 유격대에 살해된 것을 이유로, 일본군은 전 주민을 붙잡아 가옥과 함께 불태워 죽이기도 하고 생매장을 하기도 하여, 남녀노소를 불문하고 한 사람도 남김없이 학살했다. 이러한 예가 너무 많이 반복되었으므로, 43년에는 북지방면군사령관 오카무라 야스지(岡村寧次) 대장이 "불태우지 말고, 죽이지 말고, 범하지 말라"는 표어를 예하부대에 시달했는데, 그것은 바꿔 말하면 이러한 일이 일상적으로 일어났다는 것을 인정한 것이었다.

이러한 행위는 일찍이 1918년부터 22년에 걸친 시베리아 출병에서의 폭행, 그리고 그 당시 나치스 군대의 점령지 민중에 대한 폭행 등과 마찬가지로, 민족독립을 위해 싸우는 민중의 저항에 직면했을 때의 제국주의 군대 특유의 만행이었다. 그러나 그것은 일본인의 민족성이 야만적이고 잔악하다는 것은 아니다. 이미 기술한 바 있는 군대사회의 비인간성이 장기간의 희망 없는 전쟁과, 그러한 가운데에서의 개인적 희망의 상실이라는 조건 하에서 조직적인 잔학행위로 발전한 것이라 할 수 있다.

군대 자체의 붕괴현상도 나타나 상관에게 반항한다든가, 전선에서 중공군 쪽으로 도망을 친다든가, 전투에서 일부러 포로가 되는 병사도 나왔다. 귀국에 대한 희망이 없는 절망감에서 음주나 도박에 빠지는 자가 늘어나고, 부패한 간부에 대한 불만이 병사들 사이에 퍼져갔다. 43년에는 산동성 관도현(館陶縣) 수비대에서 병사가 폭동을 일으켜 중대장 이하 부대원이 도망을 가는 사건이 발생한 것은 그 극단적인 예였다(歷史学硏

究会『太平洋戰爭史』Ⅳ). 이와 비슷한 상관에 대한 집단적인 반항이나 장교를 살해하는 사건이 각지에서 발생하고 있었다. 엄정함을 자랑하던 일본군의 군기도 중국전선에서는 통용되지 않았다. 군기확립이 지나파견군 최대의 관심사가 되어, 이를 위한 검열과 엄격한 처벌이 행해졌으나 아무런 효과도 없었다.

44년 후반부터 45년에 걸쳐 경한(京漢), 상계(湘桂), 오한(奧漢)의 각 철도를 연결하여 미군기 기지인 계림(桂林), 유주(柳州) 등을 점령하려는 대륙연결작전이 지나파견군의 주력을 동원하여 실시되었다. 한때 이 작전은 계획된 선까지 진출할 수 있었으나, 이것도 보급과 그 후의 확보를 무시한 작전으로 남방과의 육상교통로 개설도 미군 항공기지의 파괴도 그 어느 것도 효과를 거두지 못했다. 45년 봄부터 지나파견군은 미군의 상륙과 소련의 참전에 대비하여, 해안으로 전선을 축소하기 위해 이동 중에 패전을 맞게 되었으나, 이 시기에는 이미 모든 전선이 파탄되기 시작했던 것이다.

레이테·이오지마·오키나와 전투

마리아나의 상실은 대본영 전쟁계획의 골격이었던 절대국방권의 파탄을 의미했으므로 새로운 작전방침의 책정이 필요했다. 7월 28일 대본영 육해군부는 「육해군 향후 작전지도대강」을 결정하여, 다음의 결전을 본토, 남서제도, 대만, 필리핀 방면으로 예정하고, 미군이 이 방면으로 공격해 올 때를 상정한 '첩호작전(捷号作戰)'을 계획했다. 첩1호는 필리핀, 첩2호는 남서제도와 대만, 첩3호는 본토, 첩4호는 지시마(千島)와 홋카이도(北海道)에서의 작전으로 하여 최후의 결전을 준비했다. 그러나 본토와 남방과의 교통이 미 잠수함의 활동에 의해 두절되어, 항공전 준비를 비롯한 전력강화는 거의 진척되지 못했다.

미군의 반격 속도는 첩호작전의 준비 진행보다 훨씬 빨랐다. 44년 10월 10일 미 기동부대의 오키나와 공습으로 항공기와 함선이 큰 타격을 입고 나하(那覇) 시가지가 잿더미로 변해버렸다. 13일에는 대만이 공습을 받았다. 해군은 기지항공부대의 전력을 동원하여 이 미 기동부대에 반격을 가하여, 12일부터 15일에 걸쳐 미 항공모함 10척과 전함 2척을 침몰시켰다는 대본영 발표를 하고, 이것을 대만해상 항공전이라 명명했다. 그러나 그것은 조작된 과대선전으로, 실제로 침몰된 미 함정은 없었다.

일본측이 조작된 대만해상 항공전의 전과에 도취해 있을 때, 미 기동부대는 필리핀으로 남하하여, 10월 17일 레이테(Leyte) 상륙작전을 개시했다. 이에 대해 대본영은 18일 첩1호 작전을 발동하여 육해군의 전력을 동원한 결전을 계획했다. 육군은 필리핀으로의 미군 공격에 대비하여 야마시타 도모유키(山下奉文) 중장이 지휘하는 제14방면군을 배치해 두고 있었다. 방면군은 주력이 전개되어 있는 루손(Luzon)에서의 결전을 계획하고 있었으나, 대본영과 남방군은 대만해상 항공전의 전과를 과신하여 레이테로의 병력집중을 지시했다. 이 때문에 방면군의 주력부대는 급거 레이테로 보내졌으나, 도중에 수송선이 침몰되어 병력을 잃고 말았다. 해군은 연합함대의 주력에 의한 결전을 계획했다. 탑재할 항공기도 없는 항공모함을 집합시킨 오자와 지사부로(小沢治三郎) 중장의 기동부대는 미 기동부대를 북방으로 유인하는 미끼 역할을 맡고, 구리타 다테오(栗田健男) 중장의 유격부대가 전함과 순양함으로 레이테로 돌입한다는 작전을 세웠다. 그러나 10월 23일과 24일의 레이테 해상 전투에서, 오자와 부대는 유인임무를 수행했으나 항공모함 전부를 잃고, 구리타 부대는 전함 무사시(武蔵) 등을 잃고 레이테에 돌입하지 못하고 후퇴했다. 결국 연합함대는 전력의 대부분을 잃어 해상세력으로의 전력도 상실하고 말았다.

이 레이테작전에서 일본군은 특공대를 계속 투입했다. 열세한 항공병력으로 어떻게든 전세를 만회하려는 고육지책이었으나, 인간이 비행기와 함께 적함에 부딪치는 이 전법은 비인간적인 자살공격으로서, 일본군의 인명무시의 극한을 보여준 것이었다.

미군은 레이테에 이어 45년 1월 9일 루손에 상륙하여, 2월 3일 마닐라를 점령했다. 이에 제14방면군의 주력은 루손 북부 산악지대의 복곽진지(複郭陣地: 성벽을 이중으로 만든 진지)에 들어가 버텼으나, 전투에 의한 사상자 외에도 식량난에 의한 아사자가 속출하여 병력을 소모했다. 전후의 후생성 조사에 의하면 육해군이 필리핀에 투입한 병력은 63만명으로, 그 중에서 전몰자는 8월 15일 이후의 사망자를 포함하여 49만 8,600명에 달하고 있다(『戰史叢書·捷号陸軍作戰(2)』).

45년 2월 16일 미군은 도쿄 남방 1,200km의 오가사와라(小笠原) 제도 남쪽에 있는 이오지마(硫黃島)에 상륙작전을 개시했다. 화산재에 덮혀 식물도 물도 없는 외탄섬에 농성한 2만 6,000명의 일본군 수비대는 1개월 동안의 격전 끝에 옥쇄했다. 이렇게 됨으로써 일본열도는 마리아나제도에서 발진하는 장거리 폭격기 B-29에 추가하여, 이오지마에서 발진하는 전투기의 항속권 내에 들어가게 되었다.

이오지마에 이어서 미 기동부대는 45년 3월 하순 규슈(九州)의 비행장과 구레(吳) 군항을 공격하고, 3월 26일 게라마(慶良間) 열도, 4월 1일 오키나와 본섬에 상륙했다. 오키나와 본섬을 방위하는 제32군은 3.5개 사단의 병력 중 1개 사단을 45년 초 대만으로 차출했다. 대본영은 본토결전 준비를 우선하여 그 보충을 하지 않아, 제32군은 본토방위의 시간을 벌기 위해 고립상태로 싸우게 되었다. 군은 지구전 방침을 취하여, 3개월의 격전 끝에 현민 중에서 소집한 의용대를 포함한 약 10만의 수비대가 거의 전멸했다. 그 동안에 적에게 유린되거나 은신처나 식량을 빼앗기는 등으로 20만명의 현민이 희생되었다. 항복을 절대로 인정하지 않는 천황제 이데올로기의 전쟁관이 이 비극을 낳은 것이다. 오키나와전투는 군대가 국민을 지키는 것이 아니라, 국토가 전장으로 변하는 것이 국민에게 있어서 얼마나 비참한 결과를 초래하는가를 보여준 것이었다.

▍본토공습

마리아나제도를 점령한 미군은 여기에 신속하게 B-29를 전개하여, 44년 9월 24일 마침내 일본본토를 공습했다. 처음에는 비행기 공장 등의 군사시설을 목표로 했으나, 그다지 효과가 없었으므로, 45년 3월부터는 도시에 대한 대규모 무차별 소이공격(燒夷攻擊)으로 바꾸었다. 이 때문에 도시의 공습피해가 급증하여 일반국민의 희생도 증가했다. 미군은 일반국민의 피해가 커지면 국민의 사기에 영향을 주어 전쟁종결을 앞당길 수 있다고 기대했던 것이다. 그러나 일본 전쟁지도자는 국민의 희생에 대해서는 전혀 관심이 없었다. 국민에 대한 배려가 있었다면 전쟁을 시작하지도 않았을 것이다. 그들의 최대 관심사는 국체 즉 천황제의 유지이며, 이를 위한 확증이 없는 한 국민의 피해가 아무리 늘어난다고 해도 전쟁을 중지하는 것은 있을 수 없는 일이었다.

3월 9일 밤부터 10일에 걸친 B-29 약 150대에 의한 도쿄공습으로 고토(江東) 지구 일대가 초토화되어 약 10만명이 불에 타 죽었다. 이어서 나고야, 오사카, 고베, 요코하마 등의 대도시가 불타버렸다. 대도시를 불태운 미군은 5월 이후 중소도시로 목표를 옮겨 며칠 간격으로 3, 4개의 도시를 불태웠다. 패전 직후인 8월 23일 내무성 방공총본부가 발표한 바에 의하면, 100만 이상의 사상자를 낸 도시가 전국에서 94개(도쿄는 구[舊] 도쿄시, 다치가와[立川], 하치오지[八王子]의 3개 도시로 계산)에 이르고, 가옥 소실 230만호, 사망자 26만명, 부상자 42만명, 이재민 920만명(사상자 제외)로 되어 있다(経済安定本部『我が国経済の戦争被害』). 이 수치는 축소된 것으로, 실제로는 더 많은 것으로 생각되는데, 국민생활에 미친 피해는 심대했다. 무엇보다도 이 피해의 대부분이 전세가 완전히 절망적이 되어, 일본의 항전이 전혀 무의미했던 45년 3월 이후에 발생한 것이라는 데 주목하지 않으면 안 될 것이다.

본토결전과 1억 옥쇄

레이테 결전에서 패하여 필리핀의 함락도 예상되던 1945년 1월, 대본영은 「제국육해군 작전계획대강」을 결정했다. 이것은 미군의 본토공격을 예상하여 "황토(皇土) 특히 제국본토(오키나와는 제외)"의 유지를 작전목적으로 하여, 본토의 군비를 근본적으로 쇄신하려는 것이었다. 이를 위해 육군은 1월 본토 및 조선에 6개의 방면군을 편성하고, 2월부터 5월에 사이에 3차에 걸쳐 본토에 45개 사단을 신설했다. 이를 위해서는 국내에서의 무차별 동원이 필요하여, 45년 8월까지 본토에 육군 240만과 해군 130만 합계 370만의 대군을 편성했다. 그러나 이렇게 서둘러 편성한 부대는 제2국민역까지 소집한 질이 낮고 훈련이 부족한 병력으로 구성되고, 장비도 빈약하여 개인용 소총이나 총검마저 완전히 보급되지 않은 상태였다.

오키나와의 패배가 분명해진 45년 6월 8일의 어전회의에서, "국체유지"와 "황토보위"를 위해 "신속하게 황토의 전장태세를 강화"하는 것을 내용으로 하는 「금후의 전쟁지도 기본대강」이 결정되었다. 그리고 이에 이은 임시회의에서 「국민의용병역법」과 「전시긴급조치법」을 제정하여 즉시 공포 시행되었다. 「국민의용병역법」은 15세에서 60세까지의 남자 및 17세에서 40세까지의 여자를 의용병역에 복역시킨다는 국민총동원병역법이며, 「전시긴급조치법」은 "국가의 위기를 극복하기 위해 긴급을 요할 때"에는 정부가 다른 법령의 규정에 구애받지 않고 필요한 명령을 발령하여 처분할 수 있다는 전권위임법이었다. 이에 앞서 5월경부터 국민의용대 편성이 추진되어, 대정익찬회(大政翼贊会)를 비롯한 모든 단체를 해산하고 전 국민을 국민의용대에 편성하여 전쟁에 협력시키는 체제를 만들려고 하고 있었다. 또한 「의용병역법」의 시행에 의해 국민의용전투대를 만들어 이를 군령인 「국민의용전투대 통솔령」으로 규제하여 군의 통솔 하에 두기로 했다. 싸울 수 있는 전 국민을 군의 지휘 하에 두고 '1억 옥쇄'의 본토결전에 대비한 것이다.

미군은 일본을 항복시키기 위해서는 본토 상륙작전이 필요하다고 판단하여 그 준비를 추진하고 있었다. 45년 8월경의 본토 상륙작전 계획은 45년 11월 1일 제6군의 14개 사단으로 남규슈에 상륙하고(올림픽작전), 이어서 46년 3월 1일 제8군과 제10군으로 사가미만(相模湾)과 지바현(千葉県)의 구주쿠리하마(九十九里浜) 해변에 상륙하여 제1군을 예비로 하여 간토평야(關東平野)를 제압하려는 것이었다(코로넷[Coronet] 작전). 대본영은 거의 정확하게 이것을 예상하고 간토(関東)와 규슈(九州)에 방위의 중점을 두고 작전준비를 추진하고 있었다.

본토결전에 있어서 문제가 된 것은 국민의용전투대로서 군과 함께 싸우는 주민 특히 부녀자나 병약자 등의 처리였다. 그러나 이들을 피난시키려고 해도 마땅한 장소가 없었다. 규슈 제16방면군의 이나타(稲田) 참모장의 회상에 의하면, "45년 5월경까지는 전장의 주민은 가고시마현(鹿児島県)의 기리시마(霧島)와 구마모토현(熊本県)의 고카노쇼(五家荘) 지역으로 사전에 피난시키는 것으로 계획되어 있었으나(군의 지시로 각 현[県]에서 계획), 시설·식량·수송 등의 문제로 전혀 실행 불가능하여 6월에 전면적으로 계획을 취소하고, 최후까지 군대와 함께 전장에 머물면서 탄환이 날아오면 전장 내에서 일시 대피시키기로 했다. 또한 이들 주민의 대피행동은 각 사단별로 결정하기로 하고, 건강한 자는 남녀 공히 국민의용전투대가 되어 싸우기로 했다."(『戰史叢書·本土決戰準備(2) 九州の防衛』)

고 한다.

  이것은 국민을 전화에 끌어들여 그 희생에 대해서는 전혀 배려가 없는 발상으로서, 주민을 인질로 한 오키나와 전투를 더욱 대규모로 재현하려는 것이었다. 전쟁은 국민을 지키기 위한 것이 아니라, '국체유지'만을 목적으로 하고 있었던 것이다. 그러나 한편으로는 천황, 대본영, 정부 중추기관은 나가노현(長野県) 마쓰다이(松代)의 지하 동굴에 피신할 준비가 은밀히 추진되고 있었다. 거기에는 현재도 천황과 황후의 기거시설이 남아있어 도쿄대학 지진연구소가 그 시설을 이용하고 있는데, 분명히 본토결전은 '1억 옥쇄'로써 '국체유지'를 하려고 한 것이었다.

5. 패전의 군사적 원인

▌ 전쟁지도의 분열

 제2차 대전에 있어서의 일본의 패배는 세계를 적으로 하여, 압도적인 생산력의 차이를 무시한 전쟁 그 자체의 필연적 결과였다. 하지만 그것에만 머무르지 않고, 개개의 패인을 분석하면, 그것은 일본의 군대 내지 군사조직이 가진 여러 조건들이 그대로 노출되어, 그것이 이 전쟁을 시작한 원인이기도 하고 패인이기도 했다. 말하자면 일본사회 및 군대 본래의 성격과 모순이 이 전쟁에 집중적으로 나타난 것이라 해도 좋을 것이다. 그 주된 것을 열거하면 다음과 같다.

 첫째로, 전쟁지도에 통일성도 일관성도 없었다고 하기보다는, 전쟁을 시작한 것 자체가 통일된 국가의지와 목적과 계획이 있었던 것이 아니었다는 것은 이미 기술했다. 중국과의 전쟁도 혹은 영·미와의 전쟁도 전쟁목적이나 전쟁계획이 명확했던 것이 아니고, 각 상황에 있어서의 전쟁지도도 단지 정세에 따르고 있었을 뿐이었다.

 그것은 천황제 지배기구의 특징과 모순이 뜻하지 않게 여기에 집중적으로 나타난 결과였다. 천황제 관료기구가 팽대해지고 조직화됨에 따라서, 일체의 권력이 명목상으로는 천황에게 집중된다는 형식이 고정되었다. 그것은 정치가도 군부 지도자도 모두 관료화되어 어떤 것에 대해서도 책임을 지지 않는다고 하는, "방대한 무책임의 체계"(丸山眞男『軍国主義者の精神構造』)가 자라고 있었다는 것이기도 했다.

전쟁에 대해 자신을 가질 수 없었던 해군 수뇌부가 개전 전야에 전쟁에 반대한다고 단언하지 못하고, 전쟁의 결행 여부는 수상에게 일임되어 있다는 것 이외의 발언을 하지 않았다는 주지의 사실도, 이러한 책임회피의 하나의 예이다. 해군이 반대한다고 말할 수 없었던 것은, "해군은 장기간 많은 예산을 받아 기회가 있을 때마다 '바다의 방어는 철벽이다. 서부 태평양의 방위는 우리가 맡는다.'고 말해 온 체면 때문에, 지금 와서 갑자기 자신이 없다는 따위의 말은 도저히 할 수 없었다."(豊田副武 『最後の帝国海軍』)고 전해지고 있으나, 국가의 운명을 건 전쟁 결정이 이러한 해군의 체면이라는 문제로 대체되어 있었다는 사실에 천황제 관료기구의 특징이 가장 잘 나타나 있다고 해도 좋을 것이다.

이러한 관료화 경향은 한편으로는 격렬한 파벌주의(Sectionalism)을 낳고 있다. 제2차 대전 전부터, 특히 전쟁 중에 기구 내의 분열대립이 격렬하게 되었다. 전쟁지도에 있어서 최대의 암적인 존재가 통수와 국무의 대립이며, 육군과 해군의 대립이었다. 이러한 대립은 각각의 기관이 천황에 직속되어 있기 때문에, 그것을 조정하고 통일하는 것도 천황이라는 기구가 해야 할 것이지만, 현실적으로는 그것을 통일할 장치가 어디에도 없었기 때문이었다. 육해군 내부에서조차 천황에 직속된 군령기구와 군정기구가 사사건건 격렬하게 대립했다. 이러한 대립 상극이 전쟁지도의 일관성을 얼마나 저해하고 혼란시켰는가는 낱낱이 열거할 수 없을 정도의 예들이 있다.

▎비합리적 정신주의

둘째로, 전반적인 전쟁지도 및 육해군 전략전술의 모든 국면에 있어서 합리성과 계획성이 결여된 정신주의가 농후했다는 사실도, 개전은 물론이고 패전의 큰 원인이었다. 물량보다도 정신력을 중시하여, 화력보다도 백병전을 중시하는 태도는 일본군에 있어서 일관된 방침이기도 했다. 공세작전도 준비되고 계산된 전력을 기초로 한 정공법이 아니라, 항상 적의 허를 찌르는 기습작전을 근본으로 하고 있었다. 그것은 우연성에 의존한 도박적인 작전으로서, 합리성을 완전히 무시한 것이며, 우연히 성공한다고 해도 대국적으로 보면 보다 치밀하게 계획된 작전을 능가할 수는 없는 것이다.

그것은 일본군대에 뿌리 깊게 남아, 오히려 점차 확대 재생산된 봉건적 성격이 초래한 것이었다. 군사(軍事)는 무엇보다도 기술적인 것이며 근대적이고 합리적인 사상을 요하는 것인데도, 반대로 군대라는 것은 그 본질과 성격에 있어서 보수적인 것이다. 일본군대의 경우 그 봉건성과 보수성이 심각했다. 그것은 일본군대의 계급적 사회적 기초가 전근대적인 것에 의존하고 있다는 사실 때문에, 또한 의존 그 자체가 절대주의 천황제와 불가분하게 결합되어 있다는 성격 때문에 필연적인 것이었다.

개전 자체가 피아의 생산력과 군사력에 대한 합리적인 판단을 기초로 한 것이 아니며, 전쟁의 종말에 대해서도 희망적이고 우연적인 요소에 의존하고 있었다는 것은 이미 기술했다. 그것은 계산된 전쟁이 아니라, '눈을 감고 벼랑에서 뛰어 내린다.'는 것과도 같은 자포자기적인 것이었다. 처음부터 끝까지 전황의 추이에 맞는 합리적인 작전계획을 세우지 않고, 언제나 '천우신조'에 의지하는 정신주의가 활개치고 있었던 것이 더 큰 비극을 불러왔던 것이다.

셋째로, 이상과 같은 성격이 초래한 결과로서, 그 전략전술이 심각하게 경직되어 있었다. 군함에 대한 항공기의 우월성, 작전에 앞선 항공기지 추진의 필요성, 백병전에 대한 화력의 우위, 보급의 결정적 중요성과 같은, 일본군 자신이 만들어내고 경험한 교훈을 즉시 수용하여 전략전술을 전환하는 유연성이 결여되어 있었다. 동해(일본해) 해전 시대의 거함 거포주의와 러일전쟁 당시의 백병돌격을 병기의 질적 변화가 일어난 제

2차 세계대전 때까지 여전히 금과옥조로 하고 있었던 것에 그 경직성이 잘 나타나 있다.

이것은 일본에 있어서 군사사상의 자유로운 발전이 저해된 결과이기도 했다. 외부로부터도 하부로부터도 자유로운 비판을 허락하지 않는 비밀주의와 파벌주의가 천황제 관료기구의 특색이었다. 국민에 대한 신뢰가 없는 지배자는 일체의 비판적인 언론이나 사상의 존재를 허용하지 않았다. 천황이 수행하는 통수사항에는 모든 것을 초월하는 권위와 신성함이 부여되어 있었다. 이에 대한 어떤 비판도 논평도 인정되지 않았다. 거기에 군사사상의 발전을 저해하고 그 경직성을 초래하는 원인이 있었던 것이다.

넷째로, 이것도 마찬가지 원인에 의해, 언제나 적정을 경시하여 정세판단을 낙관했다. 합리적인 작전은 합리적인 적정판단을 기초로 하는 것이며, 따라서 정보수집이 매우 중요한 것인데도, 모든 것을 자신에게 유리하게 낙관적으로 판단하여 작전을 세운다는 비합리성으로부터 마지막까지 벗어나지 못했다. 개개의 작전의 경우에도 정보수집과 정찰이 항상 미비했다.

▌군사기술의 낙후

다섯째로, 결정적인 요인으로서, 군사기술이 매우 낙후되어 있었다. 병기나 함선의 생산은 국내의 모든 부문에 우선하여 기술자도 자재도 예산도 집중시키고 있었기 때문에, 각각의 부문에 있어서는 한때 세계적 수준에 달한 것도 있었으나, 군사기술을 지탱하는 일반 과학기술의 수준이 낮은 것은 어떻게도 할 수 없었다.

미국에 대한 개전 초기 해군의 레이시키전투기(零式戰鬪機)의 위력은 대단한 것이었다. 하와이에서도 필리핀에서도 그리고 미드웨이에서도 공중전에 있어서의 일본군의 우위는 절대적이었다. 그것은 이 비행기의 운동성능이 좋기도 했지만, 탑승원의 조종술이 숙련되어 있었기 때문이기도 했다. 하지만 개전 후 반년쯤부터 일본이 숙련된 탑승원을 차례로 소모시키고 비행기의 기술적 발전도 없었던 것에 비해서, 미국은 탑승원 훈련에 힘쓰면서 비행기의 성능에 있어서도 일본을 압도했다. 43년에 들어서자 공중전에서의 미군기의 우위는 확고하게 되었다. 어뢰의 성능도 개전 당초는 일본군이 우수했다. 하와이에서도 말레이 해상에서도 일본해군의 항공어뢰는 눈부신 위력을 발휘했으나, 당초의 미 잠수함 공격은 어렵게 일본 상선을 발견하고도 어뢰가 불발 또는 발사 후 도중 자폭하거나 배 밑을 통과해버리는 상황이었다(大井篤『海上護衛戰』). 하지만 곧 미군 어뢰는 기술적으로 개량되어 개전 1년 후에는 압도적인 위력을 발휘했다. 즉 미국의 병기제작 기술에는 급속한 개량과 발전 능력이 있었으나, 일본의 그것에는 그렇게 할 여력이 없었던 것이다.

개전 전 일본의 잠수함은 크기, 항속력, 속력, 탑재병기, 특히 승무원의 훈련에 있어서 세계적 수준에 있는 것으로 자타가 인정하고 있었다. 해군이 가장 기대하고 있던 것도 잠수함의 활약이었다. 하지만 개전 후의 전적은, 미 잠수함의 눈부신 활약에 비해서 일본의 잠수함은 피해만 입었을 뿐, 거의 효과적인 활약을 할 수 없었다. 그 이유는 외관상의 우수함에도 불구하고 세부적인 기술에는 결함이 많았기 때문이었다. 즉 선체의 진동음이 많아 공격개시에 앞서 탐지되는 일이 많았다고 한다(福留繁『海軍の反省』). 특히 전파탐지기의 개발이 늦은 것이 결정적이었다.

전자병기의 차이가 해전의 승패를 결정했다고 할 수 있다. 일본해군이 자신감을 갖고 있는 야간전투는 탐조등 불빛으로 포격이나 어뢰공격을 하는 것이었다. 과달카날 공방전 초기 해군은 야간전투에 성공했다. 그러나 10월의 사보(Savo) 해상 야간전투에서 일본 함대는 미 함대로부터 갑자기 무조명 하의 정확한 선제포격을 받아 실패했다. 미군이 장비한 전파탐지기가 위력을 발휘했던 것이다. 44년의 레이테해전에서는 니시무라(西村) 함대가 스리가오(Surigao) 수로에서 미 함대의 공격을 받아 전멸했는데, 그것도 전혀 적을 목격하지 못한 채 어둠 속에서 집중포격을 받았기 때문이었다. 이러한 전파탐지기의 우열은 모든 전투에 결정적인 영향을 미쳤다.

전파탐지기뿐만 아니라 일반 전자병기 특히 통신기의 우열의 차이도 컸다. 미드웨이 패전의 한 요인이 거기에 있었다고 한다. 이러한 낙후는 사실은 일반적인 기술 수준이 낮았기 때문이었다. 군사기술만이 일반기술 가운데서 특별히 발전할 수는 없으며, 그것을 지탱하는 것은 국내의 고도로 발달한 기술수준이다. 하지만 모든 것에 군사를 우선으로 하는 일본에서는 민간의 기술수준 낙후가 심각했다. 예를 들면 기술자의 경우, 대학의 이공계나 고등 공업학교 출신의 우수한 학생은 군부가 우선적으로 채용하여, 민간공업에 있어서는 기술자 부족으로 끊임없이 고민하고 있었다. 또한 민간공장의 숙련노동자까지 군대에 소집되었기 때문에, 그것을 보충하기 위해 징용공(徵用工)과 동원한 학생 그리고 여자 정신대(挺身隊) 등을 공장에 파견하고도 기술의 저하는 막을 수가 없었다.

앞에서 기술한 것처럼, 한때 일본은 군용기 생산이나 군함 제조 등에 있어서 세계적 수준에 달한 적도 있었다. 그러나 그것은 빈약한 기반과 기술적 한계로 인한 일시적인 진보에 지나지 않았다. 병기생산의 가장 기초적 원료인 철강생산 하나만 보아도 제철 및 제강의 일관된 공업의 발전이 매우 낙후되어 있었다. 따라서 국내의 제철 및 제강의 일관된 작업에 의존하기보다는 고철을 이용하는 평로(平爐)나 전기로(電氣爐) 제강에 의지하고 있는 실정이었다. 이 때문에 일본에 대한 미국의 고철수출 금지는 국내의 군용 철강생산에 치명적인 영향을 주었다. 해군이 자랑하던 함정 건조기술의 우수성도, 모든 것을 중무장된 거함의 건조에 집중시켜 세계 최대인 무사시(武蔵)와 야마토(大和) 급의 건조에까지 발전하기는 했으나, 자세히 보면 많은 결함이 있었다. 부품, 계기, 공작기계, 특허 등 거의 모든 면에서 외국 의존을 탈피할 수가 없었다. 이 때문에 제2차 대전에 의한 외국의 기술과 자재의 차단은 함정 건조기술 그 자체의 퇴보까지도 초래했다.

 육군 병기에 있어서도 사정은 마찬가지였다. 메이지 이래의 외국병기 모방에서 끝내 벗어나지 못했던 것이다. 만주사변 이후 많은 신병기가 채택되었으나, 그것들은 모두 다음과 같은 외국병기의 원형을 모방한 것이었다(林克也『日本軍事技術史』참고).

 38년식 중기관총 ← 호치키스 기관총
 45년식 유탄포 ← 슈나이더 크르조(프)
 90년식 야포 ← 슈나이더 105mm 유탄포
 91식 전차기관총 ← 휘커스(영)
 92식 105mm 카농포 ← 슈나이더사(社)(프)
 94식, 96식, 2식 박격포 ← 스토크브라운사(社)(프)
 97식 곡사보병포 ← 스토크브라운사(프)
 97식 전차기관총 ← 스코다(체코슬로바키아)
 99식 80mm 고사포 ← 크루프사(社)(독)
 4식 75mm 야전고사포 ← 보스포스사(社)(스웨덴)
 고사포 산정구(算定具) ← 슈나이더사(社)(프), 쯔아이스사(社)(독), 교르쯔사(社)(독), 휘커스(영), 스페리사(社)(영)의 제품을 모방하여 국산화

 이러한 낮은 수준의 기술이 전쟁의 거대한 소모와 전쟁 중의 습속한 병기의 진보에 따라가지 못하고, 그 결함을 남김없이 폭로한 것이 제2차 대전이었다고 할 수 있다.

▌천황군대의 본질

앞에서 언급한 것과 같은 여러 원인의 근저에는 천황군대의 본질적인 성격이 존재하고 있었다. 국민과 병사의 인권을 무시하고 천황을 위해 생명을 바치는 것이 최대의 미덕이라고 하는 메이지 이래의 국민교육과 군대의 분위기가 병사의 생명 경시를 낳았다. 이미 기술한 것처럼, 정신주의의 강조와 병사의 생명 경시는 러일전쟁 이후 특히 현저하게 되었는데, 쇼와시대가 되자 그것은 포로의 부정으로 이어졌다. 1932년의 제1차 상해사변 때 중상을 입고 포로가 되었다가 귀환 후 자결한 구칸(空閑) 소령 이래, 포로가 되었던 장교에게는 자살이 강요되어, 노몬한 사건에서도 많은 희생자가 나왔다.

1941년 1월 8일 도조 히데키(東条英機) 육상이 전군에 배포한「전진훈(戰陣訓)」에서는 "살아서 포로가 되는 치욕을 당하지 말라."고 하여, 포로가 되기보다는 죽으라고 훈계하고 있다. 어떠한 상황에서도 포로가 되는 것이 허락되지 않고, 절망적인 상황에서도 죽을 때까지 싸울 것이 요구되어, '옥쇄'라는 이름의 전멸이 반복되었다. 지원군을 기대할 수도 없는 외딴섬 앗투(Attu)에서 시작하여 마킨(Makin), 타라와(Tarawa), 콰절린(Kwajalein), 로이나무르(Roi-Namur), 사이판(Saipan), 티니안(Tinian), 괌(Guam), 파라오(Palau) 그리고 이오지마(硫黄島)와 오키나와(沖縄)에서까지 반복된 옥쇄의 비극, 그리고 뉴기니에서도 필리핀에서도 미얀마에서도 절망적인 상황 속에서 죽음 이외의 길을 선택하는 것이 허락되지 않아 발생한 기아지옥 등은 무엇을 위한 것이었을까. 전쟁 그 자체의 결과와는 이미 관계가 없게 된 단계에서 사라져간 수십만 혹은 수백만의 희생은 당연히 피할 수 있는 것이었다.

병사의 생명을 무시하여 포로를 최대의 치욕이라고 한 일본군대는 적국의 포로에 대해서도 비인간적인 대우를 했다. 메이지시대에는 근대국가로서 서구의 인정을 받았다는 의식이 아직 남아 있어서, 청일전쟁과 러일전쟁에서의 천황의 선전조서(宣戰詔書)에 국제법규를 준수하라는 말이 포함되어 있었다. 러일전쟁 때의 러시아인 포로와 제1차 대전 때의 독일인 포로에 대해서는 그나마 국제법에 따른 대우를 했다. 그러나 쇼와시대에는 이러한 배려가 없어져 버렸다.

선전포고를 하지 않았던 중국에 대한 침략전쟁에서는, 전면전 상태이던 1937년 8월 5일 육군차관 통첩(通牒)으로, 교전법규에 관한 각종 조약을 "모두 적용하여 행동하는 것은 적절하지 않다."고 하고 있다. 1941년의 영국과 미국에 대한 개전에 있어서의 천황의 조서에서는, 국제법 준수 항목은 사라지고, "힘차게 궐기하여 일체의 장애를 분쇄하라."고 하고 있다. 포로를 치욕이라고 하여 국제법을 지키지 않아도 된다고 한 것이 남경대학살이나 포로학대의 원인이 되었다. 특히 중국에 있어서는 중국인에 대한 멸시와 중국인의 뿌리 깊은 저항에 대한 반감 때문에 방화, 폭행, 강간, 살인이 반복되었다. 자국 병사의 생명조차 존중하지 않는 일본군이 적국의 군인과 인민의 생명을 무시한 것은 당연한 것이었다.

일본군대는 천황의 군대이며 천황제 지배체제를 지키기 위한 군대였을 뿐, 국민을 지키기 위한 군대가 아니었다. 창설 이래 거듭된 대외전쟁은 국민의 생활과 생명이 위협받기 때문에 일으킨 방위전쟁이 아니라, 국가와 그 지배자의 이익을 추구하기 위한 침략전쟁이었다. 그리고 실제로 국민을 지켰는지 어떤지는 국토가 전장이 되었을 때 혹은 그것이 예상되었을 때 명백하게 드러났던 것이다. 현재도 오키나와전투의 실태를 밝히기 위한 노력이 계속되고 있지만, 그 결과는 군이 국민을 지키기는커녕, 자신의 생존을 위해 일반인을 희생시켰다는 것을 보여주고 있다.[42]

---

42 大田昌秀『総史沖縄戦』, 嶋津与志『沖縄戦を考える』, 石原昌家『虐殺の島』을 비롯하여, 오키나와 연구자에 의한 다수의 연구 및 보고가 있다. 1982년 문부성이 교과서 검정에서 주민학살 부분을 삭제시켰을 때, 오키나와의 여론이 격분하여『沖縄

병사의 생명을 무시하고 비합리적인 정신주의를 강조하여, 굳이 말한다면 제2차 대전에 있어서 국민을 지키기는커녕 무의미한 죽음을 강요한 군대는, 타국에 대해서는 무시무시한 침략군이었다. 일본국민은 잊었어도 침략의 희생이 된 아시아 각국의 국민은 그 피해와 굴욕을 결코 잊지 않을 것이다. 교과서문제의 국제화를 계기로 중국과 동남아시아에서 새삼 일본군에 의한 학살과 폭행 사실을 발굴하여, 기념비를 세우고 교과서에 특필하는 일이 일어나고 있다. 일본의 군사사(軍事史)는 이 역사적 사실을 은폐하는 것이 아니라, 그것을 직시하여 그 원인을 분명히 밝히려는 노력을 게을리 해서는 안 될 것이다.

タイムズ』와 『琉球新報』 등의 현지 신문들이 학살에 관한 증언을 발굴하여 연재했다. 일본군이 주민을 학살한 것은 숨길 수 없는 사실이다.

〈표 10〉 태평양전쟁 중 일본상선(500톤 이상) 상실표 (미 전략폭격조사단 조서)

연	월	육군기 척	육군기 톤	기타 해군기 척	기타 해군기 톤	항모기 척	항모기 톤	잠수함 척	잠수함 톤
1941 · 1942	12	3	16,901	0	0	0	0	6	31,693
	1	1	6,757	0	0	0	0	7	28,351
	2	0	0	0	0	0	0	5	15,975
	3	1	4,109	0	0	3	21,610	7	26,183
	4	2	9,798	0	0	0	0	5	26,886
	5	0	0	0	0	0	0	20	86,110
	6	2	12,358	0	0	0	0	6	20,-21
	7	2.5	20,775	0	0	0	0	8	39,356
	8	0.5	420	1	9,309	0	0	17.5	76,652
	9	1	7,190	0	0	0	0	11	39,389
	10	1	5,863	3	25,546	0	0	25	118,920
	11	5	24,510	11	77,607	0	0	8	35,358
	12	3	9,591	1	548	0	0	14	48,271
1943	1	9	41,269	0	0	0	0	18	80,572
	2	3.5	19,478	2	10,563	0	0	10.5	54,276
	3	10	37,939	0	0	0	0	26	109,447
	4	7	24,521	0	0	0	0	19	105,345
	5	3	2,060	1	1,917	0	0	29	122,319
	6	1	953	0	0	0	0	25	101,581
	7.1	3	4,425	0	0	0	0	20	82,784
	8	1	4,468	0	0	0	0	19	80,799
	9	5	15,492	0	0	0	0	38	157,002
	10	7	15,253	0	0	0	0	27	119,623
	11	20.5	70,458	1	5,824	0	0	44.5	231,683
	12	13	36,266	5	14,397	6	26,017	32	121,531
1944	1	12	22,823	15	55,184	4	6,738	50	240,840
	2	16	40,983	4	8,207	29	186,725	54	256,797
	3	5	18,224	1	2,655	20	86,812	26	106,529
	4	8	21,942	1	2,230	2	1,775	23	95,242
	5	3.5	9,626	0	0	1	992	63.5	264,713
	6	3	7,753	1	966	15	65,146	48	195,020
	7	5	7,856	0	0	5	9,486	48	212,907
	8	6	13,610	1	6,659	5	22,918	49	245,348
	9	3	3,258	5	8,095	55	213,250	47	181,363
	10	9	23,327	4	12,256	40.5	131,308	68.5	328,843
	11	11	37,350	2	8,627	26.5	120,373	53.5	220,476
	12	13	54,996	3	4,158	2	8,217	18	103,836
1945	1	7.5	20,620	1	549	83.5	283,234	22	93,796
	2	3	8,593	2	1,677	2	1,384	15	55,746
	3	13	30,931	10.5	14,373	15	27,563	23.5	70,727
	4	14	18,174	1	875	0	0	18	60,696
	5	2	2,258	29	27,041	0	0	17	32,394
	6	2	11,470	12	16,163	0	0	43	92,267
	7.1	9	11,802	11	16,372	48	113,831	12	27,408
	8	10	22,884	2	1,715	2	1,805	4	14,559
합계		280	774,680	130.5	363,518	359.5	1,329,184	1,150.5	4,859,634
사용불능 총계		300	909,572	144.5	383,168	393.5	1,453,135	1,152.5	4,361,317

1. 0.5이라는 수치는 항공기와 잠수함이 협동으로 침몰시킨 배 척수를 나타낸 것이다. 이 경우 톤수도 각각 절반으로 배분했다.

제10장 태평양전쟁 351

연	월	기뢰		함포		해난(海難)		불명		합계	
		척	톤	척	톤	척	톤	척	톤	척	톤
1941 · 1942	12	0	0	0	0	3	7,466	0	0	12	56,060
	1	1	1,548	4	22,751	4	14,388	0	0	17	73,795
	2	0	0	3	10,485	0	0	1	6,788	9	33,248
	3	2	14,618	1	7,170	1	4,469	0	0	15	78,149
	4	0	0	0	0	0	0	0	0	7	36,684
	5	2	10,546	0	0	0	0	0	0	22	96,566
	6	0	0	0	0	0	0	0	0	8	32,379
	7	0	0	0.5	4,286	1	3,111	0	0	12	67,528
	8	0	0	0	0	0	0	0	0	12	46,579
	9	0	0	0	0	0	0	0	0	12	46,579
	10	0	0	1	3,311	2	11,187	0	0	32	164,827
	11	0	0	1	10,438	2	11,079	0	0	27	153,992
	12	0	0	0	0	3	13,377	0	0	21	71,787
1943	1	0	0	0	0	0	0	1	179	28	122,590
	2	0	0	1	3,121	2	5,732	0	0	19	93,175
	3	0	0	0	0	2	3,187	0	0	38	150,573
	4	0	0	0	0	0	0	1	1,916	27	131,782
	5	0	0	0	0	2	5,144	0	0	35	131,440
	6	0	0	0	0	2	6,581	0	0	28	109,155
	7.1	0	8	8	8	2	3,298	0	0	25	90,507
	8	0	0	0	0	2	7,730	1	5,831	23	98,828
	9	1	2,663	0	0	3	22,812	0	0	47	197,906
	10	0	0	0	0	4	10,718	0	0	38	145,594
	11	1	2,455	0	0	1	4,370	0	0	68	314,790
	12	0	0	0	0	4	8,374	1	544	61	207,129
1944	1	1	2,428	1	3,535	3	7,214	1	889	87	339,651
	2	1	5,307	0	0	9	17,584	2	3,956	115	519,559
	3	0	0	0	0	9	16,546	0	0	61	225,766
	4	0	0	1	2,722	1	2,913	1	3,022	37	129,846
	5	0	0	0	0	1	1,891	0	0	69	277,222
	6	0	0	2	8,742	5	7,020	1	557	75	225,204
	7	1	2,284	0	0	4	9,110	0	0	63	241,652
	8	1	1,018	0	0	3	4,546	0	0	65	294,099
	9	7	13,411	0	0	4	4,772	0	0	121	424,149
	10	5	5,964	0	0	6	11,519	1	1,428	134	514,945
	11	2	2,350	0	0	2	2,232	0	0	97	391,408
	12	0	0	0	0	9	20,669	0	0	45	191,876
1945	1	6	17,322	1	584	3	8,857	1	543	125	425,505
	2	3	13,166	0	0	4	6,898	0	0	29	87,464
	3	7	21,402	0	0	3	19,987	1	1,135	73	186,118
	4	16	20,145	0	0	2	1,812	0	0	51	101,702
	5	66	109,991	0	0	2	9,752	0	0	116	211,536
	6	45	69,009	0	0	4	3,871	2	3,400	108	196,180
	7.1	34	63,323	0	0	1	2,220	1	874	111	235,830
	8	8	18,462	0	0	0	0	0	0	26	59,425
합계		210	397,412	16.5	77,145	116	308,386	16	31,632	2,259	8,141,591
사용불능 총계		357	818,137	18.5	85,956	150	352,720	18	33,388	2,534	8,897,393

2. 거의 모든 배가 미군에 의해 침몰되었으나, 그 중 2%는 영국 및 네덜란드 잠수함에 의한 것이다.
3. 大井篤『海上護衛戰』 참고.

참고문헌

범례

1. 문헌은 편의상 제1부 전전 간행 도서, 제2부 전전을 대상으로 전후에 간행된 도서. 제3부 전후를 대상으로 전후에 간행된 도서로 나누었다.
2. 제1부 전전 간행 도서는 구판(旧版)『군사사』에 있던 참고문헌의 전전 부분을 그대로 기재했다. 이것은 구판 간행 당시 국립국회도서관 우에노(上野) 분관에서 열람이 가능했던 것으로, 현재도 색인으로서의 의미가 있는 것으로 판단했기 때문이다. 발행처는 생략했다.
3. 제2부 전후 간행 도서로서 전전을 대상으로 한 것은 분량이 방대하기 때문에 부대사(部隊史), 전기(戰記), 개인의 회고록이나 체험담 중 상당수를 생략했다.
4. 제3부 전후 간행 도서로서 전후를 대상으로 한 것도 분량이 방대하기 때문에 시사평론이나 기술적인 것은 상당수를 생략했다.

제1부 전전 간행 도서

1. 총기(叢記) (국방·군제·외국사정 포함)

內田正雄『海軍沿革論』1871
墺国政府 日本陸軍参謀局訳『欧州各国海陸軍制一覧』1976
蘭彪傑 坂井直常訳『撰兵論』1877
陸軍文庫『普国軍制服知書』1878
陸軍文庫『亜欧兵制報告書』1878
古賀煜『海防臆測』1879
陸軍文庫 福島安正『隣邦兵備略』1880
フォン・スタイン 木下周一·山脇玄訳『兵制学』1882
福沢諭吉『兵論』1882
天野為之『徴兵論』1884
ブロンデル 桐山為一訳『軍人精神論』1884
チャンバー 高橋達郎訳『海陸軍制』1884
小林栄智秒訳『萬國兵制』1884
トーマス·カーター 柴田六郎訳『軍役奇談』1886
西原喜一訳『強兵経済論』1887
バルラン 古屋肇訳『軍制提要』1887
コルスル·フォン·デル·ゴルツ 桜井精重訳『軍国新論』1887
山本忠輔『日本軍備論』1888
柴田源三郎発行『兵語字彙草案』1888
小島好問『兵事概説』1888, 9
本所三次編『兵事提要』1890
小林又七訳『軍制綱領』1890
野島凡蔵訳『欧州六大陸軍制現況独逸国之部』1890
曽我祐準『軍備要論』1890
伴正利『海軍振興論』1890
山崎清直『海軍論』1890
荻原久太郎『日本海軍制規』1890
栗原亮一『軍備論』1892
海軍省『海防費下賜金献納金報告』1893
陸軍省『児玉陸軍少将欧州巡廻報告書』1893

チャーレス・ジルク 清野勉訳『英国兵制論』1893
学習院『軍制学』1893
岡崎茂三郎『海防新論』1894
井上円了『戦争哲学一斑』1894
加藤弘之『日本之十大勝算』1894
水交社『日活戦争ニニ就テノ意見』1895
糟谷武衛編『軍事要覧』1895
西村利之編『軍事類聚』1895
志賀覺治『軍隊』1896
木村浩吉『海軍図説』1896
フォン・デル・ゴルツ 桜井精重訳『国民皆兵論』1896
格倫水交社訳『海戦論』1896
福沢諭吉『全国徴兵論』1898
石井忠利『戦後の日本将校』1898
ミッシェル・ルボン 町児玉錦平・市野良雄訳『戦争哲学』1898
兵事雑誌社『戦争と外交』1899
藤井秀編『軍人の本領』1899
久留島武彦『国民必携陸軍一斑』1899
教育総監部『軍制提要』1900
ダンリン 肝付兼行訳『将来の海軍と商業』1900
玉鴻年『日本陸軍々制提要』1901
的場鑓之助『陸軍と海軍』1901
吉田一保『軍事要覧』1901
水上梅彦『日露海軍之将来』1901
関西写真製版印刷合資会社『日本海軍』1901
シュモルラー・ワグネル 阿部秀助訳『海軍拡張と財政』1902
朱津逸三『国民ト兵事ノ関係』1902
フェルゼンプルン 坂田虎之助訳『青年将校の職責』1902
東洋経済新報社『二年兵役論』1902
浅野正泰『最近世界海軍力一斑』1902
匝瑳胤次『海軍』1903
平田勝馬『帝国海軍之危機』1903
鈴得巌『軍事解説』1904
軍人講学会『軍人叢書』1904
山口順三『軍事思想』1905
兵書出版会『軍制一斑』1905

杉本文太郎『海軍一斑』1905
厚生堂『軍制摘要』1906
窪田重一『少年必携最近海軍』1906
藤村守美『国軍と国家』1907
小林又七『改正陸軍々制要領』1908
小島棟吉『軍制一斑』1908
寺野精一『海事叢話』1909
軍事教育会『軍国一覧圖』1910
康坊生『吾人の難務』1910
佐藤鉄太郎『帝国国防史論』1910
田中義一『地方と軍隊との関係に就て』1911
川島清治郎『国防海軍論』1911
大日本兵書刊行会『軍制提要』1911
盛田暁『帝国海軍の危機』1912
鷺城学人『薩の海軍長の陸軍』1912
西本国之輔『軍制改革論』1912
稲田周之助『軍制及軍備』1912
沢来太郎『軍政整理論』1912
三宅覚太郎『国民と軍備との関係』1912
牛尾敬二『軍人論』1913
竹内平太郎『帝国軍備の標準』1913
辻村楠造『財政と軍備』1913
舛田憲元『最新兵役税論』1913
半澤王城『国防時論』1913
三宅覚太郎『威力ある国防と精鋭なる国軍』1914
マックス・イユンス 軍事攻究会全訳『国防と国民』1914
犬養木堂『国防及外交』1914
川島清治郎『海上の日本』1914
盛田暁『艦隊法制定之急務』1914
盛田暁『現下之海軍問題』1914
原田政右衛門『日本軍の暗黒面』1914
杉原呉山『帝国軍人の修養』1914
本多日生『軍人精神』1914
木村小舟『海上の威力』1914
教育研究会『軍制学教程』1914
杉魄洋『対外国是と軍備充実案』1915

伊達一郎『帝国の国防』1915
三宅覚太郎『国防と軍制』1915
藤田定市『現代海上の兵備』1915
谷信近『日支対訳軍事用語集』1915
青森連隊区司令部『在郷軍人の心得書』1915
帝国在郷軍人会豊橋支部『在郷軍人訓』1915
オーエンウヰスター『呪はれたる軍国主義』1916
川口治左衛門『国民須知軍事要綱』1916
楠瀬幸彦『国民皆兵主義』1916
吉野作造『独逸軍国主義』1916
一二三館『新編軍制提要』1916
山田久太郎『近時の戦争』1917
成沢茂馬『我軍国主義』1917
軍需局『軍需関係法規』1918
日本青年教育会『陸軍海軍』1918
ハインリッヒ・フォン・トライチケ『軍国主義政治学』1918
大庭久吉『佐藤中将松波博士国防争議評論』1918
帝国在郷軍人会麻布支部『在郷軍人全事業実施提要』1919
日高謹爾『独逸敗戦の教訓と我国防の将来』1919
石井淳『将校の士気及思想問題』1920
武藤山治『軍人優遇論』1920
尾崎行雄『新日本建設の基点』1921
尾崎行雄『軍備制限に就いて』1921
高橋律人『現代ノ国防ト海軍』1921
粟屋関一『将来の海軍』1921
井田盤楠『実験心理学的軍事研究』1921
帝国在郷軍人会岡山支部『在郷軍人全事業実施法案』1921
橋本勝太郎『文武協調平和の友へ』1922
武揚堂『軍制学教程』1922
鰕沢久治『軍事要綱』1922
一二三館軍事攻究会『軍制学』1922
国際問題研究全編『醒める』1923
板倉季『徴兵より兵役を終る迄』1923
中尾竜夫『呪はれたる陸軍』1923
高野清八郎『軍費大整理論』1923
筑紫熊七『国民必携軍縮の第一歩へ』1923

元早稲由大学生軍事研究団『我等も国防へ』1924
下村宏『国防と外交』1924
佐藤重男『国難來と新国防』1924
石藤市勝『どうして陸軍を改革すべきか』1924
小林順一郎『陸軍の根本改造』1924
板倉季『軍部覚醒論』1924
小島棟言『軍制学教程』1924
松井庫之助『護国要論国民軍事学』1925
赤松寛美『現在及将来の戦争』1925
筑紫熊七『颱風直面して』1925
石丸藤太『是れでも世界平和か』1925
岩橋次郎『国防』1925
清水盛明『国防』1925
伊藤正徳『仮想敵国』1925
鴻毛会『国防読本』1926
沢本孟虎『国家総動員の意義』1926
渡辺錠太郎『近代の戦争に於ける軍事と政策との関係』1926
海軍研究社『わが海軍』1921, 1932
連合国軍事補給会議 高屋三郎訳『欧州戦に於ける連合軍需補給の実験』1927
平賀譲・石丸藤太『補助艦問題と最近の我軍』1927
教育総監部『軍制学教程』1928
織田書店『国防叢書』1928
帝国在郷軍人会本部『帝国在郷軍人全業務指針』1928
西野雄治『次の極東戦争』1930
リープクネヒト『軍国主義論』1930
委文健郎『軍紀は囁く』1930
三越大阪支店『われらの海軍』1930
佐藤鉄太郎『国防新論』1930
蜷川新『統帥権問題』1930
偕行社『陸軍々備に関する講話案懸賞当選者論文集』1931
松下芳男『国家総動員の話』1931
陸軍省『皇軍の倫理的研究』1932
三枝茂智『国際軍備縮小問題』1932
文芸春秋社『軍事科学講座』1932
海防史料刊行会『日本海防史料叢書』1932
新日本書房発行『日本少年国防協会叢書』1932

宇山熊太郎『空中襲撃に対する国民の準備』1932
桜井忠温『国防大辞典』1932
平田晋策『われらの陸海軍』1932
帝国々防協会『国防叢書』1932
保科貞次『国民防空訓練』1932
樋口季一郎『東京の防空に就て』1932
皇道振興会『皇国の軍備と国勢』1933
十勝新聞社『日支大事変と帝国の国防』1933
大日本国防会『我等の大陸空軍』1933
桜井忠温『国防大辞典』1933
田中鉄太郎『国家総動員の準備に就て』1933
陸軍省軍事調査部『時局兵備充実の急務』1933
関根郡平『将来の海軍問題』1934
猪俣津南雄『軍備公債増税』1934
東亜政治経済調査所『国際危機と列国軍需産業の現況及び其の将来』1934
慶応義塾大学日本経済事情研究会『日本戦争経済論』1934
武富邦茂『海の生命線』1934
池田純久『軍事行政』1934
国防科学研究会『陸海軍の知識』1934
多賀宗之『国防の根本自覚』1934
陸軍省新聞班『国防と本義と其強化の提唱』1934
陸軍省軍事調査部『空の国防』1934
中央公論『非常時国民全集』1934
三輪寛・海軍有終会『國防と海軍々費』1935
柳沼七郎『軍人と政治』1935
海軍省海軍々事普及部『観艦式の盛儀を機として帝国海軍を語る』1936
伊藤政之助『現代の陸軍』1936
安藤徳器『軍部総観物語』1936
海軍省海軍々事普及部『日露戦役の実績に鑑みて国際現況と帝国海軍』1936
宇山熊太郎『国防論』1936
有馬寛『新興日本の国防』1936
中紫末純『新興日本の国防』1936
渡辺幾治郎『明治天皇と軍事』1936
峰整造『綜合的国防と南方経営の急務』1936
武藤貞一『戦争』1936
栂井義雄『戦争・財閥・軍需工業』1937

伊東岱吉『我国に於ける軍需工業の成立過程』1937
社会局臨時軍事援護部『傷痍軍人及軍人遺族の保護制度概要』1937
神田孝一『「思想戦」と宣伝』1937
伊豆公夫・松下芳男『軍事(日本叢書)』1937
東京朝日新聞東亜問題調査会『国防と国備』1937
常田力『世界の動きと国防』1937
連合情報社『戦時体制と日本』1937
海軍省海軍々事普及部『予算上より見たる帝国海軍』1937
社会教育協会『動員と召集』1937
タイムス出版社『欧州大戦に於ける経験を基礎とした戦時に於ける工業動員』1937
育生社『現代国防研究叢書』1937, 8
山本勝市『思想国防』1938
太田公秀『軍事行政』1938
ジェフーリン・デヴィス『怖るべし日本空軍』1938
早川成治『艦隊の編成の話』1938
協調会時局対策委員会『傷痍軍人対策』1938
本荘可宗『戦争と思想変革』1938
科学主義工業社『最新国防叢書』1938
西垣新七『世界国防の現勢』1938
佐々木重蔵『日本軍事法制要綱』1939
伊元富爾『軍需工業の展望』1939
日本工業協会『戦争と工業』1939
日本工業協会『工業動員叢書』1939
海軍々事普及部『戦線より銃後へ帰郷者のために』1940
足立栗園『近世日本国防論』1940
松平道夫『近代科学戦』1940
松下芳男『我等の国防と軍備』1940
寺沢音一『国防保安法関係法令逐条便覧並釈義』1941
中外商業政治部『スパイ戦と国防保安法』1941
大竹武七郎『国防保安法』1941
八重樫運吉『国防国家の理論と政策』1941
国策研究会『改正国家総動員法国防保安法解説』1941
木嶋一光『国防国家と臣道実践』1941
帝国大学新聞『戦争と科学』1941
長野朗『現代戦争読本』1941
布川静淵『戦争の科学的研究』1941

寺田弥吉『総力戦教書』1941
塚田政之助『総力戦の性格』1941
茂野幽考『皇国海防秘史』1942
松原晃『日本国防思想史』1942
津下正章『童心記』1942
日高己雄『戒厳令解説』1942
柴田武福『国際謀略の話』1942
北条清一『思想戦と国際秘密結社』1942
大山敷太郎『農兵論』1942
企画院研究会『国家総動員法勅令解説』1943
正兼菊太『防諜の生態』1943
西沢幹雄『国防防諜と其の指導』1943
水野正次『思想決戦記』1943
緒形玉喜『大東亜戦争と宗教』1943
野村重臣『現代思想戦史論』1943
東京市政調査全編『英国の防衛計画と地方自治体』1943
岩田孝三『国防地政学』1943
大日本言論報告会『思想戦の根基』1943
小林知治『思想戦略論』1943
花見達二『戦争政記』1943
中野正剛『戦争に勝つ政治』1943
奈良靖規『総力決戦論』1943
寺田弥吉『総力戦思想戦教育戦』1943
木村増次郎『大東亜建設の諸問題』1943
企画院研究会『大東亜建設の基本綱領』1943
常盤嘉治『大東亜建設の原理』1943
竹田光次『大東亜戦争と思想戦』1943
長谷川正道『近代戦と機械化国防』1943
松元末吉『形而上戦』1943
中島誠・名取義一『決戦下の列国海軍』1943
土屋喬雄『国家総力戦論』1943
M・ジモナイト 望月衛訳『国防心理学要論』1943
河村幹雄『国防の将来』1943
斉藤市平『国民兵の心得』1943
ジンメル 阿閉吉男訳『戦争の哲学』1943
高鍋日統『水城国防史論』1943

竹田光次『世界戦局の概観と戦力の増強』1943
細川進一『世界大戦の責任者』1943
佐藤喜一郎『世界の空軍』1943
尼崎商工会議所『世界の決戦態勢』1943
伊東千代蔵『日独伊必ず勝つ』1943
岸田真『国防と人口政策』1943
開末代策『戦時下の経済』1943
和田善太郎『戦争経済』1943
沖中恒幸『戦争経済学』1943
松岡孝児訳『戦争経済学』1943
岩井良太郎『戦争と経済』1943
日本経済政策学会編『戦争と経済政策』1943
延兼数之助『戦争と資源』1943
難波田春夫『戦力増強の理論』1943
坂ノ上信夫『幕末の海防思想』1943
平出禾『増補戦時下の言論統制』1944
帝国在郷軍人会『帝国在郷軍人会三十年史』1944
戸宮武夫『皇国必勝の体制』1944
帝国地方行政学会『現行防衛関係法規類集』1944
野村重臣『改訂戦争と思想』1944
寺田弥吉『日本総力戦の体系』1944
梅津勝夫『各国機甲化の展望とその周辺』1944
植松尊慶『国民海軍読本』1944
加田哲二『総力戦』1944
寺田弥吉『総力戦』1944
浜田常二良『独逸軍部論』1944
植松尊慶『日本海軍航空隊』1944
中村新太郎『日本の陸軍』1944
五十嵐農作『国防政治の研究』1945

2. 전략, 전술

コハン 提董真訳『兵学提要』1870
ヘルドルフ 岡本兵四郎等訳『撤兵戦法』1878
ブリセル 田島応親訳『兵略戦術実施学』1879
ウィルラン 海軍々務局訳『海軍兵法要略』1879

大島貞恭『西洋戦法沿革誌』1879
ウィルラン 海軍々務局訳『艦隊運動軌範』1879, 1882
陸軍文庫『蘇拉戦事報告』1880
酒井精訳『仏国歩兵陣中要務実地演習軌典』1881
ウィルラン 海軍々務局訳『艦隊運動指引』1881
セルレンドルフ 陸軍文庫訳『参謀要務』1881
小川広等『策府』1882
比以論 稲垣才三郎訳『要兵偵察軌範』1882
ウキレム 矢島玄四郎訳『慮氏将略論』1883
シュル 陸軍文庫訳『野砲兵戦法』1883
戸沢光徳訳『仏国歩兵旅団艇員済習軌典』1883
ベッセル 川本清一訳『二艦対操法』1883
ワンドウェルト 加藤泰久訳『応地戦術』1884
陸軍文庫『歩兵射撃論』1884
丁韙艮 吉田賢輔訓点『陸地戦例新選』1884
ベルトー 陸軍大学校訳『戦略原理』1885
シュレンドルフ 大島貞恭訳『参謀服務要領』1885
海軍省『連合演習地』1885
陸軍文庫訳『伊国騎兵隊戦術教則』1885
陸軍文庫『遠距離射撃説』1885
ミュールレル 村井瀬成訳『野砲兵戦術論』1885
参謀本部『参謀旅行記事』1885
ホルマノワール 荒井宗道訳『騎兵戦法要訣』1886
デレカゲー 荒井宗道訳『軍術新論』1887
ウキヤール 陸軍大学訳『軍事教程』1887
佐藤正雄訳『伊太利国師団戦闘法』1887
陸軍参謀本部『ヴキルデンブルヒ氏帥兵術』1888
藤井茂太『九州参謀旅行記事』1888
陸軍省『戦況概路上陸軍之部』1888
ブランケンブルヒ 落合豊三郎訳『参謀服務実施』1888
メッケル講 木越安綱等編『実施師兵術筆記』1888
イワニン 参謀本部訳『鉄木真帖木児田兵論』1889
浜島波江『海岸防禦』1889
メッケル 原胤親等訳『戦事師兵術』1889
大島貞恭『師兵術』1889
ベルトー 生田清範訳『戦術講義中軍位之部』1889

神尾光臣等編『参謀旅行記事』1890
神尾光臣等編『参謀旅行記事、国防軍及上陸軍之部』1890
ズウホリル 陸軍監軍部訳『戦略戦術問題集』1890
参謀本部『陸海軍連合大演習記事』1890
ホーヘンローヘ 陸軍乗馬学校訳『騎兵論説書牘集』1890
ドローザンヘル 陸軍乗馬学校訳『騎兵勤務実用論』1890
クラフト 陸軍士官学校訳『歩兵論』1890
古尾肇訳『独逸野外要務』1890
野島内蔵訳『夜間作戦論』1890
パルーツキ 米山倉太訳『戦術三百題集』1890
歩兵第一六連隊編『戦術捷径』1890
設爾 陸軍砲兵射的学校訳『野砲兵戦法論』1891
クラフト 陸士訳『砲兵論』1891
インゲルフヒンゲン 陸士訳『騎兵論』1891
菊池主殿『兵其新論』1891
ホフバウエル『野砲兵実験戦術論』1891
シュライベル 高松徹好訳『応用師兵術講義』1892
上野雄図馬『南北戦記』1892
偕行社『特別大演習ニ赴ク第一師団ノ準備』1892
クラフト 陸軍砲兵射撃学校訳『砲兵論補置』1892
フォーバルト 陸軍乗馬学校訳『追撃法』1892
バストゥル 陸軍乗馬学校訳『騎兵行軍』1892
ホーヘンローヘ 陸軍乗馬学校訳『騎兵談』1892
長浦ノ住人『現今砲術上の進歩』1892
ジョン・イングルス 吉田直温訳『海軍戦術講義録』1892
陸軍省『師兵術』1893
ギチツォー 戸山学校訳『戦略術問答』1893
参謀本部『特別大演習記事』1893
陸軍砲工学校『千八百九十二年欧州諸国現用野山砲兵』1893
ヨーレショ 陸乗馬校訳『仏国及外国軍隊ノ騎兵』1893
監軍部『各将校団冬季作業問題』1893
フリッツ・ヘーニヒ 河野春庵訳『未来戦術論』1893
陸軍戸山学校『戦術学』1894
鈴木光長訳『仏国海軍大尉シー・ルフェー氏ガ黄海ノ海戦二対シ下シタル評論』1895
内田胤彦『兵学初歩』1895
ビヤンサン 陸軍乗馬校訳『接敵騎兵中隊用法秘訣』1895

福田刀之助『歩兵軍事摘要』1896
コハン 水交社訳『海上権力史論』1896
ウィルソン 田辺道雄訳『明日之海戦』1896
松石安治『戦術講授書』1897
陸軍大学校編『基本戦術講授録』1897
軍事教育會発行『枝隊ノ戦術実施』1897
ウェルーワー 陸乗馬校訳『師兵術第二部』1897
佐藤栄政発行『応用戦術講義録』1898
ヴィッデルン 参謀本部訳『野戦及要塞戦ニ於ケル夜間戦闘』1898
小川一眞編『明治三〇年秋季大機動演習写真帖』1898
教育総監部『師団対抗演習記事』1898
鴻究学会『戦術綱要』1898
軍事教育社発行『戦術講究録』1898
ヴェルノワー 陸軍騎兵実施学校訳『騎兵師兵術』1898
クラフト 陸士訳『騎兵論』1898
メルレン 陸士訳『歩兵戦闘』1899
軍事新報社『歩兵戦術 小隊中隊之部』1899
デルゴルツ 河野春庵訳『独立斥候論』1899
ホンベルヂー 陸士訳『独逸改正野外勤務論』1899
メッケル 陸軍戸山学校訳『独逸基本戦術』1899
石井忠利『戦法学』1899
ブヂッケ 陸士訳『戦術上の決心及命令』1899
コハン 水上梅彦訳『太平洋海権論』1899
カルヂナール 参謀本部訳『野戦及要塞戦ニ於ケル夜間戦闘』1899
ゲルヴィエン 教育総監部訳『要塞戦』1899
コカロフ 海軍省訳『海軍戦術論』1899
高橋静虎編『戦術講究録』1899
ウィッデルン 陸軍省訳『小戦及兵姑勤務』1899
リーツマン 河林正彦訳『将校の戦術教育』1899
ジョンリン 露参謀本部訳 日参謀本部重訳『軍隊夜間動作論』1899
雲外居士『基本戦術摘要解義』1899
軍事鴻究学会『基本戦術応用講義』1899
クラフト 陸士訳『戦略論』1899
ランゲロワ 陸軍砲兵射撃学校『野戦砲兵』1899
コハン 水交社訳『仏国革命時代 海上権力史論』1900
瓢海庵『兵棋対策』1900

河林秀一『騎兵戰術論』1900
富田月舟記『戰術參考第三師団機動演習從軍記』1901
斉藤武男『第八師団小機動演習』1901
三沢好吉等『東北特別大演習記事』1901
小笠原長生『日本帝国海上権力史講義』1902
木村重行『作戰給養論』1902
木村重行『監督演習旅行記事』1902
三沢好吉『機動演習記事』1902
尚武道人『第三師団機動演習記事』1902
陸軍省『明治三四年十一月特別大演習外賓ニ関スル記事』1902
オーブラー 寶山熊太郎訳『野戰砲兵野外勤務演習』1902
小山修『歩兵下士戰術書』1902
フォントローベル 北嶺散史訳『歩兵操典応用編』1902
ブリーセン 野沢悌吾訳『歩兵戰闘展開』1902
兵林館『軍隊の宿営』1903
清良弼『参謀要略』1903
参謀本部『明治三五年一月特別大演習記事』1903
小林又七『戰闘間砲兵の使用法』1903
隠岳『砲兵斥候論』1903
兵事雑誌社『戰場に於ける歩兵の隊形及運動』1903
大原武慶『歩兵ノ攻撃』1903
吉田平太郎講『騎兵戰術の研究 中隊之部』1903
小笠原長生『日本帝国海上権力史講義』1904
兵林館『歩兵の森林通過及同戰闘ノ標準』1904
兵林館『現時及将来の騎兵戰術』1909
城西居士『歩丘岸候勤務論』1913
軍事講究会『模範的将校斥候』1915
干城堂『斥候勤務ノ研究』1915
佐々木吉良『輜重勤務講授録』1922
阿部城雄『日本海軍艦隊論』1934
本郷弘作『近代兵学』1938
柴田賢一『近代海軍と海戰(世界大戰叢書)』1940
七田今朝一『海戰の変貌』1943
第六陸軍技術研究所訳『化学戰』1943
丹橋茂『寒地作戰』1943
富永謙吾『近代海戰論』1943

赤城千代司 『軍隊補給及給養ノ研究』 1943
赤城千代司 『軍隊輸送の研究』 1943
兵学研究会 『決心問題の研究』 1943
ボートウェイ 鷹司駿訳 『現代の軍事科学』 1943
酒井鎬次 『現代用兵論』 1943
坂部護郎 『山岳戰』 1943
小島棟言 『実兵指揮系図』 1943
国防研究會編 石原莞爾監修 『戦術学要綱』 1943
原田二郎 『戦術の常識』 1943
陸軍機甲本部訳 『戦車戦(今次大戦)』 1943
平櫛孝 『戦略戦術』 1943
小笠原淳隆 『東郷元帥の戦略・戦術』 1943
匝瑳胤次 『日米決戦の海軍戦略(総力戦叢書)』 1943
川崎音吉 『歩兵小部隊戦闘教練陣中勤務実戦指導計画』 1943
荘司武夫 『歩兵の真髄』 1943
本多助太郎 『北阿の新戦術』 1943
リッデル・ハート 神吉三郎 『近代軍の再建』 1944
東京文理大国民教育教材研究會編 『戦車と戦車戦』 1944
大江賢次 『尖兵中隊』 1944
佐藤堅司 『ナポレオンの政戦両略研究』 1944
ボールドウキン 佐藤剛訳 『米国反攻の戦略』 1944
ドイツ参謀本部 外山卯三郎訳 『モルトケ作戦の準備と遂行』 1944
森正光 『航空戦術の話』 1945
デブネ 岡野馨訳 『戦争と人』 1945

3. 군사사, 전사 (자료 포함)

陸軍文庫 『仏国海軍遠征日記』 1877
陸軍文庫 『日本兵制沿革誌』 1879
アニツニーフ 髙橋維利訳 『歌里米戦記』 1880
陸軍省 『明治十年征討軍団紀事』 1880
参謀本部 『参謀沿革誌』 1882
フィート 海軍軍事部文庫訳 『歴山太利壁塁砲撃顛末』 1883
旧別働隊第三旅団参謀部編 『西南戦闘日註井附録』 1883
海軍省 『西南征討誌』 1883
クリーシー 古郁軌一等訳 『万国有名戦記』 1884

ヴィアル 辻本一貫訳『近世戦史略』1885
曽根俊虎『法越交戦記』1886
陸軍省『皇朝兵史』1886
鳴朗 秋庭守信訳『曼英兵勢史』1887
参謀本部『征西戦記稿』1887
ウィットン 岡本宏高訳『独仏騎兵戦史』1887
石原勇五郎『大日本海軍沿革史』1887
生田清範『日本近世戦史』1887
落合豊三郎訳『戦史講授録』1888
ワルフホド 監軍本部訳『歴山府砲撃始末』1889
勝安芳『海軍歴史』1889
勝安芳『陸軍歴史』1889
落合豊三郎『魯土戦争』1890
クリーシー 天野鎮三郎訳『泰西十五大決戦史』1890
吉田直温『赤間関海戦紀事』1890
陸軍省『陸軍沿革要覧』1890
ジョミニー 参謀本部訳『七年戦論』1890
本宿宅命『海軍歴史抄』1891
川住鍟三郎編『桶狭間戦記』1891
北条氏長編 小幡景憲評『大阪夏冬両陣始末慶元記』1891
笠原保久編『第三師管古戦場集』1891
杉田平四郎『欧州古代戦史略』1892
シック・ド・ロンレク 小沢豁郎訳『清仏戦争記抜萃』1892
村田峰次郎『木村益次郎先生伝』1892
川崎柴山『西南戦史』1893
屯田兵司令部『屯田兵沿革』1893
憲兵司令部『仏国憲兵沿革史』1893
普ベルーア 仏エルグランダン訳 金子直寿重訳『応用戦史学』1892
依田広太郎講 偕行社編『戦史講話』1893
グルート・シュライベル 井口五郎訳『戦史講義筆訳』1893
博文館『日清戦争実記』1894, 5
春陽堂『日清交戦録』1894, 5
興文社『日清戦争』1894, 5
水交社『鴨緑江外海戦ニ関スル諸外国新聞評論抄訳』1895
水交社『鴨緑江外之海戦及評論』1895
歩兵第一旅団司令部編『明治廿七八年之役歩兵第一旅団記事』1896

シュマッヘル 宇津木信夫訳『台湾戦役』1896
川崎三郎『日清戦史』1896
渡辺祺十郎『改訂歩兵第五連隊歴史』1897
小笠原長生『帝国海軍史論』1898
ア・フォン・セル 偕行社訳『枝隊之司令』1899
フォン・ローテンハン 陸軍騎兵実施学校訳『近世騎兵戦史』1899
ウォールベック 陸軍士官学校訳『戦史例証』1899
フォン・ミュレル 要塞砲兵監部訳『独国攻守城砲兵沿革史』1899
杉市郎平『大日本帝国軍旗之歴史』1901
足助直次郎『大村兵部大輔』1902
大阪砲兵工廠『大阪砲兵工廠沿革史』1902
参謀本部『明治廿七八年日清戦史』1904
博文館『日露戦争実記』1904, 5
海軍軍令部『廿七八年海戦史』1905
藤波一哉『歩兵第一八連隊戦記』1905
堀内文次郎編『陸軍省沿革史』1905
早稲田大学編輯部『日露戦役史』1905, 6
勝安芳 中島雄等漢訳『大日本創籙海軍史』1906
海軍勲功表彰会『日露海戦記』1906
歩兵第廿連隊編『歩兵第二十連隊軍旗歴史』1907
海軍軍令部『明治卅七八年海戦史』1909
田辺元二郎・荒川衛次郎『帝国陸軍史』1909
黒竜会『西南紀伝』1911
誉田甚八『日清戦史講究録』1911
陸軍省『明治卅七八年戦没陸軍政史』1911
第七師団司令部『北海道及樺太兵事沿革』1911
参謀本部『明治卅七八年日露戦史』1912
『歩兵第四十連隊史』1912
岡本柳之助『風雲回顧録』1912
岩田信作『近衛歩兵第四連隊歴史』1914
岩田信作『近衛歩兵第一連隊歴史』1914
岩田信作『近衛歩兵第三連隊歴史』1915
藤本薫『歩兵第二十連隊と福知山案内』1915
岩田信作『歩兵第一連隊歴史』1915
大石千里『浜松六十七連隊戦記』1915
岩田信作『歩兵第三連隊歴史』1915

渡辺亮照『歩兵第一六連隊征戦史』1916
安井滄溟『陸海軍人物史論』1916
『近衛歩兵第四連隊歴史』1917
『近衛歩兵第三連隊史』1917
『歩兵第一五連隊史』1917
『歩兵第三連隊史』1917
陸軍大学校『日露戦史例証集』1917
坂本辰之助『公爵桂太郎』1917
『近衛歩兵第四連隊史』1918
『近衛歩兵第一連隊史』1918
『歩兵第八連隊史』1918
『歩兵第二連隊史』1918
『歩兵第六連隊史』1918
『歩兵第十八連隊史』1918
『歩兵第三十八連隊史』1918
『歩兵第三十五連隊史』1918
『歩兵第三十三連隊史』1918
『歩兵第三十七連隊史』1918
『歩兵第三十四連隊史』1918
『歩兵第五連隊史』1918
『歩兵第七連隊史』1918
『歩兵第十九連隊史』1918
『歩兵第一連隊史』一1918
『歩兵第三十六連隊史』1918
『近衛歩兵第二連隊史』1919
『歩兵第六十七連隊史』1919
『歩兵第六十五連隊史』1919
『歩兵第六十連隊史』1919
『歩兵第三十連隊史』1919
『歩兵第五十七連隊史』1919
『歩兵第十六連隊史』1919
『歩兵第十七連隊史』1919
『歩兵第三十一連隊史』1919
『歩兵第五十八連隊史』1919
『歩兵第五十連隊史』1919
『歩兵第三十二連隊史』1919

『歩兵第二十九連隊史』1919
『歩兵第四連隊史』1919
『歩兵第四十九連隊史』1919
中村孝也『子爵中牟田舎之助伝』1919
『歩兵第六十三連隊史』1920
『歩兵第六十一連隊史』1920
『歩兵第六十八連隊史』1920
『歩兵第十連隊史』1920
『歩兵第三十九連隊史』1920
『歩兵第十二連隊史』1920
『歩兵第五十一連隊史』1920
黒田甲子郎『元帥寺内伯爵伝』1920
海軍大臣官房『海軍軍備沿革』1921
『歩兵第二十連隊史』1921
『歩兵第三十一連隊史』1921
『歩兵第六十六連隊史』1922
『歩兵第五十五連隊史』1922
『歩兵第五十三連隊史』1922
『歩兵第五十九連隊史』1922
『歩兵第四十五連隊史』1922
『歩兵第四十八連隊史』1922
『歩兵第六十四連隊史』1922
『歩兵第二十三連隊史』1923
『歩兵第十三連隊史』1923
『歩兵第十四連隊史』1923
『歩兵第五十六連隊史』1923
『歩兵第四十七連隊史』1923
『歩兵連隊史(十九, 五十一, 五十二, 五十五連隊)』1925
『近衛歩兵第三連隊史』1925
『観樹将軍回顧録』1925
海軍軍医会『海軍衛生制度史』1926
栗原勇吉等『日本戦史集』1926
日本歴史地理学会『日本兵制史』1926
軍事討究会『戦陣叢話』1927
小林徳治『明石元二郎』1928
『元帥加藤友三郎』1928

海舟全集刊行会『陸軍歴史』1928
海舟全集刊行会『海軍歴史』1928
『熱血秘史戦記名著集』1929
陸士生徒隊本部『小戦例集』1930
『曽我祐準翁自叙伝』1930
佐藤鉄太郎『大日本海戦史話』1930
『歩兵第二十二連隊歴史』1932
松下芳男『陸海軍事物起原』1932
『鉄道第二連隊歴史』1933
松下芳男『徴兵令制定の前後』1932
田中康夫『戦争史』1932
諸国神社社務所『靖国神社忠魂史』1933
徳富猪一郎『公爵山県有朋伝』1933
雄山閣『日本海軍史』1934
近藤芳樹『防長辺要志』1934
松下芳男『話題の陸海軍史』1935
雄山閣『伝記大日本史陸軍編』1935
雄山閣『日本陸軍史』1935
安藤徳器『陸海軍今昔物語』1935
『伊藤博文秘書類纂兵政関係資料』1935
桜井忠温『伝記大日本史陸軍編』1935
小笠原長生『伝記大日本史海軍編』1936
陸軍軍医学校編『陸軍軍医学校五十年史』1936
小笠原長生『皇国海上権力史三笠物語』1936
小笠原長生『海軍篇』1936
中島武『大日本海軍史海の旗風』1937
渡辺幾治郎『人物近代日本軍事史』1937
荒木貞夫『元帥上原勇作伝』1937
渡辺幾治郎『日清日露戦争史話』1937
海軍有終会『近世帝国海軍史要』1938
松下芳男『陸海軍事史話』1938
伊豆公男・松下芳男『日本軍事発達史』1938
松下芳男『明治軍制史論集』1938
海軍有終会『近世帝国海軍史要』1038
田中惣五郎『近代軍制の創始者 木村益次郎』1938
小野武夫『日本兵農史論』1938

広瀬彦太『郡司大尉』1939
大糸年夫『幕末兵制改革史』1939
バズール『英帝国崩潰の真因』1940
水田信利『黎明期の我が海軍と和蘭』1940
沼田多嫁蔵『日露陸戦新史』1940
伊藤正徳『国防史』1941
菊池寛『日本戦史抄』1941
松下芳男『近代日本軍事史』1941
鈴木艮『現代日本対外戦史』1941
徳富猪一郎『陸軍大将川上操六』1942
舟橋茂『独ソ戦戦線二千粁』1942
佐藤武『九軍神ハワイ大海戦』1942
広野道太郎訳編『米英敗戦記』1942
伊藤政之助『西洋近代戦史』1942
斉藤誠一郎『日露戦塵懐古』1942
広島県『支那事変誌』1942
松下芳男編『山県有朋陸軍省沿革史』1942
沢鑑之丞『海軍七十年史談』1942
三教書院『大日本戦史』1942
伊藤金次郎『山本元帥言行録』1943
『大東亜戦争年史』1943
坂ノ上信夫『幕末の海防思想』1943
竹内運平『箱舘海運戦史話』1943
吉野有武『嗚呼及木将軍』1943
大和杢衛『秋山真之提督』1943
山本英輔『男爵大角岑生法』1943
朝日新聞社『軍神加藤少将正伝』1943
春陽堂編『加藤建夫少将』1943
棟田博『軍神加藤少将』1943
三宅彰喇『軍人宰相論』1943
田中万逸『大西郷終焉悲史』1943
大和杢衛『第二次特別攻撃隊』1943
郡山敦編『第二次特別攻撃隊』1943
桜井忠温『大及木』1943
中村嘉寿『人間山本権兵衛』1943
伊東峻一郎『山本五十六』1943

高幣常市『山本五十六元帥』1943
本間楽寛『山本元帥伝』1943
鈴木安蔵『満州事変前後』1943
欧亜通信社『欧州戦局の推移』1943
佐藤市郎『海軍五十年史』1943
田口利介『海軍作戦史』1943
大本営海軍報道部編『海軍戦記』1943
松本賛吉『輝く日本海軍』1943
佐藤庸也『活機戦』1943
栗木幸次郎『記録』1943
松下芳男『月別近代日本軍事史』1943
吉満末盛『空戦史』1943
伊藤政之助『決戦軍略史話』1943
柴田眞三郎『航空部隊二十年』1943
中井良太郎『将帥論』1943
仲小路彰『世界興廃大戦史』1943
伊藤正徳『世界大海戦史考』1943
四手井綱正『戦争史概観』1943
酒井鎬次『戦争類型史論』1943
平手英夫『ソロモン海上決戦』1943
東洋文化研究全編『大東亜建設日記』1943
村上正雄編『大東亜戦一周年史』1943
堀田吉明・富永謙吾・長谷川了『大東亜戦史』1943
大本営海軍報道部編『大東亜戦争海戦史』1943
仲小路彰『太平洋防衛史』1943
松下芳男『徴兵令制定史』1943
渡辺鉄蔵『七ツの海の戦ひ』1943
坂ノ上信夫『日本海防史』1943
飯島茂『日本選兵史』1943
畑耕一『広島大本営』1943
島野三郎訳『ポーツマス講和会議日誌』1943
国防研究會編『モスクワ攻略戦史』1943
桑木崇明『陸軍五十年史』1943
金子空軒『陸軍史談』1943
山口喜代松『日本海軍陸戦隊史』1943
大本営海軍報道部編『大東亜戦争海軍戦記』1943

京口元吉『第一次世界大戦前後』1944
丹潔編『大村益次郎』1944
井上一次『河井継之助』1944
目黒直澄『元帥山本五十六』1944
山岡荘八『元帥山本五十六』1944
秋本典夫『西郷隆盛』1944
田村栄太郎・川村純義『中牟田倉之助伝』1944
伊藤金次郎『鈴木貫太郎』1944
永島周平・松下芳男『山崎部隊長』1944
渡辺幾治郎『山本元帥』1944
沢田謙『山本元帥伝』1944
小山弘健『近代日本軍事史概説』1944
海軍航空本部監修『海軍航空戦記』1944
渡辺幾治郎『近代皇軍建設史』1944
松村秀逸『近代戦争史略』1944
広瀬彦太『大海軍発展秘史』1944
木暮浪夫『独逸陸軍史』1944
渡辺幾治郎『基礎資料皇軍建設史』1944
岡本美雄編『フィリピンの戰ひ』1944
外山卯三郎『七年戦争史 上』1944

4. 군대교육 (교범 포함)

陸軍文庫『砲兵士官須知』1878
陸軍省『新式歩兵操典徒歩之部』1878
巴爾鉄爾密 荒井宗道訳『兵学教程読本』1879〜1884
柴田文三郎編『軍人精神教育譚』1880
陸軍文庫『兵集教範』1881
陸軍文庫『砲兵学読本』1882
陸軍文庫『砲兵教程』1882
ウィルラン 海軍軍務局訳『艦内兵員部署法』1882
陸軍文庫訳『独国野外演習令』1882
フィス 荒井宗道訳『前哨勤務階梯』1882
新妻緑『野外演習軌典試験問答』1883
陸軍省『騎兵操典教練基礎之部』1883
陸軍戸山学校『法国歩兵操典評論』1883

ビローリ 杉謙吉訳『仏国海軍艦船勤務条例』1884
河井源蔵『兵卒教程』1884
デヴォーレー 陸軍文庫訳『歩兵陣中勤務便覧』1885
陸軍文庫訳『仏国陣中軌典』1885
藤井茂太等訳『仏国歩兵操式連隊の部』1885
稲垣才三郎『陸軍兵員必携』1885
陸軍文庫訳『仏国歩兵陣中軌典』1886
佐藤正雄訳『仏国砲兵陣中仮規則』1887
独陸軍省 荒井宗道訳『独国陣中軌典草案』1887
河井源蔵『歩兵操典第二編実施注意』1887
陸軍戸山学校訳『魯国歩兵戦闘教練中隊及大隊之部』1887
陸士訳『仏国騎兵隊鉄道運輸訓令』1888
陸軍軍吏学舎編『陸軍編制学教程』1888
『輜重駄馬各種物品積載教範』1888
陸軍省『砲兵操典』1888
小林又七『仏国要塞軌典』1888
海軍参謀本部訳『露国海軍艦船服務条例』1888
陸軍省訳『輜重兵操典第二編徒歩第四編駄馬』1888
陸軍軍吏学舎『陸軍経理学教程』1888
『戦闘間砲兵用法教旨』1889
陸軍砲兵射的学校編『仏国砲工実施学校戦術教程三兵連合』1889
フォン・ベルジ 荒井宗道訳『野外勤務論』1889
陸軍省編『工兵操典測地之部』1889
隠岐重節『歩兵小技隊野外演習実施注意』1889
監軍部『騎兵隊戦術実施仮数令』1889
『陸軍看護学修業兵教科書』1890
陸軍省『陸軍看護調剤学教程』1890
砲兵射的校編『砲兵野戦教範草案』1890
偕行社『独逸野砲兵操典』1890
監軍部訳『独逸騎兵野外勤務』1890
大沢弘毅『馬学』1890
横山正令『馬学要略』1890
小林虎吉『歩兵工作問答』1890
河合源蔵『歩兵野外勤務斥候前哨方位』1890
田村久井訳『仏国騎兵戦時勤務教育法』1890
クライスト『将校斥候及騎兵戦略任務』1890

偕行社『武器使用及火戦ニ関スル歩兵中隊教練』1890
陸軍砲兵射的学校『野戦砲兵材料取締法草案』1891
『野戦砲兵下士野戦教程』1891
『野戦砲兵野戦教程』1891
『野戦砲兵輸送教程』1891
要塞砲兵練習所編『要塞砲兵観測教範』1891
川谷致等校『公算学射撃学教程』1891
偕行社記事附録『独国砲兵教練』1891
要塞砲兵練習所『要塞砲兵操典』1891
偕行社記事附録『仏国砲兵卒教程』1891
『野戦砲兵操典附同改正報告』1891
奥山建太郎『野戦砲兵材料保存法草案』1891
大越安納『応用野外要務及戦闘』1891
ボールン 岸本雄一訳『馬学全書』1891
天野惣太郎『歩兵下士野外要務応用』1891
陸乗馬校訳『墺国騎兵操典』1891
フォン・シュミツ 陸乗馬校訳『騎兵教練』1891
監軍部訳『独乙騎兵操典』1891
偕行社記事附録『歩兵操典改正之報告及理由』1891
渡辺祺十郎訳『独逸歩兵野外工作教範』1891
杉村寮箇『戦闘射撃教練』1892
海軍省『海軍諸例則』1892
川谷致秀『野戦砲兵士官手簿』1893
陸乗馬校訳『白耳義国騎兵操典』1893
桜井吉松『武事教育策』1895
山岡光太郎編『軍人教育資料』1895
帝国尚武會編『日本之光陸海軍人心得』1895
和田音五郎『新射撃術問答』1986
南郎辰丙『明治二九年改定 歩兵教育方按』1896
柴田源三郎発行『歩兵教科書後編』1896
大沢勇『軍隊学術』1896
独グープスキー 歩兵五連隊訳『新兵教育法』1896
柴田源三郎『野戦砲兵野戦教程』1896
陸軍乗馬校訳『パン牧場学校教科書馬学』1896
宮沢代太郎『兵卒教範軍隊学』1896, 1898
兵書出版社編輯部『野戦砲兵教科書』1897

近衛工兵大隊『基本土工術』1897
相沢富蔵発行『歩兵斥候歩哨勤務教練』1897
陸乗馬校訳『独逸騎兵操典』1897
コンドレー 藤田祺一訳『歩兵新兵教育論』1897
中島謙吉編『帝国陸軍軍事学』1897
上野勘次郎編『軍事教育幹部必携』1897
軍事講究学会『軍事学講義』1898
近藤融『陸軍経理要領』1898
丸山正彦『軍人勅諭義金』1898
中村寛『軍人勅諭講義』1898
佐々木利正『軍隊必須軍事学校教程』1898
大日本軍人普通学会『軍人普通講義』1898, 9
軍事鴻究学会『軍事学講義』1898, 9
アオット 陸軍戸山学校訳『歩兵中隊及大隊ノ戦闘教練』1899
秋月小一郎『工兵野外必携』1899
陸軍省『墺国軍隊教則』1899
軍事新報社『典令問答』1899
陸軍戸山校訳 堀内文次郎校『改正独逸野外要務令』1899
陸軍騎兵実施学校訳『独逸騎兵野外作業教範』1899
陸軍騎兵実施学校訳『露国騎兵操典』1899
ライツェンスタイン 平沢耕平訳『斥候長』1899
教育総監部『輜重兵兵器教程』1900
輜重兵監部『千八百九十七年仏国輜重兵野外要務令草案』1900
熊谷喜一郎『要塞地帯法講義』1900
多賀宗之『軍事読本軍国学校』1900
ヴオンドレー 戸山学校訳『歩兵攻撃に関し墺独露仏操典ノ比較及摘要』1900
教育総監部『砲兵学教程 野戦ノ部』1900
陸軍省『爆砲教範草案』1901
陸軍省『交通教範草案』1901
軍事教育會発行 橘歩兵大尉『歩兵夜間教育』1901
辻村獻造『陸軍経理学』1901
多賀宗之『歩兵野操規例』1902
フォン・ヘルフェルト 小島米三郎訳『歩兵斥候教育』1902
歩兵第十五旅団司令部『教育指針』1902
中西副松『軍事教育の本領』1902
斎藤文賢『陸軍会計経理学』1902

名古屋地方幼年学校編『名古屋陸軍地方幼年学校一覧』1902
『陸軍中央幼年学校一覧』1902
舎鉄武夫『歩兵射撃教育』1902
教育総監部『下士教科輜重兵教程』1903
兵林館『千九百年露国歩兵操典』1903
宮本林知『歩兵須知』1903
兵林館『軍隊学科教育方策』1903
石井弥四郎『教育法講話』1903
井上伸次郎『陸軍給養品学』1903
東洋隠士訳『千九百二年英国歩兵操典摘要』1903
陸軍士官学校『陸軍士官学校一覧』1904
日本赤十字社『日本赤十字社輸送人教科書』1904
小林又七『歩兵の教育』1905
山徳貫之助『陸海軍志願者案内』1905
海軍機関学校編『海軍機関学校条例並諸規則』1905
恵藤不二雄『露国工作教範提要』1906
山田耕搾『独逸歩兵換典』1906
東条英教『歩兵教練之栞』1906
陸軍経理学校『糧食経理科参考書』1906
浅田敢『中隊教育』1906
小西乙吉『立身要決官費陸海将校志願者案内』1906
軍需商会編纂部『陸軍大学校入学試験問題集』1907
高木助一『運用術参考書』1907
石井常造『軍人之修養及軍隊教育之神髄』1907
海軍機関学校『海軍機関学校一覧』1908
KT生『軍隊内務書摘要解義』1908
東条英教『独逸野外要務令訳解』1908
亀岡泰辰『軍事学楷梯』1908
小林又七『陸軍軍隊官衙学校所在地一覧』1908
陸軍士官学校『陸軍士官学校一覧』1908
安達堅造『近世に於ける歩兵教育』1909
兵林館『新旧対照歩兵各個試練之研究』1909
軍医学校『軍医学校菜府』1910
兵林館『改正歩兵操典意解』1910
尚剣生『改正歩兵操典研究』1910
北谷生編『束物教育方案』1910

軍需商会出版部『歩兵中隊下士教育方策』1910
参謀本部訳『仏国将校野外必携』1912
三沢活水『陣中勤務詳解』1912
軍事学指針社『白独騎兵操典対照義解』1912
研究会『改正騎兵操典詳解』1912
則本富三郎『最新軍事教程』1913
高松鉄太郎『歩兵須知』1913
陸軍幼年学校編『陸軍幼年学校一覧』1914
雲外居士『高等軍事学之入門』1914
水吉吉蔵『輜重兵須知』1915
海軍大臣官房『海軍諸例則』1915
大高盛哉『騎兵陣中勤務之参考』1915
山田毅一『軍政と国民教育』1917
宮本武林堂『騎兵須知』1917
兵用図書株式会社『軍隊教育令』1917
陸軍省『鍛工教程』1917
奥山辰夫『入営準備壮丁須知』1918
田中義一『壮丁のために』1918
久我正二郎『歩兵教育私観』1918
高松鉄太郎『歩兵教程』1918
今井佐吉『海兵必携』1918
小林川流堂『壮丁読本』1919
陸軍砲兵工科学校編『陸軍砲兵工科学校の神髄』1919
武揚堂『歩兵典範』1920
帝国在郷軍人会本部『陸軍々人志願者の手引き』1922
武揚堂『騎兵操典草案研究』1922
松田哲人『騎兵科下士上等兵必携陣中勤務ノ参考』1922
和田忠興『最新軍事学問答全書』1922
広井家太・栄悌次郎『現代の学校教練』1927
教育総監部『服務教程』1928
直田林太郎『受験体操科の教練参考』1930
内山雄二『戦場心理学』1930
輜重兵第一大隊『輜重兵教程』1930
金子慶太『陸軍々人を志す人のために』1932
本間晴『陸軍々人志願者宝典』1932
偕行社編『赤軍騎兵操典』1932

軍事指針社『歩兵大隊中隊教育計画集』1932
山崎慶一郎『内務教育の参考』1933
陸軍士官学校編『陸軍士官学校要覧』1933
文教科学協会『陸軍志願兵合格案内』1933
山崎慶一郎『歩兵隊第一期初年兵教育の参考』1933
米山梅吉『幕末西洋文化と沼津兵学校』1935
海軍省海軍々事普及部『海軍兵学校・機関学校・經理学校現状』1938
帝国在郷軍人会本部『狙撃兵団連隊工兵教程』1940
陸軍歩兵学校『歩兵教練ノ参考』1940
軍事学指針社『歩兵操典、歩兵操典草案対照研究』1940
鈴木庫三『教育の国防国家』1940
尚兵館『輜重兵操典』1941
陸軍騎兵学校『徒歩小分隊ノ指揮及訓練ノ参考』1941
沢鑑之丞『海軍兵学寮』1942
真継不二夫『海軍兵学校』1943
高戸顧隆『学徒出陣』1943
中沢米太郎『国防体育訓練指針』1943
林進治『国民学校国防教育体制』1943
関根忠『戦争と教育』1943
岡崎吉次郎『総力戦と国民学校経営』1943
白根孝之『大東亜建設と国防教育』1943
松村吉太郎『教練号令命令図例及主要着眼点』1943
平田内蔵吉『軍隊体育の研究』1943
山崎慶一郎『軍隊内務教育』1943
武揚堂編『諸兵典令範抜註全書』1943
佐藤塑太郎『陸軍幼年学校』1944
日比野士朗『陸軍予科士官学校』1944
八代昌一『幼年学校ノ教育技法』1944
陸軍教育叢書『陸軍航空士官学校』1944
大日本射撃協会編『小銃射撃』1944
須賀武雄『新軍教練抄解』1944
海軍省軍務局監修『海軍予科生徒志願指導書』1945
大室貞一郎『学徒勤労の書』1945
学校教育研究會編『国民学校戦力増強の教育』1945
安達尭雄『国民学校の決戦体制』1945

5. 기타 (군사기술, 군사법규 등)

弾舜平『軍事刑法註釈』1882
井上義行『軍事刑法釈義』1882
ベルネード 松田正久訳『憲兵職務提要』1883
香取關平『現行註釈徴発令纂』1884
海軍省『竜驤艦脚気病調査書』1885
諸方俊造編『改正徴兵事務例纂』1885
大江謙吉『徴兵令集成』1885
市岡正一『郡区戸長必携徴兵事務取扱手続』1886
田中知邦編『現行兵事布令要録』1887
河井源蔵『陸軍服制略図』1887
中村有年『海軍刑法註釈』1887
市岡正一『改正補正徴兵事務取扱手続』1887
高橋篤行『改正徴兵令実用』1887
清水太平『陸軍条規類纂』1887
井上義行『陸軍治罪法釈義』1889
瀬川渉『現行陸軍法令彙編』1890
楠敬順『僧侶兵役免除請願理由書』1891
鈴木光長『海軍将校便覧』1891
ガステー 陸乗馬校訳『騎兵用馬之徴発』1892
ベラール 陸乗馬校訳『馬事ニ関スル問題』1892
憲兵司令部訳『改正増補伊大利国憲兵条例』一八九二年
高田喜三郎『徴兵事務便覧』1892
ドヴォー 陸軍乗馬校訳『牧馬及軍馬之補充』1892
陸軍省訳『仏国陸軍徴兵令』1893
陸軍省訳『独逸戦時倉庫経理勤務規則』1893
憲兵司令部訳『改正増補仏国憲兵条例』1893
憲兵司令部編『仏国司憲勤務訓令』1893
監軍部『馬曳二輪車試験行軍実施報告』1893
滝奥治『漁業艦隊論』1894
中沢与一郎『徴発諸条規類集』1894
陸軍経理局『考拠移報』1894
屯田兵司令部『屯田兵司令部例規集』1894
有賀長雄『赤十字条約編』1894
高田喜三郎『一年志願兵条例類集』1894

偕行社記事第三六号附録『第一師団報告』1894
小池正直『日本陸軍衛生上の概況』1897
井上義行『陸軍刑法通解』1897
梅田敬止『軍民必携陸軍便覧』1897
政法協会編『陸軍治罪法刑事訴訟対比』1897
井上義行『陸軍治罪法通解』1897
兵事雑誌社発行『軍隊生活』1898
山田定次郎『陸軍衛生制規』1898
梅田敬止『陸軍服制図解』1898
陸軍省軍務局歩兵課編『陸軍召集条例施行細則ニ関スル伺指令間合回答抜萃』1898
陸軍乗馬学校内村兵蔵論述『日本軍馬改良ノ研究』1898
海軍省経理局『海事会計法規類集』1898
第五師団監督部『第五師団経理事務取扱手続』1898
陸軍経理学校『経理計算簿票様式』1898
田山宗堯『憲兵要規』1898
三宅彦弥『陸海軍人書翰文』1898
太田覚眼『下士制度改革私議』1899
小林又七発行『陸軍武鑑』1899
泉谷氏一『常備艦隊運動写真帖』1899
野島円蔵『武林叢譚』1900
中山愿吾『海軍志願兵要覧』1900
長尾耕作『国民必携海軍一班』1900
教育総監部『軍人衛生学』1900
陸軍省『陸軍徴発物要覧』1901
長尾耕作『海軍出身案内』1901
多賀宗之『家庭軍事談』1901
稲垣盛人『兵営之生活』1901
海軍経理部『海軍会計法親類聚』1901
海軍省『海軍諸例則』1901
西村才介『軍隊の側面』1902
滝本潔『武勇的国民の前途』1902
倉辻明俊『養兵秘訣』1902
青木竜陵『兵営生活』1903
橘亭主人『兵営大気焔』1903
史伝編纂所『日本陸海軍写真帖』1903
今状波『軍人のおもかげ』1903

綾部野圃『陣中の書簡』1903
台湾総督府陸軍幕僚副官部『台湾陸軍処務提要』1903
高橋一雄『海軍問答』1903
兵林館『軍人交際ノ心得』1903
橘周太『経験余録』1903
関根香巌『下士の理想』1903
墨提隠士『陸海将校の書生時代』1904
三島霜川・岡鬼太郎『軍人の家庭』1904
増田智蔵『軍艦詳説』1904
菊池坂城『軍艦生活帝国海軍談』1904
栗本長質『戦時法令全書』1904
杉本文太郎『陸軍諸兵種解説』1905
杉本文太郎『陸軍解説』1905
杉本文太郎『海軍解説』1905
佐藤進述『日露戦役医談』1906
軍需商会編纂部『兵事研究資料』1906
松本香州『兵営観』1906
内務省『戦時紀念事業と自治経営』1906
軍事普及会『徴兵問答』1907
陸軍経理研究会『野外給養必携』1907
笠原保久『軍旗美談』1907
ローリングホーフェン 参謀本部訳『戦争に於ける人格の勢力』1907
杉本巳水『兵学校生活』1908
陸軍会計監督部『陸軍会計監督部里程表』1908
陸軍経理研究会『陸軍経理事務要規』1908
窓月居士『新旧対照陸軍刑法義解』1908
大山文雄『改正陸軍刑法講義』1908
引地虎治郎『改正陸軍刑法講義』1909
軍事警察雑誌社『陸軍法正解』1909
小栗孝三郎『最新海軍通覧』1910
中沢東斎『徴兵並陸海軍志願者必携』1910
陸軍経理学校編『陸軍経理学校沿革略史』1911
陸軍省『陸軍徴発物件表要覧』1911
阿武夫風『海上生活怒濤譚』1912
干城堂『陸軍懲罰令註解』1912
長久保公敏『水戸之干城』1912

山浦隆治『一兵卒の告白』1912
柴田外吉『軍刀の光』1912
引地寅治郎『海軍刑法講義』1912
田家秀樹『陸軍刑法註解』1912
機堂学人『陸軍経理概観』1912
及川垣昌『軍隊大観』1913
軍人雑誌社『軍人所感文集』1913
池田楓ほか『現代兵営の裏 – 新兵生活-』1913
中野紫葉『新兵生活』1913
軍事警察雑誌『陸軍治罪法要義』1913
田崎治久『日本の憲兵』1913
鎌田覺之進『口から耳へ』1914
帝国地方行政学会『改正陸軍召集令及同施行細則釈義』1914
山田松太郎『陸軍経理実務指針』1914
石井淳『若き士官へ』1914
池田楓ほか『新兵の生活』1915
木村直幸『輸卒須知』1915
平山多次郎『日露戦ヨリ得タル野戦給養勤務上ノ教訓』1915
軍友協会『工兵須知』1915
山本寅三郎『砲兵須知』1925
安西理三郎『模範の見習士官』1915
小林編集部『陸軍出身案内』1915
たまむし生『若旦那の兵隊さん』1916
平井正道『兵営生活』1916
『田中中将講演集』1916
久保森平『陸軍経理事務提要』1916
大西黙『軍隊経理』1916
二瓶貞夫『陸軍給与令の研究』1916
立川吉太郎『憲兵の本領』1916
大日本帝国壮丁教育会『軍隊生活』1916
中島武『少尉になるまで』1916
陸軍省『陸軍各隊陣営具定数表』1917
第一師団経理部『営外居住者俸給宝科繋畜科日割計算表』1917
軍需商会編纂部『軍隊経理と金銭取扱法』1917
海老塚郎四郎『兵営の回顧』1917
秋山真之助『軍談』1917

山崎米三郎『軍艦旗の下にて』1917
田川功『軍する身』1917
山崎柴三郎『我国民性としての海軍魂』1917
原田政右衛門『大日本兵語辞典』1918
毛利八十太郎『洋行帰りの輜重輸卒』1918
岡欽一『連隊司令部執務必携』1918
山県有朋『徴兵制度及自治制度確立の沿革』1919
堀玉吉『本科下士経理実務手簿』1919
二瓶一次『兵営事情』1920
米山義兄『兵営須知』1920
目戸光久『艦上之一年』1920
川島堰一郎『鉄四録』1920
霹靂火『兵営夜話心から心へ』1921
中井良太郎『兵役法要義』1922
迸良社『海軍刑法及軍法会議法』1922
海軍省医務局『大正一〇年海軍ニ於テ発生セル主要疾患ノ調査』1922
迸良社『陸軍刑法及軍法会議法』1922
『陸軍歩兵学校案内』1925
宮本善衛『軍隊生活思出の一年』1926
湯原網『陸軍刑法講義』1926
有沢武貞『軍役古今通解』1928
中井良太郎『兵役法綱要』1928
大久保政徳『兵役法詳解』1928
岡熊臣『兵制新書』1929
海軍兵学校『仰武帖』1929
教育総監部『武人の徳操』1930
有終会『海軍逸話集』1930
日本国防普及会『壮丁必携 営門を眺めて』1930
小林善八『入営者の心得』1930
福永恭助『海軍物語』1930
三浦恵一『戒厳令詳論』1932
日本少年国防協会『少年航空兵』1932
二神真敬『徴兵読本』1932
平田晋策『海軍読本』1932
太田公秀『陸軍法規』1932
有馬成甫『一貫斎国友藤兵衛伝』1932

山田新吾『少年航空兵とは』1933
陸軍省新聞班つはもの編集部『兵営の異聞と秘話』1933
黒木文四郎『海軍とは何ぞや』1933
陸軍糧抹本廠『日本兵食史』1934
皇道興会『輝く皇国の現状』1934
松下芳男『非常時に踊る軍部の人物展望』1934
伊藤金治郎『非常時陸海軍人物展望』1934
海軍省海軍々事普及部『海軍航空の概要』1935
兵学研究社『兵語類解と参考図録』1936
日高己雄『加除自在軍事法令判例特集』1936
末弘厳太郎『兵事篇』1936
読売新聞社『日英米海軍気質』1936
有坂銀蔵『兵器考』1936
伊東岱吉『我国に於ける軍事工業の成立過程』1937
偕行社『偕行拾録』1937
社会局臨時軍事援護部『傷痍軍人及軍人遺家族の保護制度概要』1937
労務管理研究会『支那事変応召者の待遇其他の取扱問題』1937
三井報恩会『支那事変下に於ける銃後の後援に就いて』1937
兵庫県工業会『軍務公用者待遇に関する調査』1937
井上信明『軍事応召者待遇内規集』1937
協調会調査部『応召兵士家族扶助後援の実例』1937
皇道日本調査部『応召者待遇と実例』1937
大阪市社会部庶務課『応召軍人及その実施に対する処遇並に物価騰貴対策に就いて』1937
大沢径『兵卒の征露日記』1937
日高己雄『軍事法規』1938
日本米布協会編輯部『第二世と兵役関係』1938
小沢滋『日本兵食史論』1938
神戸市社会課『銃後援護事業参考資料』1938
島根県支那事変軍事後援会『島根県に於ける軍事後援状況』1938
東京府『東京軍事援護事業概要』1938
帝国農会『農山漁村銃後対策協議会要録』1938
陸軍恤兵部『支那事変恤兵概観』1938
帝国軍人後援会茨城支部『支那事変軍人援護概況』1938
神戸市社会課『市内会社工場商店に於ける出征軍人並遥家族援護状況』1938
高杉喜八『現行軍事扶助法解義』1938
大阪市役所『軍人遺族援護事務提要』1938

中央社会事業協会社会事業研究所『軍事扶助制度の発生』1938
吉富滋『軍事援護制度の実際』1938
海軍協会『海軍協会要覧』1939
大阪市社会部『出征軍人遺家族精神援護事業実施状況』1939
大阪市社会部庶務課『軍事扶助法による扶助世帯の家計調査』1939
神戸市社会部『軍事援護事業参考資料』1939
全国産業団体連合会調査課『応召者待遇に関する調査』1939
菅野保之『陸軍刑法原論』1940
青木大吾『軍事援護の理論と実際』1940
松島歳『軍事援護事務』1940
高山毅・高垣金三郎『学年短縮と兵役』1942
安田武彦『支那事変忠勇列伝 陸軍之部』1942
軍人援護会編『支那事変忠勇列伝 海軍』1943
佐藤喜一郎『空の御楯』1943
山下康雄『化学戦と国際法』1943
森山五郎『大本営政治を要望す』1943
日本宣伝協会編『戦ふ宣伝』1943
梅沢富三九編『戦時刑事民事特別法義解』1943
信夫淳平『戦時国際法提要』1943
斉藤直一・梶村敏樹・磯部靖『戦時司法特別法』1943
尾山万次郎『戦時統制法全書』1943
佐々木重蔵『日本軍事法制要綱』1943
關口好雄『海兵団』1943
依田述『学生と兵役』1943
村田咬三『機械化器』1943
小泉孝吉『空軍の重大性』1943
久下勝次・鳥居捨蔵『空襲と待避』1943
伊藤千代蔵『空襲と都市』1943
楢崎敏雄『空中戦の法的研究』1943
牛尾平之助『軍艦読本』1943
日本統制地図編『軍機保護法』1943
山本道義『状況ニ応ズル警防団及隣組ノ防空』1943
朝日新聞社編『航空決戦と学生』1943
鍋島昇『国民兵器読本』1943
荘司武夫『火砲の発達』1943
西崎荘『国民防空科学』1943

西沢幹雄『国民防諜と其の指導』1943
永松浅造『水雷戦隊』1943
内田丈一郎『水雷部隊』1943
並河亮『姿なき武器』1943
匝瑳胤次『潜水艦出撃』1943
科学朝日編『潜水艦の知識』1943
前原光雄『戦争法』1943
中島鉦三・平井政夫『宣伝戦』1943
外務省条約局編『世界戦争条約集』1943
清水辰太『毒瓦斯と焼夷弾』1943
古河幸雄『兵器』1943
中井良太郎『兵理より観たる産業戦の指導原理』1943
浅田常三郎『防空科学』1943
館林三善男編『防空総論』1943
菰田康一『防空読本』1943
依田述『司模範在郷軍人新須知』1943
尾山万次郎編『陸海空軍事法』1943
高橋健二『戦争生活と文化』1943
銅金義一『銃器の科学』1943
大井上博『戦車工学』1943
佐々木周雄『兵器工業の指標』1943
松原宏遠『下瀬火薬考』1943
筒井千尋『南方軍政論』1944
柏木千秋『国防保安法』1944
経済刑法研究会『戦時経済刑法研究』1944
立作太郎『改訂増補戦時国際法論』1944
梶田年『改正戦時司法特例法要義』1944
石割平造『工兵の本質』1944
佐藤弘『国防地政論』1944
宮本亭一『これからの防諜』1944
権藤実『兵営の記録』1944
堀木鎌三『総力戦と輸送』1944
藤川洋『日本戦時海運論』1944
村瀬達『焼夷弾』1944
大熊武雄『新兵器』1944
柴芝幸憲『通信兵器』1944
筑紫二郎『航空要塞』1945

제2부 전전을 대상으로 전후에 간행된 도서

1. 총기(叢記)

日本近代史料硏究會編『日本陸海軍の制度・組織・人事』東京大学出版会, 1971
日本兵器工業会編『陸戦兵器総覧』図書出版社, 1977
桜井忠温編『国防大辞典』(復刻) 国書刊行会, 1978
原田政右衛門『大日本兵語辞典』(復刻) 国書刊行会, 1980
外山操編『陸海軍将官人事総覧』全二巻、芙蓉書房, 1981
大濱徹也・小沢郁郎編『帝国陸海軍辞典』同成社, 1984
現代法制資料編纂会編『戦時・軍事法令集』国書刊行会, 1984
西村正守編『戦史・戦記総目録(陸軍篇)』地久館出版, 1987

2. 자료

種村佐孝『大本営機密日誌』ダイヤモンド社, 1952
_____『現代史資料』第四, 五, 七~一三, 二三, 三四~三九, 四三, 四四巻(国家主義運動・満州事変・日中戦争・太平洋戦争・大本営・国家総動員) みすず書房, 1963~1975
谷寿夫『機密日露戦史』(復刻) 原書房, 1966
海軍大臣官房篇『山本権兵衛と海軍』原書房, 1966
陸軍省編『明治天皇御伝記史料 明治軍事史』全二巻, 原書房, 1966
伊藤博文『機密日清戦争』(復刻) 原書房, 1967
参謀本部編『杉山メモ』全二巻, 原書房, 1967
参謀本部編『敗戦の記録』原書房, 1967
本庄繁『本庄日記』原書房, 1967
宇垣纏『戦藻録』原書房, 1968
宇垣一成『宇垣一成日記』全三巻, みすず書房, 1967~1971
憲兵司令部編『日本憲兵昭和史』(復刻) 極東研究所出版会, 1969
陸軍省編『自明治三十七年至大正十五年 陸軍省沿革史』全三巻(復刻) 巖南堂書店, 1969
稲葉正夫編『岡村寧次大将資料(上)』原書房, 1970
海軍大臣官房編『海軍軍備沿革』全二巻(復刻), 巖南堂書店, 1970
参謀本部編『昭和三年 支那事変出兵史』(復刻) 巖南堂書店, 1971
角田順編『石原莞爾資料－国防論策－』原書房, 1971
海軍大臣官房編『海軍制度沿革』全二六巻(復刻) 原書房, 1971~1972

林茂編『二・二六事件秘録』全四巻, 小学館, 1971~1972
河野司編『二・二六事件-獄中手記・遺書』河出書房新社, 1972
参謀本部編『大正七年乃至十一年 西伯利出兵史』全三巻(復刻) 新時代社, 1972
参謀本部編『満州事変作戦経過ノ概要』(復刻) 巌南堂書店, 1972
石川準吉『国家総動員史』資料篇全九巻・本篇全二巻、国家総動員史刊行会, 1975~1984
上原勇作関係文書研究會編『上原勇作関係文書』東京大学出版会, 1976
憲兵司令部編『西伯利出兵憲兵史』全二巻(復刻) 国書刊行会, 1976
新名丈夫編『海軍戦争検討会議記録』毎日新聞社, 1976
参謀本部編『明治三十七八年秘密日露戦史』(復刻) 巌南堂書店, 1977
大濱徹也編『近代民衆の記録8兵士』新人物往来社, 1978
髙木惣吉『髙木海軍少将覚え所』毎日新聞社, 1979
藤原彰編『資料日本現代史1 軍隊内の反戦運動』大月書店, 1980
山本四郎編『寺内正毅日記 - 一九〇〇~一九一八-』京都女子大学, 1980
小林躋造『海軍大将小林躋造覚書』山川出版社, 1981
真崎甚三郎『真崎甚三郎日記』全六巻, 山川出版社, 1981~1987
城英一郎『侍従武官城英一郎日記』山川出版社, 1982
『続・現代史資料』第四, 六巻(陸軍・軍事警察) みすず書房, 1981~1983
海軍教育本部編『帝国海軍教育史』全九巻・別巻一(復刻) 原書房, 1983
財部彪『財部彪日記』全二巻, 山川出版社, 1983
陸軍省編『明治卅七八年戦役陸軍政史』全一〇巻・解説一巻(復刻) 湘南堂書店, 1983
山本四郎『寺内正毅関係文書(首相以前)』京都女子大学, 1984
山本四郎編『寺内正毅内閣関係史料』京都女子大学, 1985

3. 연구서

髙木惣吉『太平洋海戦史』岩波書店, 1949
アメリカ合衆国戦略爆撃調査団著 正木千冬訳『日本戦争経済の崩壊』日本評論社, 1950
飯塚浩二『日本の軍隊』東京大学協同組合出版部, 1950
青木得三『太平洋戦争前史』全六巻, 財団法人学術文献普及会, 1950~1952
林三郎『太平洋戦争陸戦概史』岩波新書, 1951
服部卓四郎『大東亜戦争全史』全四巻, 鱒書房, 1953
藤田嗣雄『軍隊と自由』河出書房, 1953
歴史学研究会編『太平洋戦争史』全五巻, 東洋経済新報社, 1953~1954
田中惣五郎『日本軍隊史』理論社, 1954
細谷千博『シベリア出兵の史的研究』有斐閣, 1955
松下芳男『明治軍制史論』全二巻, 有斐閣, 1956

林克也『日本軍事技術史』青木書店, 1957
伊藤正徳『軍閥興亡史』全三巻, 文藝春秋新社, 1957~1958
信夫清三郎·中山治一編『日露戦争史の研究』河出書房新社, 1959
福地重孝『軍国日本の形成』春秋社, 1959
松下芳男『三代反戦運動史』くろしお出版, 1960
秦郁彦『日中戦争史』河出書房新社, 1961
秦郁彦『軍ファシズム運動史』河出書房新社, 1962
堀場一雄『支那事変戦争指導史』時事通信社, 1962
日本国際政治学会太平洋戦争原因研究部編『太平洋戦争への追』全八巻, 朝日新聞社, 1962~1963
梅渓昇『明治前期政治史の研究』未来社, 1963
島田俊彦『関東軍』中公新書, 1965
高橋正衛『二・二六事件』中公新書, 1965
児島襄『太平洋戦争』全二巻, 中公新書, 1965~1966
大谷敬二郎『昭和憲兵史』みすず書房, 1966
古屋哲夫『日露戦争』中公新書, 1966
松下芳男ほか『近代の戦争』全八巻, 人物往来社, 1966
防衛庁防衛研修所戦史室(部)『戦史叢書』全一○二巻, 朝雲新聞社, 1966~1980
臼井勝美『日中戦争』中公新書, 1967
角田順『満州問題と国防方針』原書房, 1967
家永三郎『太平洋戦争』岩波書店, 1968
中塚明『日清戦争の研究』青木書店, 1968
伊藤桂一『兵隊たちの陸軍史』番町書房, 1969
高橋正衛『昭和の軍閥』中公新書, 1969
陸上自衛隊衛生学校編『大東亜戦争陸軍衛生史』全九巻, 陸上自衛隊衛生学校, 1969~1971
大濱徹也『明治の墓標』秀英出版, 1970
小山弘健『軍事思想の研究』新泉社, 1970
歴史学研究会編『太平洋戦争史』全六巻, 青木書店, 1971~1973
本多勝一『中国の旅』朝日新聞社, 1972
藤村道生『日清戦争』岩波新書, 1973
村上一郎『日本軍隊論序説』新人物往来社, 1973
高橋治『派兵』全四巻, 朝日新聞社, 1973~1977
大江志乃夫『国民教育と軍隊』新日本出版社, 1974
臼井勝美『満州事変』中公新書, 1974
佐藤徳太郎『軍隊·兵役制度』原書房, 1975
井上清『新版日本の軍国主義』全四巻, 現代評論社, 1975~1977

大江志乃夫『日露戦争の軍事史的研究』岩波書店, 1976
全国憲友会連合会編纂委員會編『日本憲兵正史』全国憲友会連合会本部, 1976
菊池邦作『徴兵忌避の研究』立風書房, 1977
松下芳男『暴動鎮圧史』柏書房, 1977
黒羽清隆『日中15年戦争』全三巻, 教育社歴史新書, 1977〜1979
大江志乃夫『戒厳令』岩波新書, 1978
大濱徹也『天皇の軍隊』教育社歴史新書, 1978
刈田徹『昭和初期政治・外交史研究』人間の科学社, 1978
北岡伸一『日本陸軍と大陸政策』東京大学出版会, 1978
千田稔『維新政権の直属軍隊』開明書院, 1978
藤原彰『天皇制と軍隊』青木書店, 1978
大江志乃夫『戦争と民衆の社会史』現代史出版会, 1979
近代日本研究會編『昭和期の軍部』山川出版社, 1979
黒羽清隆『十五年戦争史序説』三省堂, 1979
竹橋事件百周年記念出版編集委員會編『竹橋事件の兵士たち』現代史出版会, 1979
河辺正三『日本陸軍精神教育史考』(復刻) 原書房, 1980
森松俊夫『大本営』教育社歴史新書, 1980
池田清『海軍と日本』中公新書, 1981
大江志乃夫『徴兵制』岩波新書, 1981
纐纈厚『総力戦体制研究』三一書房, 1981
大江志乃夫『昭和の歴史3 天皇の軍隊』小学館, 1982
太田昌秀『総史沖縄戦』岩波書店, 1982
工藤美知尋『日本海軍と太平洋戦争』全二巻, 南窓社, 1982
黒羽清隆『軍隊の語る日本の近代』全二巻, 1982
朴宗根『日清戦争と朝鮮』青木書店, 1982
藤原彰『太平洋戦争史論』青木書店, 1982
洞富雄『決定版南京大虐殺』現代史出版会, 1982
大江志乃夫『統帥権』日本評論社, 1983
小沢郁郎『つらい真実－虚構の特攻隊神話』同成社, 1983
篠原宏『陸軍創設史』リブロポート, 1983
野村実『太平洋戦争と日本軍部』山川出版社, 1983
三宅正樹編『昭和史の軍部と政治』全五巻, 第一法規, 1983
戸部良一ほか『失敗の本質』ダイヤモンド社, 1984
古屋哲夫編『日中戦争史研究』吉川弘文館, 1984
室山義正『近代日本の軍事と財政』東京大学出版会, 1984
沢地久枝『滄海よ眠れ』全六巻, 毎日新聞社, 1984〜1985

大江志乃夫『日本の参謀本部』中公新書, 1985
古屋哲夫『日中戦争』岩波新書, 1985
近代戦史研究會編『日本近代と戦争』全七巻, PHP研究所, 1985〜1986
江口圭一『十五年戦争小史』青木書店, 1986
篠原宏『海軍創設史』リブロポート, 1986
秦郁彦『南京事件』中公新書, 1986
松本清張『二・二六事件』全三巻, 文藝春秋社, 1986
吉沢南『戦争拡大の構図』青木書店, 1986
吉田裕『天皇の軍隊と南京事件』青木書店, 1986
纐纈厚『近代日本の政軍関係』大学教育社, 1987
吹浦忠正『聞き書 日本人捕虜』図書出版社, 1987
藤原彰編著『沖縄戦−国土が戦場になったとき』青木書店, 1987
本多勝一『南京への道』朝日新聞社, 1987
吉見義明『草の根のファシズム』東京大学出版会, 1987
藤原彰・本多勝一・洞富雄編『南京事件を考える』大月書店, 1987
藤原彰編『沖縄戦と天皇制』立風書房, 19873

제3부 전후를 대상으로 전후에 간행된 도서

1. 재군비 문제

国立国会図書館調査立法考査局『再軍備に関する国内論調』1951
小堀甚二『再軍備論』国民教育社, 1951
佐野学『日本再武装論』酣燈社, 1951
入江啓四郎『日本講和条約の研究』板垣書店, 1951
岡倉古志郎『日本再軍備』月曜書店, 1951
山川均『日本の再軍備』岩波書店, 1951
横田喜三郎『自衛権』有斐閣, 1951
国際法学会編『平和条約の総合研究』有斐閣, 1952
毎日新聞社編『対日平和条約』毎日新聞社, 1952
佐藤達夫『戦力・その他』学陽書房, 1953
有田八郎『どうするか？日本の再軍備』法政大学, 1954
山内一夫『政府の憲法解釈』有信望, 1965
林修三『自衛隊と憲法の解釈』有信望, 1968
大谷敬二郎『憲法秘録』原書房, 1968

フランク・コワルスキー『日本再軍備』サイマル出版会, 1968
読売新聞戦後史班編『「再軍備」の軌跡』読売新聞社, 1981
杉村敏正『防衛法』有斐閣, 1985

2. 자위대

安田武『少年自衛隊』東書房, 1956
宇都宮静男『自衛隊と民主政治』自由アジア社, 1959
高橋甫『ミサイル戦争と自衛隊』新読書社, 1959
田畑茂二郎『安保体制と自衛官』文化書店, 1960
和田尚志『防衛大学校』不味社, 1960
防衛庁人事局編『自衛隊十年史』大蔵省印刷局, 1961
堂場肇『日本の軍事力自衛隊の内幕』読売新聞社, 1963
加藤陽三『自衛隊』有斐閣, 1963
星野安三郎『自衛隊』三一書房, 1963
加藤陽三『日本の防衛と自衛隊』朝雲新聞社, 1964
蔵原惟堯『自衛隊の海外派兵』朝日新聞社, 1964
小谷秀二郎『憲法と海外派兵論議』鹿島研究所出版会, 1964
杉田一次『陸上自衛隊の現状と日本の防衛』鹿島研究所出版会, 1964
日本民主法律協会恵庭対策委員会『裁かれる自衛隊』労働旬報社, 1965
渡辺洋三・松井康裕編『恵庭事件』労働旬報社, 1966
日本評論社編『恵庭裁判－憲法第九条と自衛隊－』日本評論社, 1966
北海道平和委員会恵庭事件対策委員会『恵庭は告発する』汐文社, 1966
深瀬忠一『恵庭裁判における平和憲法の弁証』日本評論社, 1967
風早八十二他『政治反動と治安対策』労働経済社, 1968
槇智雄『防衛の努め』甲陽書房, 1968
朝日新聞社編『自衛隊』朝日新聞社, 1968
毎日新聞社編『素顔の自衛隊』毎日新聞社, 1968
毎日新聞社編『国民と自衛隊』毎日新聞社, 1969
毎日新聞社編『安保と自衛隊』毎日新聞社, 1969
林茂夫他『自衛隊の七〇代戦略』汐文社, 1970
日本弁護士連合会報告『沖縄の基地 公害と人権問題』南方同胞援護会, 1970
藤井治夫『自衛隊の作戦計画』三一書房, 1971
吉原公一郎『自衛隊の肖像』波書房, 1971
日本共産党中央委員会出版局編『四次防と自衛隊』日本共産党中央委員会機関紙経営局, 1971

小西反軍裁判支援委員会編『自衛隊 その銃口は誰に』現代評論社, 1972
日本共産党国会議員団編『沖縄米軍基地』新日本出版社, 1972
林茂夫他『自衛隊 その知られざる実態』日本青年出版社, 1972
吉原公一郎『戦後「日本軍」の論理』現代史資料センター出版会, 1973
藤井治夫『自衛隊と治安出動』三一書房, 1973
藤井治夫『自衛隊クーデタ戦略』三一書房, 1974
小山内宏『自衛隊図鑑』主婦と生活社, 1974
藤井治夫『自衛隊を裁け その軍事機密の追及』三一書房, 1974
土田隆『自衛隊は役に立つか』經濟往来社, 1975
沖縄県渉外部基地渉外課編『沖縄米軍基地』1975
吉原公一郎『黒い軍隊』三省堂, 1976
小松七郎『基地の海 九十九里米軍基地闘争の記録』千葉平和委員会, 1976
東京弁護士会編『沖縄基地確保新法案批判』東京弁護士会, 1977
山崎カヲル『新「国軍」用兵論批判序説』鹿砦社, 1977
坂田道太『小さくても大きな役割』朝雲新聞社, 1977
オリエント書房編集部編『日本の防衛戦略』オリエント書房, 1977
沖縄県渉外部基地渉外課編『米軍沖縄基地関係資料』1977
小谷秀二郎『防衛力構想批判』嵯峨書院, 1977
海原治『日本防衛体制の内幕』時事通信社, 1977
「赤旗」特捜班『影の「軍隊」』新日本出版社, 1978
稲垣治『自衛隊の「戦争計画」』鹿砦社, 1978
西修『自衛隊法と憲法第九条』教育社, 1978
小西誠編『自衛隊の兵士運動』三一書房, 1978
菊池征男『素顔の自衛隊』ワールドフォトプレス, 1978
藤井治夫『戦争計画－自衛隊戦えば』三一書房, 1978
剣持一巳『核戦略体制と自衛隊』三一書房, 1979
沖縄県環境保健部公害対策課編『基地公害資料 騒音編』1979
林茂夫『最新自衛隊学入門』二月社, 1979
加藤陽三『私録・自衛隊史』政治月報社, 1979
久保綾三『独占資本の雇兵軍』十月社, 1979
宮崎弘毅『日本の防衛機構』教育社, 1979
田中伸尚『自衛隊よ、夫を返せ』現代書館, 1980
小川雷太『日本の空は守れるか－外から見た航空自衛隊』航空新聞社, 1980
佐瀬稔『自衛隊三十年史』講談社, 1980
草地貞吾他編『自衛隊史－日本の防衛の歩みと性格』日本防衛調査協会, 1980
藤井治夫『自衛隊は必ず敗ける』三一書房, 1980

山下純二『戦う自衛隊』立風書房, 1980
草地貞吾他『自衛隊史』日本防衛調査会, 1980
小西 誠『反戦自衛官』1CA出版, 1980
松川久二『自衛隊に反対する沖縄』大永(沖縄), 1980
土井寛『自衛隊』朝日ソノラマ, 1980
瀬間喬『自衛隊を裸にする』ワールド教育出版, 1981
老川祥一『自衛隊の秘密』潮文社, 1981
海原治他『討論・自衛隊は役に立つか』ビジネス社, 1981
新井章『憲法第九条と安保・自衛隊』日本評論社, 1981
瀬間喬『自衛隊を裸にする 誰も知らない汚濁の内幕』ことば社, 1981
『自衛隊一九八二 ユニフォーム・個人装備』ワールドフォトプレス, 1981
老川祥一『自衛隊の秘密 東西軍事バランスの変化の中で』潮文社, 1981
小沢和夫『自衛隊のみたソ連軍 陸海空の対ソ防衛戦略』原書房, 1981
桑江良逢『幾山河 沖縄自衛隊』原書房, 1982
石井良一『告発！自衛隊 防災の名による治安出動 着々とすすむ「有事」国民浸透作戦をあばく』1982
『自衛隊の戦略・戦術 一九八二』芸文社, 1982
内閣総理大臣官房広告室編『自衛隊・防衛問題に関する世論調査』1982
鷲見友好『日本の軍事費』学習の友社, 1982
毎日新聞社『日本の戦力 自衛隊の現況と三〇年の歩み』毎日新聞社, 1982
吉原公一郎『日本の兵器産業』ダイヤモンド社, 1982
桑島和夫『日本の防衛 小さくとも大きな戦力』長沢出版社, 1982
芙蓉書房プロジェクトチーム編『婦人自衛官その生活と意見』芙蓉書房, 1982
ヒサクニヒコ『自衛隊とびある記』永田書房, 1982
林茂夫・松尾高志『自衛隊』東研出版, 1982
佐藤和正『これが日本の自衛隊だ』講談社, 1983
森田俊男『自衛隊・徴兵制・現代戦争』平和文化, 1983
鎌田慧『日本の兵器工場』講談社, 1983
講談社編『日本の防衛力』講談社, 1983
日本兵器工業会編『日本兵器工業会三十年史』日本兵器工業会, 1983
森田俊男『自衛隊・安保条約 治安出動・有事立法・軍事同盟』汐文社, 1984
五十嵐肇『防衛最前線』広済堂出版, 1984
松本利秋『防衛は誰のために』広済堂出版, 1985

3. 미일안보·기지

高木惣吉『軍事基地』弘文堂, 1953
野清勝『立ち上がる基地日本』農林水産経済研究所出版部, 1953
基地問題調査委員会『軍事基地の実態と分析』三一書房, 1954
小川雷太『在日米軍-その新装備を衝く』航空新聞社, 1957
堀眞琴『基地-世界と日本』平凡社, 1957
読売新聞社政治部編『太平洋の鎖-日米安保条約の改廃』南方書房, 1957
入江啓四郎『領土·基地』三一書房, 1958
林克也『ミサイルと日本-基地の恐怖-』東洋経済新報社, 1958
服部卓四郎『軍事基地』日本外政学会, 1958
潮見俊隆『農村と基地と法社会学』岩波書店, 1958
田村幸策『安保条約問題と中立主義の批判』報国新聞社, 1959
国会図書館調査立法考査局編『日米安保条約改定問題資料集』1959
憲法調査会事務局編『日米安保関係文書集』1959
石本泰雄『条約と国民』岩波書店, 1960
神山茂夫『安保闘争と統一戦線』新読書社, 1960
田畑茂二郎『安保体制と自衛隊』有信望, 1960
寺沢一『安保条約の問題性』有信望, 1960
田中直吉『新日米安保条約の研究』有信望, 1960
平田善介『新安保条約の全貌』月刊時事社, 1960
研究者懇談會編『新安保条約』三一書房, 1960
信夫清三郎『安保闘争史』世界書院, 1961
三多摩平和委員會編『三多摩の軍事基地』1962
高野雄一『日米安全保障条約の法的諸問題-日本の安全保障』鹿島研究所出版会, 1964
鹿島守之助『安全保障条約と経済問題-日本の安全保障』鹿島研究所出版会, 1964
西晴彦『日米安全保障条約について-日本の安全保障』鹿島研究所出版会, 1964
西村熊雄『日米安全保障条約の成立事情-日本の安全保障』鹿島研究所出版会, 1964
床次徳二『日本の安全保障と沖縄問題』鹿島研究所出版会, 1964
沖縄·小笠原返還問題同盟編『沖縄黒書』労働旬報社, 1964
沖縄祖国復帰協議会·原水爆禁止沖縄県協議會編『沖縄県祖国復帰運動史』沖縄時事出版社, 1964
中野好夫編『沖縄問題二〇年』岩波書店, 1965
比嘉幹郎『沖縄-政治と政党-』中央公論社, 1965
宮里政玄『アメリカの沖縄統治』岩波書店, 1965
潮見俊隆『日本の基地-その構造と実態-』東京大学出版会, 1965

畑田重夫『新安保体制論』青木書店, 1966
日本共産党中央委員会宣伝部編『日米安保条約をめぐる30問』日本共産党中央委員会宣伝部, 1966
有志の會編『一九七〇年の選択－日本の安全保障をどうするか－』経済住来社, 1966
阪中友久『在日米軍基地の現狀と将来』朝日新聞社, 1967
共同通信社全部編『この日本列島－在日米軍・自衛隊・ベトナム戦争－』現代書房, 1967
日本平和委員会編『日本の黒書－われわれは告発する』労働旬報社, 1967
入江道雅『集団安全保障と日本の立場』有信堂, 1967
春日井邦夫『安保条約と基地問題』有信堂, 1967
上条末夫『軍事的にみた安保体制』有信堂, 1967
蔵原惟尭『日米安保条約の焦点』朝日新聞社, 1967
利光三津夫『左翼法律家の安保条約論批判』有信堂, 1967
中村勝範『共産党・社会党・マスコミの安保反対論』有信堂, 1967
中村菊男『安保体制の基本問題』有信堂, 1967
中村菊男『日米安保肯定論』有信堂, 1967
原豊『安保体制の経済的側面』有信堂, 1967
和田教美『一九七〇年の政治課題』朝日新聞社, 1967
和田教美『日米安保体制の再検討』朝日新聞社, 1967
加藤恭亮『沖縄－その受難の歴史－』ダイヤモンド社, 1967
阪中友久『アメリカ戦略下の沖縄』朝日新聞社, 1967
阪中友久『沖縄返還のプログラム』朝日新聞社, 1967
中本たか子『砂川の誇り』労働旬報社, 1967
毎日新聞社編『極東'危機'と米軍基地』毎日新聞社, 1967
稲泉薫『基地と沖縄経済』原書房, 1967
上田耕一郎『一九七〇年と安保・沖縄問題』新日本出版社, 1968
青島章介『基地闘争史』社会新報社, 1968
大久保泰『返還される小笠原』朝日新聞社, 1968年
大浜信泉『沖縄問題の基本』原書房, 1968
青島章介他『基地闘争史』社会新報社, 1968
川口邦彦『沖縄人権問題の基本』朝日新聞社, 1968
河村宏男『沖縄返還の歩み』朝日新聞社, 1968
清川勇吉『北方領土と沖縄』朝日新聞社, 1968
九住忠男『安全保障論議における沖縄問題』原書房, 1968
九住忠男『問題解決の方向と沖縄基地』原書房, 1968
小谷秀二郎『日本の安全保障と沖縄基地』原書房, 1968
新崎盛暉『沖縄問題と七〇年安保』現代評論社, 1968

高瀬昭治『基地経済からの脱却』朝日新聞社, 1968
高瀬保『アメリカの極東戦略と沖縄』原書房, 1968
竹内叔郎編『沖縄の挑戦』宇野書房, 1968
中野好夫編『沖縄問題を考える』太平出版, 1968
中村菊男『国際政治における沖縄問題』原書房, 1968
波照間洋『沖縄返還』三一書房, 1968
牧瀬恒二『沖縄と日米独占資本』汐文社, 1968
八木勇『沖縄の法的地位』朝日新聞社, 1968
和田教美『政府の態度と各党の返還構想』朝日新聞社, 1968
青年法律家協会『沖縄返還と一体化政策』労働旬報社, 1968
日本評論社編『沖縄白書』日本評論社, 1968
琉球新報社編『基地沖縄』サイマル出版会, 1968
林茂夫他『一九七〇年と軍事基地』新日本出版社, 1968
時事問題研究所編『米軍基地-誰のためのものか』時事問題研究所, 1968
安保六八の記録『佐世保に関する私たちの報告書』対話の会, 1968
杉山茂夫『日米安保条約の問題点-国民講座・日本の安全保障 第4巻』原書房, 1968
酒井寅吉『七〇年安保とマスコミー国民講座・日本の安全保障 第6巻』原書房, 1968
関嘉彦『一九七〇年における選択-国民講座・日本の安全保障 第6巻』原書房, 1968
田沼肇『安保条約と日本の大衆運動』汐文社, 1968
中島誠編『全学連-七〇年安保と学生運動』三一書房, 1968
成田知巳『一九七〇年の課題』労大新書, 1968
利光三津夫『安保反対論の論理とその批判-国民講座・日本の安全保障第6巻』原書房, 1968
畑田重夫『七〇年安保闘争の統一戦線』青木書店, 1968
原豊『日本安保条約の経済的側面-国民講座・日本の安全保障 第6巻』原書房, 1968
水口宏三『安保闘争史』社会新報社, 1968
読売新聞社編『国会安保論争史 1・2』読売新聞社, 1968
日本平和委員会『この安保条約』平和書房, 1968
渡辺洋三・岡倉古志郎編『日米安保条約-その解資料』労働旬報社, 1968
公明党『在日米軍基地の総点検』1968
社会問題研究所編『七〇安保闘争 アジア・核安保体制づくりとの対決』社会問題研究所, 1968
安保・沖縄問題研究會編『七〇年安保と朝鮮問題』労働旬報社, 1968
労働者教育協会『安保問題のすべて』学習の友社, 1968
いいだもも『七〇年への革命試論』三一書房, 1969
日本の安全保障編集委員會編『安保問題ハンドブック』原書房, 1969
国民の政治研究會編『安保論争 あなたはどうする 安保とは何か』エール出版, 1969
北海道平和委員會編『北海道黒書 安保体制下の自衛隊』労働旬報社, 1969

井出武三郎『安保闘争』三一書房, 1969
潮見俊隆他『安保黒書』労働旬報社, 1969
北田富二『安保と日本の経済』日本青年出版社, 1969
渡辺洋三他『日米安保条約』労働旬報社, 1969
渡辺洋三他『日米安保条約全書』労働旬報社, 1969
牧瀬恒二『沖縄と三大選挙』労働旬報社, 1969
吉原公一郎『沖縄』三一書房, 1969
安保沖縄問題研究會編『七〇年安保と沖縄問題』労働旬報社, 1969
沖縄返還同盟『沖縄問題入門』新日本出版社, 1969
林茂夫他編『安保黒書』労働旬報社, 1969
服部学『安保条約と核問題』労働旬報社, 1969
田畑茂三郎『安保体制と自衛権』有信堂, 1969
毎日新聞社編『安保と自衛隊』毎日新聞社, 1969
毎日新聞社編『安保と米軍基地』毎日新聞社, 1969
毎日新聞社編『安保と防衛生産』毎日新聞社, 1969
毎日新聞社編『安保と政治』毎日新聞社, 1969
毎日新聞社編『岐路に立つ「安保体制」』毎日新聞社, 1969
毎日新聞社編『公明党政権下の安全保障』毎日新聞社, 1969
桜井愈『安保条約と自衛隊』労働旬報社, 1969
臼井吉見編『安保・一九六〇』筑摩書房, 1969
中村菊男『安保なぜならば』有信堂, 1969
徳留徳『砂川どきゆめんと 土と旗と農民の一四年』社会新報社, 1969
小山内宏『ここまできた日本の核武装』ダイヤモンド社, 1969
宮岡政雄『砂川闘争の記録』三一書房, 1970
岡崎万寿『統一戦線運動 安保廃棄への展望』新日本出版社, 1970
吉原公一郎『日米安保条約体制史 国会論議と資料1〜4』三省堂, 1970
毎日新聞社編『安保関係資料集 日本の平和と安全・別巻』毎日新聞社, 1970
森田俊男『安保教育体制と沖縄問題』明治図書出版, 1970
安保沖縄問題研究會編『安保体制一九七〇』労働旬報社, 1970
日本弁護士連合会報告『沖縄の基地公害と人権問題』南方同胞援護会, 1970
『基地白書』相模原市, 1970
日本経済新聞社社会部編『これが米軍基地だ』日本経済新聞社, 1970
沖縄問題研究会『七〇年安保と朝鮮問題』労働旬報社, 1970
日本機関紙協会編『職場の安保闘争』日本機関紙協会, 1970
横浜青年安保学校編『青春と安保 七〇年のあさやけ』新日本出版社, 1970
野村平爾編『日米共同声明と安保・沖縄問題』日本評論社, 1970

内閣官房内閣調査室編『安保改定問題の記録』1971
毎日新聞社編『安保関係資料集 日本の平和と安全・別巻』毎日新聞社, 1971
琉球政府企画局『軍用地及び軍施設』1971
農民と都市を結ぶ青年の会『農民は基地と戦う』三一書房, 1971
不破哲三『沖縄基地とニクソン戦略』新日本出版社, 1972
沖縄県総務部編『沖縄の米軍基地関係資料』1972
立川市役所企画財政部企画課編『立川基地』1972
横浜市総務局渉外部編『横浜市と米軍基地』1973
東京都総務局基地返還対策室編『都内米軍基地資料』1974
沖縄県渉外部基地渉外課編『沖縄の米軍基地』1975
東京都総務局基地返還対策室編『都内基地のあらまし』1975
小松七郎『基地の海 九十九里浜米軍基地闘争の記録』千葉県平和委員会, 1976
東京弁護士会沖縄問題特別委員会編『日米地位協定と人権』東京弁護士会, 1976
横須賀市企画部基地対策課編『横須賀市と基地基地対策のあゆみと跡地利用』1976
東京弁護士会編『沖縄基地確保新法案批判』東京弁護士会, 1977
刑特法被告を支える市民の会編『キセンバルの火沖縄は訴える』現代書館, 1978
吉岡吉典『日米安保体制論 その歴史と現段階』新日本出版社, 1978
毎日新聞社政治部編『転換期の「安保」』毎日新聞社, 1979
日本共産党中央委員会出版局編『日米安保の新段階』日本共産党中央委員会出版局, 1979
稲垣治『在日米軍 日本有事にどう動くか』ダイヤモンド社, 1980
河口栄二『米軍機墜落事故』朝日新聞社, 1981
佐藤裕二他『秋田沖日米合同軍事演習 その記録とおそるべき背景』秋田書房, 1981
吉岡吉典『安保再改定論と日本の安全』大月書店, 1981
渡辺久丸『安保とその周辺』昭和堂, 1981
畑田重夫『安保のすべて』学習の友社, 1981
労働者教育協会編『核・安保問題 資料集』学習の友社, 1982
安藤登志子『北富士の女たち 忍草母の会の二十年史』社会評論社, 1982
多田実解説『日米安保条約』三笠書房, 1982
創価学会婦人平和委員会編『サヨナラ・ベースの街』第三文明社, 1982
朝日新聞社編『総点検・日米安保』朝日新聞社, 1982
大賀良平他『日米共同作戦 日米対ソ連の戦い』麹町書房, 1982
横須賀市転換対策部転用対策課編『横須賀市と基地』1982
斉藤文春編『大高根撃場 陣情書にみる接収地の苦悩』七つの石保存会, 1983
那覇防衛施設局編『沖縄における駐留軍用地特別法に基づく使用権限取得の記録』1983
沖縄県労働渉外部基地渉外課編『沖縄の米軍基地』1983
基地対策全国連絡会議編『日本の軍事基地』新日本出版社, 1983

御殿場市編『東富士演習場重要文書類集 下巻』1983
田山輝明『米軍基地と市民法 軍用地法制論』一粒社, 1983
大宮武郎『平和憲法と安保体制』中央書房, 1984
上田耕一郎『日米核軍事同盟』新日本出版社, 1986
西沢優『日米共同作戦 その歴史と現段階』新日本出版社, 1987
日本共産党中央委員会出版局編『三宅島−米軍基地化反対と自然保護』日本共産党中央委員会出版局, 1987

4. 방위・안전보장론

田岡良一『永世中立と日本の安全保障』有斐閣, 1950
古賀武『戦争革命の理論』東洋書館, 1952
辻政信他『自衛中立』亜東書房, 1952
土居明夫『米ソ戦と日本』黄土社, 1952
土居明夫『新軍備との対決−新しい日本の国防−』興洋社, 1953
国防と経済研究会『日本の防衛』日本防衛会, 1953
岡倉古志郎『第三勢力−中立と独立』要書房, 1953
高野雄一『国際安全保障の問題』日本評論社, 1955
藤原精二『戦争の分析と再軍備』成功社, 1956
神谷竜男『国際連合の安全保障』有斐閣, 1956
高山岩男『中立の過去と現在』大学出版協会, 1956
田中直吉他『集団安全保障』日本外政学会, 1956
日本国際政治学会編『集団安全保障の研究』有斐閣, 1956
朝雲新聞社編『日本の防衛』朝雲新聞社, 1958
石本泰雄『中立制度の史的研究』有斐閣, 1958
大平善梧『日本の安全保障と国際法』有信堂, 1959
神山茂夫『日本の中立化と独立』新読書社, 1959
山口房雄『中立−この民族の課題』至誠堂, 1959
日本共産党『日本の中立化についての党の態度』1959
近藤俊清『日本の曲り角』有紀書房, 1959
辻寛一『くにのまもり平和日本の防衛を若い人々に訴う』新日本経済社, 1959
林敬三『国際軍事情勢の問題と日本の防衛』内外情勢調査会, 1959
日本社会党『日本の独立・平和・安全保障について』1959
時事通信社編『防衛読本』時事通信社, 1959
中外調査会『世界の軍事情勢と日本の国防』中外討査会, 1959
大平善梧『集団安全保障と日本の外交』一橋書房, 1960

高橋通敏『安全保障論序説』有斐閣, 1960
石堂清倫他『中立日本の構造』合同出版社, 1960
宇都宮徳馬『平和共存と日本外交』弘文堂, 1960
安全保障研究会編『安全保障体制の研究』時事通信社, 1960
田中直吉『中立主義』文教書院, 1961
辻正信『中立の条件』綿正社, 1961
前芝確三他『中立は実現できるか』三一書房, 1961
伊藤斌『防衛読本』防衛年鑑刊行会, 1961
田中直吉編『中ソの対中立化政策と日本の中立論』民主主義研究会, 1962
中村菊男『日本の中立は可能か』論争社, 1962
日本国際連合協会京都本部編『中立及び中立主義』日本国際連合協会京都本部, 1962
長谷川正安他編『安保体制と法』[新法学講座 第五巻] 1962
花見達三『日本侵略されないか』新紀元社, 1962
安藤徹『現代の軍事戦略と日本』岩波書店, 1962
大平善梧『民主体制と国家安全保障体制』民主主義研究会, 1963
市川泰次郎『日本安全保障の経済的諸問題』鹿島研究所出版会, 1964
田中直吉『日本の中立論』鹿島研究所出版会, 1964
上村伸一『日本の安全保障』鹿島研究所出版会, 1964
木村篤太郎. 『国防に関する諸問題』鹿島研究所出版会, 1964
源田実『国防－局地戦全面戦と日本の立場』鹿島研究所出版会, 1964
下村定『日本の安全保障体制の現状および将来』鹿島研究所出版会, 1964
田中竜夫『日本の安全保障体制と台湾問題』鹿島研究所出版会, 1964
田村幸策『日本の安全保障の問題点』鹿島研究所出版会, 1964
船田中『安全保障と諸施策の再検討』鹿島研究所出版会, 1964
日本国際問題研究所・鹿島研究所編『日本の安全保障』鹿島研究所出版会, 1964
結城司郎『安全保障制度の可変性と日本』鹿島研究所出版会, 1964
大平善梧『正しい安全観と将来の対策』鹿島研究所出版会, 1964
北沢直吉『日韓国交正常化と日本の安全保障』鹿島研究所出版会, 1964
吉村健蔵『日本の安全保障と世論』鹿島研究所出版会, 1964
松下芳男『民族精神と国家の防衛』土屋書店, 1964
渡辺洋三『安保体制と憲法』労働旬報社, 1965
日本平和委員全編『アジア核安保体制と日本軍国主義復活』日本平和委員会, 1965
中村菊男『核なき日本の安全保障』時事問題研究所, 1965
時事問題研究所編『核なき日本の安全保障』時事問題研究所, 1965
飯村穣『兵術随想－日本の防衛を語る』今日の問題社, 1966
佐伯喜一『日本の安全保障』日本国際問題研究所, 1966

田中直吉『日本の防衛』田中書店, 1966
畑田重夫『新安保体制論』青木書店, 1966
安全保障調査会編『日本の安全保障』安全保障調査会, 1966
有志の会『昭和七〇年の選択-日本の安全保障をどうするか』経済往来社, 1966
四十五年研究会『日本の危機』日本国防調査会, 1966
花見達二『国防論争と安保闘争』時事新書, 1866
鹿島守之助『日本と西ドイツの安全保障』鹿島研究所出版会, 1967
岸田純之助『安全保障の側面からみた日本の技術』朝日新聞社, 1967
櫛田正夫『日本のいのちがそこにある』プレス東京, 1967
佐藤稔『日本の防衛作戦』自由国民社, 1967
杉田一次『忘れられている安全保障』時事通信社, 1967
高瀬昭治『安全保障とは何か』朝日新聞社, 1967
永井陽之助『平和の代償』中央公論社, 1967
武者小路公秀『国際政治と日本』東京大学出版会, 1967
和田教美『安全保障の非軍事的側面』朝日新聞社, 1967
小谷秀二郎『何を何から守るか』原書房, 1968
高山岩男『国際的中立の研究』時事通信社, 1968
不破哲三『日本の中立化と安全保障』新日本出版社, 1968
読売新聞政治部編『記録国会安保論争』読売新聞社, 1968
小谷秀二郎『防衛論とアジア』恒星社厚生閣, 1968
田中直吉『核時代の日本の安全保障』鹿島研究所出版会, 1968
土居明夫『新戦略と日本』時事通信社, 1968
中村菊男『安全保障の基本問題』原書房, 1968
安全保障調査全編『日本の安全保障』安全保障調査会, 1968
中村菊男『国民的課題としての安全保障』しなの出版, 1968
民主社会主義研究會編『一九七〇年の選択 日本の安全保障をめぐって』民主社会主義研究会, 1968
安延多計夫『日本と世界の安全保障』自由アジア社, 1969
高見博編『七〇年安保 一問一答』総合ジャーナル社, 1969
中道政治研究會編『七〇年の選択と各党の主張』総合ジャーナル社, 1969
朝日新聞安全保障調査会『七〇年安保の新展開』朝日新聞社, 1969
日本安全保障編集委員會編『国民講座・日本の安全保障 第七~十一、別巻』1969
春日一幸『安保を何うする』民主中小企業政治連合会, 1969
有田喜一『自主防衛へ道』新世紀杜, 1969
西村友晴『自主防衛の問題点』新世紀社, 1969
時事問題研究所編『我が国の防衛』時事問題研究所, 1969

具島兼三郎『反安保の論理』三一書房, 1969
毎日新聞社編『自民政権の安全保障』毎日新聞社, 1969
毎日新聞社編『"社会党政"下の安全保障』毎日新聞社, 1969
毎日新聞社編『"民社党政権"下の安全保障』毎日新聞社, 1969
A・アクセルバンク『日本の黒い星 復活する軍国主義』朝日新聞社, 1969
和田教美『日本の選択』潮出版社, 1969
福島新吾『非武装の追求』サイマル出版会, 1969
樺俊雄他『反安保の論理と行動』有信堂, 1969
石原慎太郎他『いかに国を守るか』日進報道, 1970
安全保障研究會編『海洋国日本の将来』原書房, 1970
小谷秀二郎『国防の論理』原書房, 1970
産業政策研究所編『日本の防衛』産業政策研究所, 1970
西内雅『日本の防衛』日本教文社, 1970
防衛庁『日本の防衛』日本教文社, 1970
長谷川正安『国家の自衛権と国民の自衛権』勁草書房, 1970
毎日放送『七〇年への対話』ナカニシヤ書店, 1970
吉原公一郎『七〇年代治安対策の実態』三一書房, 1970
日本防衛問題研究會編『七〇代の国防』日本防衛, 1971
サンケイ新聞「日本の安全」取材班『日本の安全』サンケイ新聞社出版部, 1971
産経出版東京部編『日本の安全と保障』産経出版社, 1971
原田稔久『未来国防論』原書房, 1971
都の森出版社編『日本の軍国主義を考える』産経出版社, 1971
小田実編『裁く 民衆が日本の軍国主義を』合同出版, 1971
山田浩『安全保障と日本の未来』法律文化社, 1971
木川田栄『軍国主義と日本鯉済』三一書房, 1971
産経出版社出版事業部編『日本の安全と保障 日本の新しい進路を探る』産経出版社, 1971
木下広居『軍国主義とは』日本民主協会, 1972
藤井治夫『日本の国家機密』現代評論社, 1972
小山内宏『日本は再び戦争をする』エール出版, 1972
海空技術調査會編『海洋国日本の防衛』原書房, 1972
村上薫『日本防衛の新構想』サイマル出版会, 1973
安全保障研究會編『安全保障をどうするか』時事問題研究所, 1973
海原治『日本列島守備隊論』朝雲新聞社, 1973
村上薫『平和国家の防衛論』サイマル出版会, 1975
畑田重夫他『日本の未来と安保』学習の友社, 1975
防衛を考える会事務局編『我が国の防衛を考える』朝雲新聞社, 1975

西修『国の防衛と法』学陽書房, 1975
読売新聞社編『有事にっぽん 想定「第二次朝鮮戦争」と日本の安全保障』読売新聞社, 1975
坂本善和『平和 その現実と認識』毎日新聞社, 1976
小山内宏『日本の防衛を考える』泰流社, 1976
経済団体連合会防衛生産委員會編『防衛力整備問題に関するわれわれの見解』経済団体連合会防衛生産委員会, 1976
今井隆吉『国家意識なき日本人』高木書房, 1976
海原治『私の国防白書』時事通信社, 1977
猪木正道『安全を考える』朝雲新聞社, 1977
村上薫『日本生存の条件 経済安全保障の提言』サイマル出版会, 1977
太田一男『権力非武装の政治学』法律文化社, 1978
松井芳郎『現代日本の国際関係 安保体制の法的批判』勁草書房, 1978
林茂夫『国家緊急権の研究』晩声社, 1978
塚本勝一『朝鮮半島と日本の安全保障』朝雲新聞社, 1978
福島新吾『日本の「防衛」政策』東京大学出版会, 1978
岩野正隆『非在来型戦争 日本は次の大戦に生き残れるか』原書房, 1978
福田恒存『福田恒存・世相を斬る 日本の安全を考える』サンケイ出版, 1978
田原総一郎『憂鬱なる密閉軍団』潮出版社, 1978
軍事問題研究会『有事立法が狙うもの』三一書房, 1978
栗栖弘臣『私の防衛論』高木書房, 1978
久保卓也『国防論 八〇年代, 日本をどう守れるか』PHP研究所, 1979
海原治・久保卓也『現実の防衛論議』サンケイ出版, 1979
小山雅夫『戦後日本防衛年表』教育社, 1979
林茂夫『全文・三矢作戦研究』晩声社, 1979
関野英夫『ソ連が日本を侵略する日』国際商業出版, 1979
広瀬清志『統幕議長の地位と権限』教育社, 1979
吉原恒雄他『日本の安全保障と各党の防衛政策』教育社, 1979
冨山和夫『日本の防衛産業』東洋経済新報社, 1979
永松恵一『日本の防衛産業』教育社, 1979
三岡健次郎『日本の陸上防衛戦略とその特性』教育社, 1979
奥宮正武『日本防衛論』PHP研究所, 1979
苅部勤『米ソ海上戦略と日本の海上防衛』教育社, 1979
堀之北重成『防衛戦略入門』サンケイ出版, 1979
鴻池祥肇『いま, 日本病を撃て 傍観者の時代への訣別』徳間書房, 1980
ガブリエル・中森『国防もう一つの考え方』1980
これからの日本・政策委員会編『これからの日本 激動下の祖国防衛』旭屋出版, 1980

内閣官房内閣審議室分室・内閣総理大臣補佐官室編『総合安全保障戦略』大蔵省印刷局, 1980
日本経済調査協議會編『わが国安全保障に関する研究会報告』日本経済調査協議会, 1980
関野英夫・斉藤二郎『赤い軍事大国の実力－ソ連軍は果たして強いか』学習研究社, 1980
大西公照『申立の論理』日刊工業新聞社, 1980
長谷川慶太郎『総合比較日本の国防力』祥伝社, 1980
前田哲男『太平洋に日章旗』情報センター出版局, 1980
海原治『誰が日本を守れるか！一億人の国防論』ビジネス社, 1980
石井洋『日本国防の経済学 有事即応力を総点検する』ダイヤモンド社, 1980
衛藤瀋吉他編『日本の安全・世界平和 猪木正道先生退官記念論文集』原書房, 1980
日本共産党中央委員会出版局編『日本の安全保障への道 日本共産党の独立・平和, 中立・自衛の政策』日本共産党中央委員会出版局, 1980
ハロルド・スヌー『日本の軍国主義』三一書房, 1980
池井優他『日本の政党と外交政策 国際的現実と落差』慶応通信, 1980
畑田重夫他『日本の防衛 青年をねらう八〇年代安保』学習の友社, 1980
土田隆『日本人はなぜ国を守らぬか 無防備国家の甘え』山手書房, 1980
清水幾太郎『日本よ国家たれ 核の選択』文芸春秋社, 1980
上田耕一郎『八〇年代と安保論争』大月書店, 1980
石橋政嗣『非武装中立論』日本社会党中央本部機関紙局, 1980
菊地謙治『複合侵略 日本の死命を制する戦略情報学』世界日報社, 1980
小野修『市民社会の平和と安全』昭和堂, 1980
村井幸雄編『東京発・北方脅威論』現代の理論社, 1980
田畑忍『非戦・永世中立論』法律文化社, 1981
前田哲男『ミリタリー・アンバランス』情報センター出版局, 1981
村上薫編『日本は今何を狙っているか』山手書房, 1981
吉岡吉典『安保再改定論と日本の安全』大月書店, 1981
佐藤昌一郎『地方自治体と軍事基地』新日本出版社, 1981
神谷不二他『日本の平和を考える』三修社, 1981
奥宮正武『いま防衛とは何か』PHP研究所, 1981
経済展望談話會編『日本経済と総合安全保障』東京大学出版会, 1981
吉留路樹『民衆の中の防衛論－それでも非武装中立だ』現代史出版会, 1981
畑田重夫『安保のすべて』学習の友社, 1981
小谷壕治郎『有事立法と日本の防衛』嵯峨書院, 1981
細田古蔵『日本の防衛について』旭屋出版, 1981
安沢善一郎『起草および制定の事実に立脚した憲法九条の解釈』成文堂, 1981
創価学会青年平和会議・同平和委員會編『現代の平和を考える』潮出版社, 1981
日本戦略研究センター編『こうすれば日本は守れる』原書房, 1981

森田俊男『総合安保体制下の教育政策』労働旬報社, 1981
鎌倉孝夫『日本の軍事化と兵器産業』社会党中央本部機関紙局, 1981
村山節『歴史の法則と武装中立』新人物住来社, 1981
吉川達夫『日本の防衛・焦点と盲点』ダイヤモンド社, 1981
朝日新聞社編『アジア・日本の安全と平和 日米協力の道をさぐる』朝日新聞社, 1982
高山信武『いまなぜ防衛か』芙蓉書房, 1982
近藤隆之輔『永久平和への道』幻想社, 1982
左近允尚敏『海上防衛論』麴町書房, 1982
前田寿夫『軍拡! 日本の破滅』文化創作出版, 1982
国防問題研究會編『国防問題研究会講演録集』国防問題研究会, 1982
菊池武文『これで日本が守れるか』PHP研究所, 1982
藤原彰『戦後史と日本軍国主義』新日本出版社, 1982
北岡寿逸『ソ連の脅威と国防の急務』自由アジア社, 19823
山崎拓『転機に立つ日本の防衛』りーぶる出版企画, 1982
田中直毅『軍拡の不経済学』朝日新聞社, 1982
渡辺茂『日本が攻められたならあなたを誰が守るか』第一企画出版, 1982
村上薫『日本生存の戦略』サイマル出版会, 1982
岸田純之助他『日本の安全保障』大坂書籍, 1982
猪木正道他編『日本の安全保障と緊急提言』講談社, 1982
夏村繁雄『日本の防衛 いる装備 いらない装備』日本文芸社, 1982
土井寛『日本ハリネズミ防衛論』朝日ソノラマ, 1982
産業政策研究所編『日本防衛技術フォーラム』産業政策研究所, 1982
前田哲男『日本防衛新論』現代の理論社, 1982
国際問題研究会『日米同盟の論理』日本工業新聞社, 1982
坂本義和『暴力と平和』朝日新聞社, 1982
高沢寅男『今こそ非武装・中立を』十月社, 1982
福島新吉『非武装のための軍事研究』彩流社, 1982
小西誠『小西反軍裁判』三一書房, 1982
上条末夫他『転換期に立つ日本の防衛』学陽書房, 1982
三好康之『世界的に狂っている国防論』勁草サービスセンター, 1982
NHK取材班『日本の条件 (5)外交』日本放送出版協会, 1982
坂本義和『軍縮の政治学』岩波書店, 1982
佐藤栄一編『安全保障と国際政治』日本国際問題研究所, 1982
パルメ委員会 森治樹監訳『共通の安全保障』日本放送出版協会, 1982
藤井治夫『なぜ非武装中立か』すくらむ社, 1982
緒方事務所編『防衛・再軍備問題』日外アソシエーツ, 1982

田畑忍『世界平和への大道』法律文化社, 1982
盛善吉編『もう戦争はいらんとよ』連合出版, 1982
松下正寿編『防衛と言論の責任』学陽書房, 1982
勝田吉太郎『平和日本を撃つ』ダイヤモンド社, 1982
杉江栄一『軍縮-平和への戦略』新日本出版社, 1982
吉原公一郎『日本の兵器産業』ダイヤモンド社, 1982
岩崎允胤『恒久平和と人間の尊敬』白石書店, 1982
吉原公一郎『日米同盟への陰謀』新日本出版社, 1982
鴨武彦『軍縮と平和の構想』日本評論社, 1982
読売新聞社大阪社会部『武器輸出』新潮社, 1982
毎日新聞社軍事問題取材班『兵器ビジネス』筑地書館, 1982
リチャード・J・バーネット 梶田進訳『軍拡の危機』日本経済新聞社, 1982
朝日新聞社編『平和戦略』朝日新聞社, 1982
有馬元治『防衛戦略の転換を』(非売品), 1982
有馬元治『海洋国日本の防衛論』(非売品), 1983
阿曽沼広他編『海の生命線 シーレーン問題の焦点』原書房, 1983
上田哲『逆想の「非武装中立」』広済堂出版, 1983
筒井若水『自衛権 新世紀への視点』有斐閣, 1983
西修『憲法九条と自衛隊法』教育社, 1983
有斐閣編『憲法九条 いま、ふたたび平和を考えるとき』有斐閣, 1983
第九回防衛トップセミナー講演・討論集『国際情勢の変化とわが国の危機管理』隊友会, 1983
平和経済計画会議独占白書委員会編『国民の独占白書 第七号』御茶ノ水書房, 1983
世界経済情報サービス社編『今日の国際社会とわが国の安全保障』世界経済サービス社, 1983
上田哲『シーレーン・日本危機海域の擬装』広済堂出版, 1983
大賀良平『シーレーンの秘密』潮文社, 1983
労働者教育協会編『政府・独占の総合安保戦略』学習の友社, 1983
日本戦略研究センター編『タブーへの挑戦 はだかの防衛論』日本工業新聞社, 1983
関西経済同友会編『日本の安全保障はいかにあるべきか』関西経済同友会, 1983
日高義樹『日本の錯覚 夜郎自大の防衛論を斬る』PHP研究所, 1983
大獄秀夫『日本の防衛と国内政治』三一書房, 1983
黒川修司『日本の防衛費を考える』ダイヤモンド社, 1983
石橋政嗣『非武装中立論』日本社会党中央本部機関紙局, 1983
朝日新聞名古屋本社社会部『兵器生産の現場』朝日新聞社, 1983
前田哲男『兵器大国日本』徳間書店, 1983
海原治『間違いだらけの防衛論』グリーンアロー出版, 1983
森哲郎『まんが版・非武装中立論 軍隊で国は守れない』日本社会党中央本部機関紙局, 1983

吉岡吉典『レーガン政権下の日米軍事同盟』新日本出版社, 1983
京都経済同友会総合安全保障問題研究委員会報告『わが国の安全保障を考える』京都経済同友会, 1983
加疎固二『我が国の防衛政策』日本教育新聞社, 1983
第一〇回防衛トップセミナー講演・討論集『新しい時代と日本の進路』隊友社, 1984
神山吉光『穴だらけの非武装中立論』閣文社, 1984
東中光雄『アメリカン・コントロールを撃つ』清風堂書店出版部, 1984
J・W・M・チャップマン『安全保障の新たなビジョン』潮出版社, 1984
秦豊『紙礫の政治学』技術と人間, 1984
栗栖弘臣『考える時間はあるいま必読！元統幕議長の日本安全保障論』学陽書房, 1984
竹田五郎『危機管理なき国家』PHP研究所, 1984
桃井真『戦略なき国家は、挫折する』光文社, 1984
「世界」編集部編『軍事化される日本』岩波書店, 1984
長谷川慶太郎『経済国防論』TBSブリタニカ, 1984
小川和久『原潜回廊』講談社, 1984
近江谷左馬之介『現代の軍国主義』十月社, 1984
朝日新聞社取材班『シーレーン防衛』朝日新聞社, 1984
古森喜久『情報戦略なき国家』PHP研究所, 1984
岡崎久彦『情報・戦略論ノート』PHP研究所, 1984
桧山雅春『日本の電子防衛戦略 専守防衛方法論』ビジネス社, 1984
前田哲男『武力で日本は守れるか』高文研, 1984
林大幹『防衛清話』大樹会, 1984
桃井真『危機のシナリオと戦略』PHP研究所, 1985
上田哲『軍事費「GNP1％」とは何か』日本マスコミ市民会議, 1985
永井陽之助『現代と戦略』文芸春秋社, 1985
中馬清福『再軍備の政治学』知識社, 1985
岩出俊男『自由陣宮下の国家戦略』エイデル出版, 1985
都留重人述『世界平和における日本の役割』富山県教育委員会, 1985
第十一回トップセミナー講演・討論集『太平洋をめぐる新情勢と日本の安保』隊友会, 1985
日本戦略研究センター編『どう守る、日本の安全』PHP研究所, 1985
益田憲吉『日本がアメリカと別れる日』山手書房, 1985
足立純夫『日本の安全保障入門』エイデル研究所, 1985
海原治『日本の国防を考える』時事通信社, 1985
三原朝雄監修『日本の防衛はこれでよいのか』自由社, 1985
村上薫『ハイテク防衛のすすめ』サイマル出版会, 1985
白川元春編『防衛オンチ？日本』善久社, 1985

楢崎弥之助監修『防衛費GNP1%枠死守のための資料特集』社会民主連合, 1985
核軍縮を求める二十二人委員会・平和構想懇談会『「1%問題」と軍縮を考える緊急シンポジウム』
　　　岩波書店, 1985
桃井真『SDIと日本の戦略』岩波書店, 1986
前田寿夫『市民防衛白書 しのびよる戦争の恐怖』講談社, 1986
山村喜晴『食料とエネルギーと軍事』教育社, 1986
上西朗夫『GNP1%枠 防衛政寅の検証』角川書店, 1986
三根生久大『日本が戦場になる日』広済堂出版, 1986
日本国際政治学会編『平和と安全 日本の選択』日本国際政治学会, 1986
第一二回トップセミナー講演・討論集『米・ソ新時代と日本の安全保障』隊友会, 1986
板垣英憲『矢田次夫の日本防衛の構図』広済堂出版, 1986
植木光教『日本人の生存 総合安全保障論』国書刊行会, 1987
松前達郎『防衛の限界』東海大学出版会, 1987
上田耕一郎『平和と安全の「哲学」』新日本出版社, 1987
小泉親司『防衛問題の「常識」を斬る』新日本出版社, 1987

5. 핵정책·핵전략·반핵여론

岸田純之助『「核のカサ」と非核中級国家』朝日新聞社, 1967
岸田純之助『核の周辺』雪華社, 1967
坂本義和『核時代の国際政治』岩波書店, 1967
新名丈夫『現代の戦争』理論社, 1967
久野収編『核の傘に覆われた世界』平凡社, 1967
春日井邦夫『「核アレルギー」の形成過程』原書房, 1968
内閣官房調査室編『核戦略の推移と日本の安全保障に関する考察』1969
猪木正道『熱核時代の日本の防衛論』実業之日本社, 1972
小山内宏『米ソ核戦略と日本の防衛』毎日新聞社, 1975
直木公彦『核戦争 それでも, あなたは身を守れる!』1977
E・P・トンプソン他 山下史他訳『核攻撃に生き残れるか』連合出版, 1981
ローレンス・W・ベレイソン 室山正英訳『核と平和－自由世界は生き残れるか』学陽書房, 1981
平和運動三〇年記念委員會編『シンポジウム 核時代と世界平和』大月書店, 1981
渡辺洋三他『核時代の中の安保体制』労働旬報社, 1981
御田俊一『核戦略下の日本の国防』芙蓉書房, 1982
岩垂弘『核兵器廃絶のうねり』連合出版, 1982
豊崎博光『核よ驕るなかれ』講談社, 1982
毎日新聞社外信部編『核時代は超えられるか』筑地書館, 1982

日本科学社会議編『核-知る・考える・調べる』合同出版, 1982
大江健三郎『核の大火と"人間"の声』岩波書店, 1982
ラロック他『核戦争!』同時代社, 1982
服部学『核兵器』東研出版, 1982
金子徳好『反核でゼッケン』草友出版, 1982
福島新吉他『核・軍縮問題のわかる本』労働教育センター, 1982
国連事務総長報告 服部学監訳『核兵器の包括的研究』連合出版, 1982
高榎尭『現代の核兵器』岩波書店, 19823
小川岩雄他『原爆投下と科学者』三省堂, 1982
御田俊一『核戦略下の日本の国防』芙蓉書房, 1982
山口勇子『原爆瓦』汐文社, 1982
近藤和子・福田誠之助編『ヨーロッパ反核 七九-八二』野草社, 1982
グラウンド・ゼロ『核戦争』サイマル出版会, 1982
服部学他編『核は核で防げるか』三省堂, 1982
栗原貞子『核時代に生きる』三一書房, 1982
岩松繁俊『反核と戦争責任』三一書房, 1982
安斎育郎『中性子爆弾と放射線』連合出版, 1982
吉川勇一他『反核の論理』柘植書房, 1982
長尾正良『戦争か平和か 反核・草の根運動のために』学習の友社, 1982
服部学『人間が危い「核」のはなし』水曜社, 1982
服部学『ノーモア核兵器 広島・長崎は最小の核戦争だった』草土文化社, 1982
社会新報ヨーロッパ反核取材班『生き残る道-ヨーロッパ反核の潮』労働教育センター, 1982
中条一雄『私のヒロシマ原爆』朝日新聞社, 1982
伊藤成彦他編『反核と第三世界』岩波書店, 1983
長尾正良『反核と平和』新日本出版社, 1983
E・P・トムスン 河合秀和訳『ゼローオプション-核なきヨーロッパをめざして』岩波書店, 1983
石川巌『核さがしの旅』朝日新聞社, 1983
佐藤昌一郎『反核時代』青木書店, 1984
具島兼三郎『全面核戦争と広島・長崎』岩波書店, 1984
前田哲男『「核時代」の問題意識』情報センター出版局, 1985
朝日新聞外報部『米ソ核戦略の新展開』朝日新聞社, 1985

저자약력

▌후지와라 아키라(藤原彰)
- 도쿄 출생(1922~2003)
- 1941년 육군사관학교 졸업, 중국 참전
- 1945년 육군대위로 전역
- 1949년 도쿄대학 문학부 사학과 졸업
- 1969년~1986년 히토츠바시대학 사회학부 교수 역임
- 주요저서
『일본군사사』(日本評論社), 『천황제와 군대』(青木書店), 『쇼와사』(岩波新書), 『아사한 영령들』(青木書店), 『중국전선 종군기』(大月書店), 『일본근대사』(岩波新書) 등

역자약력

▌서 영 식
- 육군사관학교
- 한국외국어대학교
- 일본 도카이대학교
- 고려대학교 졸업
- 일본근대문학 전공(문학박사)
- 현재 육군 대령, 육군사관학교 교수

일본군사사 (上) 戰前篇

초판인쇄	2012년 12월 21일
초판발행	2013년 1월 2일
저 자	후지와라 아키라(藤原彰)
역 자	서 영 식
발 행 인	윤 석 현
발 행 처	제이앤씨
책임편집	최 인 노
등록번호	제7-220호
우편주소	ⓟ 132-702 서울시 도봉구 창동 624-1 북한산 현대홈시티 102-1206
대표전화	02) 992 / 3253
전 송	02) 991 / 1285
홈페이지	http://www.jncbms.co.kr
전자우편	jncbook@hanmail.net

ⓒ 서영식 2013 All rights reserved. Printed in KOREA

ISBN 978-89-5668-924-1   93910   정가 30,000원

* 이 책의 내용을 사전 허가 없이 전재하거나 복제할 경우 법적인 제재를 받게 됨을 알려드립니다.
** 잘못된 책은 구입하신 서점이나 본사에서 교환해 드립니다.